D1754139

Kirsch · William Morris

Hans-Christian Kirsch

# WILLIAM MORRIS – ein Mann gegen die Zeit

Dichter
Buchkünstler
Designer
Sozialreformer

DIEDERICHS

Danksagung

Beim Zustandekommen dieses Buches habe ich von vielen Institutionen und Menschen Förderung und Hilfe erfahren, für die ich hier Dank sage. Dieser Dank gilt im besonderen der William Morris Society, London-Hammersmith und Mrs. Dorothy Coles; der William Morris Gallery, Walthamstow; dem Victoria & Albert Museum, London; Mr. A. R. Dufty, Kelmscott Manor; Mr. & Mrs. G. Graham, Blundon, Woltshire, The Retreat; Mrs. Hilde Goldstaub, London Epping Forest; Mr. Franklin Colin, Culham.
Vielfältigen Rat und Informationen erhielt ich auch von Dr. Martin Hürlimann, Zürich-Zollikon, vom Museum Bellerive in Zürich und seiner Leiterin, Frau Dr. Sigrid Barten, sowie vom Gutenberg-Museum, Mainz (Prof. Hans A. Halbey und seinen Mitarbeitern). Bedankt seien auch Ernst Buchholz und Frau Erika Scholz von der Stadtbücherei Offenbach, der Zürcher Antiquar Theo Pinkus, Thomas Frangenberg, Köln, Frau Christel Diekmann in Dreieich sowie alle ungenannten Freunde, die aus Morris'scher Werkgesinnung heraus das Entstehen dieser Werk- und Lebensgeschichte gefördert haben.

Nomborn, Westerwald  Hans-Christian Kirsch
1. Juni 1983

Die Deutsche Bibliothek – CIP-Einheitsaufnahme
Hetmann, Frederik:
William Morris – ein Mann gegen die Zeit : Dichter,
Buchkünstler, Designer, Sozialreformer / Hans-Christian
Kirsch. – Sonderausg. – Köln : Diederichs, 1996
   ISBN 3-424-01343-9
Vw: Kirsch, Hans-Christian [Wirkl. Name] → Hetmann, Frederik

Sonderausgabe 1996
© Eugen Diederichs Verlag, München 1983
Alle Rechte vorbehalten

Umschlaggestaltung und Produktion: Tillmann Roeder, München
Satz: Fotosatz Böhm, Köln
Druck und Bindung: Appl, Wemding
Printed in Germany

ISBN 3-424-01343-9

# Inhalt

I. Annäherung  7
II. Herkommen und Kindheit  21
III. Kristallpalast — oder Waren als Wunder  34
IV. Oxford — Kunst als Heilslehre und Protest  50
V. Der Bohemien  66
VI. Red House und die Firma  89
VII. Das irdische Paradies und der zerbrochene Traum  127
VIII. Nordwärts-ho — oder Island und Stoizismus  147
IX. Eine Freundschaft geht zu Ende — Das Glück von Kelmscott  163
X. Gegen den Krieg — für alte Häuser  179
XI. Im Lager der Sozialisten — utopische Entwürfe  194
XII. Merton Abbey: die ideale Werkstatt und ein Anflug von Nutzlosigkeit  219
XIII. Kelmscott-Press — Druckkunst und Phantasien  227
XIV. Wirkungen: Arts & Crafts  252
XV. Vom Kunstgewerbe zur Werkkunst — William Morris' Einfluß auf die deutsche Kunstszene um die Jahrhundertwende  274

Anhang
*Zeittafel  304*
*Anmerkungen  306*
*Bildnachweis  313*
*Literatur  314*
*Register  316*

*Der junge William Morris, Student und Bohemien, wie ihn um 1856/57 sein Freund und Mentor, der präraffaelitische Maler und Dichter Dante Gabriel Rossetti sah. Die Bleistiftskizze wurde später von Rossetti für die Darstellung des König David auf einem Altarbild in der Kathedrale von Llandaff benutzt.*

# I. Annäherung

„*Ich behaupte, Kunst hat einen notwendigen, einen natürlichen Platz im menschlichen Leben. Von ihrem Gehalt her ergeben sich Regeln der Ordnung und der Brauchbarkeit für die allgemeinen Lebensumstände.*"

William Morris 1902[1]

„*Nehmen Sie sich vor aller Unbestimmtheit in acht. Es ist besser, auf einem falschen Weg angetroffen zu werden, sofern Sie eine bestimmte Intention haben, als sich zu wenden und zu drehen, damit die Leute Sie nicht tadeln können, weil sie nicht wissen, worauf Sie hinauswollen. Halten Sie an einer bestimmten Form in der Kunst fest, aber suchen Sie aus sich heraus zu fühlen, was Sie für schön halten.*"

William Morris 1901[2]

William Morris 1880 mit 46 Jahren. In diesem Jahr begann er mit seiner Vortragstätigkeit und leitete damit die „Arts & Crafts"-Bewegung mit ein.

*Erste Lektüre*

Zum ersten Mal seit Jahren war ich wieder einmal gewandert. In Wales, sechs, acht Stunden am Tag an der frischen Luft. Es zeigte sich bei den Fußmärschen entlang des Offa Dyke, talauf, talab, daß jemand, der wie ich seinen Beruf im Sitzen ausübt, ohne ein gewisses Training einer solchen Anstrengung kaum noch gewachsen ist. Und doch war es herrlich gewesen, selbst noch die Tage mit den Regengüssen in den Wäldern über der Severn. Die wilden Narzissen zwischen Efeu und Grabplatten auf den alten Friedhöfen und in den Parks der Herrenhäuser, der Aufstieg zu Merlins Höhle und die einsamen, abweisenden Moore in den Black Mountains. Ein Gefühl der Zufriedenheit, wenn man Wind oder Sonnenwärme auf der Haut im Gesicht und an den Händen spürt — als Kind war mir das vertraut gewesen. In diesen acht Tagen zwischen Bristol und den Brecon Beacons entdeckte ich solche Empfindungen wieder und nannte sie schön.

Einen Band mit Essays aus dem England des 19. Jahrhunderts hatte ich in meinen Rucksack gesteckt. Jeden Abend vor dem Einschlafen las ich noch drei, vier Sätze..., darunter auch diesen: *„... als erstes beanspruche ich Gesundheit, und ich wage zu behaupten: die Mehrzahl der Menschen in unserer Zivilisation weiß kaum noch, was damit gemeint ist. Mein Lebendigsein als Vergnügen zu empfinden, Freude zu haben bei der Bewegung eines Arms oder der Beine, bei der Betätigung der Körperkräfte, mit Sonne und Wind zu spielen, die Freude, den angemessenen Appetit des Tieres ‚Mensch' ohne Furcht vor Erniedrigung und ohne Schuldgefühle zu befriedigen: ja, und dabei wohlgestaltet, mit geraden Gliedmaßen, einer guten Kondition, einem ausdrucksstarken Aussehen... mit einem Wort, schön im Sinne von gesund zu sein als physisches Wesen, auch dies beanspruche ich..."*[3]

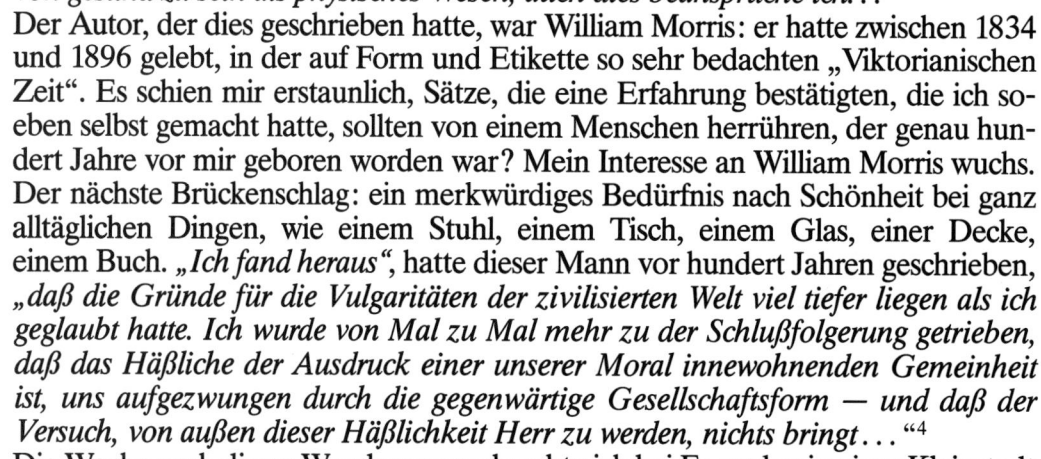

Der Autor, der dies geschrieben hatte, war William Morris: er hatte zwischen 1834 und 1896 gelebt, in der auf Form und Etikette so sehr bedachten „Viktorianischen Zeit". Es schien mir erstaunlich, Sätze, die eine Erfahrung bestätigten, die ich soeben selbst gemacht hatte, sollten von einem Menschen herrühren, der genau hundert Jahre vor mir geboren worden war? Mein Interesse an William Morris wuchs. Der nächste Brückenschlag: ein merkwürdiges Bedürfnis nach Schönheit bei ganz alltäglichen Dingen, wie einem Stuhl, einem Tisch, einem Glas, einer Decke, einem Buch. *„Ich fand heraus"*, hatte dieser Mann vor hundert Jahren geschrieben, *„daß die Gründe für die Vulgaritäten der zivilisierten Welt viel tiefer liegen als ich geglaubt hatte. Ich wurde von Mal zu Mal mehr zu der Schlußfolgerung getrieben, daß das Häßliche der Ausdruck einer unserer Moral innewohnenden Gemeinheit ist, uns aufgezwungen durch die gegenwärtige Gesellschaftsform — und daß der Versuch, von außen dieser Häßlichkeit Herr zu werden, nichts bringt..."*[4]

Die Woche nach dieser Wanderung verbrachte ich bei Freunden in einer Kleinstadt in Wiltshire. Es war auf einer jener zahlreichen Kreuz- und Querfahrten mit dem Wagen, bei denen man in dieser Gegend immer Entdeckungen machen kann — mal eine schöne alte Steinbrücke, eine Dorfkirche mit halbverwischten uralten Fresken oder eine Straßenzeile, in der ein Antiquitätengeschäft neben dem anderen liegt, und das in Ortschaften von zwei- bis dreitausend Seelen —, als plötzlich ein Ortsschild mit dem Schriftzug „Kelmscott" auftauchte.

Kelmscott...? Das war doch..., so hieß doch die Privatpresse, die William Morris in seinen letzten Lebensjahren gegründet hatte! Bücher mit überreichem Dekor und kunstvollen Initialen, einige davon schmückten meinen „Irischen Zaubergarten", und eine Tapete von Morris, betitelt „Der Erdbeerdieb", war als Vorlage für den Umschlag verwendet worden. Auch ein anderes, altes Diederichs-Buch fiel mir ein, Kassners Erstling „Die Mystik, die Künstler und das Leben", und ich

*Holzschnitt von Edward Burne-Jones für die 1892 in der Kelmscott Press erschienene Ausgabe des „A Dream of John Ball" von William Morris.*

fühlte mich erinnert an „die einsame Zärtlichkeit für alle Sachen der Form und des Kultus, die man in der Landschaft um Oxford findet".⁵

Der Blick ging auf ein paar Viehkoppeln, auf ein, zwei Dutzend Höfe, die Scheunendächer aus Wellblech, die Stallungen kahler, grauer Beton. Es war ziemlich ernüchternd.

Aber dann, an dem vierten oder fünften Haus rechts an der Straße, entdeckte ich ein Relief: ein bärtiger, würdiger Mann im Profil, wie er rastet unter wild wuchernden Bäumen, in denen viele Vögel nisten: neben sich einen runden Hut, einen Stock und eine Art Ränzel. Später erfuhr ich, daß die Figur von George Jack nach einer Skizze von Philip Webb in Stein gehauen und sechs Jahre nach Morris' Tod dort angebracht worden war.

Zum erstenmal sah ich ein Porträt des Künstlers. Michelangelos Moses fiel mir ein. Elementare Kraft. Einer, der gewohnt ist, mit schweren Gegenständen umzugehen, mit Balken, Hufeisen. Eine hohe Stirn und Augen, an denen man nicht vorbeikommt. Einer, der sich auch durch Ketten und Tore nicht aufhalten läßt.

Ich stieg vor dem Relief aus und klingelte an der Haustür. Eine Frau im Schmuck ihrer Haarwickler öffnete mir und sagte auf meine Frage, ob denn Mr. William Morris hier gewohnt habe, nichts weiter als „further down". Und schon hatte sie die Tür wieder zugeschlagen. Daß Kelmscott auf den berühmtesten seiner Einwohner besonders stolz war, konnte ich nicht feststellen.

„Further down", Dorfende. Die gepflasterte Straße hörte dort plötzlich auf.

Wir befanden uns auf einem grasüberwucherten Feldweg. Aber da: umgeben von großen Rasenflächen lag ein Haus, das alt und schön war. Solche Farben auf Stein können nur Wind, Sonne und Regen malen, wenn sie lange Zeit haben. Der Stein hatte einen Grundton von verwittertem Grau mit gelblichen und grünen Mustern von Moos und anderen winzigen Pflanzen. Der Eindruck änderte sich je nach dem Licht. Bei bedecktem Himmel wirkte das Gebäude „gothic", also düster-dräuend, bei Sonne gewann es an Lebendigkeit.

In Kelmscott Manor traf ich niemanden an. Ging außen ums Haus herum, schaute in dieses oder jenes Fenster, sah einen Gobelin aus Flandern mit dem „Leben des Samson" (nicht von Morris), einen bequemen Sessel und ein Tagbett, beides Möbel, die die Firma Morris & Co. hergestellt hat, sah einen Kamin mit prächtigen Kacheln. Einen Steinwurf weit vom Haus ... und ich stand am Ufer der jungen Themse. Hier hatte Morris oft geangelt. Hier irgendwo mußte das Boot angelegt haben, mit dem Mr. Guest, der Besucher der Zukunft, von Hammersmith im Traum die Themse heraufkam (in „News from Nowhere").⁶ Dieses Kelmscott Manor (Kelmscott Herrenhaus) gefiel mir. Ein Haus mit vielen Giebeln und Erkern, ein Haus, das etwas von einer kleinen Burg hat. Gebaut in einem ein halbes „H" bildenden Grundriß um 1570 von einem Richard Turner, der in Kelmscott von 1568 bis zu seinem Tod 1600 lebte. Ein Jahrhundert später, und immer noch im Besitz der Turner-Familie, wurde gegen Nordosten ein hoher, kompakter Block von Räumen angefügt. Wenn mich jemand gefragt hätte, warum mir das Haus auf Anhieb gefiel, so hätte ich wohl dieselbe Antwort gegeben wie auf die Frage, warum Nor und ich einige Jahre zuvor in der Bundesrepublik in ein immerhin zweihundertfünfzig Jahre altes Haus auf dem Dorf gezogen waren. Natürlich war Kelmscott Manor eleganter als unser Tongräberhaus im Westerwald, weil es ursprünglich das Haus eines Landadeligen gewesen war. Aber dennoch hatten beide Häuser eines gemeinsam, sie waren nicht großartig, sondern hatten, wie es Morris einmal nannte, *„jene vernünftige Schönheit, die Menschen erlaubt sein sollte*

**Der Baldachin mit dem Zauberspruch**

*für ihre Behausung".*[7] Sie fügten sich ein in das Stück Natur, das sie umgab, und es ging eine angenehme Behaglichkeit von ihnen aus.

Zahlreiche Telefongespräche wurden notwendig, ehe sich die Türen von Kelmscott Manor auftaten. Als ich mich drinnen umsah, entdeckte ich sofort, welche Bedeutung Bücher für Morris gehabt hatten. Einmal später kauerte ich vor seinem Bücherschrank in Kelmscott Manor und notierte in mein Tagebuch die Titel, die dort standen. „Library: Dickens, Yellow Book, Carlyle and Mill, Ruskin, Waverley Novels by Scott, Dumas, The Saga Library, Vol. 1—6, Christofano Robetta, 1462—1522, An Allegory of the Power of Love, Andrea Mantegna, 1431—1506, Bacchanal with wine." Und so weiter. Mein Tagebuch verrät auch, daß ich die Stühle in Kelmscott „klein, aber sehr bequem" gefunden, und daß mir neben anderem im Bücherschrank auch Dante Gabriel Rossettis Farbkasten in die Hand gefallen war. Vielleicht waren es jene Farben, die er benutzte, als er eines der zahlreichen Bilder von Morris' Frau Jane gemalt hatte.

Ich sah auch jenes gewaltige Bett mit dem Baldachin, um den sich ein von Morris selbst gewebter Fries mit einem zauberspruchartigen Gedicht zieht, das vieles von dem ausdrückt, was Kelmscott House für ihn bedeutete:

> The wind's on the wold and the night is a-cold
> And Thames runs chill twixt mead and hill
> But kind and dear is the old house here
> And my heart is warm midst winter's harm.
> Rest then and rest and think of the best
> Twixt summer and spring when all birds sing
> In the town of the tree and ye lie in me
> And scarce dare move lest earth and its love
> Should fade away ere the full of day.
> I am old and have seen many things that have been.
> Both grief and peace and wane and increase.
> No tale I tell of ill or well
> But this I say night treadeth on day
> And for worst and best right good is rest.[8]

Der Wind streicht über die Heide und die Nacht ist kalt / Und die Themse fließt kühl zwischen Wiese und Hügel / Aber freundlich und vertraut ist das alte Haus hier / Und mein Herz ist warm selbst bei Winters Harm. / Ruh nur und raste und denk an das Beste / Zwischen Sommer und Lenz, wenn alle Vögel singen / In des Baumes Stadt, und du liegst in mir / Und wagst kaum dich zu regen, damit die Erde und ihre Liebe / nicht dahinschwinden vor dem vollen Tag. / Ich bin alt und sah viel was geschah / Sowohl Frieden und Leiden wie Wachstum und Vergehen. / Keine Geschichte erzähl ich, sei sie bös oder gut / Aber dies sag ich: Nacht folgt dem Tag / Und Kummer oder Fest, Schlaf immer Wohltat ist. —

Morris, der Lyriker, der zu sagen pflegte, Dichten sei ein Handwerk wie jedes andere. Wer nicht ein Stück Stoff weben und gleichzeitig ein Sonett verfassen könne, der sei kein rechter Kerl.

Morris, der Kämpfer für das Schöne und Nützliche, fordert: *„Glauben Sie mir, wenn wir mit der Kunst daheim ernst machen wollen, müssen wir unsere Häuser von allen ärgerlichen Überflüssigkeiten befreien, die keine wahre Bequemlichkeit* *bringen und nur Dienern und Ärzten Arbeit verschaffen. Nehmen Sie nichts in Ihr Haus auf, das nicht entweder nützlich oder aber für Sie schön anzusehen ist."*[9]

Morris, der sich mit der Unwirtlichkeit der Städte auseinandersetzte: *„Es ist der Profit, der Menschen in jene enormen, unverwaltbaren Ansammlungen zieht, die Städte genannt werden. Es ist der Profit, der dazu führt, daß Stadtviertel ohne Gärten und ohne offene Flächen hochgezogen werden. Aus Profit werden auch nicht die elementarsten Schutzmaßnahmen dagegen ergriffen, daß ein ganzer Distrikt in Wolken von Schwefeldampf gehüllt wird."*[10]

Morris, der meine Beschwerden zur Sprache brachte, unsere Beschwerden. Schon 1880 hatte er erklärt: *„Ich denke, es wird höchste Zeit, sich über die täglich anwachsende Flut von Plakaten, die unsere Städte verschandeln, zu empören. Ich meine, der sicherste Weg, da eine Änderung herbeizuführen, wäre, von den dort angepriesenen Waren keine mehr zu kaufen. Ich kann nicht glauben, daß solche Waren viel wert sind, wenn es notwendig ist, sie so laut und marktschreierisch anzupreisen."*[11]

Immer wieder stieß ich bei Morris auf Sätze und Fragen, die wir heute wieder zu stellen gelernt haben: *„Ich frage Sie, wie verhalten Sie sich gegenüber Bäumen auf einem Bauplatz? Versuchen Sie sie zu retten und Ihr Haus den Bäumen anzupassen? Begreifen Sie, welche Schätze Bäume für die Stadt oder den Vorort darstellen? Welche Augenweide sind doch Bäume, verglichen mit jenen gräßlichen Hundehütten, mit denen Sie wahrscheinlich (verzeihen Sie mir) dieses Grundstück bebauen werden."*[12]

Ich hörte von der Firma, die Morris mit Freunden gegründet hatte, um der Häßlichkeit der Produkte entgegenzuwirken, mit dem erklärten Ziel, die Arbeitsteilung zwischen entwerfendem Künstler und ausführendem Arbeiter soweit wie möglich aufzuheben. Die unheilvollen Folgen der Trennung von Hand- und Kopfarbeit! Wie oft war mir dieses Problem in meinem eigenen Leben bewußt geworden.

Hatte ich mir nicht oft gewünscht, einmal neben dem Schreiben irgendein Handwerk zu erlernen und auszuüben? Morris, so erfuhr ich, hatte die Trennung von Hand- und Kopfarbeit (*„hirnmüde Kopfarbeiter hier und herzmüde Handarbeiter dort!"*) nicht nur theoretisch kritisiert. Er hatte ganz praktisch versucht, sie für sich aufzuheben. Wenn er dichtete oder Muster für jene Tapeten und Stoffe entwarf, die die Firma vertrieb, setzte er sich gern in der Nacht vor dem Einschlafen oder am Morgen, gleich nach dem Aufstehen, zwei oder drei Stunden an den Webstuhl, der neben seinem Bett stand, und arbeitete an einem Stück Stoff oder einem Wandbehang.

Im Sommer, der auf dieses Frühjahr folgte, in dem ich Morris für mich zu entdecken begann, besuchte ich einen Webkurs in Dreieich, im Haus des Ehepaars Diekmann, wo viel von Morris'schem Bewußtsein lebendig ist: bei der vorsichtigen Restaurierung zweier schöner alter Häuser, bei der Rettung der alten Bauten einer kleinen Stadt durch eine Bürgerinitiative der Frauen, bei der Wiederbelebung alter, halb untergegangener handwerklicher Techniken, in Heinz Diekmanns Holzschnitten und seiner Textilkunst. Ich hatte zuvor nie so recht Nors Lust am Wollfärben begriffen; über der Lektüre eines kleinen Aufsatzes von Morris „Von der Kunst des Färbens" wurde mir klar, welches Abenteuer die Aneignung einer halbvergessenen Handwerkstechnik darstellen kann. Und ich begriff, daß jener in den letzten Jahrzehnten bei so vielen Menschen zu beobachtende Drang, mit ihrer eigenen Hände Arbeit selbst etwas Vollständiges herzustellen, das sich durch eine rauhere Schönheit von den so perfekten, maschinell hergestellten Produkten unterscheidet, mehr ist als nur eine Marotte oder purer Anachronismus.

*Jane Morris posiert als Modell für eines der Gemälde von Rossetti. Die Fotografie wurde von Rossetti selbst 1865 im Garten seines Hauses in Cheyne Walk, London, aufgenommen. Auf diesem Bild wird deutlich, wie stark Jane dazu einlud, zu einer Idealgestalt in der Nachfolge von Königin Guenevere oder einer Isolde stilisiert zu werden.*

*Jane Morris als alte Frau vor einem Chintzstoff. Muster von William Morris, in Kelmscott Manor. Die bittere, abweisende Witwenpose ist irreführend. Jane entwickelte sich nach Morris' Tod noch zu einer recht lebenslustigen älteren Dame. Mal lebte sie in Oxfordshire, mal in Lyme Regis bei Williams Schwester Emma. Sie starb 1914.*

Der große Vergessene

Ich begann, Leute danach zu fragen, ob ihnen denn bewußt sei, daß jene Probleme, die für so viele von uns nahezu unerträglich geworden sind, schon vor hundert Jahren in England einen Mann beschäftigt hatten, der William Morris hieß. Morris... war das ein Zigarettenfabrikant oder jemand aus der Autobranche? Nein, William Morris, sagte ich, der Dichter, der Architekt, der Leiter einer von Künstlern gegründeten Genossenschaft, ein Bußprediger gegen die Häßlichkeit, ein Warner vor einer im Zeichen zunehmender Industrialisierung immer weiter um sich greifenden Zerstörung der Natur; dann auch ein Drucker, Färber, Weber, Verfasser von einem halben Dutzend Fantasy-Romane, Gründer einer Gesellschaft zum Schutz historischer Gebäude, ein kämpferischer Pazifist und Sozialist, der es in keiner Partei ausgehalten hatte, jemand, der Bäume liebte. — Kaum einer kannte ihn.

William Morris: nur Spezialisten für die Geschichte der neueren Buchkunst wußten, wer das war. Von der von Morris gegründeten Kelmscott Press waren starke Impulse auf die Buchgestaltung deutscher Verlage um die Wende vom 19. zum 20. Jahrhundert ausgegangen.

Aber Morris hatte ja gerade nicht für einige wenige, für eine Elite geschrieben und gearbeitet. Er hatte eine Kunst vom Volk für das Volk, zur Freude des Schöpfers und derer, die damit umgehen, gefordert und verstand auch seine eigenen vielseitigen Tätigkeiten so.

Und dann der Politiker, der Kultur- und Gesellschaftskritiker, der ja Morris vor allem gewesen war? Da grub, suchte, forschte, fragte ich vergebens.

Eine Übersetzung seiner gesellschaftspolitischen Utopie war bezeichnenderweise in einer Reihe mit kunsttheoretischen Schriften bei dem Verlag DuMont erschienen: „News from Nowhere — Kunde von Nirgendwo". Doch hatte sie das breitere Publikum kaum zur Kenntnis genommen. In jüngster Zeit hat sie ein Verlag der alternativen Szene neu herausgebracht.

Aber die wichtigen sozialkritischen und politischen Essays, wichtig allein schon als Reaktionen eines kritisch-unbeirrbaren Geistes auf die negativen Auswirkungen der ersten industriellen Revolution, Aufsätze[13], die bisher völlig fehlten, obwohl es sie um die Jahrhundertwende schon einmal auch in deutschsprachigen Ausgaben gegeben hatte. Sie waren längst untergegangen, selbst in Bibliotheken kaum noch vorhanden. Morris war vor allem als Kunsttheoretiker, als Vorbild einer künstlerischen Reformbewegung rezipiert, seine politischen und sozialen Überlegungen waren weitgehend ausgeblendet oder übersehen worden.[14]

Hier ist der Punkt erreicht, an dem es nützlich erscheint, einen Überblick über das zu geben, was man Morris' Grundansichten nennen kann; denn er hat nie so etwas wie ein System oder gar eine geschlossene Lehre entwickelt.

Es sind vielmehr einige Schlüsselworte, die er, immer wieder ansetzend, mit sehr persönlicher Bedeutung erfüllt hat. Gerade weil ihre terminologische Bedeutung für das Verständnis des Morris'schen Denkens fast unerläßlich ist, und auch, weil von diesen Schlüsselworten her klar wird, was dazu verlocken könnte, die eigene Position an der von Morris zu messen, scheint es sinnvoll, diese zunächst als nüchterne Definitionen vorzugeben.

Später wird man dann miterleben, wie sich diese Ansichten im Zusammenhang mit der jeweiligen Lebenssituation herausgebildet haben.

Wichtigstes Vorbild für alle vom Menschen geschaffene **Schönheit** ist für Morris die **Natur**.

Zerstörung von Natur ist somit gleichbedeutend mit Zerstörung der Grundlage und des Ausgangspunktes von Schönheit.

Die in der Natur vorgefundenen Muster soll der Künstler stilisieren und nachbilden. Auf die Formen der Natur sollten die **Ornamente** verweisen und somit die Schönheit der Natur für den Menschen auch dort sichtbar werden lassen, wo dieser von der Natur abgetrennt ist.

Auch der Wert oder Unwert von Architektur generell erweist sich nach Morris daran, ob sie sich dieser Zusammenhänge bewußt ist oder nicht. Zeit seines Lebens hat es Morris beunruhigt, daß sich **Arbeit** und **Kunst** in zwei voneinander getrennten Sphären abspielten, daß es zu einer scharfen Trennung von Hand- und Kopfarbeit gekommen war und Kopfarbeit ein höheres Prestige als Handarbeit genoß. All dies, so ergab sich für ihn durch einen „Blick in die Geschichte", war nicht immer so gewesen. Es hatte Zeiten gegeben, da Handarbeit für die sie Ausführenden die Möglichkeit bot, das nach Morris' Meinung jedem Menschen innewohnende Bedürfnis nach Schönheit zu befriedigen. Das Mittelalter war seiner Meinung nach eine solche Zeit gewesen. Durch das Aufkommen des Kapitalismus war es zu Veränderungen in den Organisationsformen der Arbeit gekommen. *Intellektuelle Kunst* und *angewandte Kunst* hatten sich immer weiter voneinander entfernt. Die Verfeinerung der einen war mit einem zunehmenden Qualitätsverlust der anderen bezahlt worden. In diesem Prozeß sah Morris eine Fehlentwicklung der Zivilisation, die verändert werden mußte.

Es ist klar zu erkennen, wie auch er selbst durch den Blick in die Geschichte, zu dem er andere immer wieder aufforderte, von dem unauflösbaren Zusammenhang von sozial-politischer und ästhetischer Entwicklung überzeugt worden ist.

Als erstrebenswert sah er für die Zukunft einen Zustand der Gesellschaft an, in dem sich Handarbeit nicht mehr im Zeichen von **Profit**, das heißt hier rücksichtsloser und menschenverachtender Gewinnmaximierung, vollzieht, sondern dabei dem Bedürfnis des Menschen nach **Assoziation** Rechnung getragen wird, nämlich nach gemeinschaftlicher Arbeit, die an den tatsächlichen menschlichen Bedürfnissen orientiert ist, und bei der dann Kunst in die hergestellten Dinge eingeht. Unter solchen Bedingungen würde Kunst, die er zu seiner Zeit in die Isolation gerückt sah, sich wieder in den **Alltag** zurückholen lassen. Der Abgrund zwischen der Sphäre des Alltäglichen und der von ihr entrückten Sphäre der Kunst wäre so überbrückt. Die alltäglichen Dinge erhielten dann, seiner Meinung nach, das notwendige Maß an Schönheit zurück, würden zum Anlaß der Freude für viele Menschen. Die entscheidende Rolle im Prozeß des Verfalls angewandter Künste, und damit des Verfalls der Schönheit der alltäglichen Dinge, spielten also nach Morris' Ansicht die für das Zeitalter des Kapitalismus charakteristischen Produktionsbedingungen: die Arbeitsteilung durch den immer mehr zunehmenden **Einsatz der Maschine**, die verhängnisvolle Mechanisierung der Arbeitsabläufe, deren Schnelligkeit. Der Mensch verwandelt sich so selbst in ein Werkzeug. Seinen Schönheitssinn in der Arbeit mit zu verwirklichen: dazu bleibt ihm keine Zeit mehr.

Trotz solcher Kritik an den negativen Auswirkungen des technischen Fortschritts ist Morris kein „Maschinenstürmer". Er will Maschinen nicht grundsätzlich abgeschafft sehen. Er ist nur entschieden der Meinung, daß mit Maschinen keine Kunst, und keine Dinge, die Schönheit haben, hervorzubringen seien.

Unter den Produktionsbedingungen des Kapitalismus, so Morris' Kritik, würden Maschinen lediglich dazu benutzt, möglichst rasch große Mengen von Waren herzustellen. Diese Maschinisierung ergäbe sich beinahe zwangsläufig durch die sich

**Krieg und Verschwendung, Kunst und Arbeit**

aus dem freien Spiel von Angebot und Nachfrage innewohnenden Tendenz zur **Verschwendung**. Morris vergleicht die frühkapitalistische Wirtschaftsordnung seiner Zeit, deren Maxime „laisser faire, laisser aller" war, mit einem ständig geführten **Krieg**. In seinem zunächst als Vortrag gehaltenen, 1886 erschienenen Aufsatz „Wie wir leben und wie wir leben könnten" begründete er diese Vorstellung durch eine modellhafte Darstellung des Marktgeschehens wie folgt: *„Nach einem Ausblick auf den Wettbewerb der Nationen wollen wir nun die Konkurrenz unter den ‚Organisatoren der Arbeit', den großen Firmen, den Aktiengesellschaften, kurz gesagt, unter den Kapitalisten, noch etwas näher betrachten. Wir wollen uns ansehen, wie der Wettbewerb die Produktion stimuliert, denn hier trifft diese Behauptung zu. Aber was ist das für eine Produktion? Nun, die Produktion von etwas, das sich unter Gewinn verkaufen läßt oder sagen wir: die Produktion von Gewinnen, und beachtet doch bitte, wie ein Krieg dabei als Stimulanz des Handels wirkt. Nämlich so: Ein bestimmter Markt zeigt einen Bedarf nach Gütern. Es gibt, wollen wir einmal annehmen, hundert Hersteller dieser Art von Gütern. Jeder von ihnen würde gern diesen Markt für sich behalten und kämpft deshalb darum, sich einen möglichst hohen Marktanteil zu erobern... mit dem verständlichen Resultat, daß augenblicklich der Markt übersättigt wird. Der Markt ist überschwemmt, alle Wut der Fabrikanten wird zu kalter Asche. Kommt Euch das nicht wie Krieg vor? Wird Euch die Verschwendung dabei nicht klar... Verschwendung von Arbeitskraft, von Geschicklichkeit, von menschlichem Einfallsreichtum, kurz gesagt, die Verschwendung von Lebensenergie. Nun könnte jemand sagen, dadurch werden aber die Güter billiger. In gewissem Sinn stimmt das, aber nur scheinbar. Da die Löhne des gewöhnlichen Arbeiters die Tendenz haben, proportional mit den Preisen zu sinken, muß man auch dazu sagen, um welchen Preis die Güter billiger werden! Einfach ausgedrückt: auf Kosten der Tatsache des Betrugs am Verbraucher, auf Kosten der Verarmung des tatsächlichen Herstellers und zugunsten eines Glücksspielers, der Verbraucher und Hersteller als seine Milchkühe betrachtet."*[15]

Es ist klar, daß damit ein polemisches und an den Zuständen des 19. Jahrhunderts orientiertes, die komplizierten Wirtschaftsmechanismen in manchen Punkten auch ungebührlich vereinfachendes Bild gezeichnet wird. Es ist aber auch klar, daß dabei Probleme eingekreist werden, die immer noch unsere Probleme sind. Und vielleicht ist das Wichtigste dies: der Zusammenhang zwischen **Kunst** und **Arbeit** im Sinn von Produktionsbedingungen wird von Morris immer wieder als untrennbar vor Augen geführt.

So betrachtet ist der Kapitalismus für Morris der Produzent von *Häßlichkeiten:* von zu vielen, zumeist häßlichen Dingen, von häßlichen Lebensumständen bestimmter Gruppen von Menschen. Einen Großteil der Maschinenwelt sieht er im Dienst der Verschwendung und der Häßlichkeit. Würde sich der Mensch auf seine „echten" Bedürfnisse besinnen, wäre die ständige Weiterentwicklung der Technik wahrscheinlich nicht nötig. Maschinen möchte Morris vor allem dazu eingesetzt sehen, um den Menschen von solchen Arbeiten zu befreien, die mühsam und deswegen eigentlich dem Menschen unzumutbar sind.

Es sind dies kritische Einwände in einer vom Erfolg des technischen Fortschritts faszinierten Zeit, die erst wir, hundert Jahre später, recht zu begreifen und zu schätzen wissen. So hat Morris schon 1883 vor einer falsch verlaufenden **Automation** im Produktionsprozeß gewarnt und auf mögliche Mißstände hingewiesen, die uns heute erschreckend vertraut vorkommen: *„Wenn dieser Prozeß (der zunehmenden*

*Verbesserung der Maschinen) abgeschlossen ist, wird der erfahrene Arbeiter nicht mehr vorhanden sein. An seine Stelle werden Maschinen treten, aufgestellt und eingerichtet von gut trainierten und sehr intelligenten Experten und bedient von Männern, Frauen und Kindern, die für ihre Arbeit weder Geschicklichkeit noch Intelligenz nötig haben."*

Wenn Morris im Bereich der Arbeit von „*sinnloser Schinderei*" zu „*an den Bedürfnissen des Menschen orientierter Tätigkeit*" kommen möchte, so stellt er „*menschenverachtendem Gewinnstreben*" den utopischen Begriff und die Zielvorstellung des „*wahren Reichtums*" gegenüber. Er ist davon überzeugt: „*Nicht all die Entdeckungen der Wissenschaft, nicht die gewaltige Organisation des Fabrikwesens und des Marktes werden den wahren Reichtum hervorbringen, solange das Ende und Ziel von all dem die Produktion von Profit für die privilegierten Klassen ist.*"[16]

Die Frage nach dem Ende des kapitalistischen Zeitalters hat Morris wie viele seiner Zeitgenossen, vor allem sofern sie Marxisten waren, stark beschäftigt. Von Marx ausgehende Denker sind dabei zu so unterschiedlichen Vorstellungen gekommen wie Eduard Bernstein mit seiner Revisionismustheorie einerseits und Rosa Luxemburg in „Die Akkumulation des Kapitals" andererseits, in der sie sich mit Widersprüchen, die das Werk von Marx in diesem Punkt aufweist, im Sinn einer kritischen Differenzierung auseinandersetzt.

Morris' Erwartungen als Sozialist im Hinblick auf eine klassenlose Gesellschaft haben sich im Laufe der Jahre verändert. Er scheint zunächst noch an einen reformerischen Übergang geglaubt zu haben. In einer zweiten Phase war er der Meinung, er werde einen grundlegenden, sich in einer Revolution vollziehenden Wandel der gesellschaftlichen Zustände noch erleben. Schließlich, gegen sein Lebensende hin, sah er die große Revolution, die ihm weiterhin unvermeidlich erschien, in weite Ferne gerückt.

Zwangsläufig mußte sich ihm damit auch die Frage stellen, was denn den Kapitalismus, trotz der ihm offensichtlich innewohnenden Widersprüche und Konflikte, so lange am Leben erhalte. Von dieser Frage her fällt sein Blick auf den Expansionszwang des kapitalistischen Systems, der ja gerade in einem Land wie England, das zu dieser Zeit immer noch Gebiete als Kolonien annektierte und mit dem Begriff des „Commonwealth" diesem Vorgang eine staatspolitische Sinngebung zu verleihen versuchte, besonders deutlich war. Indem Morris diesen Vorgang kritisch beobachtet und analysiert, liefert er außerordentlich anschauliche Darstellungen dessen, was Kolonialsysteme bewirken: „*Schaut, wie die ganze kapitalistische Welt ihren langen Arm gegen die barbarischen Länder hin ausstreckt, wie sie sie vereinnahmt, sie an sich reißt, obwohl die Bewohner dieser Länder nicht Teil des Wettbewerbssystems werden wollen, ja, in vielen Fällen sogar lieber in der Schlacht sterben, als daß sie sich dieses System aufdrängen lassen würden. So pervers benehmen sich diese Wilden gegenüber den Segnungen der Zivilisation, die ihnen doch nichts Schlimmes antun will (aber auch nichts Besseres) als sie nur in ein eigentumsloses Proletariat zu verwandeln! Und weshalb geschieht all dies? Zur Ausbreitung der abstrakten Idee von Zivilisation, aus bloßer Wohltätigkeit, zur Ehre und zum Ruhm der Eroberer? Keineswegs, es geschieht zur Öffnung neuer Märkte, die all den neuen, durch Profit entstandenen Reichtum aufnehmen sollen, der damit jeden Tag größer wird. Es geschieht, um neue Möglichkeiten zu schaffen zur Verschwendung... unserer Arbeitskraft und unseres Lebens.*"[17]

Jene Verschwendung ist es nun auch, die den Menschen im Zeitalter des sich immer weiter ausbreitenden und weiter differenzierenden Maschinenwesens dazu

## Der undogmatische Sozialist

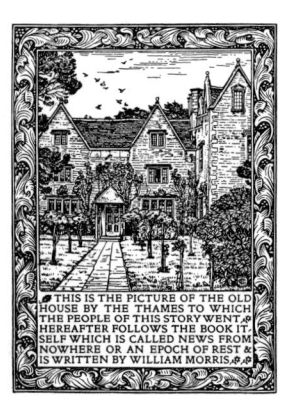

verleitet, die Erde selbst nicht nur hinsichtlich ihrer Bodenschätze auszubeuten, sondern mit der **Umwelt**, der Lebensgrundlage der Menschheit, fahrlässig umzugehen. **Gier** nach immer mehr Besitz, nach Verfügungsgewalt über immer mehr Dinge, ist ein anderer Grundzug der falsch verlaufenden Entwicklung von Zivilisation. Man könnte auch sagen, daß so noch einmal psychologisch-anthropologisch gefaßt wird, was zuvor schon ökonomisch-politologisch ausgedrückt worden ist. Es ist vielleicht das größte Verdienst von Morris, auf die Bedrohung der Existenzgrundlage der Menschheit durch die dem Menschen innewohnende Gier hingewiesen und dabei ständig den Zusammenhang zwischen Ethik und Ästhetik im Auge behalten zu haben. Der Hinweis auf dieses Junktim ist wichtiger denn je. Wieviele Menschen sich ein solches Bewußtsein aneignen und ob es sich als Grundhaltung bei allen Konflikten und Herausforderungen durchsetzt, könnte über den Fortbestand der Menschheit entscheiden.

Morris hat, wie er selbst einmal sagte, geschlossenen Systemen mißtraut. Daraus spricht Achtung und Wissen um die Wesensart des Menschen. Andererseits ist diese Einstellung der Tradierung und Rezeption dessen, was man als seine „Botschaft" bezeichnen könnte, nicht unbedingt förderlich gewesen.

Morris war auch der Meinung, daß Systeme, die sich überlebt haben, kritisiert oder verändert werden müssen. Die Voraussetzung für solche Veränderungen sei die Einsicht in jene Werte, die tatsächlich dem Glück einer Vielzahl und nicht nur dem Glück einzelner dienten. Diese Einsicht müsse, so Morris, durch Bildung und Aufklärung vorbereitet werden. Daß es ohne einen gewaltsamen Umsturz der alten Ordnung trotzdem nicht abgehen werde, damit stimmte Morris, seit er Sozialist geworden war, mit Marx entschieden überein. Danach wollte er die klassenlose Gesellschaft nicht durch eine zentrale Gewalt gelenkt oder verwaltet wissen. Er plädierte entschieden für Basisdemokratie, für die Beteiligung möglichst vieler an den grundsätzlichen politischen Entscheidungen in überschaubaren Bereichen.

Dies war seine Gesellschaftsutopie. Man versteht sie und erschließt sich die heute noch gültigen Hinweise besser, wenn man sie als Veranschaulichung von sonst abstrakt bleibenden Begriffen auffaßt.

Die Überwindung des Grabens zwischen angeblich wissenden Intellektuellen und dem „gemeinen Volk" ist eine für Morris ganz bezeichnende Einstellung. Desgleichen seine Respektlosigkeit vor der Autorität der Experten, bei denen er aufdeckt, wie ihre angebliche Objektivität nur verschleiern soll, daß auch sie Vertreter von Interessengruppen sind.

Morris ließ es nicht bei theoretischen Erörterungen eines besseren Lebens bewenden. Er versuchte, den häßlichen Dingen, die ihn empörten, schöne und nützliche Dinge, die er selbst machte, entgegenzusetzen. Er forderte nicht nur die Aufhebung der Entfremdung. Er war es seinem Sinn für Würde und Schönheit und seiner Freude an Arbeit schuldig, sie für sich selbst aufzuheben. Er lernte im Laufe seines Lebens malen, zeichnen, Gedichte machen, Romane schreiben, Bier brauen, färben, weben, Tapetenmuster entwerfen, Politik treiben, Schriften schneiden und drucken und noch manches mehr. Man kann sich lange mit ihm beschäftigt haben, man wird immer wieder eine Tätigkeit entdecken, auf die er sich mit einer Mischung aus Enthusiasmus und Gewissenhaftigkeit stürzte, die er als Kunstsinn bezeichnet haben würde.

Morris' Bedeutung für das Viktorianische Zeitalter, aber auch für hier und heute hat der amerikanische Historiker und Architekt Allan Temko in dem Vorwort zu der Biographie „William Morris" von Philip Henderson so zusammengefaßt:

*Holzschnitt von W. H. Hooper nach einer Zeichnung von C. M. Gere, mit Bordüren von William Morris. Dies ist das Frontispiz zu „News from Nowhere" (Kelmscott Press 1893, Auflage 300 Exemplare), das die Ostfront von Kelmscott zeigt.*

„Bärtig und mächtig, umkränzt von altertümlichen Girlanden, aber im wesentlichen jung, so erhebt sich die proteusartige Gestalt von William Morris aus der See der viktorianischen Verwirrung und blickt unserem von Kriegen kranken, an unkontrollierbarer Technologie, verdreckten Flüssen, primitiver Politik, manipulierbarer Reklame und weitverbreiteten sozialen und wirtschaftlichen Ungerechtigkeiten leidenden Jahrhundert entgegen." Temko nennt Morris den „moralischen Hauptpropheten all dessen, was in einer industrialisierten Umwelt falsch läuft".[18] Kann man Morris einen Erzvater der Alternativen nennen? Zunächst scheint das patriarchalische Moment, das in dieser Bezeichnung mit enthalten ist, eine solche Charakterisierung als Ausdruck falschen Bewußtseins zu verbieten. Daß er ein „Chauvi" gewesen sei, eine Haltung, die sonst in der viktorianischen Gesellschaft weit verbreitet war, diesen Vorwurf wird man Morris nicht machen können. Er forderte, von bitteren persönlichen Erfahrungen zu einem Umdenken in Hinblick auf die überkommenen Vorstellungen von Rollen von Mann und Frau veranlaßt, die Gleichberechtigung der Geschlechter. Dies kommt in „Kunde von Nirgendwo", aber auch in den „prose romances", den Fantasy-Romanen, nur zu deutlich zum Ausdruck. Andererseits aber hat sich Morris durchaus als Verwalter, Schützer und sie verwandelnder Vermittler von kultureller Tradition verstanden. Er war ein Riese, ein Fels in der Brandung, ein unnachgiebiger Widerstandskämpfer gegen

**Erzvater der Alternativen**

*Blick in die Landschaft um Kelmscott Manor über Garten und Laube hin. Dies sind die Wiesen, die bei der Beschreibung der Heuernte in „Kunde von Nirgendwo" erwähnt werden.*

**Die Straße nach Utopia**

ästhetische und ethische „Häßlichkeiten", ein nimmermüder Lehrer, Suchender und Fragender, der Begründer einer Tradition, die den Kampf gegen die Verkommenheit der Produkte und für eine vernünftige Balance zwischen Menschenwerk und Natur aufgenommen hat. Somit ist er auch ein Vorläufer der Grünen, die ihn, jedenfalls in der Bundesrepublik, noch nicht entdeckt haben.

Mackail, sein erster Biograph, schreibt in „Studies of English Poets" über Morris: „Die ganze Botschaft und die Bedeutung seines Lebens bestand letztlich in dem Versuch, die Menschheit in ihr Erbe einzusetzen, den Menschen zu verstehen zu geben: Leben ist nicht leer und nichtig. Seine Teile passen zusammen."[19]

Das rückt ihn wieder in die Nachbarschaft von Marx, der einmal sagte, alle Emanzipation sei Rückführung der Verhältnisse auf den Menschen selbst.

Willenskraft, Mut und Arbeitsfreude waren die Triebkräfte eines Mannes, der im Verlauf seines Lebens zwar erkannt hatte, daß *„die Straße nach Utopia möglicherweise endlos ist"*, der aber auch der entschiedenen Meinung war, daß wir zu uns selbst finden, *„indem wir diese Straße unter unsere Füße nehmen, indem wir, bestimmt durch unsere Träume, daran arbeiten, Chaos in Ordnung, Häßlichkeit in Schönheit zu verwandeln"*.[20]

Man kann sicher sein, daß er jenem Satz von Oscar Wilde aus „Die Seele des Menschen unter dem Sozialismus" entschieden zugestimmt haben würde: „Eine Weltkarte, auf der Utopia nicht verzeichnet ist, wäre nicht wert, daß man einen Blick auf sie wirft, denn sie läßt ein Land aus, in dem die Humanität immer landet. Und wenn die Humanität dort gelandet ist, sieht sie sich um, und wenn sie ein besseres Land entdeckt hat, setzt sie wieder Segel und sticht in See zu jenem besseren Land."[21]

Nach der Quintessenz seiner „Weltanschauung" gefragt, kann man sich als Antwort wieder seiner eigenen Worte bedienen. Was er sich unter einem menschenwürdigen Dasein vorstellte, umriß er so: *„Geld genug, um ihn (den Menschen) vor Furcht, vor Not und Entwürdigung für sich selbst und die Seinen zu bewahren. Freizeit genug, um neben seiner Arbeit des Broterwerbs, selbst wenn diese für ihn angenehm sein sollte, Muße zum Lesen und zum Nachdenken zu haben, auch dazu, um sein Leben mit der Welt im weiteren Sinn zu verbinden. Arbeit genug von der vorhin erwähnten Art, und Lob und Ermutigung genug, um so zu erfahren, daß er gute Freunde unter seinen Gefährten hat; und zum letzten — was nicht heißen soll, dies sei der unwichtigste Punkt des Vertrages, im Gegenteil, es ist der wichtigste — eine Wohnung, die der Schönheit nicht entbehrt, jener Schönheit, die uns Natur so freigiebig schenkt, würden wir sie in unserer Perversität nicht aussperren."*

William Morris' Leben war bestimmt von der Suche nach irdischen Paradiesen, vom „persuit of happiness", von der Suche, von dem Aussein auf irdisches Glück, das in der amerikanischen Unabhängigkeitserklärung zum ersten Mal als ein selbsteinsichtiges Menschenrecht festgeschrieben worden ist.

Man wird zugeben müssen, daß William Morris das irdische Paradies so wenig gefunden hat wie viele andere vor und nach ihm. Aber vielleicht hat er dabei etwas viel Besseres gefunden, das uns entschieden angeht: Hinweise auf die Notwendigkeit einer Gesellschaftsordnung, in der das Bedürfnis des einzelnen Menschen nach Schönheit und Selbstverwirklichung nicht mehr auf Kosten anderer befriedigt wird, und in der der Mensch gelernt hat, daß er ohne Friedensschluß mit seinem Gegenüber, der Natur, die Überlebenschancen seiner Gattung aufs Spiel setzt und dieses Wissen ihn veranlassen muß, seine Macht- und Besitzgier zu zügeln.

# II. Herkommen und Kindheit

*„Genau erinnere ich mich daran, wie ich als Junge meine erste Bekanntschaft mit einem Zimmer machte, dessen Wände mit verblassendem Laub überwachsen waren. Ich stieß darauf in der Jagdhütte der Königin Elisabeth... ich erinnere mich an den Zauber, den dieser Eindruck auf mich ausübte, eine Empfindung, die immer zurückkommt, wenn ich, wie ich das oft tue, Sir Walter Scotts Roman ‚Der Antiquar' lese und darin auf die Beschreibung des grünen Zimmers auf Monkbarn stoße, in die der Autor mit so exquisitem Kunstverstand die frischen glitzernden Verse des Sommer-Dichters Chaucer eingebettet hat..."*

William Morris, The Lesser Arts of Life, 1882[1]

*Im Jahre 1871 besuchte der französische Zeichner und Maler Gustave Doré London. Das Blatt „Ein Ball im Herrenhaus" vermittelt eine Vorstellung von der Lebensart des Großbürgertums, dem auch William Morris' durch Aktienbesitz reich gewordener Vater angehörte.*

## Erste Lebensjahre

William Morris wurde am 24. März 1834 in Elm House, Clay Hill, Walthamstow bei London geboren. Die Familie väterlicherseits stammte aus Wales, aus dem oberen Tal der Severn. Der Großvater erst hatte das für walisische Namen übliche „Ap" abgelegt. Er galt als „ein Mann, ausgezeichnet in jeder Hinsicht und sehr fromm", hatte sich als Kaufmann in Worcester niedergelassen und die Tochter eines ehemaligen Schiffsarztes, der in dieser Stadt praktizierte, geheiratet. Sein zweiter Sohn, der den Namen William erhielt, kam 1797 zur Welt. Um 1820 zog die Familie nach London, und William trat als Angestellter in die Börsenmaklerfirma Harris, Sanderson und Harris in der Lombard Street ein. Die Harris', denen die Firma gehörte, waren Quäker und durch Heirat mit den Morris' verwandt. Als William um die dreißig war, wurde er als Partner in die Firma aufgenommen. An der Börse waren damals nur wenige Makler zugelassen. Eine Maklerfirma hatte fast den Status einer Privatbank. Da die Konkurrenz begrenzt war, konnte man es rasch zu einem kleinen Vermögen bringen. Kurz nachdem ihm der Aufstieg vom Angestellten zum Mitinhaber gelungen war, heiratete William Emma, die jüngste Tochter Joseph Sheltons, eines wohlhabenden Kaufmanns aus Worcester.

*Elm House, Clay Hill, Walthamstow. Hier wurde William Morris am 24. März 1834 geboren. Zeichnung: E. H. New.*

Die Sheltons waren eine Familie, aus der immer wieder Pfarrer oder Rechtsanwälte hervorgegangen waren. Und es gab in dieser Familie ausgeprägte musikalische Begabungen. Zwei Söhne waren zum Singen verpflichtete Domherren in Worcester und Westminster.

William und Emma bezogen, wie das bei aufstrebenden Geschäftsleuten des Mittelstandes durchaus üblich war, eine Wohnung über den Büroräumen der Firma. 1830 und 1832 wurden ihnen dort die Töchter Emma und Henrietta geboren. 1833 kam ein Junge zur Welt, der aber kurz nach der Geburt starb. Unterdessen hatten Williams Einkünfte offenbar beträchtlich zugenommen. Das Klima von London galt als ausgesprochen ungesund. Also zog man aufs Land ... nach Clay Hill, Walthamstow, damals ein hübsches, vom Großstadtleben noch unberührtes Dorf östlich von London und nur eine Meile von einem der schönsten Wälder Südenglands, von Epping Forest, entfernt. Die ihren Geschäften nachgehenden Gentlemen fuhren am Morgen mit der Postkutsche in die City und kamen nachmittags mit diesem Verkehrsmittel wieder heim.

In Clay Hill wurde ihm abermals ein Sohn geboren. Er erhielt den Namen des Vaters: William. Er war in seinen beiden ersten Lebensjahren sehr schwächlich und mußte mit Kalbsfußsülze und Rinderbrühe aufgepäppelt werden. Nach drei, vier Jahren kräftigte sich das Kind. Es wurde lebhaft und voller Tatendrang. In rascher Folge brachte die Mutter noch sechs weitere Kinder zur Welt, vier Jungen und zwei Mädchen. So dürfte sie für das einzelne Kind nicht allzu viel Zeit gehabt haben. Bei William kam es deshalb schon früh zu einer engen Bindung an die beiden älteren Schwestern, vor allem an Emma.

Der Junge lernte fast beiläufig lesen, aber erst mit zehn Jahren schreiben. Er hatte Schwierigkeiten mit der Rechtschreibung. Als Strafe für die vielen Fehler, die er beim Buchstabieren machte, mußte er sich einmal barfuß auf einen Stuhl stellen. Die Rechtschreibschwäche verlor sich das ganze Leben über nicht. Noch im Manuskript des Versepos „Jason" machte Morris bei einem einfachen Wort einen Fehler und übersah ihn auch beim Korrekturlesen. Er ging mit in den Druck ein, der entsprechende Bogen wurde noch einmal gedruckt.

Als William sechs Jahre alt wurde, zog die Familie nach Woodford Hall, ein Anzeichen für einen weiteren sozialen Aufstieg. Das nun erworbene Haus, im Palladio-Stil, war umgeben von einem Park von 50 acres (ein acre [Morgen] = 40,467 Ar).

Außerdem gehörten hundert Morgen Bauernland zu dem Besitz. Vom Hausgarten aus führte ein Tor auf den Friedhof mit der kleinen Backsteinkirche. In unmittelbarer Nachbarschaft gab es ein paar schöne alte Häuser im „Georgian"-Stil. Auf dem Friedhof blühten im Frühjahr zwischen den Gräbern wilde Osterglocken. Vom Haus aus sah man in der Ferne die Themse, auf der Segel, weiß oder schmutzig braun, hinter Kornfeldern und Marschwiesen zogen. Es war eine Landschaft von bukolischer Ruhe und Gelassenheit, eine Landschaft, die in der Prosa von Morris häufig auftaucht. Am deutlichsten nachgezeichnet wird sie in „Kunde von Nirgendwo". Dort ist von der *„weiten grünen See der Marsch von Essex, dem hochgewölbten Himmel und einer Sonne"* die Rede, *„die eine Flut friedlichen Lichts über weite Entfernungen hin ausschüttet"*. Es war diese Art von Landschaft, die sich für Morris immer mit einem Glücksgefühl verband, und in gewissem Sinn ist die Landschaft um Kelmscott, dem Dorf, in dem er später ein Landhaus mietete, mit dieser Landschaft an der unteren Themse verwandt.

William und seine jüngeren Brüder angelten gern. Die Freude an dieser Beschäftigung blieb ihm fürs Leben. Die Jungen jagten aber auch, nicht Hochwild, doch Kaninchen und Rotdrosseln im Winter. Die Vögel pflegten sie über dem Feuer im Freien zu braten. Bilder von diesen kindlichen Abenteuern werden in „Jason" wieder auftauchen. Die Kinder hatten auch ihren eigenen kleinen Garten. Williams leidenschaftliche Liebe für Blumen und Pflanzen, die sich später vielleicht am deutlichsten in den Ornamenten seiner Tapeten ausdrückte, nahm hier ihren Anfang.

Das Leben in einer dörflichen Siedlung wie Walthamstow wurde kaum von den sozialen Veränderungen, die sich in den Großstädten stärker auswirkten, berührt. Elemente des autarken mittelalterlichen Wirtschaftens hatten sich erhalten. Die meisten Familien butterten noch selbst, backten ihr eigenes Brot, brauten ihr eigenes Bier. Wie schon im 14. Jahrhundert gab es zur Mittagszeit, zwischen Frühstück und Dinner am Abend, eine handfeste Mahlzeit; für die Kinder bestand sie zumeist aus Kuchen, Käse und einem Glas Dünnbier. Viele mittelalterliche Sitten und Gebräuche wurden noch gepflegt, die traditionellen handarbeitlichen Arbeitsweisen waren noch die Regel. Bis 1870 wurde in dieser Gegend das Getreide noch mit der Hand geschnitten und mit dem Dreschflegel ausgedroschen.

In Stamford wurde bis 1840 noch Jahr für Jahr das sogenannte „Bullentreiben" abgehalten, eine Veranstaltung, die auch als Ausdruck örtlicher Freiheitsrechte verstanden wurde. Bei der letzten Wiederholung dieses drastischen, aus dem Mittelalter stammenden Vergnügens mußten zur Aufrechterhaltung von Ruhe und Ordnung außer einer beträchtlichen Anzahl von Dorfpolizisten sogar Dragoner aufgeboten werden.[2] Eine deftige, dörfliche, in ihrer Arbeit und ihren Festen vom Wechsel der Jahreszeiten, von Aussaat und Ernte bestimmte Welt wehrte sich hier noch einmal vor ihrem Untergang, und dem Jungen kann dieser Konflikt nicht verborgen geblieben sein.

Weihnachten war ein wichtiges, mit vielen und nicht nur christlichen Bräuchen verbundenes Fest. Zu „Zwölf Nächten" Anfang Januar wurde ein Spiel um den Drachentöter Georg aufgeführt. An diesem Tag gab es für die Kinder Rumpunsch.

Dieses behagliche Leben in einer ländlichen Idylle mit Kutschern, Knechten, Köchinnen, Personal für unangenehmere, für die Herrschaft nicht standesgemäße Arbeiten im Haus, im Garten und auf dem Feld, mit Gouvernanten zur Erziehung der Kinder, war möglich, weil William Morris senior glücklicher Besitzer von 172 Anteilscheinen einer Kupfermine in Devonshire war. Diese Anteile von Devon

Kindheit in Walthamstow

## Arbeiten und nicht verzweifeln

Great Consol hatte er ursprünglich einmal für je ein Pfund erworben. Bald kletterten sie auf achthundert Pfund. Insgesamt stellten nun die Papiere des Vaters einen Geldwert von zweihunderttausend Pfund dar. Wie groß dieses Kapital war, kann man in etwa ermessen, wenn man weiß, daß der Wochenlohn eines Landarbeiters bei sieben Shilling lag. Als eben diese Landarbeiter versuchten, eine Gewerkschaft zu gründen und so eine Erhöhung des Wochenlohns auf zehn Shilling durchzusetzen, wurden die sechs Rädelsführer zur Deportation nach Australien und sieben Jahren Zwangsaufenthalt verurteilt. Viele Jahre später, in einem Brief an den „Manchester Examiner", wird am 14. März 1883 der erwachsene William Morris schreiben: *„Es ist schon eine Bürde für das Gewissen eines ehrlichen Menschen, daran zu denken, daß Unzählige ihr Leben unter Mühen leben, nie erleichtert durch Hoffnung, nie Gegenstand eines Lobes... meine Arbeit ist einfach genug... wirklich, ich habe mich immer wieder des Unterschieds zwischen meinen Stunden glücklicher Arbeit und der ungelobten, nicht gerecht abgegoltenen monotonen Schinderei geschämt, zu der die meisten Menschen verdammt sind."*[3]

Es ist dies eine Spannung, die er sein ganzes Leben gespürt haben muß. Belegbar ist sie für die Zeit der besten Mannesjahre und das Alter. Da sagte er auch: *„Wenn ich zehn Stunden am Tag Arbeit tun müßte, die ich verachte und hasse, so würde ich, wie ich hoffe, meine Freizeit mit politischer Agitation verbringen, um diesen Zustand zu ändern..., nein, ich fürchte, ich würde sie mit Trinken verbringen!"*[4]

Noch in seinen letzten Lebenstagen läßt ihn dieses Problem nicht los. Da erzählt ihm Georgiana Burne-Jones von den „Koben der Armen", die in anständige Hütten zu verwandeln er in den Cotswolds große Anstrengungen unternommen hatte.

*Woodford Hall, ein Herrenhaus im Palladio-Stil am Rand von Epping Forest. Hier wohnte die Familie Morris von 1840 bis 1848. William Morris' Vater fuhr täglich mit der Kutsche in die City.*

Verzweifelt darüber, wie wenig erreicht worden ist, bricht er in Tränen aus. Die Wurzeln für seine soziale Sensibilität liegen in Erfahrungen seiner Kindheit.

Der Junge las zwischen seinem sechsten und neunten Lebensjahr alle Ritterromane von Walter Scott, durch die er sich früh schon für die Welt des Mittelalters begeisterte. Er besaß eine Ritterrüstung, ritt auf einem Pony durch den nahegelegenen Wald von Epping, der praktisch gleich hinter dem Gartenzaun begann. Er war glücklich bei diesem Leben unter freiem Himmel. Konflikte gab es nur, wenn seinem Bedürfnis, draußen herumzustreifen, jemand Schranken setzen wollte. Man muß dabei mit an die Ängste der Mutter und der älteren Schwestern denken, auch er könne sterben wie das Kind vor ihm. Auf solches Behütetwerden, auf die Mahnungen, sich nicht schmutzig zu machen, auf Einschränkungen und Vorhaltungen, reagierte er mit heftigen Wutanfällen, die ihn ebenfalls sein Leben lang nicht verließen und später sogar zu Spekulationen Anlaß gaben, ob es sich dabei nicht vielleicht um epileptische Anfälle handele.
Sehr unwahrscheinlich, daß dies zutrifft. Während eines epileptischen Anfalls ist man nicht in der Lage, Türen einzutreten, Vorhänge herunterzufetzen und einen Teller samt Spiegeleiern durchs Zimmer zu schleudern. Nein, es war von Kindheit an das Aufbegehren gegen die Domestizierung, gegen eine falsche Gesittetheit, es war das Beharren auf der Lust, die er empfand, wenn er durch den Wald ritt oder über Wiesen stromerte. Es war schon beim Kind, wie später in anderer Art beim erwachsenen Mann, eine Auflehnung gegen all jene Kräfte, die ihn von einer direkten Beziehung zur Natur abtrennten.
Was Morris selbst später über Kindererziehung äußert, läßt in gewissem Maß auch Rückschlüsse darauf zu, wie er das Verhalten seiner Eltern beurteilte. 1883 schreibt er: *„Mein Vater war ein Geschäftsmann in der City, und wir lebten im üblichen bürgerlichen Stil. Da wir der evangelikanischen Sektion der Kirche von England angehörten, wurde ich in einem Glauben erzogen, den man als Puritanismus des reichen Establishments bezeichnen könnte, einem Glauben, zu dem ich schon als Junge keine Beziehung fand..."*[5]
Und 1886 heißt es in einem Brief: *„Wie ist es möglich, den noch unreifen Bürger vor den verrückten Einfällen seiner Eltern zu bewahren? Soll es diesen etwa freistehen... dessen Geist mit allerlei Unsinn vollzustopfen? Was mich angeht, so hatte ich es als Kind reicher Eltern nicht schlecht, denn sie, wie die meisten Leute, die es sich leisten können, entledigten sich der Verantwortung für meine Erziehung sobald wie möglich und übergaben mich zunächst meiner Schwester, dann Kutschern und Gärtnern und schickten mich schließlich auf eine Schule, auf eine Jungen-Farm sollte ich sagen. So oder so, ich lernte bei all dem eines: Rebellion. Das war gut, aber was, wenn meineEltern ärmer gewesen wären und mehr Charakter gehabt hätten? Dann hätten sie wahrscheinlich den fatalen Fehler gemacht, mich selbst zu erziehen. Ich habe die traurigen Auswirkungen davon bei Kindern von Freunden erlebt."*[6]
Das klingt nach einem doch recht distanzierten Verhältnis zu den Eltern. Der Vater, dessen letzte Lebensjahre mit dem vierten Jahrzehnt des Jahrhunderts anbrachen, wird als reichlich nervöser Mensch geschildert. Viel ist über ihn nicht bekannt. Mackail[7] bemerkt lediglich, William Morris habe die leichte Reizbarkeit und seine Anlagen zur Gicht vom Vater geerbt. Verallgemeinernd läßt sich sagen, daß die Sheltons ein zäher, langlebiger Menschenschlag waren, hingegen waren die Morris eher von schwächlicher Konstitution. Williams Mutter Emma starb erst im hohen Alter von 89 Jahren, 1894, zwei Jahre vor ihrem Sohn.

*25*

Die Geschwister

Da von Williams Geschwistern im weiteren Verlauf der Darstellung kaum mehr die Rede ist, soll über ihre Lebensläufe und Berufe hier wenigstens soviel berichtet werden: Emma heiratete einen Pfarrer und lebte mit ihrem Mann unter armen Bergleuten in Derbyshire. Henrietta blieb unverheiratet. Während einer Reise mit ihrer Mutter nach Rom trat sie zum Katholizismus über. Isabella, die dritte Schwester, wurde die Frau eines Marineoffiziers; als ihr Mann nach vierzig Ehejahren starb, ließ sie sich zur Krankenschwester ausbilden und wurde deswegen von der Verwandtschaft geschnitten. Sie war in den letzten zwanzig Jahren ihres Lebens Diakonin in den Slums von Süd-London. Die jüngste Schwester Alice heiratete einen Bankier, der nach einem Jagdunfall ums Leben kam. Der eine Bruder, Hugh, wurde Viehzüchter in der Nähe von Southampton, ein anderer Bruder studierte in Deutschland und trat dann in das berühmte Regiment der Gordon Highlanders ein. Sein Bruder Arthur wurde ebenfalls Soldat, kämpfte im Burenkrieg und war bei der Einnahme Pekings mit dabei. Edward, der jüngste, heiratete, hatte zwei Söhne und zwei Töchter; er brachte sein gesamtes Erbe durch und war später in Williams' Werkstatt in Merton Abbey als Färber angestellt. Sowohl in Briefen von Morris wie im Tagebuch des „Hausfreunds" der Familie, Wilfred Scawen Blunt, wird er wiederholt erwähnt.

Aber zurück zu William junior selbst. In sein achtes Lebensjahr fällt eine Besichtigung der Kathedrale von Canterbury, zu der ihn sein Vater mitnahm. Die Bedeutung dieses Erlebnisses hat seine Tochter May nach den Erzählungen des Vaters so geschildert: „Die erste große Kirche, die er sah, das lange Schiff, die großen Säulen, das farbige Glas machten einen Eindruck auf das Bewußtsein, den er lebenslang nie vergaß. Schnelle Auffassungsgabe und ein gutes Gedächtnis waren Teil seiner Begabung. Hier stand er nun, im Alter von acht Jahren, so beeindruckt von der Majestät des Gebäudes, daß sich auf merkwürdige Art dem Kind die Einzelheiten dieser berühmten Architektur einprägten, deren Bedeutung es freilich noch nicht verstand, die aber dennoch der Anfang eines reichen Wissens über solche Dinge wurde." Er selbst sagt, es sei ihm vorgekommen, als „hätten sich die Tore

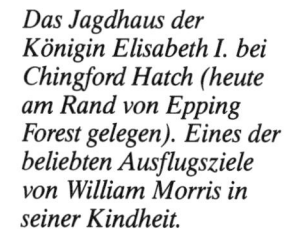

*Das Jagdhaus der Königin Elisabeth I. bei Chingford Hatch (heute am Rand von Epping Forest gelegen). Eines der beliebten Ausflugsziele von William Morris in seiner Kindheit.*

des Himmels" vor ihm aufgetan.[8] Er ahnte wahrscheinlich, daß der überwältigende Eindruck auf das Kind nicht wiederholbar war, und er ist später nie mehr an diesen Ort zurückgekehrt.

„Unter dem Ulmenbaum"

Als William neun Jahre alt war und nun täglich in die Vorbereitungsschule nach Walthamstow ritt, erhielt der Vater ein Familienwappen: auf blauem Grund ein Pferdeschädel zwischen drei Hufeisen. Ob diese Heraldik irgendeinen konkreten Ausgangspunkt hatte, ist nicht bekannt. Für den Vater war es der äußere Ausdruck des gelungenen Aufstiegs in die obere Mittelklasse. Die Phantasie des Sohnes beschäftigte sich mit den Symbolen, und er begann, sich als Nachfahre jener frühen Stämme zu sehen, die an ihren Kultstätten Umrisse von Pferden in die mit Gras bedeckten Abhänge der Hügel Süd-Englands einschnitten (White Horse Valley). Später in seinem Leben ist William Morris von Kelmscott aus fast jedes Jahr zu den auf so geheimnisvolle Weise mit der Erde und der Vegetation verbundenen Kultstätten gepilgert. Übrigens gilt heute als wissenschaftlich gesichert, daß das Weiße Pferd im Rasen der Berkshire Downs bei Uffington nicht, wie noch Morris annahm, ein Zeichen für den Sieg König Alfreds über die Dänen darstellt, sondern schon in der Eisenzeit entstanden ist.

Etwa auf halbem Weg von Kelmscott nach Westbury liegt Great Coxwell in Berkshire mit einem der schönsten Profanbauten, die sich aus dem Mittelalter in dieser Gegend erhalten haben, einer Zehntscheune. In der Kirche von Great Coxwell entdeckte Morris eine Grabplatte aus dem 15. Jahrhundert, auf der ein Bauer William Moyrs samt seiner Frau abgebildet war. Der Mann war in einem kurzen Rock und mit einem Pulverbeutel am Gürtel dargestellt. In einem kleinen Prosastück „Unter dem Ulmenbaum oder Gedanken auf dem Lande"[9] hat er seine Liebe und seine tiefe Verbundenheit zu dieser Landschaft zum Ausdruck gebracht. Weil diese Zeilen jenen für Morris charakteristischen Zusammenklang von Liebe zur Natur und Geschichtsbewußtsein haben, der schon aus den Erlebnissen seiner Kindheit erwuchs, werden sie hier zitiert.

*Morris' Ausflug zu den Steinkreisen von Avebury, auf den Spuren seiner Schulzeit, wahrscheinlich entstanden im Juni 1874.*

„*Hochsommer auf dem Land: Hier kannst du zwischen den Feldern und Hecken entlanggehen, die sich wie ein großer Blumenstrauß für dich ausnehmen. Es duftet nach Bohnenblüte, Klee, süßem Heu und Holunder. Die Gärten vor den Hütten leuchten von Blumen, die Hütten sind auf ihre Art Modelle der Baukunst. Über ihnen hier und dort Türme, die eigentliche Architektur vergangener Tage, da jeder Handwerker ein Künstler war und so entschieden Intelligenz in sein Werkstück mit einbrachte. Die Menschen der Vergangenheit, die Natur in ihrer Gegenwart — all dies scheint dazu da zu sein, dir zu gefallen und alle Dinge für deine Sinne schön werden zu lassen; selbst die staubige Straße hat einen Ausdruck von Luxus, während du in dem Gras am Straßenrand liegst und auf sie hinsiehst. Und horch auf die Amseln. Sie singen, damit du Gewinn davon hast. Gerade wollte ich sagen: sie singen, als würden sie dafür bezahlt, aber das stimmt nicht, denn es scheint, sie geben ihr Bestes.*
*Und alles, oder sagen wir mal das meiste, ist so strahlend lebendig. Der schattenhafte Weißfisch im Fluß dort drüben — noch ohne zu wissen, welches Schicksal bei Barking Reach das Wasser erwartet — blitzt saphirblau, wenn der Wind das Wasser bewegt unter dem wolkenlosen Himmel. Quer über die Wasserfläche hin ziehen sich Streifen von perlweiß blühendem Unkraut. Jeder Meter des Ufers ist ein Schatz kostbarer Muster: Mädesüß und Brombeeren, Schwarzwurz und Bettstroh. Vom Weiß-*

Das Weiße Pferd

*fisch im Fluß über das Labyrinth der Gräser bis hin zur summenden Geschäftigkeit in den frisch gemähten Feldern oder um die grauen Haufen des Heus herum ist alles hellwach; und ich glaube, alles, was nicht Angst haben muß, ist auch glücklich. Was war es, was mir durch den Kopf ging, als ich mich im Schatten der Ulme am Straßenrand umsah? Ein Land, wert, um darum zu kämpfen, sofern dies nötig wäre; wert, Unannehmlichkeiten auf sich zu nehmen, um seinen Frieden zu verteidigen. Ich hebe den Kopf und zwischen den Ulmenzweigen sehe ich entfernt einen grauen abgestützten Hügel aus dem Meer grüner und blau-grüner Wiesen und Felder aufragen und undeutlich am Rand über den Abstützungen erkenne ich die seltsame Figur, die dadurch entstanden ist, daß man die dünne Grasdecke über dem Kalk abschnitt, eine Figur, die ein Weißes Pferd darstellt, auf jene Art, wie es in der Heraldik vor elfhundert Jahren üblich war. Hart an diesem Hügelzug kämpften die Leute jener Tage wirklich um den Frieden und die Lieblichkeit eben des Landes, auf dem ich hier liege, und sie schnitten, als sie den Sieg errungen hatten, das Bildnis des Weißen Pferdes als ein Erinnerungszeichen ihres Mutes und, wer weiß, als Aufforderung an ihre Nachfahren, es ihnen nachzutun, hier in die Erde.
Für eine kleine Weile erfüllt es mich mit Erregung, während ich mir das vorstelle, aber während ich den Schwalben zusehe, die von Hecke zu Hecke flitzen oder über die Hecke hinweg mit leichtem Anstieg und über dem Bohnenfeld dort drüben herabstoßen, kommt mir ein anderer Gedanke. Diese lebendigen Dinge, von denen ich gesprochen habe, die Fische und Schwalben und Stare und Amseln, sind alle auf ihre Art schön und graziös und keinem mangelt es an Grazie und Schönheit..."*[10]
Wenn man begreifen will, warum später Morris entschieden der Meinung war, daß der Mensch auf so viele von Menschen gemachte Dinge verzichten könne, sofern sie nicht wenigstens einen Abglanz jener natürlichen Schönheit aufwiesen, so liegen in einer naturnahen und an geschichtsträchtigen Erlebnissen reichen Kindheit die Wurzeln zu einem Bewußtsein, wie es sich in diesem Text ausdrückt.
Das Wappen des Vaters, die imposanten Überreste des frühzeitlichen und mittelalterlichen Englands, die historischen Romane von Walter Scott, das mächtige Gehäuse der Kathedrale von Canterbury, die Geschichte des „Sommer-Dichters" von der Pilgerfahrt einer Gruppe Menschen verschiedener Stände dorthin, die Abenteuer in den Marschwiesen und die Szenen der dörflichen Feste — das waren Bilder, die sich dem Erinnerungsvermögen des Jungen einprägten. Es waren Bilder, nicht unbedingt bezeichnend für das England dieser Zeit, das sich mit anderen Problemen auseinanderzusetzen hatte.

Es waren Bilder, abhängig von den Bildungserlebnissen des gehobenen Mittelstandes, in dem dieser Junge aufwuchs. Undenkbar beispielsweise, daß Oliver Twist — ein Opfer jenes grausamen, 1834 verabschiedeten Armengesetzes, das die Unterstützungsempfänger von ihren Familien trennte — ähnliche Bilder in sich hätte aufnehmen können. Von den politischen Ereignissen, den gelegentlich auch blutig verlaufenden Auseinandersetzungen zwischen Chartisten und Polizei oder Militär, könnten höchstens Horrorgeschichten, wie sie beispielsweise Edward Burne-Jones, der spätere Freund von William Morris, von seinem Kindermädchen hörte, in das respektable Heim der „middle-class"-Familie gedrungen sein.
1849 starb Williams Vater vierzigjährig. Er hatte für die weitere standesgemäße Erziehung seines ältesten Sohnes vorgesorgt und für William einen Platz in der Internatsschule Marlborough College gekauft. Sie war erst 1843 gegründet worden und wurde hauptsächlich von Söhnen des niederen Klerus besucht. Es scheint zu

dieser Zeit auch schon ausgemacht gewesen zu sein, daß William später in Oxford Theologie studieren sollte.

Marlborough ist ein kleines Landstädtchen in schöner Umgebung: hügelig, mit weiten Wiesen, die von Hecken oder Baumreihen begrenzt werden, kleinen Wäldchen, alles in allem das, was man unter der englischen Parklandschaft versteht. Der Name des Ortes soll sich von „Merlins Berg" herleiten. So hieß der aus der Vorgeschichte stammende Erdwall von Castle Mound. Zentrum des Ortes ist ein weiter, langgestreckter Marktplatz, an dem heute noch viele schöne alte Häuser stehen. In jener Zeit war Marlborough eine Kutschenstation auf der großen Überlandstraße nach Bath. Die Schule befand sich im sogenannten „Castle Inn", zu dem zehn Morgen Land gehörten. 1843 kam „White House", ein Herrenhaus mit Stallungen und Außengebäuden, dazu. Dahinter war kurz vor Morris' Ankunft ein neues Gebäude für die Unterrichtsräume errichtet worden. Die Schülerzahl war in den letzten Jahren von zweihundert auf fünfhundert angestiegen. Morris trat im Februar 1849 zusammen mit hundert anderen Schülern ein. Er war nun fast fünfzehn Jahre alt. Bald bekam er den Spitznamen „Krabbe", vielleicht weil er die Angewohnheit hatte, mit den Händen fest zuzupacken oder sich gerne verkroch. Ein Klassenkamerad schildert ihn als einen gedrungenen Jungen mit frischer Farbe, schwarzem lockigen Haar und großen Körperkräften sowie einem Temperament, das manchem Angst einjagte. Es fiel auf, daß er ständig seine Finger mit etwas beschäftigen mußte. Häufig knüpfte er in dem großen Klassenzimmer, auch während des Unterrichts, Netze. Er war träumerisch und wurde deswegen gehänselt. Auf Spaziergängen erfand er endlose Geschichten, die alle von Rittern und Feen handelten. In einem reichlich lässig gehaltenen Lebensbericht, den Morris 1863 unter dem ironischen Titel „Eine ziemlich lang-gewundene Skizze meines ereignislosen Lebens" für den österreichischen Sozialisten Andreas Scheu verfaßte, schrieb er über seine Zeit in Marlborough: *„Die Schule war damals noch neu, und es ging ziemlich rauh her. Was die Wissensvermittlung betrifft, so muß ich sagen, daß ich so gut wie nichts gelernt habe und auch fast nichts gelehrt wurde, aber der Ort liegt in einer schönen Landschaft, geradezu übersät mit vorgeschichtlichen Sehenswürdigkeiten, und also schickte ich mich an, diese und überhaupt alles, was mit Geschichte zusammenhing, gewissenhaft zu studieren. Ich nahm so eine ganze Menge Wissen in mich auf, zumal es eine Bibliothek in der Schule gab, zu der ich manchmal freien Zutritt hatte."*[11]

Es ist nach vorliegenden Berichten von Lehrern und Schülern augenscheinlich, daß sich die Schule in einem ziemlich verwahrlosten Zustand befand. Man war der großen Schülerzahl weder von den zur Verfügung stehenden Räumlichkeiten noch von der Zahl der Lehrer her gewachsen. Im Herrenhaus lagen die Schlafsäle der Schüler, das Krankenzimmer, die Wohnräume der Lehrer. Im Keller war die Bibliothek untergebracht. In der sogenannten „Upper School", dem Neubau, wurde unterrichtet. An das Wächterhaus am Eingang mit einer freihängenden Glocke schloß sich die Kapelle an.

Man spielte Fußball und Tennis... in Ermangelung von Lehrern, die unterrichteten, manchmal auch schon am Vormittag. Das Schuljahr teilte sich in zwei Perioden, die eine dauerte von Januar bis Juli, die andere von August bis Dezember. Außer in den Ferien war William ständig in Marlborough. In der Internatsschule scheint er eine Phase starker Religiosität durchgemacht zu haben. Nach dem sektiererischen Christentum im Elternhaus behagte ihm die dem High-Church-Ritual zuneigende Art der Gottesdienste in der Schule mehr, zumal in Blore's Chapel von

Schulzeit in Marlborough

**Emma, die Vertraute**

gut geschulten Chorsängern die eben wiederentdeckte Elisabethanische Kirchenmusik zu hören war.

Im Herbst 1848 zog Morris' Familie von Clay Hill in ein kleineres Haus, Wate House, um. Es lag nur eine halbe Meile von ihrem bisherigen Haus entfernt und war ein quadratisches Gebäude aus gelbem Ziegelstein. Hinter dem Haus lag ein weiter Rasen mit einem ungewöhnlich breiten Wassergraben, in dem sich eine mit Espen, Schwarzdorn und Kastanienbäumen bewachsene Insel befand.

Williams Briefe nach Hause waren fast alle an seine älteste Schwester Emma gerichtet, und man merkt ihrem Ton an, daß er Emma als Vertraute seiner inneren Entwicklung betrachtete. So, wenn er ihr berichtet, wie ihn drei Verse aus dem 37. Psalm angerührt haben. Oder, wenn er erzählt, was er auf einem Ausflug nach Avebury gesehen und erlebt hat:

*„Am Montag ging ich zum Silbury-Hügel, bei dem es sich, wie ich Dir schon erklärt habe, um eine künstliche Erhebung handelt, die die Briten angelegt haben (wie wir nach inzwischen dort vorgenommenen Grabungen wissen, ist der Hügel weit älter). Aber zuerst ging ich zu einem Ort, genannt Avebury, wo es einen Druidenkreis und römische Befestigungen gibt. Beide sollen die Stadt ursprünglich umschlossen haben. Man nimmt an, daß die Steine einen weiteren äußeren Ring bildeten, mit einem engeren Ring innen und dann einem dritten in der Mitte für den Altar. Genau läßt sich das nicht sagen, weil viele Steine fortgeräumt worden sind. Am Dienstagmorgen hörte ich davon und ging noch einmal hin. Nun verstand ich, wie man sie gesetzt hat. In Avebury sah ich auch eine sehr alte Kirche. Der Turm war hübsch, tatsächlich hat er vier Turmspitzen von der dekorierten Art, und es gibt ein kleines Vordach und dahinter einen schönen normannischen Eingang mit Simswerk. Die Kanzel war neu und ist mit Mosaiksteinen belegt. Ich sah's nur durch das Fenster, denn ich wußte nicht, wo des Küsters Haus war und konnte nicht hin und mir den Schlüssel geben lassen. Es gab dort auch ein hübsches kleines Pfarrhaus nahe bei der Kirche. Nachdem wir uns die Löwen von Avebury angeschaut hatten, was etwa eine halbe Stunde dauerte, gingen wir durch eine schlammige Gasse über ein oder zwei Felder und schließlich durch etwas, was man hier eine Wasserwiese*

*Marlborough College, 1848 als Internatsschule für die Söhne von Landpfarrern gegründet. William Morris besuchte das College von 1848 bis 1851.*

*nennt. Nun weißt Du vielleicht nicht, was eine Wasserwiese ist, weil es in dem Teil der Welt, in dem Du lebst, so etwas nicht gibt. Zu Deiner Belehrung will ich Dir erklären, wie angenehm es ist, durch so eine Wasserwiese zu laufen ... Zunächst einmal mußt Du Dir ein Feld vorstellen, durch das unzählige kleine Bäche fließen, also so um die vier Fuß breit. Die Leute, denen das Feld gehört, können diese Bäche füllen und verschließen. Um diese Jahreszeit sind sie gefüllt, weil bald gemäht wird. Das Gras ist sehr lang, und man sieht das Wasser nicht, bis man hineinplumpst. Das Wasser war noch nicht lange geflutet, als wir hindurchgingen. Andernfalls wären wir wohl bis zu unseren Bäuchen im Schlamm versunken. Aber vielleicht kannst Du Dir jetzt vorstellen, was eine Wasserwiese ist.*

*Nachdem wir durch die Wiese gewatet waren, bestiegen wir den Hügel von Silbury, der nicht sehr hoch ist, aber es muß furchtbar viel Zeit gebraucht haben, ihn aufzuschütten. Ich brachte als Andenken ein kleines Schneckenhaus mit. Ich habe es in meinem Notizbuch verwahrt. Um halb sechs war ich zurück. Die Entfernung beträgt alles in allem 14 (englische) Meilen, und ich brauchte für diesen Weg $3^{1}/_{2}$ Stunden. Natürlich sind Montag und Dienstag Feiertage gewesen. Da Du mir einen großen Käse schicken willst, kannst Du vielleicht von Sarah auch noch einen großen guten Kuchen backen lassen. Ich hätte auch gern ein paar Biskuits. Und würdest Du mir etwas Papier und Briefmarken und einige Seidenraupeneier schicken, wenn Du sie in die italienische Schachtel reinkriegst, weil nämlich die große Schachtel zu groß wäre für die Schule. Es tut mir leid, daß ich zu Ostern nicht bei Dir daheim war, aber das konnte nun mal nicht sein. Die abgedroschenen Argumente wie jenes, man müsse eben zur Schule gehen, wollen wir uns sparen. Das wissen wir alles. Gib meine innigste Liebe an alle, liebste Emma, und glaub mir, ich bin Dein Dich am meisten unter allen Menschen liebender Bruder*

*William Morris*[12]

In dem Brief erfährt man einiges über das relativ ungebundene Leben der Schüler in Marlborough, über Williams zu dieser Zeit schon erstaunlich ausgeprägte kunsthistorischen und archäologischen Interessen, über seine Fähigkeit, mit Worten ein höchst anschauliches Bild von einer ungewöhnlichen Einrichtung zu geben, seinen Hang zum Didaktischen und ein fast verschwörerhaftes Verhältnis zu der geliebten Schwester gegenüber dem Rest der Familie. Auch etwas über die Überlegenheit, die er daraus gewinnt („das wissen *wir* ja alles!"). Solch eine enge Bindung zwischen Bruder und Schwester war in der viktorianischen Gesellschaft häufig.

Während William das Internat in Marlborough besuchte, kam es dort im Oktober 1851 zu einer regelrechten Revolte. Der Konflikt begann damit, daß der unbeliebte Hausmeister Pevier mit dem Spitznamen „Falkenauge", dem von den Lehrern allerlei Disziplinierungs- und Aufsichtsfunktionen aufgebürdet waren, in den Verdacht geriet, Schüler, die geraucht und Steine geworfen hatten, beim Direktor angezeigt zu haben. Steine zu werfen war eine beliebte Art von Angeberei. Klagen darüber sind aus zahlreichen Internatsschulen dieser Zeit bekannt. Während des Wochenendes nahmen die Ausschreitungen immer mehr zu. Scheiben wurden zerbrochen, Passanten durch Steinwürfe verletzt. Die Schule hatte ohnehin einen schlechten Ruf. Es war immer wieder zu Klagen darüber gekommen, daß Schüler Vogelnester ausnahmen und Getreide niedertraten. Jetzt wurde ihnen verboten, nach Einbruch der Dunkelheit das Schulgebäude zu verlassen. Fünfunddreißig Schüler wurden verhört, dreißig von ihnen konnte nichts nachgewiesen werden.

**Internatsrevolte**  Ein Schüler wurde von der Schule verwiesen. Daraufhin blieb es einige Tage ruhig. Aber Anfang November flackerten die Unruhen wieder auf. Von sechs Uhr an, den ganzen Abend über und die Nacht hindurch, wurden Schwärmer und Kracher abgebrannt. Das Tagebuch des Direktors verzeichnet die Beschädigung „größerer Sachwerte" und „Furcht, das Leben durch ausbrechende Brände zu verlieren". Wieder wurden einige Schüler heimgeschickt, aber die Unruhen hielten an.

Eine Delegation von immerhin zweihundert Schülern forderte von der Schulleitung, sie solle den Hinauswurf der angeblichen Rädelsführer rückgängig machen. Es gab Spannungen zwischen dem Direktor und dem Lehrerkollegium, von denen die Schüler erfuhren und die sie ausnutzten. Die Scheiben in der Kapelle gingen zu Bruch, Tische und Bänke wurden zerbrochen. Die Liste der aktiv an den Unruhen beteiligten Schüler ist uns bekannt. Williams Name findet sich nicht darunter. Man muß davon ausgehen, daß ihn die Vorgänge stark beeindruckt haben. Jack Lindsay[13], dem wir eine ausführliche Darstellung der Konflikte an der Schule verdanken, schreibt: „Hier erlebte Morris junge Leute, die sich gegen das, was sie als ungerechte und unterdrückende Kontrolle empfanden, zusammentaten und dabei beträchtliche Solidarität bewiesen. Es fällt schwer, für die Steinewerfer große Sympathien aufzubringen, aber als der Konflikt sich entwickelt hatte und die (zweihundert) Jungen die Petition übergaben, werden sie der Meinung gewesen sein, daß sie für eine gerechte Sache eintraten... Er (Morris) hatte zum ersten Mal erlebt, daß Menschen unter Umständen aus einem Gemeinschaftsgefühl heraus handeln. Später, in ‚Der Traum von John Ball', wird er das so umschreiben: *Wer da aufwacht in der Hölle und spürt, wie ihm das Herz bricht, wird sich an die guten Tage auf Erden erinnern, als, da ihm das Herz zu brechen drohte, er seine Genossen anrief, und seine Genossen hörten ihn und kamen ihm zu Hilfe.*"[14]

Nach den Weihnachtsferien kehrte William nicht mehr in die Schule zurück. Nachrichten von den Zwischenfällen in Marlborough waren bis zur Mutter gedrungen, die nun den Sohn daheim behielt und ihn von einem Privatlehrer unterrichten ließ. Es war dies der Pfarrer F. B. Guy, der fast über ein Jahr William auf sein Studium an der Universität Oxford vorbereitete. Er vermittelte dem Jungen eine erstaunlich umfassende klassische Bildung in Latein und Griechisch. Außerdem korrespondierten Guys Interessen für Malerei und Architektur mit denen seines Schülers. Obwohl Morris gewiß glücklich war, die vertraute Landschaft wiederzusehen und es auch keine Probleme in der Schule gab, fühlte er sich doch traurig und einsam. Emma hatte im Mai 1850 den Pfarrer Joseph Oldham geheiratet. William scheint seinen Schwager kaum gekannt zu haben, hatte vor allem keine Ahnung, was sich da zwischen dem Reverend und der geliebten Schwester anspann. Zur Hochzeit der beiden bekam er keinen Schulurlaub. Inzwischen hatte Oldham eine Pfarrstelle in Derbyshire angetreten, und seine Frau war ihm selbstverständlich dorthin gefolgt.

Unter den Notizen des ersten Biographen von Morris, J. W. Mackail, fand sich ein Zettel mit der Bemerkung, „William fühlte sich verlassen nach ihrer Eheschließung." Er empfand die Trennung von Emma als einen Liebesentzug. Verlassenheitsängste, die schon dem Kind nicht fremd gewesen waren, lebten wieder auf und führten zu starken inneren Spannungen. Bereits zu dieser Zeit hatte er die Angewohnheit, auf einem Stuhl zu kippeln und dabei seine Beine um die Stuhlbeine zu legen. Dann spannte er sich, bis das Holz Sprünge bekam und sogar barst. Ein anderes Mal entlud sich die Spannung in wilden Stockgefechten, bei denen die

Partner aufpassen mußten, daß aus Spiel nicht bitterer Ernst wurde. Es gibt eine während der Studienzeit in Oxford entstandene Erzählung von Morris, die weniger wegen ihrer literarischen Qualität als deswegen bemerkenswert ist, weil sie die psychologische Situation des jungen Morris um diese Zeit fast dokumentarhaft abbildet. In „Franks versiegelter Brief"[15] kommt der Held enttäuscht aus London in eine Landschaft zurück, die er liebt. Beschrieben wird sein Gefühl, in dem sich Freude und Trauer mischt, während er an einem kleinen Bach entlang geht, der in die Lea mündet, und das alles inmitten von Geräuschen, Farben und Gerüchen des Frühlings. Erinnerungen kommen in ihm auf. Er folgt dem Bach mit den breitblättrigen Wasserpflanzen, er pflückt die üppigen Sumpfdotterblumen, seine Hand und die Blumen lassen das Wasser Blasen schlagen. Als er, die Blumen in der Hand, weitergeht, hat er eine Vision: *„Ich sehe ein kleines Mädchen im Gras sitzen, zwischen den Linden im heißen Sommerlicht, die Augen auf die in der Ferne gelegenen Hügel gerichtet, wo sie wer weiß was erblickt, denn der Junge neben ihr liest ihr eine wunderbare Geschichte über einen Ritter und eine Dame vor, von einem Feenwesen, das in alter Zeit lebte, und seine Stimme zittert, während er liest."*[16] Das Mädchen windet dem Jungen einen Kranz aus Vergißmeinnicht. Wie ein Ritter in Rüstung kniet er vor ihr nieder und sie krönt ihn. Später jedoch verläßt das Mädchen ihn und heiratet einen anderen. Frank geht nach London, entschlossen, sich zu bewähren und sich einen großen Namen zu machen. Das gelingt ihm und gelingt ihm auch wieder nicht. Es gibt einen tragischen Bruch zwischen dem Mann, der er hätte werden können, wäre sie seine Frau geworden, und dem Mann, der er ohne sie geworden ist.

Geschichten, aber häufig auch Gedichte, sind bei Morris mehr als vielleicht bei anderen Autoren Versuche, innere Konflikte zu verarbeiten und durch Verfremdung zu bewältigen. So spiegelt denn auch „Franks versiegelter Brief" das doppelte Drama der Morris'schen Kindheit, nämlich die zweifache Vertreibung aus dem Paradies, einmal aus der als Freiraum und Anschauungsgegenstand von Schönheit empfundenen Natur, und zum anderen aus dem Paradies der intensiven, ihn tröstenden und seine Ängste fernhaltenden Beziehung zu seiner Schwester.

Mit Emmas Weggang erlischt bezeichnenderweise Williams nachhaltiges Interesse an seiner Familie überhaupt. Er scheint mit Emma noch einige Zeit in Kontakt geblieben zu sein und ihr hin und wieder auch Gedichte geschickt zu haben, im übrigen aber machte er dann als Student seiner Mutter in Walthamstow nur noch Anstandsbesuche zu Weihnachten und ihrem Geburtstag oder dann, wenn es von ihr nicht gebilligte Entscheidungen im Berufsweg zu verteidigen galt. Schon in dem knappen Jahr bis zum Beginn des Studiums und während seiner Ferienbesuche von Marlborough aus, scheint er auf Distanz zur Familie gegangen zu sein. Als die anderen Schüler seines Tutors zur Beerdigung des Herzogs von Wellington fuhren, benutzte er den schulfreien Tag, um zu der Abtei von Waltham zu reiten. Er war viel mit einem anderen Schüler von Guy zusammen, der sich ebenfalls gern im Freien herumtrieb. Sie jagten Schwäne und fischten mit Netzen, die William selbst geknüpft hatte, nach Barschen. Es muß auch während eines Ferienaufenthalts gewesen sein, daß ihn die Familie zwang, sie auf eine Reise nach London zwecks Besichtigung der Industrieausstellung im Kristallpalast zu begleiten. Trotzig blieb William draußen vor dem Eingang sitzen und erklärte ungerührt, er finde die Ausstellung *„wundervoll häßlich"*[17].

# III. Kristallpalast – oder Waren als Wunder

*„Der Form des neuen Produktionsmittels, die im Anfang noch von der des alten beherrscht wird (Marx), entsprechen im Kollektivbewußtsein Bilder, in denen das Neue sich mit dem Alten durchdringt. Diese Bilder sind Wunschbilder und in ihnen sucht das Kollektiv die Unfertigkeit des gesellschaftlichen Produkts sowie die Mängel der gesellschaftlichen Produktionsordnung sowohl aufzuheben wie zu verklären... Die Weltausstellungen sind Wallfahrtsstätten zum Fetisch Ware... Sie verklären den Tauschwert der Ware. Sie schaffen einen Rahmen, in dem ihr Gebrauchswert zurücktritt. Sie eröffnen eine Phantasmagorie, in die der Mensch eintritt, um sich zerstreuen zu lassen..."*
Walter Benjamin, Das Passagen-Werk[1]

*Darstellung des Kristallpalastes 1851 auf einer zeitgenössischen Tapete.*

## Das Viktorianische Zeitalter

Das Jahr 1851 stellt für einen Überblick über das Viktorianische Zeitalter, so genannt nach der Regierungszeit der britischen Königin Victoria, einen guten Ausgangspunkt dar.

1837 kam die Königin als 18jähriges Mädchen auf den Thron. Sie besaß wenig politische Erfahrung, aber Energie, Entschlossenheit und Intelligenz genug, um zu begreifen, daß Politik eine Kunst ist, die man wie vieles andere auch erst lernen muß. Unter Anleitung des Parteiführers der „Whigs", Viscount Melbourne, und später nach ihrer Heirat im Jahr 1840 klug beraten von ihrem Ehemann, dem Prinzen Albert von Sachsen-Coburg, wurde sie eine gutinformierte und gewissenhafte Monarchin, sich ihrer Grenzen wohl bewußt, aber auch darauf beharrend, jene Rechte wahrzunehmen, die ihr zustanden. Ihre Regierungszeit zwischen 1837 und 1901 war die längste eines Monarchen in der britischen Geschichte überhaupt und, gemessen am materiellen Wohlstand, der politischen Macht des Landes, den kulturellen Errungenschaften und dem wissenschaftlichen Fortschritt, eine ausgesprochene Blütezeit.

Ehe Großbritannien zur Behauptung seiner Rolle als führende imperialistische Großmacht des 19. Jahrhunderts in den folgenden fünfzig Jahren in eine ganze Anzahl kriegerischer Konflikte verwickelt wurde, ehe die irische Frage, Probleme, die sich aus den Klassengegensätzen ergaben und die Souffragettenbewegung zu stürmischen innenpolitischen Auseinandersetzungen führten, waren die Jahre um 1850 eine Zeit der Beruhigung und wohlgefälligen Stolzes der Herrschenden. Das Besitzbürgertum wies nicht ohne Selbstgefälligkeit das vor, was es erreicht hatte und worauf es — was eine noch bessere Zukunft anging — auch zu setzen bereit war. Eine Periode war zum Abschluß gekommen. Die neue Periode hatte noch nicht begonnen.

Bevor wir den Bau der Weltausstellung 1851 in London, den Kristallpalast, näher betrachten, bevor wir der Ideologie nachspüren, die hinter seinen ästhetischen Prinzipien steht, sollten wir in einem Diskurs noch einen Blick zurückwerfen.

Die industrielle Revolution in England hatte schon in der zweiten Hälfte des 18. Jahrhunderts mit der Erfindung neuer Techniken der Textilindustrie, die bis dahin in Heimarbeit ohne Zunftbedingungen produzierte, begonnen.

1764 erfand Hargreaves die sogenannte Jenny-Spinnmaschine, bei der acht Spindeln gleichzeitig in Gang gesetzt werden konnten. Im gleichen Jahr begann James Watt mit den ersten Arbeiten, die später zum Bau der modernen Dampfmaschine führen sollten. 1775 konstruierte Arkwright eine verbesserte Baumwollspinnmaschine, die mit Wasserkraft betrieben wurde. 1783/84 wurden verbesserte Verfahren auf dem Sektor der Eisenproduktion, die den Schmelzprozeß abkürzten, erfunden. 1777 hatte man die erste maschinelle Spitzenfabrikation aufgenommen. Die Folge war, daß die alte Hausindustrie des Textilgewerbes einging und neue soziale Klassen, die Besitzer der Fabriken und Produktionsmittel einerseits und die lohnabhängigen Industriearbeiter andererseits, entstanden. Die Möglichkeit, rasch mehr Waren herzustellen, ließ die Wirtschaft nach neuen Absatzmärkten suchen und belebte damit den Überseehandel und die Schiffbauindustrie. Der Aufschwung des Handels machte den Ausbau des inländischen Transportwesens notwendig, und die Verwendung von Maschinen bewirkte einen gesteigerten Abbau von Kohle und Eisen.

Gleichzeitig kam es durch Fortschritte auf dem Gebiet der Medizin und die damit zusammenhängenden Einsichten in die Notwendigkeit besserer sanitärer Anlagen,

*Blumenmädchen im Eastend, einem der ärmsten Viertel Londons.*

*35*

Anfänge der Industriegesellschaft

nicht zuletzt aber durch den wirtschaftlichen Aufschwung selbst, zu einer starken Bevölkerungszunahme. Zwischen 1700 und 1800 verdoppelte sich die Einwohnerzahl, und im ersten Jahr des 19. Jahrhunderts lebten in Großbritannien, also in England, Wales, Schottland und Irland, das 1800 durch Gesetz mit England verbunden worden war, 10,5 Millionen Menschen. In den kommenden hundert Jahren sollte sich diese Zahl verdreifachen. Die Vorzeichen, unter denen das neue Jahrhundert begann, schienen günstig. Der Franzose L. Simond, der in diesem Jahr England besuchte, konnte schreiben: „Ich traf hier eine größere Anzahl von reichen, glücklichen und gutgestellten Leuten als in irgendeinem anderen Land, das ich kenne. Ich erlebte, wie unter Angehörigen aller Stände der Wetteifer und der Gewerbefleiß und die Unabhängigkeit, die einen Zustand zivilisatorischen Fortschritts kennzeichnen, die Oberhand gewonnen haben. Die Art und das ganze Verhalten der Oberen gegenüber ihren Untergebenen ist bestimmt von Rücksicht und Umsicht, die auf das Vorhandensein gerechter Gesetze für alle hindeuten. Daraus glaube ich ersehen zu können, daß dies hier die beste Regierung ist, die es je gegeben hat."[2]

Dieses Lob und die Bewunderung, die auch aus den Aufzeichnungen anderer Englandreisender dieser Jahre spricht, übersieht die soziale Unruhe, die dann um das Jahr 1815 immer unverhüllter zum Vorschein kommt.

Wie konnten auf wirtschaftliche Blüte, Zufriedenheit und Behaglichkeit so rasch Not und Verbitterung folgen, die sogar zu sozialen Revolten führten?

Nun, in den Jahren des Krieges gegen Napoleon hatte die englische Industrie dadurch gute Geschäfte gemacht, daß sie nicht nur die britische Armee, sondern auch die Heere Rußlands, Preußens und Schwedens mit Waffen, Uniformen und Militärdecken belieferte. Neue städtische Ballungszentren wie Manchester, Birmingham, Leeds, Sheffield und Bristol entstanden. Hier und auf den Schiffswerften von Glasgow und Liverpool waren die Industrien in der Lage, selbst die aus dem armen und ausgepreßten Irland einströmenden Arbeiter zu beschäftigen.

Auch die landwirtschaftlichen Erzeugnisse brachten bis 1815 gute Gewinne, wenn auch die Preise schon während des Krieges hektischen Schwankungen unterworfen gewesen waren. Entscheidend aber waren die Veränderungen der Strukturen in der Landwirtschaft. Immer mehr konzentrierte sich der Landbesitz auf eine nicht sehr große Zahl von Großgrundbesitzern, die durch die Verknüpfung von Patronatsrechten und Wahlrecht auf dem Land großen Einfluß im Parlament gewannen. Neben ihnen gab es dann noch die wohlhabenden Farmpächter, die durch langfristige Pachtverträge gesichert waren und wirtschaftliche Krisen besser durchstehen konnten. Mehr und mehr verarmte jedoch der seit der Tudorzeit bestehende Stand der Yeomen, der kleinen, unabhängigen Landbesitzer. Als nun gegen Ende des Krieges mit Napoleon die Weizenpreise sanken, waren sie am stärksten betroffen. Während die wohlhabenden Großpächter vielleicht nur einige ihrer Knechte oder Landarbeiter entließen, wurden die Besitzer kleiner Bauernstellen ruiniert. Die Allmende, das der Allgemeinheit gehörende Gemeindeland, auf dem früher in Notzeiten die Gemeindearmen ihre Gänse oder Schweine hatten aufziehen können, gab es in den meisten Gegenden nicht mehr. Die von der Wirtschaftsflaute Betroffenen standen meist nur vor der Wahl, entweder im Elend auf dem Land zu leben oder in den Fabriken der hektisch wachsenden Industriestädte Arbeit zu suchen.

Nun wurden aber gleichzeitig nach Kriegsende viele Männer, die in der Miliz Dienst getan hatten, und Soldaten der regulären Armee entlassen. Die Folge war

Arbeiterunruhen

*Tapete im gotischen Stil, frühes 19. Jahrhundert. Handabzug vom Holzstock.*

ein Überangebot von Arbeitskräften. Die Löhne der Industriearbeiter waren sehr niedrig, die Arbeitszeiten, mit über zehn Stunden am Tag, unerträglich lang. Die Einsicht in den wirtschaftlichen Gesamtmechanismus war allgemein noch wenig entwickelt. Es fehlte an Erfahrungen, mit den tiefgreifenden Veränderungen, zu denen das Aufkommen der Maschinen den Anstoß gegeben hatte, fertig zu werden. Hinzu kam eine unfähige Regierung. König Georg III. war nahezu schwachsinnig. Der Konprinz zeigte sich vor allem an Gemälden, Architektur, Mode und schönen Frauen interessiert. Die eigentliche politische Macht lag beim Parlament, und hier waren die Großgrundbesitzer des Ostens und Südens in der Mehrheit, die wenig Verständnis für die wirtschaftlichen Sorgen der unteren Volksschichten zeigten. Die Not wuchs, und zwischen 1816 und 1819 kam es vor allem in den dichtbesiedelten Industriegebieten Nordwestenglands zu Aufständen und Revolten, die die Regierung rücksichtslos unter Einsatz von Militär niederwerfen ließ.
Gegen eine Versammlung von fünfzigtausend Menschen auf dem St. Peter's Field in Manchester setzte die Obrigkeit, um die Agitatoren ergreifen zu lassen, zunächst die Landwehr ein, deren Verbände sich, unerfahren im Umgang mit politischen Demonstranten wie sie waren, plötzlich hilflos zwischen einer gewaltigen Menschenmenge eingekeilt sahen. Jetzt wurden die 15. Husaren aufgeboten, die die Menge durch einen mit gezogenem Säbel gerittenen Angriff zerstreuten. Es gab elf Tote und einige hundert Verletzte. Das Husarenregiment, das zuletzt bei Waterloo erfolgreich gekämpft hatte, sah sich allgemeiner Empörung und Verachtung ausgesetzt.
Schon im Dezember 1816 hatten sich Teilnehmer einer Protestversammlung gegen die Armut von dem radikalen Agitator Arthur Thistlewood — er hatte vor, die

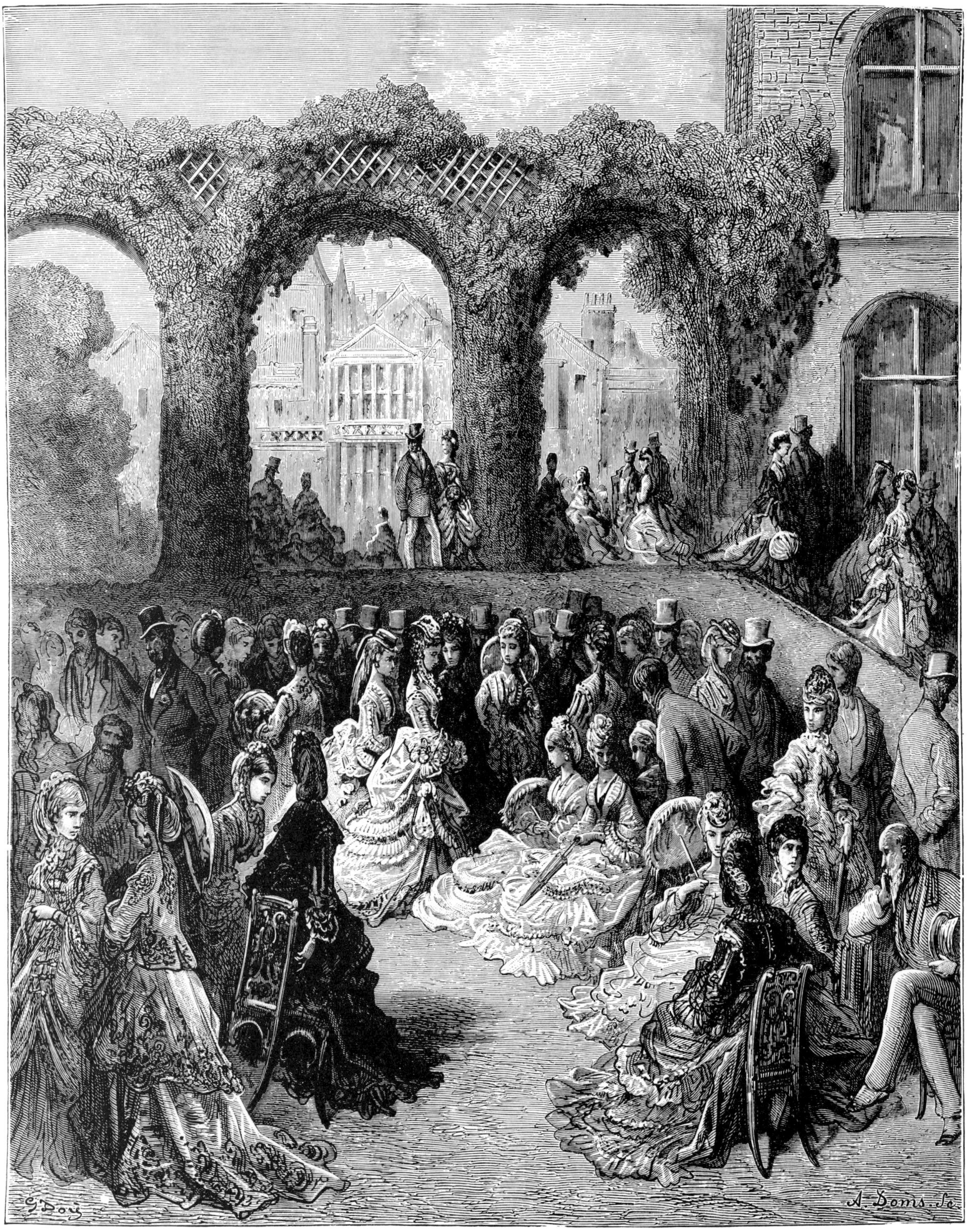


38

Monarchie abzuschaffen und durch einen Wohlfahrtsausschuß nach dem Vorbild der Französischen Revolution zu ersetzen — dazu anstiften lassen, in die Innenstadt Londons zu ziehen und dort einen Waffenladen zu plündern. 1819 war Thistlewood wieder auf freiem Fuß und organisierte eine Verschwörung mit dem Ziel, das gesamte Kabinett zu ermorden und eine „Britannische Republik" auszurufen. Das Komplott wurde verraten, die Verschwörer in einem Bodenraum in der Cato Street überwältigt, als sie sich gerade bewaffneten. Erst nachdem die Gewalttaten eskalierten und es zu Blutvergießen gekommen war, begannen die herrschenden Klassen einzusehen, daß Reformen unvermeidlich wurden.

Die Kritik konzentrierte sich jetzt vor allem auf das bestehende parlamentarische System, in welchem der Wille und die Interessen aller Volksschichten keineswegs einigermaßen gerecht ihren Ausdruck fanden. Das vielleicht typisch Englische bei dieser Reform, die am 4. Juni 1832 nach vielen Schwierigkeiten und Zurückweisungen durch das Oberhaus endlich Gesetzeskraft erhielt, ist, daß sie die überkom-

Auf dem Weg zu Reformen

*Linke Seite: Eine Gartenparty der bürgerlichen Gesellschaft im London der 70er Jahre.*
*Unten: Typisches Straßenbild aus einem Armenviertel: London, Dudley Street. Zeichnungen von Gustave Doré.*

**Das Reformgesetz**

menen Formen nicht zerbrach und ein für eine Weiterentwicklung offenes System schuf.

Worum ging es beim Reformgesetz? Einmal um eine den eingetretenen Bevölkerungsverschiebungen entsprechende Neuverteilung der Sitze, zum anderen um eine Ausdehnung des aktiven Wahlrechts. Karl Löwenstein schreibt dazu: „Das bisherige Wahlsystem, meist auf geschichtlichem Zufall beruhend, war in den Boroughs (städtische Wahlbezirke) vorwiegend eine Vertretung korporativer und in den Counties (ländliche Wahlbezirke) privilegierter argarischer Interessen gewesen... Das dem Wunsch des aufgestiegenen Bürgertums entsprechende Hauptziel, die Vormacht der grundbesitzenden Aristokraten zu brechen, wurde voll erreicht. Vor der Reform war höchstens ein Drittel aller Abgeordneten durch einigermaßen freie Wahlen bestellt worden, die Mehrzahl verdankte den Sitz privilegierten Patronen, die über die Mitgliedschaft im Unterhaus autonom verfügten."[3]

Das Reformgesetz sah im einzelnen folgende Neuregelungen vor: 57 der kleineren Boroughs, die Mehrzahl davon war im Süden, wurden aufgehoben, weitere dreißig verloren einen ihrer zwei Sitze. Die so freigewordenen 141 Sitze wurden auf die bisher überhaupt nicht vertretenen Bezirke des Nordens, darunter auch die Industriestädte Manchester, Birmingham, Sheffield und Leeds, derart verteilt, daß 22 je zwei, 21 je einen Sitz zugewiesen bekamen. Der Süden verlor 103 Sitze. London und der Norden gewannen 45. Außerdem wurden 65 Sitze neu ländlichen Wahlbezirken zugeschlagen, dreizehn Sitze gingen an Schottland und Irland. Noch immer blieb das Wahlrecht an bestimmte wirtschaftliche Voraussetzungen geknüpft. Während aber früher überhaupt nur Grundstückseigentümer wahlberechtigt waren, erhielten nun auch die Pächter das Wahlrecht. In den städtischen Stimmbezirken mußte man, um wahlberechtigt zu sein, jährliche Mietzinseinkünfte von 10 Pfund nachweisen können. Das brachte das Stimmrecht für die Mittelklasse, nicht aber für die Handwerker, für die Arbeiterschaft und andere Lohnempfänger. Immerhin war nun jeder fünfte Mann in England, jeder achte in Schottland und jeder zwanzigste in Irland wahlberechtigt.

Dennoch war die Enttäuschung, vor allem in der Arbeiterschaft, groß, als dann das erste nach dem Reformgesetz gewählte neue Parlament zusammentrat. Es stellte sich nämlich heraus, daß jene soziale Gruppe, die entscheidend dazu beigetragen hatte, daß das Reformgesetz zustandegekommen war, nämlich das Proletariat, am wenigsten gewonnen hatte. Das Unterhaus wurde von den Whigs und den „Radikalen" beherrscht, und diese vertraten die Forderungen des Großbürgertums und der Mittelklasse. Selbst für die Radikalen galt es als ausgemacht, daß das Wahlrecht auf jene beschränkt bleiben solle, die in der Gesellschaft Kapital schufen und hinreichend gebildet waren, um von ihrer Stimme nach verstandesmäßiger Abwägung der Probleme Gebrauch zu machen. Aus der Gruppe der Radikalen entwickelte sich später die Liberale Partei, die als Gegenspieler der Konservativen im politischen Leben Englands bis in die ersten Jahre des 20. Jahrhunderts hinein eine wichtige Rolle spielte.

In den ersten Jahren nach dem Reformgesetz wurden dennoch einige wichtige nationale Probleme gelöst. 1833 schaffte man durch Gesetz die Sklaverei in den britischen Kolonien ab. 1835 wurde ein Gesetz für die Selbstverwaltung der Gemeinden verabschiedet, das wenigstens auf lokaler Ebene allen steuerzahlenden Bürgern das Wahlrecht brachte. Das Industriegesetz von 1833, das hauptsächlich auf Betreiben des der Tory-Partei angehörenden Lord Ashley zustandegekommen war, schränkte die Arbeit von Kindern und Jugendlichen ein. Das Armengesetz, bestimmt von der utilitaristischen Sozialphilosophie Jeremy Benthams, sah zwar eine Unterstützungszahlung für alle Armen vor, ordnete aber zugleich auch die Einweisung der Arbeitsfähigen in Arbeitshäuser an, wodurch die Familien auseinandergerissen wurden, was zu empörenden Härten führte.

Zusammenfassend schreibt David Thompson über diese Zeit: „Der Geist und die politischen Maßnahmen der Regierung nach 1832 entfremdete ihr die Arbeiterklasse und machte gleichzeitig dem Proletariat klar, daß eine Verbesserung seiner Lage nur durch eigene Anstrengungen zu erreichen sei. Aus dieser Überlegung entsprangen zwei Bewegungen: das Gewerkschaftswesen und die Chartisten. Beide Gruppen versuchten, die Situation der Arbeiterklasse zu verbessern und für das Proletariat Rechte zu erkämpfen. Während die Gewerkschaftsvereine diese Ziele mit Petitionen, Großkundgebungen und Streiks, also mit evolutionären Mitteln durchsetzen wollten, waren die Chartisten eine revolutionäre Bewegung, die 1839 sogar eine Art revolutionäres Gegenparlament, das Volksparlament der Arbeiter, in London zusammenrief und unterstützt von 1.280.000 Unterschriften vom Unter- und Oberhaus die Anerkennung ihrer Charta forderten, die folgende Punkte enthielt:

1. Allgemeines Stimmrecht für jeden mündigen Mann, der bei gesundem Verstand und keines Verbrechens überführt ist.
2. Jährlich zu erneuernde Parlamente.
3. Diäten für Parlamentsmitglieder, damit auch Unbemittelte eine Wahl annehmen können.
4. Wahl durch Stimmzettel (Ballotage), um Bestechung und Einschüchterung durch die Bourgeoisie zu vermeiden.
5. Gleiche Wahlbezirke, um eine der Einwohnerzahl entsprechende gerechte Vertretung im Parlament zu sichern.
6. Abschaffung der ohnehin illusorischen Klausel der ausschließlichen Wählbarkeit derjenigen, die einen Grundbesitz im Wert von dreihundert Pfund haben, so daß jeder Wähler auch wählbar ist."[4]

Als das Parlament in Westminster die Charta zurückwies, kam es in Birmingham und in Wales zu blutigen Unruhen, die die Regierung mit Waffengewalt niederwarf. Darauf erfolgte im Juli 1840 die Gründung einer Dachorganisation, der „Nationalen Chartisten-Assoziation Großbritanniens". Sie wandte sich nach dem „Zweiten Londoner Konvent" erneut mit einer Petition von 3,3 Millionen Unterschriften an das Unterhaus. Auch diese Petition wurde abgewiesen. Wieder kam es zu Unruhen: „Die Streikenden marschierten von Ort zu Ort und entleerten in den Maschinenhäusern der Fabriken die Dampfkessel. Der radikale Führer der Bewegung, O'Connor, ermutigte zu diesen Ausschreitungen, was die gemäßigten Chartisten veranlaßte, sich von ihm zu distanzieren. Unter O'Connors Führung war der Chartismus zu einer im wesentlichen anti-industriellen Bewegung geworden. O'Connor haßte Fabriken und wollte ein England der kleinen Landeigentümer herstellen. Es war ein Traum, dem Tausende kleiner Leute nachhingen, der aber deswegen trotzdem antiquiert war und die Bewegung letztlich daran scheitern ließ, weil sie sich so der zwangsläufigen Entwicklung der Zeit entgegenstellte und versuchte, das Rad der Geschichte zurückzudrehen. So gingen die Bedeutung und der Einfluß der Chartisten nach 1842 immer mehr zurück, aber ihre auf das allgemeine Wahlrecht drängenden Forderungen hatten doch Wirkungen."[5]

**Freihandelspolitik**

Nachdem es gelungen war, die revolutionär gesinnten Kräfte der Unterschicht auszuschalten oder zu isolieren, triumphierte das Bürgertum. Es war von Fortschrittsglauben erfüllt und brachte nun seine wirtschaftlichen Interessen immer machtvoller zur Geltung.

1845 sagte der Sprecher, der für wirtschaftlichen Liberalismus plädierende Richard Cobden: „Je rascher die Macht in diesem Land aus den Händen einer auf Landbesitz fußenden Oligarchie, die sie mißbraucht hat und sich absolut setzte — beachten Sie, daß ich absolut sagte —, in die Hände der intelligenten und arbeitsamen Klassen übergeht, desto besser für die Bedingungen und das Schicksal dieses Landes."[6]

Und für die Whigs, die 1841 die Tories in der Regierungsverantwortung abgelöst hatten, erklärte Sir Robert Peel: „Vor allem müssen wir aus diesem Land wieder ein Land machen, in dem es sich billig leben läßt."

Ziel der Befürworter des Freihandels war es, zunächst einmal das Steuergesetz für Getreideeinfuhren abzuschaffen. Vom Fallen des Brotpreises versprach man sich auch ein Fallen der Löhne und davon wiederum eine Verbesserung der Wettbewerbsposition Englands auf dem Weltmarkt. Die Freihandelsbewegung, die teilweise sogar religiös-sektiererische Züge annahm, erreichte im Mai 1846 die Aufhebung der Einfuhrbeschränkungen für ausländisches Getreide. Die Steuerverluste machte die Regierung durch Erhöhung der Einkommensteuer wieder wett.

Es ist die Frage, ob mit der Freihandelspolitik ein wirtschaftlicher Aufschwung zu erzielen gewesen wäre, wenn nicht gleichzeitig eine starke Auswanderungsbewegung (30.000 bis 200.000 Menschen jährlich) eingesetzt hätte, die neue Märkte in Afrika, Indien und Australien öffnen half. Jedenfalls begann der wirtschaftliche Aufschwung Ende der vierziger Jahre. Die Stahlproduktion stieg. Der Umfang des Außenhandels verdoppelte sich.

Zur Verbesserung der Arbeitsmarktsituation trug nicht unwesentlich die Erweiterung des Eisenbahnnetzes zwischen 1843 und 1849 auf 5.000 (englische) Meilen Strecke bei. Dabei waren 200.000 Arbeiter beschäftigt worden.

Als gegen Ende dieses Jahrzehnts Thomas Macaulay seinen zweiten Band der „Geschichte Englands" veröffentlichte, schrieb er: „Überall um uns winden sich auf der Welt die großen Nationen in Todeskämpfen. Regierungen, von denen man annahm, sie würden über lange Zeit im Amt sein, wurden plötzlich gestürzt... unterdessen ist auf unserer Insel der Gang der Regierungsgeschäfte nicht einen Tag unterbrochen worden... wir haben Ordnung inmitten der Anarchie."[7]

Es wäre zu fragen, um welchen Preis. Aber das war eine Frage, welche die nun herrschende Klasse, das Großbürgertum und der gehobene Mittelstand, ignorierten, wenn sie auch von zahlreichen Kritikern immer wieder mit Vehemenz gestellt wurde. Bei allem wissenschaftlichen Aufschwung blieb nämlich das Armutsproblem: „Armut war nicht nur eine Konsequenz der besonderen Entwicklung der Industrie; sie war eine Tatsache in dieser Zeit, das Problem der Probleme."[8]

Und so blieb es. Noch 1890 weist der Gründer der Heilsarmee, General Booth, auf das „dunkelste London", auf das „untergetauchte Zehntel" hin und vergleicht seine sozialen Bedingungen mit denen, die im schwärzesten Afrika herrschen: „Das Schicksal der Negerin im äquatorialen Urwald ist vielleicht kein sehr glückliches, aber ist es wirklich um so vieles schlimmer als das von vielen hübschen Waisenmädchen in unserer christlichen Hauptstadt?"

Noch zu dieser Zeit machten die Armen 30% der Londoner Stadtbevölkerung aus. Zu Beginn des Jahrhunderts galt es als selbstverständlich, daß ein Einwohner des äußeren Ostens von London die westlichen Distrikte der Stadt nie zu Gesicht bekam. Ein Zeuge, der vor einem Ausschuß zur Erforschung des Gesundheitswesens in den englischen Großstädten 1840 gehört wird, erklärt, daß über die sozialen Bedingungen, die in den schlimmsten Bezirken des Londoner Ostens herrschten, höchstens die Ärzte und Gemeindepfarrer etwas zu sagen wüßten. „Sie sind im übrigen so unbekannt wie die eines Bezirks in Otaheite."[9] Und noch 25 Jahre später heißt es in einem Bericht einer kirchlichen Baugesellschaft, das Londoner Eastend sei „eine gewaltige Region, unerforscht wie Timbuktu".

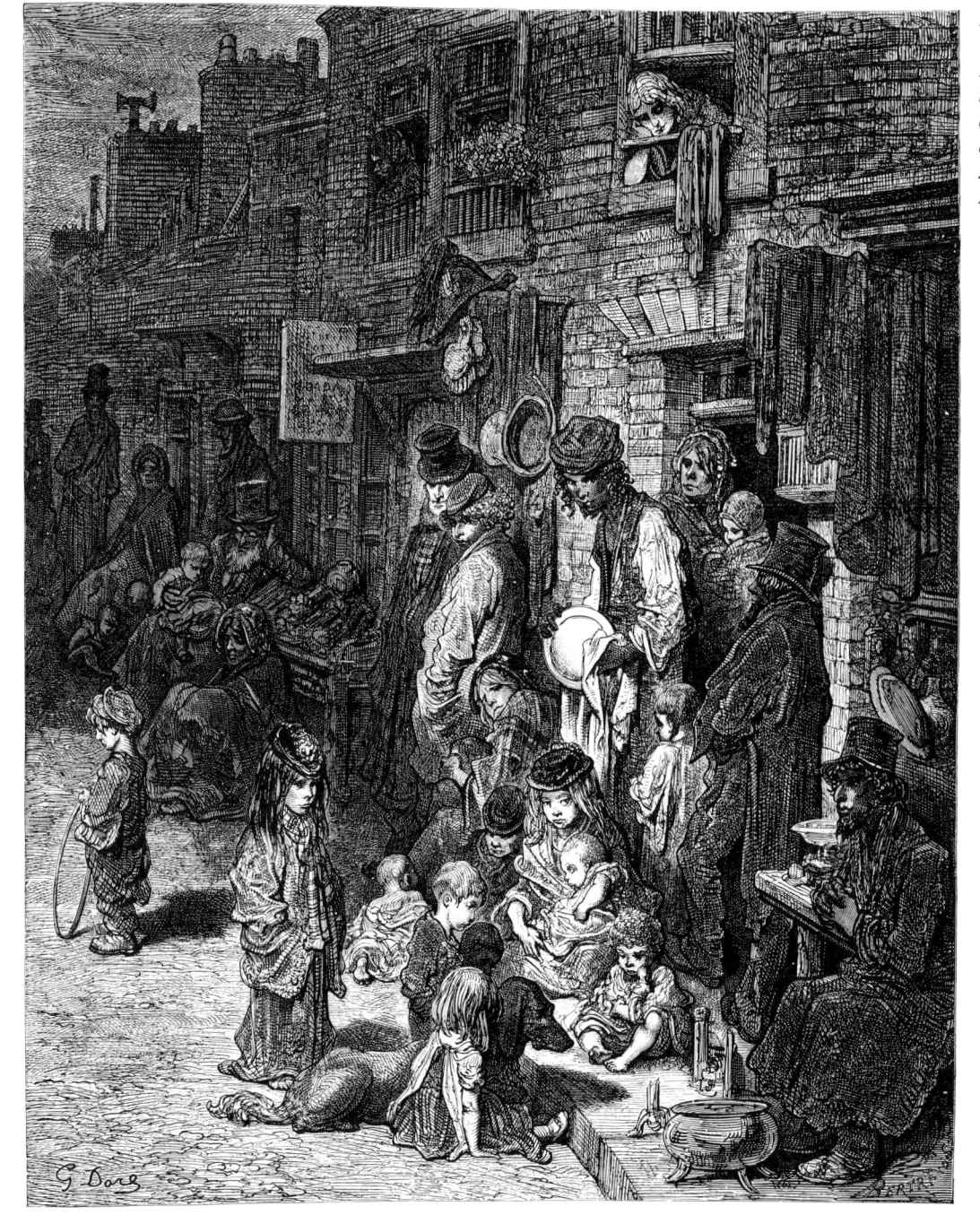

Londons Armenviertel

*Die Wentworth Street in Whitechapel lag am Rand jener Elendsviertel im Osten Londons, in denen Jerrold und Doré das Nachtasyl besuchten. Zeichnung von Gustave Doré.*

**Schattenseiten der Gesellschaft**

Blanchard Jerrold schildert in einem Begleittext zu Gustave Dorés gezeichnetem Tagebuch eines Touristenausflugs nach London unter anderem ein Nachtasyl in diesem, wie auch er schreibt, „unbekannten Land" innerhalb der Hauptstadt eines Weltreichs um 1870:

„Sobald wir Fleet Street gegen Smithfield hin durchqueren, verlassen wir das uns vertraute London innerhalb weniger Minuten und erreichen Gassen und Schleichwege, dunkel und lärmig und überfüllt von Armen, die sich unter die gnädige Schutzherrschaft der Cow Cross Mission des guten Mr. Catlin stellen. Die Kutsche kommt jetzt nur langsam und unter Schwierigkeiten voran. Zornige Worte werden mit dem Kutscher gewechselt. Gruppen schwatzender und schimpfender Männer und Frauen blockieren die Straße; die Häuser sind schwarz und sehen schlimm aus, und nur an Straßenecken, wo die Gin-Paläste ihren grausamen Glanz ausstrahlen, erhascht man einen Blick auf die Bewohner... es sind Brüder, Schwestern und Cousins jener hoffnungslosen Herumtreiber im Londoner Großstadtleben oder der Leute, die vom Land durch die Vorstellung in die Metropole gelockt worden sind, daß Stadtluft frei mache.

Wir bleiben vor dem Eingang zu einem Hof stehen, der erleuchtet ist, und innerhalb weniger Minuten sind wir von einer Menge abgerissener und müder Gestalten, die sich ihrem Zufluchtsort entgegendrängen, umringt. Gewiß muß man dieses Minimum an Unterstützung, das die spontane Nächstenliebe den Obdachlosen einer ganzen Stadt voller Armer bietet, positiv beurteilen. Sie gehen an uns vorbei, einer nach dem anderen, der Vater und sein Sohn mit wundgelaufenen Füßen, die Mutter mit einem schreienden Kind auf den Armen, die so dürr sind, daß man fürchtet, das kleine Wurm werde sich daran wehtun. Der Aufseher ist ein milder, aber entschiedener, gescheiter Mann mit viel Menschenkenntnis. Er verteilt den vorgesehenen Kanten Brot an die Gäste und schickt sie dann weiter zum Baden, wozu man sie aus naheliegenden Gründen unbedingt zwingt. Dann betreten sie die Schlafsäle, die wie Kasernen angelegt sind, beheizt mit einem Ofen, der im Mittelpunkt des Interesses steht. Sobald sie alle im Bett liegen, liest ihnen ein Vorleser aus der Bibel vor, wovon hoffentlich ein Fünkchen Trost in ihre gemarterten Hirne dringt. Die Frauen und Kinder haben einen eigenen Schlafsaal... Ich bin dort früh und spät umhergegangen. Ich hatte manchmal Männer in meiner Begleitung, die vieles gesehen hatten, aber immer sind sie in Tränen ausgebrochen, wenn sie einen Blick auf die Reihen schlafender Mütter warfen, einige mit zwei, manche gar mit drei Kindern an ihrer Seite, die Wärme suchten. Alte und Junge sind hier, Obdachlose und solche, die ihre Babys schon morgen wieder im schneidenden Ostwind und bei Hagelschauern durch die Straßen tragen. Davon künden die Hustengeräusche. Sie hören sich an wie ein fernes Gewehrfeuer. Kein Wunder, daß viele dieser Leute Angst haben, ins Bad zu steigen, schwach und fiebrig wie sie sind, mit zerfetzten Lungen."[10]

Soviel von der zumeist im Dunkel bleibenden Seite dieser Gesellschaft. Für das fortschrittsfreudige Bürgertum aber zählte vor allem, daß, wie George Eliot es ausdrückte, in der Zeit der Dampfmaschine offenbar jedes Rad doppelt so schnell laufe wie bisher, das Glücksrad miteingeschlossen. Es gab gar nicht so wenig Karrieren, die die Richtigkeit dieses Satzes zu bestätigen schienen. Man braucht nur an William Morris' Vater zu denken.

Symbol eines Lebensgefühls, des Glaubens an die vielfältigen Wunder, die Waren tun können, war die Große Ausstellung des Jahres 1851 und ihr Gebäude, der Kri-

stallpalast im Hydepark. Dieses Lebensgefühl drückt sich auch im Satz des Schirmherrn Prinz Albert aus, der bei der Ausstellungseröffnung erklärte: „Der Mensch nähert sich immer mehr der vollständigen Erfüllung der großen und heiligen Mission, die er in der Welt zu vollbringen hat."[11]
Es drückt sich auch aus in der offiziellen Begründung für die Ausstellung, nämlich mit ihr „... den wahren Beweis und ein lebendiges Bild jenes Entwicklungsstandes zu geben, den die ganze Menschheit erreicht hat... einen Startpunkt zu setzen, von dem aus alle Nationen zu neuen Zielen aufbrechen."[12] Mit ihrem eindrucksvollen Gebäude und der breiten Skala der Ausstellungsgegenstände war sie auch ein Triumph der Darstellbarkeit materiellen Fortschritts.
Welcher Geist die Organisatoren erfüllte, wie es um ihr geschichtliches und gesellschaftliches Bewußtsein bestellt war, geht aus den Äußerungen von Henry Coles hervor, einem der Männer, die die Ausstellung mitangeregt und gefördert hatten: „Die Geschichte der Welt kennt kein vergleichbares Ereignis bei der Förderung menschlichen Gewerbefleißes wie die Große Ausstellung der Industrie aller Nationen des Jahres 1851. Ein großes Volk lud die zivilisierten Nationen zu einem Fest ein, um die Hervorbringungen menschlicher Geschicklichkeit miteinander zu vergleichen. Die Ausstellung wurde finanziert mit privaten Mitteln. Sie war unabhängig von Steuern und vom Einsatz von Sklaven, wie sie sonst bei großen Aufgaben in alter Zeit eingesetzt worden sind. Ein Prinz, begabt mit hervorragender Weisheit, philosophischer Bildung, Kühnheit, mit Führungsqualitäten und großen praktischen Fähigkeiten, stellte sich an die Spitze des Unternehmens und führte es zu einem triumphalen Erfolg."[13]
So konnte man es sehen. So sahen es gewiß viele. Sechs Millionen Menschen besuchten die Ausstellung. Die Besucher kamen aus allen Teilen der Britischen Insel. Nie zuvor hatte London eine so große, ganz dem Staunen hingegebene Menge gesehen.
Wesentlichen Anteil daran, daß selbst die Königin schließlich bezeugen konnte, sie wisse sich nicht zu erinnern, in ihrem Leben je zuvor etwas so Wunderbares gesehen zu haben, hatte das Gebäude, in dem die Ausstellung untergebracht war, ein riesiges Glashaus, entworfen von Joseph Paxton. Die Konstruktion aus nichts als Glas und Eisen — sie wurde nach ein paar Monaten schon wieder abgerissen und an anderer Stelle aufgebaut — war eine ins Riesige vergrößerte Version eines Lilientreibhauses in Charworth, wo Paxton einmal Gartenbaudirektor eines Herzogs gewesen war. Der Bau war 616 Meter lang, 136 Meter breit, 22 Meter hoch, mit einem Querschiff von 36 Meter Höhe, und so konstruiert, daß unter seinem Dach einige der schönsten alten Ulmenbäume des Hydeparks mit Platz fanden.
Es gab Stimmen, die an seiner Wirkung Kritik übten. So Edward Burne-Jones, der sehr bald William Morris' Freund und Studienkollege wurde, und John Ruskin, der den Glaspalast „freudlos und monoton"[14] fand. Wenn Benjamin im „Passagenwerk"[15] davon spricht, daß sich entsprechend zu den Produktionsmitteln in solchen Bauten Bilder des Alten und Neuen durchdringen, so trifft das auch auf den Kristallpalast zu: er war halb noch ein Märchenschloß, halb schon Warenhaus und Mustermesse.
Joseph Paxton hatte den ersten Preis für den Entwurf zum Ausstellungsgebäude in Konkurrenz zu 254 Einsendungen von professionellen Architekten aus allen Teilen der Welt gewonnen. Er war ein Typ, so neu und charakteristisch für das Zeitalter wie das Gebäude, das er entworfen hatte. Im Laufe seines Lebens war er Gärtner, Ingenieur, Direktor einer Eisenbahngesellschaft, Herausgeber von Zeitungen

**Kristallpalast**

gewesen. Er war ein wandelndes Beispiel dafür, was Fleiß und Selbsthilfe, wichtige viktorianische Tugenden, vermochten, aber auch dafür, und darauf hatte die Königin in ihrer Eröffnungsrede angespielt, daß auch der Niederste allein, aus eigener Anstrengung, in die höchsten Ränge der Gesellschaft aufsteigen könne. Das von ihm entworfene Gebäude war unter anderem auch als Versuch gedacht, einen dem Jahrhundert entsprechenden Architekturstil zu prägen. „Man hat uns", schrieb eine Zeitung, „eine unerfreuliche und kostspielige Masse von Ziegeln und Mörtel erspart. Wir haben statt dessen eine graziöse und schöne Kreation und eine neue suggestive Tatsache, einen Schritt auf einem noch unbegangenen Pfad... die Architektur hat warten müssen, bis ihr die Botanik zu Hilfe gekommen ist. Es ist die ästhetische Blüte ihres praktischen Charakters und ein Ausdruck der praktischen Sichtweise, von der sich die englische Nation leiten läßt."[16]

Man muß hier einen Augenblick innehalten, um darauf hinzuweisen, was sonst noch alles sich hinter dem Einfall, ein Glashaus für die Ausstellung zu benutzen, verbarg. Glas war ein Artikel, dessen Besteuerung eben aufgehoben worden war. Es war ein Material, das durchsichtig war und glitzerte, wenn die Sonne darauf fiel, das im Innern des umbauten Raumes ungewöhnliche Helligkeit schaffte und schon allein damit den Tauschwert von Waren verklären half.

Ein Glashaus, Vorbild des Kristallpalastes, dient gewöhnlich zur Aufhebung der jahreszeitlichen Bedingungen bei der Blumen- und Pflanzenzucht. Es schafft die Möglichkeit zur Korrektur der klimatischen Bedingungen; es erlaubt die Beeinflussung natürlicher Vorgänge im Sinn des Menschen.

Aber was bedeutet es nun, wenn man in ein solches Glashaus, statt Blumen und Pflanzen, Waren setzt? An die Stelle menschlicher Manipulation nicht unterliegender Produkte der ersten Natur treten die Früchte der zweiten, vom Menschen selbst geschaffenen Natur, die mit Hilfe von Technik hervorgebrachten Waren.

In der Prachtentfaltung der Ausstellung und durch den Verlockungscharakter des zum Bau des Ausstellungsgebäudes verwendeten Materials verherrlichten die Veranstalter nicht nur die Fortschritte in der Beherrschung der ersten Natur und deren Verdrängung durch eine zweite; bei dieser Verherrlichung wurden (wie Walter Benjamin in der Reflexion über ein vergleichbares Phänomen, den Pariser Passagen, den „magasins de nouveautés", gezeigt hat) auch die Mängel der neu heraufkommenden Produktionsverhältnisse verklärt. Das Handel treibend zu politischer Macht gelangte Bürgertum schuf sich hier sein den Palästen des Adels entsprechendes Märchenschloß, zeigte den zu vergünstigten Fahrpreisen aus dem ganzen Land anreisenden Arbeitern den baulichen Glanz, dessen auch jene, die jetzt noch in Mietskasernen und Slums hausten, teilhaftig werden konnten — gelang es nur, auf der Straße des Fortschritts ungestört voranzumarschieren.

Der Bau war außerdem auch ein Symbol für die Geschwindigkeit des Fortschritts, für die Schnelligkeit, mit der neuerdings und erst recht in Zukunft alles machbar wurde. Nur einen Monat, exakt vom 11. Juni bis 15. Juli 1850, hatte Paxton für die Zeichnung der Pläne benötigt. Die Leistung der Bauunternehmer war nicht weniger eindrucksvoll. Innerhalb von nur 16 Wochen waren nicht weniger als fünf Millionen Meter Glas an der spinnwebartigen Konstruktion der 340 Säulen und 360 Träger angebracht worden. Das Geheimnis, das sich hinter dieser Geschwindigkeit verbarg, hieß Vorfabrikation. Alle Teile des Gebäudes waren genormt, also gegeneinander austauschbar; alle Träger, Säulen, Hohlkehlen und Fensterrahmen hatten die gleichen Abmessungen.

Die Organisation funktionierte in jeder Hinsicht mustergültig. Am 1. Mai 1851, dem offiziellen Eröffnungstag, waren lediglich die Ausstellungsstücke aus Rußland noch nicht eingetroffen. Insgesamt beteiligten sich 13.000 Aussteller. Die Hälfte der gesamten Ausstellungsfläche belegte Großbritannien und seine Kolonien. Unter den übrigen Ländern nahmen Frankreich und Deutschland die größten Flächen ein.

Angeordnet waren die Ausstellungsstücke nach einem Schema, das der junge Professor Lyon Playfair entwickelt hatte. Er teilte die Gegenstände in vier Gruppen ein: in Rohmaterialien, Maschinen, Fabrikprodukte und Kunstgegenstände. Altes stieß mit Neuem zusammen. Neben der Nähmaschine aus den USA waren feine handgeklöppelte schwarze Spitzen aus Barcelona und Geschirr aus Sèvres zu sehen.

Der Maschinenhof war der geräuschvollste, aber auch der meist bestaunte Platz innerhalb des Glaspalastes. Gruppen von Landwirten im Frack sah man die Mähmaschinen aus den USA bewundern. Techniker aus den Fabriken von Leeds und Birmingham drängten sich um den mechanischen Webstuhl von Jacquard und die Eintütmaschine von de la Rue. Die Königin Victoria zeigte sich außerordentlich an einer Maschine zur Herstellung von Medaillen interessiert, die einen Ausstoß von 50 Millionen Stück in der Woche hatte. Maschinen und andere Produkte trugen Ornamente, bei denen das Unechte und Nachgeahmte überwog. Bei Möbeln verbanden sich Stilelemente aus der Zeit Louis XIV. mit solchen aus der Zeit Louis XV. und beide wieder mit Elementen aus dem alten Ägypten. Auf einem Antriebsaggregat für Baumwollspinnereien prangten als Verzierung Skarabäen. Ein gewaltiges, als elisabethanisch bezeichnetes Buffet bestand ganz und gar aus Gummi. Es wurde hier und da Kritik laut über die Masse der Ornamente, Wahllosigkeit und andere Sünden gegen den guten Geschmack. Die meisten Besucher konnten sich aber durchaus mit solchen Scheußlichkeiten identifizieren. Das Mobiliar ihrer Häuser und Wohnungen sah nicht viel anders aus.

A. W. N. Pugin war der einzige zeitgenössische Künstler, der damals darauf bestand, daß nur ein Stil verwendet werden dürfe. Seine gotische Düsterkeit war 1851 „in". Abgetrennt von den übrigen Ausstellungsräumen hatte Pugin einen mittelalterlichen Hof ausgestattet.

Über den damaligen Zustand der angewandten Künste läßt sich sagen: Durch Einsatz von Maschinen konnte man das Ornament vergangener Stilepochen scheinbar perfekt nachahmen. Die größere Präzision, die Glätte hielt man für einen Vorteil und für einen ästhetischen Fortschritt. Man übersah die sich dabei einschleichende Tendenz zum Nicht-Originellen, zur Klischierung und Schablonisierung. Später tauchte in diesem Zusammenhang die Frage auf, ob Standardisierung mit Kunst, auch mit angewandter Kunst überhaupt vereinbar sei. Da alle Stilelemente vergangener Epochen leicht zugänglich sind, kommt es zu einer Wahllosigkeit in der Verwendung der Ornamente. Ihre Verfügbarkeit hat unter anderem auch einen Verfall des Geschichtsbewußtseins zur Folge.

Am Rande der Ausstellung drückten einflußreiche und bekannte Wissenschaftler ihre Genugtuung darüber aus, daß durch das sprunghafte Anwachsen des Maschinenwesens und die damit herstellbaren Ersatzteile das Zeitalter der Serienproduktion gekommen war. Auch als Anregung dessen, was wir heute „Display des Massenkonsums" nennen würden, diente die Ausstellung: William Whiteley, damals zwanzig, war von dem Glasgebäude so beeindruckt, daß er von großen Einzelhandelsgeschäften mit Schaufensterfronten zu träumen begann und sie schließlich auch einrichtete.

Der Einsatz von Maschinen

**Evangelium der Arbeit, Evangelium des Friedens**

Die Ausstellung verkündete auch eine Moral. Vor allem waren es zwei Schlagworte, die in Reden und Grußadressen immer wieder auftauchten: das Evangelium der Arbeit und das Evangelium des Friedens. Beide Schlagworte waren global wie intern zu verstehen. Man war der Meinung und gab ihr auch deutlich Ausdruck, daß eine Harmonisierung der Konflikte zwischen bürgerlichem Mittelstand und Unterschicht durchaus möglich sei.

Die katastrophalen Wohnverhältnisse der Unterschicht in vielen Städten ließen sich nicht leugnen. Es gab übles Spekulantentum, Leute, die an Slums ihr Geld verdienten. Noch immer führte die Vernachlässigung hygienischer Vorrichtungen wie Abwasseranlagen und dergleichen in ganzen Wohngebieten zu Epidemien. Aber der Schirmherr Prinz Albert hatte Henry Roberts beauftragt, modellhafte Arbeiterhäuser zu entwerfen, und diese waren sogar, freilich in einer etwas entlegenen Ecke des Ausstellungsgeländes, in der Nähe der Kasernen, zu besichtigen.

Das andere Problem war die nicht zu leugnende Diskrepanz zwischen materiellem und moralischem Fortschritt. Die Predigt des Erzbischofs von Canterbury zu Beginn der Ausstellung entsprach durchaus dem Bewußtsein des erfolgreichen und selbstbewußten Bürgertums. Das Evangelium war auch das Evangelium der Arbeit. „Gott", sagte er wörtlich, „Du hast uns mit Wohltaten überhäuft, die Du gerechterweise hättest zurückhalten müssen." Ließ das nicht den Schluß zu, daß man doch alles in allem Gott wohlgefällig lebte? Aller wirtschaftlicher Reichtum, so führte er aus, komme direkt von Gott. England müsse besonders dankbar sein für den Frieden in seinen Mauern und den Überfluß in seinen Palästen. Und dann wurden die Gläubigen aufgefordert, Gott um Beistand für die „edle Absicht" zu bitten, „im Zeichen des Handels, friedlich und einträchtig die Völker der Erde zusammenwachsen zu lassen".[17]

Das Evangelium des Weltfriedens wurde nicht nur von kirchlichen Würdenträgern mit Nachdruck betont. Aus echtem Wettbewerb und vorhandenem Spielraum für die Fähigkeiten des Einzelnen, so waren die Veranstalter fest überzeugt, werde eine „Brüderlichkeit des Fortschritts" erwachsen. Der Glaspalast als Tempel des Friedens, in dem sich alle Völker voller Dankbarkeit darüber, daß auch ihnen die Segnungen des Fortschritts zuteil wurden, freudig die Hände schütteln: Viele Reden klangen so euphorisch, daß es manchen Journalisten zuviel wurde; einer von ihnen verwies in der „Eclectic Review" auf die ernsten Fakten, die „unter einer rosaroten Oberfläche verborgen" lägen, und meinte warnend, schon einmal, zur Zeit der Französischen Revolution, sei die Propaganda für eine „Weltföderation" nur „das Vorspiel für ein Zeitalter des Krieges" gewesen.[18]

„Paxton vobiscum" spottete der „Punch" und veröffentlichte im Bauchrednerton zu der Sprache der Festredner folgende Satire: „Der Baum der Bäume, der gepflanzt werden sollte, ist ein gewaltiger Ölbaum, von dem zu hoffen ist, daß er in Paxtons Palast im Hyde Park Wurzeln schlägt; ein Ölbaum, gestärkt und beschützt durch Glaswände und ein Dach, unter dem die Handelstrophäen aus der ganzen Welt zugelassen sind... ein wahrer Friedenskongreß, geschaffen von Händen vieler Hautfarben aus der Familie der Menschheit. Wir begreifen nicht, warum es nicht auch einen Orden des Ölbaums geben sollte. Wird Prinz Albert darüber nachdenken?"[19] Die Große Weltausstellung in London 1851 — ein Festival des Merkantilismus, auf dem Königshaus, Kirche und Handel der Nation versicherten: mit Freihandel, Technik, Unternehmungsgeist... und bei anhaltender Vorherrschaft Englands gehe man herrlichen Zeiten entgegen! Kein Grund zur Beunruhigung, die man doch untergründig schon spürte.

Dabei standen wichtige Errungenschaften technischen Fortschritts zu diesem Zeitpunkt noch aus. Das nächste Jahrzehnt brachte revolutionierende Neuerungen im industriellen Bereich.

Zwischen 1850 und 1860 nahm die Verarbeitung von Baumwolle um 25% zu. Sprungartig stieg auch die Kohleproduktion an durch bessere Bohrer, Wasserpumpen und Ventilationseinrichtungen. Dies wiederum hatte Auswirkungen auf das Hüttenwesen, die metallverarbeitende Industrie, die bald nicht mehr mit Holz, sondern mit Kohle arbeitete. Die Überlegenheit der neuen Schmelzöfen und die Erfindung der Bessemer Birne, die Kohlenstoff und andere Unreinheiten dem Erz entzog, indem man durch das geschmolzene Metall Luft blies, sorgten dafür, daß sich auch die Eisen- und Stahlproduktion in Europa in den nächsten zwanzig Jahren verdoppelte — damit aber auch zum ersten Mal gravierend eine Luft- und Umweltverschmutzung einsetzte. Die Ideologie des Fortschritts hielt also, was sie verheißen hatte. Es gab noch mehr Maschinen, noch mehr Handel, noch mehr Märkte, noch mehr Waren, mehr große Städte, mehr Eisenbahnen, aber es gab offenbar damit im Zusammenhang stehend auch etwas, das niemand recht vorhergesehen hatte, das aber ebenso unübersehbar wuchs: es gab mehr Häßlichkeit; ja, es gab sogar Menschen, die dieses ganze wunderbare Zeitalter des großen und immer größer werdenden Fortschritts, der fabelhaften Gewinnquoten und des phantastischen Wachstums als einen häßlichen Irrtum ansahen und behaupteten, so könne das Wort „Zivilisation" nicht gemeint sein.

Umweltverschmutzung

*Das alljährliche Bootsrennen der Rudermannschaften aus Oxford und Cambridge auf der Themse — ein Ereignis, das Menschen aller Gesellschaftsschichten anlockte. Von seinem Haus in Hammersmith konnte Morris das Rennen verfolgen.*

# IV. Oxford – Kunst als Heilslehre und Protest

*„... dort wurde ich mit bestimmten sozio-politischen Ideen bekannt, die sich wahrscheinlich bei mir weiterentwickelt hätten, wäre ich nicht von Bildender Kunst und Dichtung noch stärker angezogen worden. Während ich Student war, entdeckte ich zu meinem eigenen Erstaunen, daß ich Gedichte schreiben konnte; und eben zu dieser Zeit war ich befreundet mit einem Kreis junger Männer, die sehr enthusiastisch auftraten. Wir gaben eine monatlich erscheinende Zeitschrift heraus, die ‚Oxford Cambridge Magazine' hieß. Ich finanzierte sie, und wir hielten sie ein Jahr am Leben; wir waren wirklich damals sehr jung..."*

*William Morris, Brief an Andreas Scheu vom 5. September 1883*[1]

*William Morris, 23jährig, während seiner Studienzeit in Oxford.*

Im Sommer 1852 kam William Morris nach Oxford, um am Exeter-College Theologie zu studieren. Der Gedanke, sich ihn als Pfarrer vorzustellen, mag zunächst befremden. Später in seinem Leben trat Morris allerdings häufig als eifernder Prediger auf, nur galt seine Verkündigung dann mehr Dingen der Kunst und Gesellschaft als dem Wort Gottes. Es lohnt sich, genauer zu untersuchen, wie es zu seinem ursprünglichen Berufsplan gekommen ist.

Primär war es wohl der Wunsch des Vaters, der ein Theologiestudium für seinen ältesten Sohn für standesgemäß hielt. Dann mag der Lebensstil seines Privatlehrers in Walthamstow, Reverend F. G. Guy, Morris gezeigt haben, daß sich seine speziellen Interessen für Architektur und Archäologie durchaus mit diesem Beruf in Einklang bringen ließen. Schließlich wurde der junge Morris während seiner letzten Jahre als Schüler von den kraß materialistischen und utilitaristischen Tendenzen seiner Zeit abgestoßen und hatte ein empfindlich reagierendes soziales Gewissen. Er könnte also durchaus auch selbst eine Art innere Berufung verspürt haben.

Die Kirche von England nach 1832 war eine Institution mit lebhaften intellektuellen Aktivitäten. Allerdings ging es dabei mehr um metaphysische als um irdische Probleme. Was die realen gesellschaftlichen Fragen betraf, so hatten die Bischöfe der Kirche von England zunächst der Parlamentsreform heftigen Widerstand entgegengesetzt. Die Indifferenz, die die Kirche gegenüber den Problemen des Maschinenzeitalters an den Tag legte, hatte dazu geführt, daß sich viele Arbeiter der Religion entfremdeten.

Anfang 1850 beschreibt Dickens in einem seiner Romane eine Stadt, in der es zwar nicht weniger als 18 Kirchen und Kapellen gibt, aber der Erzähler macht eine sonderbare Entdeckung, als er durch die Viertel der Arbeiter geht: „Es war schon merkwürdig, an einem Sonntagmorgen durch die Straßen zu laufen und zu sehen, wie wenige von ihnen doch das barbarische Gedröhn der Glocken fortrief aus ihren Quartieren, aus ihren engen Stuben, von der Straßenecke, wo sie betont gleichgültig herumstanden und zu den Kirchgängern hinschauten, als gingen diese sie überhaupt nichts an."[2]

Vor allem den Evangelicals, einer Gruppe der Low Church, die einen strikten aber auch snobistischen Pietismus vertrat, wurde vorgeworfen, sie hätten durch ihren Mangel an sozialem Verantwortungsbewußtsein diese Situation mit heraufbeschworen.

Der andere Zweig, jener der High Church, mit dem Morris in Marlborough vertraut geworden war, beschäftigte sich vor allem mit dogmatischen Spekulationen. Dies hatte in den vierziger Jahren des 19. Jahrhunderts zu der sogenannten Oxford-Bewegung geführt. John Henry Newman, John Keble und Edward Pusey beklagten vor allem den Mangel an spirituellem Idealismus in der Kirche von England. Newman betrachtete Kebles Predigt am 14. Juli 1833 über die „Nationale Apostasie" als den Beginn dessen, was die „Oxford-Bewegung" genannt wurde. Im selben Jahr gründete Newman eine Serie „Traktate für die Zeit", die der Bewegung ihren zweiten Namen — „Traktarier" — gab und lebhafte Diskussionen, beispielsweise über das Problem der Beziehung zwischen Kirche und Staat, auslöste. Der Ruf nach einer neuen Ernsthaftigkeit in Glaubensfragen, in Übereinstimmung mit früheren Traditionen, fand gerade unter der jungen Generation Zustimmung. Der Übertritt John Henry Newmans, der vielleicht prominentesten Persönlichkeit der Oxford-Bewegung, zur katholischen Kirche lieferte deren Gegner einen augenfälligen Beweis für ihre Befürchtung, mit der Oxford-Bewegung werde der

Oxford um 1850

Geist der verhaßten Papisten durch die Hintertür in die Kirche von England eingeschleppt.

Wenn Morris sich für das Theologiestudium also auch wegen gewisser Sympathien zu dieser Bewegung entschieden hatte, so kann man darin ebenfalls eine Vorliebe fürs Alternative, vor allem aber eine Absage an den Zeitgeist des Materialismus und ein Bedürfnis nach Spiritualismus erkennen.

Morris erwähnt in dem eingangs dieses Kapitels zitierten Brief an Andreas Scheu ausdrücklich den Einfluß einer neuen Bewegung, des „Christlichen Sozialismus", auch „Broad Church" genannt, in der sich ein neues Interesse am Leben der Arbeiterklasse und an der Volksbildung regte. Die Broad Church hatte nie sehr viele Anhänger. Ihr Sich-Einlassen mit dem Sozialismus galt als Häresie. Morris wird Charles Kingsleys Roman „Alton Lock, Tailor and Poet" gelesen haben, der 1850 erschienen war, die fiktionalisierte Autobiographie eines Arbeiters. Gewiß versprach sich der Student Morris von seinem Studium Antworten auf seine metaphysischen und sozialen Fragen, und wie viele junge Leute vor ihm und nach ihm wurde er enttäuscht.

Oxford um 1850 machte von seinem äußeren Bild her noch fast den Eindruck einer mittelalterlichen Stadt. „Auf allen Seiten, wo sie nicht von der Eisenbahn berührt wurde", berichtete ein Student, „endete die Stadt abrupt, als ob eine Mauer um sie herum gelegen habe, und man war dann ganz plötzlich auf den Wiesen. Es fanden sich wenig Backsteinhäuser. Die Gebäude waren entweder aus grauem Naturstein oder gelb vom Rauhputz in den ärmeren Gegenden. Es machte uns große Freude, umherzugehen und solche Straßen aufzuspüren, in denen es noch viele ganze alte Häuser mit Holzschnitzereien und kleinen Skulpturen gab..."[3]

Neun Jahre, bevor Morris nach Oxford kam, war die Stadt gegen heftigen Widerstand der Universität an das Eisenbahnnetz angeschlossen worden. Jetzt baute Gilbert Scott in Exeter College gerade eine neue Kapelle. Vorbild war die Sainte Chapelle in Paris, aber im Gegensatz zu der Leichtigkeit und der Lichtfülle, die am Werk der französischen Gotik so bezaubert, fiel Scotts Nachbildung eher düster und pompös aus.

Morris wurde gleich bei der Immatrikulation mit einem großen, dünnen, bleichen Mann mit hellgrauen Augen und runder Kopfform bekannt. Er hieß Edward Burne-Jones, war der Sohn eines Vergolders und Bilderrahmers aus Birmingham. Er wollte Pfarrer werden wie Morris auch. Von Anfang an bestand eine tiefe gegenseitige Zuneigung, aus der eine feste, verläßliche Freundschaft wurde, die alle Stürme im Leben der beiden Männer überstand. Burne-Jones über Morris: „Von Anfang an wußte ich, daß er völlig verschieden von allen anderen Menschen war, die ich getroffen hatte. Er redete mit Vehemenz und wurde manchmal sogar dabei gewalttätig. Ich habe ihn nie flau oder müde erlebt. Er war von Statur aus dünn, sein Haar war haselnußbraun und sehr dicht, seine Nase gerade, seine Augen ebenfalls haselnußbraun, sein Mund ungewöhnlich zart und schön."[4]

Gelehrt wurde zu dieser Zeit in Oxford nicht durch individuelle Tutoren, sondern in Klassen, so daß gegenüber dem sonstigen Schulbetrieb kein großer Unterschied bestand. In Exeter war das Haus überfüllt, so daß Morris keinen Platz im Speisesaal bekam und seine Mahlzeiten außerhalb des College einnehmen mußte. Er bekam zunächst auch keine eigenen Räume, sondern mußte sich mit dem dritten Zimmer in der kleinen Wohnung eines älteren Studenten begnügen.

Als Junge in Birmingham hatte Burne-Jones den späteren Kardinal Newman ken-

*Das Exeter College, Oxford, an dem Morris und Burne-Jones studierten. Die Baulichkeiten — beide Studenten wohnten auch im College — haben sich bis auf den heutigen Tag nur unwesentlich verändert.*

nengelernt, der verkündete, im Zeitalter der Sofas und Zierkissen müsse man gleichgültig werden gegenüber Komfort; in einer Zeit des Materialismus gelte es, den Mut zu haben, sich ganz und gar auf das Unsichtbare zu verlassen. In den „Memorials" schildert seine spätere Frau Georgiana seine intellektuelle Enttäuschung über die Atmosphäre in Oxford. Was hier über Burne-Jones gesagt wird, gilt auch für Morris: „Er dachte, er werde einen Ort finden, noch warm vom Eifer der gelehrten und frommen Männer, die versucht hatten, das ganze Land mit ihrem Aufschrei auf die Gefahren innerhalb und außerhalb der Kirche hinzuweisen. Er hatte erwartet, in ein Zimmer zu kommen, das jemand, den er liebt, gerade verlassen hat. Aber als er dann dort eintrat, fand er das Leben öde und uninteressant. Kaum noch etwas erinnerte an die wilden Zeiten, die doch eben erst zu Ende gegangen waren."[5]

Freund Edward Burne-Jones

In diesem Gefühl der Enttäuschung einig, schlossen sich die beiden jungen Männer eng aneinander an. Sie unternahmen gemeinsame Ausflüge in die umliegenden Dörfer, um dort schöne alte Kirchen zu besichtigen und Grabplatten zu kopieren, mit deren Abreibungen Morris die Wände seiner Studentenbude schmückte. Außer einem Schulkollegen aus Marlborough traf William nur wenige Freunde oder Bekannte. Dann nahm ihn Burne-Jones in einen Kreis von Studenten mit, die alle aus Birmingham stammten und am Pembroke-College studierten. Zu ihnen gehörten Charles Faulkner, ein sanfter, empfindsamer Mann, der Mathematik und Naturwissenschaften studierte, R. W. Dixon, ein Schulfreund von Burne-Jones, der später Kanonikus wurde, und Fulford, der schon etwas älter war und enthusiastisch über die Lyrik von Tennyson und Shelley redete.

Die Studenten in der Stadt teilten sich damals in zwei große Gruppen. „Hier die Lesenden und Lernenden", wie Mackail sie schildert, „versunken in die Einzelheiten klassischer Gelehrsamkeit oder scholastischer Theologie. Dort die anderen, die vor allem ruderten, jagten, ausgiebig zechten und dafür gesorgt hatten, daß Oxford wegen der Roheit seiner Umgangsformen und der Laxheit seiner Moral in Verruf gekommen war."[5] 1850 war eine königliche Kommission eingesetzt worden, um den laut gewordenen Klagen der Bürger nachzugehen. Sie hatte vor allem den Aufwand gerügt, den viele Studenten bei ihrer Lebenshaltung trieben. Es war bekannt geworden, daß es junge Leute gab, deren Tabakrechnung allein sich auf 40 Pfund im Jahr belief. Allerdings hatte die Kommission auch bestätigt, daß in Oxford selbst „das unverhüllte Zurschaustellen von Lastern wie Trunkenheit und Randalieren" seltener geworden sei. Heftig angeprangert wurde das Laster der „Sinnlichkeit", also der Prostitution, allerdings auch dies nicht so sehr in Oxford selbst, sondern in den der Jurisdiktion des Universitätsrichters nicht unterstehenden, nahegelegenen Dörfern. Zu Michaelis 1853 bekam Morris endlich die für einen Studenten in einem College übliche kleine Wohnung. Die Zimmer befanden sich in einem Teil des Gebäudes, das „Höllenquadrat" genannt wurde, waren aber nichtsdestoweniger ausgesprochen idyllisch gelegen. Von den Fenstern aus sah man auf den schönen Garten der Fellows, auf einen großen Kastanienbaum in der Brasenose Lane und auf die dunkle Masse der Gebäude der Bodleian Library hin. Hier pflegte Morris abends Burne-Jones vorzulesen, weil dieser ausgesprochen lesefaul war. Lektüre waren zunächst Werke der Theologie, der Kirchengeschichte und der Archäologie kirchlicher Bauten.

Schon bald trat bei Morris sein Interesse an Architektur immer deutlicher hervor. Er hatte die Wochenzeitschrift für Architekten „Builder" abonniert und skizzierte eifrig Gebäude. Viel Zeit verbrachte er in der Bodleian Library und legte dort den

Erste Gedichte

Grundstock zu seinem umfassenden Wissen im Bereich alter Handschriften und Drucke, das später manchen Fachmann in Erstaunen versetzte.

Im Sommer 1854 kam er von seiner ersten Reise ins Ausland zurück und pries die architektonischen Wunder der Gotik in Amiens, Beauvais und Chartres sowie die Maler der flämischen Schule. Er galt im Kreis der Birminghamer Studenten, in dem Burne-Jones und er hauptsächlich verkehrten, als ein „Künstleraristokrat". Er war auffallend gekleidet, trug mit Vorliebe purpurfarbene Hosen und extravagante Fliegen. Dunkles lockiges Haar rahmte ein feingeschnittenes Gesicht ein. Er segelte, focht und redete mit krächzender Stimme, so daß es sich immer anhörte, als schimpfe er.

William interessierte sich für Lyrik und begann, selbst Gedichte zu schreiben. Dixon berichtet: „Eines Abends gingen Corm Price und ich nach Exeter und trafen ihn (Morris) mit Burne-Jones an. Als wir das Zimmer betraten, rief Burne-Jones wild aus: ‚Er ist ein großer Dichter!' — ‚Wer denn?' fragten wir. ‚Na, Topsy doch!' Topsy war Morris' Spitzname. Wir setzten uns hin und hörten, wie Morris ein Gedicht vorlas, das erste Gedicht, das er in seinem Leben geschrieben hatte. Es hieß ‚Die Weide und die Rote Klippe'. Und während er es las, verspürte ich etwas, was ich nie zuvor verspürt hatte. Es war etwas völlig Neuartiges, etwas, das sich auf nichts Vorangehendes gründete, völlig original, was immer sonst sein Wert sein mochte, wirklich eindrucksvoll und schön und entschieden kraftvoll in der Ausführung. (...) Ich weiß nicht, was nach seiner Lesung geschah, aber ich drückte wohl auf irgendeine Art meine Bewunderung aus, und ich erinnere mich an seine Bemerkung: ‚Nun, wenn das ein Gedicht ist... so etwas kann ich leicht schreiben.' Von diesem Tag an kam er das ganze Semester hindurch fast jeden Tag mit ein oder zwei Gedichten zu mir auf mein Zimmer."[6]

Die Vermutung, dies sei Morris' allererstes Gedicht gewesen, ist unrichtig. Aber interessant ist trotzdem der Eindruck, den die Lyrik auf Dixon machte. Der Inhalt des Gedichtes ist höchst konventionell. Ein Mädchen sitzt auf einer Klippe am Meer und klagt der Sonne sein Leid. Ihr Geliebter hat sie verlassen. Sie streift einen Ring ab, den er ihr einst gegeben hat, und steckt ihn an den Zweig einer Weide. Sie holt ein Bild ihres Geliebten hervor, wirft es ins Meer und stürzt sich dann selbst von der hohen Klippe in die Fluten. Zurück bleibt als gespenstisches Objekt der Ring an dem Weidenzweig.

Was macht schon die Qualität des Gedichts aus? Gewiß nicht sein Thema, das schon damals ein romantisches Klischee war. Vielmehr ist es die Art, in der es abgehandelt wird. Die Sprache hält auf eigentümliche, für Morris bezeichnende Weise die Balance zwischen Passagen mit mehr statischen Ornamenten und emotionaler Dramatik. Im Grunde genommen erfüllt das Gedicht die Forderung des präraffaelistischen Programms, die Rossetti immer wieder betonte: ein Gedicht solle wie ein Bild und ein Bild wie ein Gedicht sein. Die ornamenthaften Bilder werden so scharf konturiert hingestellt, man spürt hinter ihnen eine so explosive Dramatik, daß dadurch eine Spannung entsteht, in die man hineingerissen wird. Letztlich konzentriert sich alle Aufmerksamkeit auf das merkwürdige Bild des Ringes am Zweig, des starren, kalten Metalls an der lebendigen Pflanze. Ein Bild, das schon viel von dem Thema enthält, dem sich Morris von verschiedenen Seiten nähert: das Verhältnis des Menschen zur Natur bzw. die Konsequenz seiner Entfremdung von ihr.

Es soll nun versucht werden, auf jene Autoren und Werke einzugehen, die Morris zusammen mit Burne-Jones in jenen Studienjahren las und die ihn nachhaltig

*Selbstporträt Dante Gabriel Rossetti. Er gehörte zu den Gründern der präraffaelitischen Bruderschaft (1848) und wurde Anfang der 50er Jahre Vorbild und Mentor von Morris und Burne-Jones.*

beeinflußten. In Oxford machte er intellektuelle Entdeckungen, die seinem Leben eine andere Richtung gaben und einen Ideenvorrat schufen, aus dem er sein Leben lang schöpfte. Wahrscheinlich sucht jeder Mensch zu einer bestimmten Zeit seiner Jugend nach Werten und Argumenten, die er den Mißständen und augenscheinlichen Fehlhaltungen seiner Zeit entgegenstellen kann. Morris und Burne-Jones hatten solche Anstöße zur Zeitkritik sich zunächst von der Oxford-Bewegung erhofft. Aber deren Geist war zu ihrer Studienzeit nicht mehr lebendig. Es muß ihnen allmählich auch klar geworden sein, daß solche Anregungen schwerlich im Bereich der Theologie zu finden sein würden, aber es stand ihnen ja nun endlich frei, zu lesen, was sie wollten. Sie hatten die besten Bibliotheken des Landes, ja der damaligen Welt vor ihrer Tür. Dabei stießen sie unter den Werken der Dichter und Kulturkritiker ihrer und der vorangegangenen Generation sehr rasch auf solche, die nicht nur das eigene Unbehagen bestätigten, sondern auch dessen Ursachen bloßlegten.

Große Bedeutung gewann für Morris das Werk von John Keats, geboren 1798, gestorben 1821, einem der großen Lyriker der englischen Romantik, Radikaler und Freidenker dazu, der im Konflikt mit den von ihm als bedrückend empfundenen Zuständen auf eines der wichtigsten Themen der englischen Romantik gestoßen war: die Spannung zwischen rationalem Denken und sinnlicher Wahrnehmung, zwischen der Armut der Alltagserfahrungen und dem reichen Leben der Sinne. Am deutlichsten wird dies in dem Gedicht „Ode an eine Nachtigall" thema-

John Keats

*Edward Burne-Jones war einer der engsten Freunde von Morris. Sie lernten sich als Studenten 1853 in Oxford kennen, wo sie beide am Exeter College zunächst ein Studium der Theologie begannen.*

55

**Das Heilmittel Schönheit**

tisiert. Der Dichter zeichnet darin, verkürzt wiedergegeben, folgenden psychologischen Vorgang nach: Der Mensch flieht aus der Realität in eine Welt der Kunst und der Einbildungskraft. Mit der Rückkehr in die Realität taucht die Frage für ihn auf, welche der beiden Zustände mehr Wirklichkeit hat. In Keats' Gedicht ist davon die Rede, daß der Mensch Drogen brauche, um sich aus der Schwerkraft der Realität loszureißen. Aber was macht eigentlich die Realität so unerträglich? Die Antwort, die Keats in seinem Gedicht gibt, muß Morris, der zwei Generationen später lebte, für sich und seine Zeit relevant erschienen sein. Einsicht in das Herz, verstanden als Symbol für den Kern der Natur des Menschen, führt Keats zu der Überzeugung, daß die reale Welt voller Elend, Herzleid, Schmerz, Krankheit und *Unterdrückung* ist.

Wenn es eines Beweises bedarf, daß damit ein Grundproblem auch in Morris' Lebensgefühl berührt ist, kann man vorausgreifend auf einen Brief aus dem Jahre 1885 verweisen, in dem Morris dem jungen Sozialisten Fred Henderson die Grundsituation seiner eigenen Jugend schildert: *„Wir wurden in einer niederdrückenden Zeit geboren, in einer Zeit, in der das Bürgertum und die Philister ihre Unterdrückung so entschieden für uns schmerzhaft ausübten, daß wir uns nach rückwärts wenden mußten. Nur in uns selbst, in der Welt der Kunst und Literatur, gab es eine Hoffnung."*[7]

Aber wie hatte nun Keats für sich dieses Problem der unterdrückend auf dem Künstler lastenden Zeitumstände gelöst? Abgesehen davon, daß lyrische Dichter nicht Rezepte auszustellen pflegen, gibt es in seiner Lyrik einige recht eindeutige Hinweise. E. P. Thompson charakterisiert sie so: „In Keats' Lyrik wird der Wunsch nach Freiheit von den in seiner Zeit wirksamen Kräften erstickt. Da ihm jede Hoffnung auf Realisierung verwehrt wird, wendet er sich dorthin zurück, wo er entstanden ist. ,Die Imagination', so schreibt Keats in einem Brief, ,muß entweder ihre Empfindsamkeit durch Vulgarität oder durch ganz ferne Dinge abtöten oder aber verrückt werden über dem Verlangen nach Dingen, die nicht da sind.' Angesichts des verhöhnten Stolzes des Menschen in dieser Situation überhöhte Keats den Stolz seines eigenen schöpferischen Genies... die zeitlose Welt der Kunst und Literatur war für ihn eine Demokratie eigener Art, offen nicht für Pensionäre und Flüchtlinge, sondern für jene, die durch das ihnen innewohnende Talent ein Recht darauf haben, sie zu betreten."[8] Als Heilmittel wird also die Schönheit angeboten. Keats war einer der ersten Lyriker, die in ihrer Alltagserfahrung die bürgerliche Welt und das mit ihr verbundene Philistertum als Schock empfanden. Das Bild vom Meer wird bei ihm zur Metapher für die Machtverhältnisse im Kapitalismus, für den erbarmungslosen Wettbewerb, den Egoismus und den Kampf ums Dasein. Wie im Meer die Großen und Mächtigen die Kleinen fressen, so auch in der menschlichen Gesellschaft.

Wenn Morris sich in seiner Umwelt umschaute, müssen ihm solche Zeilen geradezu prophetisch geklungen haben. Schon Keats also hatte unter Verhältnissen gelebt, in denen die Dinge vorwiegend oder sogar ausschließlich nach ihrem Marktwert beurteilt worden waren.

Die Romantiker waren zwei Generationen zuvor mit dem Programm angetreten, die Sinne, die Gefühle, die Gedanken der Menschen zu befreien und die Gleichheit der Klassen und der Geschlechter herzustellen. Dieses Programm war inzwischen durch das Aufkommen des industriellen Kapitalismus gründlich durchkreuzt worden. Die Tröstungen gegenüber dem „Reich des Goldes", der Welt von Bargeld und Fakten, lagen für Keats in den sinnlichen Sensationen, den Freuden, die man erfuhr, wenn man sich in die Kulturen der Vergangenheit versenkte. Dort war Schönheit. So wurde Schönheit aber auch zu einem Abstraktum, zu etwas, das sich in der Wirklichkeit nicht mehr fand, was nur, abgelöst von der Realität, zu der Welt von Kunst und Einbildungskraft gehörte.

Wie stark diese Gedanken Morris beeindruckten, wird in seinen wichtigsten Dichtungen der Jugendjahre, in „Die Verteidigung der Guenevere" und in „Das irdische Paradies" deutlich. Beide sind als Versuche zu verstehen, solche Kunstwelten abstrakter Schönheit zu schaffen. Aber schließlich ging Morris dann einen anderen Weg als den, der von Keats vorgeschlagen worden war. Er versuchte, die Realität wieder mit Schönheit zu durchdringen. Geschehen sollte dies, indem die Kluft zwischen Arbeit und Kunstschaffen beseitigt wurde.

Auch diese Ideen hatten ihren Ursprung in der Lektüre des Studenten während seiner ersten Jahre in Oxford. In Morris autobiographischen Notizen fallen in diesem Zusammenhang zwei Namen: Carlyle und Ruskin. Bei allen Unterschieden hatten beide eines gemeinsam: Sie reagierten auf eine als heillos empfundene Gegenwart mit dem Rückgriff ins Mittelalter. Aus dieser Zeit sollten Werte wieder ans Licht gebracht werden, die seither untergegangen oder ausgelöscht worden waren.

Schon 1843 hatte Thomas Carlyle, damals Ende vierzig, sein Buch „Vergangenheit und Gegenwart" veröffentlicht. Es war ein Bannfluch gegen die Unmoral des Kapitalismus. Das idealisierte Bild eines Klosters des 12. Jahrhunderts, St. Edmundsbury, wurde der als zerrüttet empfundenen Gesellschaft der Gegenwart entgegengestellt. In seinen politischen Schlußfolgerungen war Carlyle reaktionär. Er griff die zu dieser Zeit schon geschlagenen Chartisten und ihre in Gefängnissen einsitzenden Führer an und propagierte eine Herrschaft der Elite. Dennoch sind manche seiner Sätze zutreffend in ihrer Kritik. Letztlich gehörte er zu jenen Vertretern eines „feudalistischen Sozialismus", die Marx und Engels einige Jahre später im „Kommunistischen Manifest" so charakterisiert haben: „Auf diese Art entstand der feudalistische Sozialismus, halb Klagelied, halb Pasquill, halb Rückhall der Vergangenheit, halb Dräuen der Zukunft, mitunter der Bourgeosie ins Herz treffend durch bitteres, geistreich zerreißendes Urteil..."[9] Ein solcher ins Herz des Bürgertums zielender Satz war bei Carlyle beispielsweise: „Barzahlung war niemals noch wird sie in den vor uns liegenden Jahren das einigende Band zwischen Menschen sein."[10] Carlyle kennt sogar schon den Begriff des Klassenkampfes: „Wir nennen unser Zusammenleben eine Gesellschaft und bringen es darin zu der vollständigsten Separation und Isolation des Menschen. Unser Leben besteht nicht in wechselseitiger Hilfe, sondern maskiert eher ein Kriegsgesetz, das den Namen ‚gerechter Wettbewerb' trägt, in Wirklichkeit aber eine wechselseitige Feindschaft ist."[11] Carlyle verherrlichte die Arbeit, vor allem die Handarbeit. Nie wurde er müde, den Wert der Arbeit zu betonen: „Jede Arbeit", heißt es bei ihm, „selbst Baumwollspinnen, ist edel... alle wahre Arbeit ist heilig. In jeder wahren Arbeit, ist sie nur Handarbeit, liegt etwas Göttliches."[12]

Der Grund für diese Einstellung geht aus seinem 1829 in der „Edinburgh Review" erschienenen Essay hervor: „Würde von uns gefordert, unsere Zeit durch ein einziges Beiwort zu charakterisieren, so wären wir vielleicht versucht, sie heroisch, philosophisch oder moralisch zu nennen. Vor allem aber ist dies das *mechanistische* Zeitalter. Es ist das Zeitalter des Maschinenwesens in jedem nach außen und nach innen gerichteten Sinn... nichts wird jetzt noch direkt getan, nicht von

**Maschinen vertreiben die Menschen**

der Hand, alles geschieht geregelt durch kalkulierte Kunstgriffe... überall wird der noch lebende Handwerker aus seiner Werkstatt vertrieben, um Raum zu schaffen für jemanden, der schneller arbeitet und unbeseelter..."[13]

Mit der so beschriebenen Arbeitswelt war Morris bisher zwar wenig oder gar nicht direkt in Berührung gekommen, aber die indirekten Auswirkungen des Mechanischen, wie sie Carlyle schildert, werden ihm aus eigenen Erfahrungen bekannt gewesen sein: „Nicht nur alles Äußerliche und Physische wird jetzt von Maschinen

*Entwurf zu einem nicht vollendeten Gemälde von Morris, Thema: „Isolde auf dem Schiff". Entstanden um 1857. Jane Burden, Morris' spätere Frau, stand Modell.*

ausgeführt, sondern auch das Innere und Spirituelle ist davon betroffen... dieselbe Gewohnheit reguliert nicht nur die Art unserer Handlungen, sondern auch die Art und Weise des Denkens und Fühlens. Die Menschen sind mechanisch in ihrem Kopf und in ihrem Herzen geworden."[14]

Andere Sätze bei Carlyle bestätigen Morris' Unbehagen und das seiner Freunde beim Studium der Theologie: „Religion ist jetzt... zum größten Teil ein wohlbedachtes Gefühl, das auf reiner Kalkulation beruht... nämlich, wie ein kleines Quantum unterlassener irdischer Freuden gegen ein weit größeres Quantum himmlischer ausgetauscht werden könne. So ist auch Religion Profit, eine Arbeit gegen Gehalt."[15]

Als Morris zwei Jahre vor seinem Tod von der sozialistischen Zeitschrift „Justice" dazu aufgefordert wurde, gewissermaßen seine intellektuelle Entwicklungsgeschichte zu schildern, entstand der Aufsatz „Wie ich ein Sozialist wurde". Morris greift aber in diesem Text auch zurück in die Zeit vor seiner „Bekehrung", wie er es eher ironisch nennt. Er berichtet in diesem Aufsatz auch von jenen Jahren, *„in denen alle intelligenten Menschen mit der Zivilisation dieses Jahrhunderts ganz zufrieden waren"* und meinten, *„eigentlich gelte es lediglich, die bestehende Zivilisation von ein paar lästigen Überbleibseln aus barbarischen Zeiten zu befreien".*[16] Er spricht von der „uneingeschränkten Macht der Liberalen" in diesen Jahren und erinnert dann an jene Männer, die durch ihr Denken allein so etwas wie alternative Ideale in ihm entstehen ließen und nennt namentlich Carlyle und Ruskin. Von letzterem sagt er: *„Zurückblickend kann ich nicht umhin zu erwähnen, wie fürchterlich langweilig die Welt vor zwanzig Jahren gewesen wäre, hätte es nicht Ruskin gegeben. Ich verdanke es ihm, daß ich mir über die Art meines Mißvergnügens genauer klar wurde, daß mein Protest nicht länger bei vager Ablehnung stehenblieb."*[17]

Hatte Morris bei Carlyle vom Erzübel des Mechanistischen gehört, war er auf die Bedingungen hingewiesen worden, unter denen sich Arbeit einst und heute vollzog, so fand er bei Ruskin Reflexion über das Wesen von Kunst, Definition von Schönheit und deren Voraussetzungen.

John Ruskin, 1819 in London geboren, war einer der führenden Kunsttheoretiker und Kunstkritiker dieser Zeit. Sein Buch „The Seven Lamps of Architecture" war bereits erschienen, bevor Morris 1853 nach Oxford kam. Nun hatte Ruskin den zweiten Band von „Die Steine von Venedig" veröffentlicht, in dem sich unter der Überschrift „Vom Wesen der Gotik" das Kernstück des gesamten Werkes findet. Ruskin wurde für Morris und Burne-Jones zum Propheten, „Vom Wesen der Gotik" zu einem ihrer heiligen Texte. Morris bezeichnete ihn auch noch später als entscheidend wichtig für das Verständnis des Zeitgeists im England des 19. Jahrhunderts. Niemand komme darum herum, sich mit ihm auseinanderzusetzen.

Dixon erinnert sich an die Zeit in Oxford: „Morris las Ruskin oft laut vor. Er hatte eine mächtige, singende Stimme und sang mehr als daß er sprach... die Bildbeschreibungen des ‚Sklavenschiffs' oder des Himmels bei Turner wurden von ihm in einer Art und Weise deklamiert, als seien sie zu keinem anderen Zweck geschrieben, als auf das Haupt eines jeden gemeinen Kriminellen Donner und Blitz herabgehen zu lassen, der nie im Himmel das gesehen hatte, was Turner darin sah."[18]

Ruskins Interesse an Kunst war im wesentlichen moralisch. Er untersuchte die Zusammenhänge zwischen Kunst und Gesellschaft. In der Gesellschaft dieser Zeit galt als weitgehend unbestritten, daß Kunst didaktisch sein müsse, daß die gesellschaftlichen Normen durch das Genie des Künstlers bestätigt werden sollten. Ruskin ging von der Feststellung aus, daß große Kunst alle Bereiche des menschlichen

John Ruskin

*Jane Burden, die schöne Kutscherstochter, Porträt von Rossetti, 1858.*

**Kunst und Gesellschaft**

Bewußtseins beeinflusse. Sei nun die Kunst einer bestimmten geschichtlichen Periode arm, so habe man darin einen Hinweis auf die Armut des Lebens der Menschen zu sehen, während umgekehrt Schönheit, Gesundheit und Vollkommenheit in der Kunst auch Auswirkungen auf die Qualität des gesellschaftlichen Lebens hätten.

Im 6. Kapitel des zweiten Bandes von „Die Steine von Venedig" kommt Ruskin auf das zu sprechen, was ihm der Kardinalfehler der kapitalistischen Gesellschaft und die Hauptursache für das Mißlingen großer Kunst unter den im Kapitalismus gegebenen Bedingungen zu sein scheint. Nachdem er auf die wesentlichen Eigenschaften der Architektur der Gotik hingewiesen hat, zu denen er unter anderem Roheit (als Gegenteil des Allzuglatten und Perfekten), Veränderlichkeit, Abwechslung, Naturalismus (Liebe zu den Naturgegenständen um ihrer selbst willen) und Überfülle rechnet, stellt er fest, diese Eigenschaften seien nur zu erklären aus der Wesensart der Handwerker, die die gotische Kunst geschaffen hätten. In jedem Menschen seien kreative Kräfte angelegt. Diese zu nutzen, bedeute nicht Luxus. Vielmehr erringe dadurch der Arbeiter (Handwerker) erst seine Menschlichkeit.

Von daher forderte er, daß die Arbeit kreativ sein müsse, kunstschöpferisch. Im Mittelalter habe sich Arbeit noch so vollzogen, nun aber nicht mehr: „... es handelt sich hierbei um eine sehr ernste Entscheidung. Man kann aus dem Geschöpf entweder ein Werkzeug oder einen Menschen machen. Beides ist nicht möglich. Menschen wurden nicht geschaffen, um mit der Genauigkeit von Werkzeugen zu arbeiten und in all ihrem Tun korrekt und vollkommen zu sein. Wer nun solche Genauigkeit vom Menschen verlangt... der fordert etwas Unmenschliches. Die ganze Aufmerksamkeit und Kraft des Menschen wird dann nämlich darauf gerichtet sein, wie Zahnräder oder Zirkel exakt zu funktionieren..."[19]

Die Präzision der modernen Industrieprodukte, von der Öffentlichkeit als Triumph des Fortschritts gefeiert, war nach Ruskin also sichtbares Zeichen für die Sklaverei der modernen Arbeiter: „All diese akkuraten Gußformen, dieses vollkommene Poliertsein, die fehlerlose Verschalung mit abgelagertem Holz und entsprechend temperiertem Stahl... markieren den Mord der menschlichen Seele."[20]

Ruskin wies auch, vielleicht als erster, auf die Folgen der Trennung von Hand- und Kopfarbeit hin, die sich zerstörerisch auf beide Bereiche auswirken müsse: „Immer versuchen wir in diesen Tagen beides zu trennen: Wir wollen einen Mann, der immer denkt, und einen anderen, der immer körperlich arbeitet, und wir nennen den einen Gentleman, den anderen einen Arbeiter. Statt dessen wäre es besser, der Arbeiter würde öfter denken, der Intellektuelle öfter körperlich arbeiten. Beide wären dann im besten Sinn dieses Wortes Gentlemen. Wie es heute steht, machen wir beide unedel. Sie beneiden einander, und die Masse der Gesellschaft besteht aus morbiden Intellektuellen und elenden Handwerkern. Es wäre nur gut, wenn jeder von uns ein Handwerk ausüben und die Unehre der körperlichen Arbeit so verschwinden würde. In einer ganzen Anzahl von Berufen sollte sich der Meister nicht zu fein sein, auch die unangenehme Arbeit zu erledigen. Der Maler sollte seine Farben selbst reiben, der Architekt auf dem Hof des Steinmetzen mitschaffen, der Fabrikherr sollte der Geschickteste unter den Arbeitern seiner Fabrik sein."[21]

Alle theoretischen Überlegungen zum Verhältnis von Kunst und Gesellschaft, die Morris in späteren Jahren anstellen sollte, waren im Grunde Wiederholungen und Erweiterung der zentralen These von Ruskin, daß in der Wildheit und Roheit der mittelalterlichen Kunst eine wesentliche Tugend liege, ein Anzeichen für deren Unangepaßtheit an kapitalistische Normen. Die Selbständigkeit und der Kunstwille des Handwerkers sei danach, seit dem 18. Jahrhundert, untergegangen. Mit der Massenproduktion und der zu ihr notwendigen Mechanisierung von Arbeit sei es dann endgültig dahin gekommen, daß man von Handwerkern und einer Kunst beim Handwerk nicht mehr reden könne. Die Arbeiter seien zu bloßen Werkzeugen herabgewürdigt worden.

Ein weltlicher Orden

Unter dem Einfluß ihrer Vorbilder Keats, Carlyle und Ruskin hatten sich Morris und Burne-Jones immer mehr von der Theologie entfernt. Andererseits drängte es sie, auch aktiv etwas gegen den Ungeist der Zeit zu unternehmen. Um das Jahr 1853 kam bei den Freunden die Vorstellung auf, eine Art weltlichen Orden zu gründen und „einen heiligen Kreuzzug" wider die Zeit zu beginnen. So ungewöhnlich, wie er uns vielleicht scheinen mag, war der Einfall für damalige Verhältnisse nicht. Hatte sich nicht auch der vor allem von Burne-Jones bewunderte Newman mit Freunden seinerzeit nach Littlemore in einige Hütten zurückgezogen, um dort nach Art der Trappisten zu leben? Und ein befreundeter Architekt in Oxford, George Edmund Street, sprach davon, eine Kombination von College, Kloster und Workshop ins Leben zu rufen. Die deutschen Maler Cornelius und Overbeck, die Nazarener, hatten versucht, in Rom in einem antiken Palast eine Art Kloster der Kunst zu errichten. Dieses Vorbild wiederum hatte die englische Malergruppe der Präraffaeliten veranlaßt, sich bei der Gründung 1848 als eine „Bruderschaft" zu bezeichnen und auch ihre Bilder so zu signieren.

„Wir sehen", schreibt Jack Lindsay, „Formen von Kommunen, die sich an der mittelalterlichen Gesellschaft und ihrer Kunst orientierten, waren als Protest gegen den bürgerlichen Egoismus und die daraus resultierende Desintegration an der Tagesordnung. Sie übten auf die jungen Leute des Mittelstandes, die rebellieren wollten und keine politische Vereinigung kannten, deren Ziel eine fundamentale gesellschaftliche Veränderung gewesen wäre, große Anziehungskraft aus."[22] Dabei war all dies für die Freunde teils poetisches Spiel, teils Clownerie und dann auch doch wieder ernst. Es ist bezeichnend, daß Burne-Jones in einem Brief an einen Freund erzählt, wie er sich damit vergnügt, von seiner Studentenbude aus Passanten Wasser auf den Kopf zu schütten, und gewissermaßen in einem Atemzug dann zu der Ermahnung übergeht: „Denke daran, ich habe mein Herz daran gesetzt, eine Bruderschaft zu gründen. Lerne Sir Galahead (ein Gedicht von Tennyson über den gleichnamigen Ritter der Tafelrunde) auswendig. Er soll der Schutzpatron unseres Ordens werden. Ich habe hier noch einen mit Herz und Seele für diesen Plan gewonnen."[23]

Im März 1855 wurde Morris großjährig und konnte nun über ein Einkommen von jährlich 900 Pfund aus dem Aktienbesitz seines Vaters verfügen. Mit dieser finanziellen Absicherung schien es ihm möglich, mit seinen Freunden einen Plan zu verwirklichen, der durchaus auch im Sinn eines „Kreuzzuges gegen die Zeit" zu sehen ist. Hatte nicht Ruskin geschrieben, die Dichter seien es, die das in der Menschheit schlummernde Gute aufwecken könnten? Verbindungen zu ehemaligen Schulfreunden, die nun in Cambridge studierten, wurden aufgenommen. Es wurde beschlossen, eine Zeitschrift herauszugeben, in der Lyrik, Prosa-Romanzen und kunstkritische Aufsätze erscheinen sollten. Morris hoffte, für das Blatt im Jahr nicht mehr als 300 Pfund aufwenden zu müssen.

Am 19. Juli 1855 brach er zunächst einmal mit Burne-Jones und Fulford zu einer

**Reise durch Nordfrankreich**

Fußwanderung durch die Picardie und Normandie auf, um Amiens, Beauvais, Chartres und Rouen zu besuchen, im Reisegepäck ein Skizzenbuch und einen Band Keats. Unterwegs bekam Morris höchst prosaisch wunde Füße. Er kaufte sich bequeme Hausschuhe und lief in diesen die 18 Meilen von Clermont nach Beauvais. Dann sahen die drei sich gezwungen, die Reise mit der eigentlich verachteten Eisenbahn fortzusetzen. Morris wollte Paris umgehen, um möglichst rasch nach Rouen zu kommen, aber Burne-Jones bestand auf Paris, weil er in den Louvre wollte. Erstaunt waren alle, im Musée des Beaux Arts Landsleute ausgestellt zu finden, sieben Bilder der Präraffaeliten, die sie stark beeindruckten.

Die zwei Tage in Chartres verbrachte Morris fast ständig in der Kathedrale. Dann ging es nordwärts nach Rouen. Aus Avranches schrieb Morris am 10. August an Cormell Price: *„O diese Herrlichkeit an Kirchen, die wir gesehen haben, denn wir haben jetzt die letzte gesehen. Wir schlossen mit Mont St. Michel gestern. Wir warten hier, und auch dies ist ein wunderschöner Ort, bis Samstag oder Sonntagmorgen, um dann nach Granville und von dort mit dem Dampfer nach Jersey und Southampton zu fahren. Crom, wir haben neun Kathedralen gesehen, und ich weiß gar nicht wieviel Nichtkathedralen. Ich muß sie an meinen Fingern abzählen und komme auf 24 Kirchen, einige von ihnen besser als erstklassige englische Kathedralen, und ich habe bestimmt beim Zählen noch welche ausgelassen."*[24]

Von Avranches fuhren sie in Abänderung des im Brief erwähnten Reiseplanes per Bahn nach Maintenon und schließlich in einem Einspänner *„durch das herrliche Land nach Dreux über eine Entfernung von 17 Meilen... ich meine fast, ich liebe diese Landschaft noch mehr als all die anderen lieblichen Landschaften, die wir in Frankreich schon gesehen haben. So herrlich sind hier die Bäume gruppiert, alle Arten von Bäumen, aber besonders die schlanken Pappeln und Espen und dann diese Kornfelder ohne Hecken und die schönen Kräuter, deren Namen ich nicht kenne. Es sind dies die schönsten Felder, die ich je gesehen habe. Sie wirken alle so, als gehörten sie gar nicht irgendeinem Menschen, als seien sie nicht angelegt worden, um am Ende gemäht zu werden, um als Getreide in einer Scheune gelagert und an das Vieh verfüttert zu werden, sondern als seien sie gepflanzt worden um der Schönheit willen, damit das Getreide da immer unter den Bäumen wächst, untermischt mit Blumen, purpurnen Disteln, blauen Kornblumen und rotem Mohn..."* Und von der Fahrt zwischen Louvier und Rouen berichtet er mit unvermindertem Enthusiasmus: *„O diese Bäume! Es war ein Land wie in einem schönen Gedicht, in einer schönen Romanze, vielleicht der Hintergrund für Chaucers ‚Palamon und Arcite'. Wir sahen das Tal sich fortwinden neben der Eure, ein weites Stück unter den Hügeln, aber wir mußten es verlassen und nach Rouen fahren in einer ekligen, höllischen, lärmenden und kreischenden Eisenbahn, die sich den Dreck schert um Hügel, Tal, Pappeln oder Linden, Mohnblumen, Kornblumen, purpurne Disteln, purpurne Wicken, weiße Winden, weiße Clematis oder goldenes Johanneskraut, sich den Dreck schert um Turm, Turmspitzen, Apsis oder Wölbung, denn sie ist gleich lärmig unter den Turmspitzen von Chartres wie unter den Türmen von Rouen, vor dem Schloß von Versailles wie am Invaliden-Dom. Wirklich, Eisenbahnen sind ein Greuel, das ist mir erst auf dieser Tour recht bewußt geworden."*[25]

Dann standen sie in der letzten Nacht ihrer Reise auf der Hafenmauer von Le Havre und erörterten ihre Lebenspläne. Im Verlauf dieses Gesprächs kamen sie zu dem Entschluß, es sei unumgänglich, ihr Leben nicht der Kirche, sondern der Kunst zu weihen. Georgiana schreibt dazu in den „Memorials": „Nach dieser Nacht in Havre waren sich Edward und Morris darin einig, Oxford auf der Stelle zu verlassen, Morris wollte in ein Architektur-Büro eintreten, Edward wollte Maler werden." Nach ihrer Rückkehr nach England rief dieser Entschluß bei ihren Familien einige Bestürzung hervor.

In einem langen Brief an seine Cousine im Oktober 1855 erklärte Burne-Jones, die Lektüre französischer und deutscher Philosophen habe Morris zum Ungläubigen werden lassen und ihn selbst nahezu gelähmt. Daraufhin hätten sie ihre Pläne für eine kleine Bruderschaft im Herzen von London aufgeben müssen. Ihm sei nichts geblieben als der Zweifel. Er könne nun auch nicht mehr Verwandten und Freunden die Genugtuung bereiten, daß er es zu der ehrenwerten Stellung eines Pfarrers bringe.

William hatte Edward nach Birmingham begleitet, weil dort eine Redaktionssitzung des geplanten „Oxford and Cambridge Magazine" stattfand. Bei der Besprechung war viel von rückhaltloser Ehrlichkeit die Rede. Keine Gefälligkeitsrezensionen! Keinen Respekt vor großen Namen. Dixon riet, man müsse auch ein Grundsatzprogramm veröffentlichen.

Als die Freunde wieder unter sich waren, spannen sie sich ein in ihre Phantasiewelt. Edward umschrieb seine künstlerischen Vorstellungen mit dem Satz: „Ich gehe immer weiter in ein seltsames Land, das mehr wahr als wirklich ist."[26]

In der Cornish-Buchhandlung hatte Burne-Jones eine Ausgabe des „Morte Darthur" von Malory entdeckt, ein Buch, dessen Inhalt für ihn wie kein zweites das verkörperte, was er mit dem „seltsamen Land" meinte. Die Ausgabe war in weißes Pergament gebunden, und Edward besaß nicht genügend Geld, um sie zu kaufen. Für Morris war dererlei kein Problem. Sie waren schließlich beide so in Geist und Atmosphäre dieses Buches verliebt, daß sie verabredeten, nach Möglichkeit zu anderen darüber nicht zu sprechen, da sie dieses Wunder mit niemandem teilen mochten. Bei „Morte Darthur" handelte es sich um eine Nachdichtung der Sagen um König Artus, wie sie in den großen Prosaromanen im Frankreich des 13. Jahrhunderts zusammengefaßt worden waren. Thomas Malory hatte davon zur Zeit der Rosenkriege eine Nacherzählung angefertigt, die der erste bedeutende englische Drucker, William Caxton, abermals bearbeitet, einige Jahre nach Malorys Tod 1485 herausgebracht hatte. Das Buch war lange vergessen gewesen. Im Zuge der Begeisterung für das Mittelalter erfuhr es im Laufe des 19. Jahrhunderts zahlreiche Neuauflagen, bis hin zu jener in den 90er Jahren, die durch die Illustrationen von Aubrey Beardsley berühmt wurde.

Vielen viktorianischen Dichtern war das Buch wichtig, und sie gestalteten Episoden daraus nach. So auch Morris, dessen erster Gedichtband „Die Verteidigung der Guenevere" vor allem Verse enthält, die eine besonders heikle Episode behandeln: Guenevere, die Königin und Ehefrau von König Artus, wird des Ehebruchs mit Lancelot, seinem Lieblingsritter, beschuldigt. Wie „Tristan und Isolde" war auch diese Geschichte wohl deswegen bei den Viktorianern so beliebt, weil das, was an Sünde vielleicht geschehen ist (vielleicht aber auch nicht), verhüllt wird von einer Aura des Edlen und Reinen. Es bietet sich die Möglichkeit der Projektion, ohne die eigenen Komplexe preisgeben zu müssen.

Es war nicht die erste Begegnung der beiden Freunde mit den Geschichten um Artus und die Ritter von der Tafelrunde. In dem Roman von Charlotte Yonge „Der Erbe von Redclyffe", den Morris wie viele seiner Altersgenossen gelesen und der ihn beeindruckt hatte, ist der Held Guy, ein ritterlicher junger Mann, darum bemüht, das Schicksal der armen Landbevölkerung zu verbessern, eine Verkörperung der Ideale Liebe, Freundschaft, Glaube und Ehre. Guy schreibt ein Epos über

Der Sagenkreis um König Artus

Neue Berufspläne

König Artus und liest seiner Frau Verena, um ihr das Sterben zu erleichtern, eine der Artus-Sagen vor.

Morris kommt später zwar immer wieder auf Stoffe aus dem Artus-Kreis zurück, seine Bewunderung gilt aber vor allem den nordischen Sagas, während für Burne-Jones, wie seine Frau schreibt, der „Morte Darthur" im wahrsten Sinn des Wortes zu einem Teil seiner selbst wurde. „Seine Stärke und Schönheit, seine mystische Religion", schreibt Georgiana, „das edle Rittertum seiner Handlung, die Welt untergegangener Geschichte, die Romantik, die an die Namen der Menschen und Plätze geknüpft war: all das war eine Welt, in der Edward Geburtsrecht besaß."[27]
Von Birmingham aus fuhr Morris zu seiner Mutter, um ihr die Nachricht von dem neuen Lebensplan selbst zu überbringen.

Sie war einigermaßen entsetzt. Offenbar hatte sie fest daran geglaubt, sie werde ihren Ältesten einmal von einer Kanzel herab predigen hören können. Nun also wollte er Architekt werden... eine Art Künstler. Sie konnte sich nur schwer beruhigen. Seine tieferen Beweggründe konnte er ihr nicht auseinandersetzen. Aus Oxford — er hatte sich inzwischen bei Street um eine Stelle in dessen Architektur-Büro beworben und lernte für seine Examen — schrieb er der Mutter noch einmal einen ausführlichen Brief, in dem es hieß:

*„Zunächst einmal solltest Du nicht meinen, daß das Geld für meine Ausbildung als Pfarrer zum Fenster hinausgeworfen ist. Beruhige Dich bitte in diesem Punkt. Ein Universitätsstudium ist für einen angehenden Schiffskapitän ebenso nützlich wie für einen Seelenhirten. Dein Geld wurde nicht unnütz ausgegeben, wenn man davon ausgeht, daß die Liebe von Freunden, die man entdeckt und wirklich liebgewinnt, etwas Unbezahlbares ist. Und wenn ich nun, in dieser Stadt lebend und das Böse und die Sünde in ihren gemeinsten und rohesten Formen Tag für Tag sehend, auch die Sünde hassen und gegen sie kämpfen gelernt habe, ist das nicht auch gut?*

*Rossettis Vorstudie zu dem Gemälde „Gefunden". Ein Bauer, der nach London kommt, um ein Kalb zu verkaufen, findet seine ehemalige Verlobte dort als Prostituierte wieder.*

*Bedenke bitte, Mutter, daß dies alles zum Besten sein wird. Wenn ich Dir damit eine neue Bürde auferlegen würde, wäre es etwas anderes. Aber ich bin in der Lage, für mich auf meinem Lebensweg selbst zu sorgen. Wenn ich diesen Beruf nicht ergreife, weiß ich tatsächlich nicht, welchen anderen ich mit einiger Aussicht auf Erfolg und Zufriedenheit ausüben sollte. Darin bin ich voller Vertrauen, daß ich früher oder später ein guter Architekt werde. Du weißt doch auch, daß bei jeder Arbeit, die man gern tut, einem die Mühe, welche damit verbunden ist, leicht wird. Ich werde einen nützlichen Beruf erlernen, einen, mit dem sich Geld verdienen läßt. Bitte, sage Henrietta, daß ich ihre Enttäuschung schon verstehe, aber doch hoffe, daß sie vergehen wird, sobald sie sieht, daß ich mich nützlich mache, daß ich auch nicht aufgegeben habe, die Welt zu verbessern, soweit dies in meinen Kräften steht..."*[28]

Im Herbst 1855 verließ Morris nach bestandenem Final-School-Examen die Universität und trat Anfang 1856 als Volontär in Streets Architekturbüro in der Beaumont Street ein.

Am 1. Januar dieses Jahres erschien auch die erste Nummer des „Oxford and Cambridge Magazine, conducted by Members of the two Universities". Es sollte von nun an monatlich herauskommen, hatte in dieser ersten Nummer 72 zweispaltig bedruckte Seiten und kostete einen Shilling. Da Morris befürchtete, seine neue berufliche Tätigkeit könne ihn stark in Anspruch nehmen, hatte er William Fulford für ein Gehalt von hundert Pfund im Jahr als Redakteur angestellt. Von der ersten Nummer, die unter anderem Gedichte und Prosa von Morris, eine Geschichte von Burne-Jones, einen Text von Dixon, eine Vorstellung von Longfellows Versepos „Hiawatha" enthielt, wurden 800 Exemplare gedruckt. In einer Buchbesprechung rühmte Burne-Jones Rossettis Buchillustrationen zu Allinghams „Day and Night Songs": „Es sind die schönsten Zeichnungen, die ich je als Illustrationen gesehen habe. Die unheimlichen Gesichter der Mädchen von Elfenmere, die Bewegungen ihrer Arme, die einem musikalischen Rhythmus zu folgen scheinen, während sie singen, das Gesicht des Mannes, all dies kann nur einem großen Künstler eingefallen sein."[29] Rossetti las die Besprechung in London und fühlte sich geschmeichelt. Er wunderte sich, von diesem Jones bisher noch nie etwas gehört zu haben. Das sollte sich bald ändern, denn Burne-Jones hatte sich fest vorgenommen, ihn aufzusuchen und sein Schüler zu werden.

Morris plante, eine Anzahl von Artikeln über die so enthusiastisch bewunderten Kathedralen von Nordfrankreich zu schreiben. Er kam damit aber nicht recht voran. Statt dessen floß ihm eine Geschichte über einen Steinmetz aus der Feder, der an der Westfassade der Kathedrale von Amiens arbeitete. Der Text erhielt später den Titel „Die Geschichte von der unbekannten Kirche". Bei der Beschreibung des Gartens meint man schon ein Muster seiner Tapeten oder Textilien vor sich zu haben: *„Im Garten waren die Spaliere bedeckt mit Rosen, Winden und großblättriger wilder Kresse. Besonders entlang der Pappeln standen diese Spaliere. An ihnen wuchs nichts als tiefrote Rosen. Die Stockrosen standen zu dieser Zeit auch alle in Blüte. Große Türmchen in Rosa und Orange, Rot und Weiß, mit weichen, flauschigen Blättern. Ich sagte, daß an den Spalieren unter den Pappeln nichts wuchs außer den tiefroten Rosen, aber das stimmt nicht ganz, denn an vielen Stellen waren wilde Blumen von draußen in den Garten eingedrungen: weißgrüne Blüten, die so schnell wachsen, daß man ihr Wachstum zu sehen meint, und tödlicher Nachtschatten, la bella donna. Oh! so schön; rot die Beere, purpurn mit gelben Spitzen — die Blüte, und tödlich, grausam anzusehen, das dunkelgrüne Blatt."*[30]

„Oxford and Cambridge Magazine"

*Morris schenkt der verwirrten Jane Burden einen Verlobungsring. Karikatur von Rossetti aus dem Jahre 1857.*

# V. Der Bohemien

*„Der einzige Vergleich, um es zu beschreiben, wäre zu sagen: ich fühlte mich wie bei der Entdeckung einer neuen Religion. Die Liebe jener jungen Männer zur Schönheit schien mir nicht übertrieben, sondern stellte, da sie die ganze Welt einschloß, einfach den Gesichtspunkt dar, unter dem sie alles betrachteten. Besonders menschliche Schönheit war ihnen heilig. Dies wurde mir auch von einer Frau bestätigt, die ich viele Jahre nicht gesehen hatte und welche in ihrer Jugend der Gegenstand überschwenglichen Enthusiasmus und großer Bewunderung von seiten Rossettis, Morris' und Edward Burne-Jones' gewesen war. Sie und ich saßen zusammen und redeten eine Stunde lang über jene Tage, als wir alle jung gewesen waren; und ich stellte fest, daß sie dieselben Erinnerungen an diese Zeit hatte wie ich... daß die Männer ganz einfach gut und begabt gewesen waren und ganz verschieden von all den anderen, die wir gekannt hatten. ‚Ich habe nie wieder solche Männer erlebt', sagte sie, ‚mit ihnen zusammen zu sein, bedeutete, eine neue Welt zu betreten. Ich saß ihnen Modell und war mit ihnen zusammen. Sie waren so völlig verschieden von allen anderen Menschen, die ich kannte. Ich war etwas Heiliges für sie... wirklich: etwas Heiliges.'"*

Georgiana Burne-Jones[1]

*John Ruskin übte mit seinen kunstkritischen Schriften einen starken Einfluß auf Morris aus.*

Die Arbeit in Streets Architekturbüro erwies sich als anstrengender als Morris gedacht hatte. Er hatte die Aufrisse für das Portal der Kirche von St. Augustine in Canterbury zu kopieren und hatte seine Schwierigkeiten mit den verschiedenen Portal-Bögen. „Am Ende waren die Fluchtpunkte fast zu Löchern geworden, die sich durch das Zeichenbrett bohrten." Er blieb nur neun Monate bei Street. Dann hatten neue Bekanntschaften soviel neue Anregungen gebracht, daß er sich abermals zu einem Berufswechsel entschloß. Er wollte nun Maler werden. Seiner Mutter erzählte er diesmal nur beiläufig davon. Sie hielt Burne-Jones für die treibende Kraft und behandelte ihn während eines Besuches wie einen Verführer.

Freundschaft mit Philip Webb

Bei Street, mit dem er weiterhin freundschaftlich verbunden blieb, erfuhr Morris, woran neue Architektur sich damals orientierte. Street war von A. W. N. Pugin beeinflußt, der in seinen „True Principles"[2] Regeln zur Formgestaltung niedergelegt hatte. Die zwei wichtigsten waren: „1. Ein Gebäude sollte nichts an sich haben, das nicht entweder für die Behaglichkeit, für die Konstruktion oder die Standesgemäßheit des Baues notwendig ist. 2. Jedes Ornament hat der Durchgestaltung der entscheidenden Konstruktionsprinzipien zu dienen."[3]

Die „Standesgemäßheit" war ein Programmpunkt, den Morris nicht so ohne weiteres zu akzeptieren bereit war. Andererseits zeigten ihm die „True Principles" wie wichtig es war, seine Ästhetik in knappe, griffige Sätze zu fassen. Im übrigen vertrat Street die Ansicht, ein Architekt habe nicht nur Baumeister, sondern auch Schmied, Maler, Weber und Innenausstatter aus eigener praktischer Kenntnis der entsprechenden Handwerksberufe zu sein. Mit dieser Auffassung beeinflußte er nicht nur Morris, sondern half, die dann für England so wichtige „Arts & Crafts"-Bewegung mit vorzubereiten.

Ein weiterer Gewinn für Morris war eine neue Freundschaft, die zu Philip Webb, dem ersten Assistenten von Street. Webb, drei Jahre älter als Morris, war in Oxford geboren, am Ort aufgewachsen und liebte die alten Bauten der Stadt. Während seiner Ausbildung in Reading hatte ihn sein Lehrherr, John Billing, dazu ermuntert, die Kirchen in der Umgebung zu skizzieren. Wahrscheinlich waren Morris und Webb über dieses künstlerische Hobby miteinander näher bekannt geworden. Hinzu kam die gemeinsame Vorliebe für das Reiten, Rudern und lange Spaziergänge, auf denen sie feststellten, daß sie sich in dem Wunsch einig waren, „diese Welt in einem etwas besseren und schöneren Zustand zu verlassen als sie sie vorgefunden hatten". Webb schildert den Morris dieser Monate als „einen schlanken jungen Mann, der etwas von einem schönen Vogel hatte, welcher eben aus dem Ei geschlüpft ist".[4]

In seiner Freizeit schrieb Morris nicht nur Gedichte und Erzählungen, die im „Oxford and Cambridge Magazine" erschienen, er modellierte in Ton, versuchte sich als Holzschnitzer und stellte Stickereien her. Hier begann seine Angewohnheit, die er nun Zeit seines Lebens beibehielt, mehrere handwerkliche Beschäftigungen nebeneinander zu betreiben und von der dritten zur vierten und fünften hinüberzuwechseln, wenn ihn dort etwas verlockte.

Sowohl Street wie auch Webb interessierten sich für Stickerei. Webb war mit Agnes Blencowe befreundet, die zusammen mit Streets Schwester die „Ladies' Ecclesiastical Embroidery Society" gründete. Ein Probestück von Morris eigenen Versuchen in dieser Technik des Stickens war ein Wandbehang mit blühenden Bäumen und Vögeln und dem Motto „If I can", das Morris von van Dyke übernommen hatte.

**Begegnung mit Rossetti**

In London hatte unterdessen Burne-Jones in dem „Working Men's College", einer Art Abendschule für Arbeiter und Handwerker, Rossetti aufgespürt, der dort unterrichtete. Zuerst war er zu schüchtern gewesen, ihn anzusprechen, aber dann hatte es sich ganz zwanglos ergeben, daß sie über Rossettis Lieblingsthese, alle Menschen könnten und müßten Maler werden, miteinander ins Gespräch gekommen waren und Rossetti hatte ihn in sein Atelier eingeladen.

Sehr bald hatte Rossetti zwei neue Bewunderer. Während Burne-Jones eine zwar wenig systematische, aber der Entwicklung seines Talents sehr zuträgliche Lehre bei Rossetti begann, kam Morris fast jedes Wochenende nach London. Sie gingen zu dritt ins Theater und anschließend auf Rossettis Zimmer am Embankment. Am Sonntagvormittag pflegte Morris Burne-Jones in dessen Wohnung in Chelsea vorzulesen. Meist aus Malory. Mit dem ersten Zug am Montagmorgen fuhr er nach Oxford zurück, um dort seine Arbeit in Streets Büro gegen zehn Uhr zu beginnen. Bald war auch Morris davon überzeugt, er müsse Maler werden. Wenn ihm Zweifel an seiner Begabung kamen, unterdrückte er sie, indem er an die Bemerkung seines Mentors erinnerte: *„Rossetti sagte, ich müsse malen. Da er nun ein großer Maler ist und gewiß nicht als Schriftgelehrter urteilt, sondern mit Autorität spricht, muß ich es versuchen. Ich erhoffe mir, so muß ich hinzufügen, nicht viel, doch will ich mein Bestes geben. Er ist bereit, mich auch in praktischen Fragen anzuleiten..."*

Es ist ganz offensichtlich, daß Morris und Burne-Jones zu diesem Zeitpunkt der Faszination erlegen waren, die von Rossettis Persönlichkeit ausging. So zu malen wie Rossetti, war für Morris das Ziel schlechthin zu dieser Zeit. Hinzu kam, daß Rossetti Gründungsmitglied der präraffaelitischen Bruderschaft war, und die beiden Freunde durch ihn mit den übrigen Mitgliedern bekannt zu werden hofften. Innerhalb eines Vierteljahres kaufte sich Morris zwei Bilder von Malern, die der Gruppe zumindest nahestanden: „April Love" von Arthur Hughes, und für vierzig Pfund das Gemälde „Hayfield" von Rossettis Lehrer Ford Madox Brown. Die Käufe erweckten bei Rossetti den Eindruck, Morris müsse Millionär sein. Er machte um diese Zeit eine Porträtstudie von Morris, die er später für den Kopf des Königs David in einem Triptychon für die Kirche von Lladaff verwendete. Morris hingegen schrieb zu dem Aquarell von Rossetti „Der Blaue Schrank" ein Gedicht. Das „Oxford and Cambridge Magazine" erschien dank Fulfords redaktionellem Eifer regelmäßig am Monatsersten, wenngleich der Absatz zu wünschen übrigließ. Die Bekanntschaft mit Rossetti überstrahlte alles. Burne-Jones bekannte später: „Rossetti lehrte mich alles, was ich je gelernt habe... er gab mir den Mut, mich zur Phantasie zu bekennen, ohne mich ihrer zu schämen."[5] Rossetti erklärte Morris, in der Gegenwart suche der Künstler das Schöne vergeblich, weswegen sich auch eine Auseinandersetzung mit der gesellschaftlichen Realität nicht lohne. In einem Brief umriß Morris seine stark von Rossetti beeinflußten Ansichten so: *„Ich mag mich auf politisch-soziale Fragen nicht einlassen. Insgesamt herrscht da völliges Durcheinander. Ich habe weder die Kraft noch die Neigung, da auch nur ein bißchen was zurechtzurücken. Meine Arbeit besteht auf die eine oder andere Weise immer in der Verkörperung von Träumen."*[6]

Man kann der komplexen Persönlichkeit Rossettis nicht gerecht werden, ohne die wichtigsten Stationen seiner inneren Entwicklung bis zur Bekanntschaft mit Morris wiederzugeben. Dies nicht zuletzt auch deswegen, weil für viele Jahre dieser Mann der wichtigste Partner in Morris Leben sein wird, der Mann, an dem Morris sich in seiner Bewunderung und seinem Haß abarbeiten mußte, um schließlich selbst zu einer ganz anderen Einstellung zur Realität zu finden.

Dante Gabriel Rossetti wurde 1828 als Sohn eines Literaturprofessors, der als politischer Flüchtling 1824 aus Neapel nach England gekommen war, geboren. Der Vater, der dem Sohn den Vornamen „Gabriel" vererbte, war Dante-Forscher mit reichlich verstiegenen Ideen. Er interpretierte die Gedichte Dantes als gegen das Papsttum gerichtete politische Allegorien und war davon überzeugt, daß diese Einsicht durch die Zeiten hin von einer Art Geheimgesellschaft weitergegeben worden sei. Der jüngere Gabriel erbte von seinem Vater dessen Dante-Begeisterung. An die Stelle der politischen Geheimbündelei des Alten trat bei dem Sohn eine mystische Verherrlichung der Frau. Rossetti entwickelte einen Kult, der schließlich seine Phantasie fast ausschließlich beschäftigte. „Er versenkte sich in ferne bzw. fatale Liebesmodelle der englischen und deutschen Romantik, spielte Dantes Verhältnis zu Beatrice oder das König Artus' zu Guenevere für sich durch."[7]

Rossetti, der Maler und Lyriker

Schon seit seinem 14. Lebensjahr stand fest, daß er Künstler werden würde. Er besuchte die Sass'sche Zeichenschule. An systematisches Lernen vermochte er sich nicht zu gewöhnen. Vor allem waren ihm die Übungen im Kopieren ein Greuel. Auch an der Royal Academy mit ihrem Ideal einer „Gipsantike" fühlte er sich fehl am Platz. Er übertrug Cavalcanti ins Englische. Neben seiner Tätigkeit als Maler entwickelte er sich zu einem bedeutenden Lyriker. Beide Künste standen für ihn in

*So zeichnete Edward Burne-Jones das Atelier, das er zusammen mit William Morris zwischen 1856 und 1858 an dem Red Lion Square in London bewohnte. Hier begutachtet er gerade einen von Morris entworfenen und von Rossetti bemalten Stuhl.*

enger Verbindung miteinander. Oft folgte zu einem Bild von ihm ein Gedicht und umgekehrt. Er gehörte zu den frühesten Bewunderern Edgar Allan Poes in Europa. „Themen wie der Doppelgänger, die tote oder begrabene Geliebte, das Porträt, welches dem Modell das Leben raubt, wurden ihm sicher durch die Lektüre Poes vermittelt" (Metken). Und im Sinne Poes fühlte er sich „denen, die fühlen, mehr verbunden als denen, die denken, den Träumern — und denen, die an Träume als an die einzigen Wirklichkeiten glauben".[8]

Im Winter 1847/48, als Rossetti beim Malen technische Schwierigkeiten hatte, wurde Ford Madox Brown, der damals gerade an dem Gemälde „Wyclif liest John of Gaunt aus seiner Bibelübersetzung vor" arbeitete, vorübergehend sein Lehrer. Dann traf er William Holman Hunt, Sohn eines Lageristen und überzeugter Radikaler, der sich an den Protestmärschen der Chartisten beteiligte und um diese Zeit seine ersten Landschaften malte.

Die Präraffaeliten

An Hunts Bildern mögen Rossetti vor allem die Spiegelungen des Erotischen gefallen haben, das Changieren der Motive zwischen Lustbesessenheit und Schuldbewußtsein. Beide machten die Bekanntschaft von John Everett Millais, der sich um diese Zeit vom Wunderkind zum seriösen Künstler entwickelte. Zeitweilig teilten alle drei Maler ein Atelier. Sie bildeten gewissermaßen den inneren Kreis der Präraffaeliten. Für diese Gruppenbezeichnung gibt es zwei Erklärungen. Zum einen wollte man sich die Maler vor Raffael, also beispielsweise Mantegna und Botticelli, zum Vorbild nehmen. Zum anderen war die Akademiemalerei bis dahin stark an Raffael orientiert gewesen. Dagegen wollte man protestieren. Rossetti hatte sich mit der von ihm vorgeschlagenen Gruppenbezeichnung „Early Christian Art" nicht durchsetzen können.

Zu den Gründungsmitgliedern der „Bruderschaft" gehörten außer den drei schon erwähnten Malern noch James Collison (1825–1885), der später zum Katholizismus übertrat und die Gruppe verließ, Thomas Woolner (1825–1892), ein Bildhauer, der 1882 nach Australien auswanderte, um dort auf den Goldfeldern sein

*Rossettis Porträt des präraffaelitischen Malers William Holman Hunt. Es war als Gruß für den 1851 nach Australien zur Goldsuche ausgewanderten Thomas Woolner bestimmt und entstand am 12. April 1853.*

Glück zu machen, aber zwei Jahre später nach England zurückkehrte und sich von da an der Herstellung von Porträtmedaillons widmete; George Stephen (1828—1907), ein Maler mit beschränktem Talent, der schließlich Lehrer an einer Kunstschule und Kunstjournalist wurde, und endlich William Rossetti (1829—1910), der prosaische und praktische Bruder Dante Gabriels, Sekretär und Chronist der Gruppe.

Die Bruderschaft der Präraffaeliten nahm sich vor, in ihren Bildern „die absolute und kompromißlose Wahrheit zu suchen" und diese, bis in die geringsten Einzelheiten hinein, aus der Natur abzuleiten. Ein anderes wichtiges Prinzip erwähnt William Rossetti, der 1901 schreibt, ein Künstler, sei er nun Maler oder Schriftsteller, habe stets darauf zu achten, daß er seine ureigensten, seine persönlichsten Ansichten ausdrücke. Dieser Programmpunkt, der freilich für alle Kunst Gültigkeit hat, wurde von den Präraffaeliten mit besonderem Nachdruck betont. Ihre Bilder, vor allem dort, wo sie Gefühlszustände ausdrücken, spiegeln wie sonst kaum etwas

Die Präraffaeliten

*Ein frühes Selbstporträt von William Morris, das noch deutlich seine technischen Schwierigkeiten beim Zeichnen erkennen läßt.*

Lebenswirklichkeit und Transzendenz

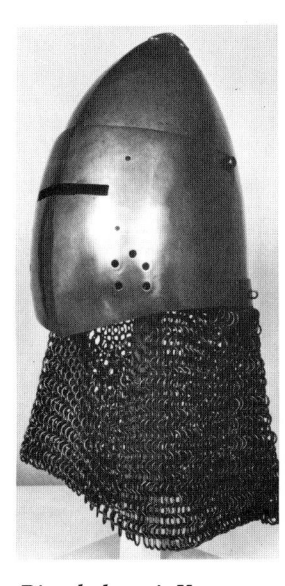

anderes die untergründigen Ängste und Wünsche des viktorianischen Zeitalters. Den Werken der Gruppe ist von Anfang an ein gewisser Zwiespalt anzumerken: Hier eine harte, detailscharfe Wiedergabe der Wirklichkeit, die vom Publikum, vor allem bei Bildern mit religiöser Thematik wie „Christ in the House of his Parents" („Christus im Haus seiner Eltern") von John Everett Millais, blasphemisch verstanden und abgelehnt wurde. Dort eine in Gefühlsseligkeit schwelgende Darstellungsweise der aus Sage und Legende stammenden Episoden („Mariana") oder in Bildern mit moralisierender Thematik, beispielsweise in Rossettis „Found" („Gefunden"), in Arthur Hughes „Long Engagement" („Lange Verlobung") oder in dem schon fast zum Lachen reizenden „Das Erwachende Gewissen" von Hunt.

Das Unbefriedigende, das vielen Bildern anhaftet, ist erklärbar. Auch die Maler der präraffaelitischen Schule haben gewisse Züge viktorianischen Bewußtseins verinnerlicht. Zum anderen: Ihre Vorbilder besaßen noch eine ungebrochene Religiosität. Für sie waren die Erscheinungen des Diesseits die Gegenstücke zu einer himmlischen Ordnung. Daß Zusammenhang zwischen beidem bestehe, wurde noch selbstverständlich geglaubt. Nicht so bei den Präraffaeliten selbst. Der Graben zwischen der Realität des modernen Lebens und der Transzendenz war zu breit geworden, als daß er durch Kunst so ohne weiteres hätte überbrückt werden können. Und wenn auf „unbedingte Wahrheit" gedrungen wurde, so ließ sich fragen: Welche Wahrheit? Die Wahrheit der sichtbaren Natur oder die der unsichtbaren, der Psyche des Menschen? Vor allem an dieser Frage schieden sich auch schließlich die Geister, aber in einem frühen Stadium, etwa zwischen den Jahren 1848 und 1853, bestand noch eine weitgehende Identität der Absichten.

Rossetti war 1849 in Paris gewesen. Er hatte dort die Bilder von Rubens, Michelangelo und Delacroix gesehen, ohne sich dafür begeistern zu können. Er hatte ein Sonett geschrieben, in dem er seine Verachtung gegenüber dem neuen französischen Modetanz Cancan bekundete. Er hatte seine Freunde Anfang 1850 dazu bestimmt, eine programmatische Zeitschrift „The Germ" (Der Keim) zu veröffentlichen. Er hatte versucht, gemäß den Grundsätzen der Gruppe, nach der Natur zu malen. Zunächst hatten als Modelle seine Verwandten herhalten müssen. Dann hatte er einen schönen jungen Mann, den Studenten Deverell, in seine Wohnung am Red Lion Square aufgenommen.

Das Jahr 1850 brachte neue Vorwürfe und neue Kritik aus akademischen Kreisen. Man zieh die Präraffaeliten der Blasphemie, falscher Perspektiven, einer affektierten Einfachheit, unbeholfener Farbgebung und eines unerträglichen Moralismus. Aber Ruskin war in Leserbriefen an die „Times" der Gruppe beigesprungen. Er hatte das bis dahin noch recht vage Programm auf den Punkt gebracht: „Malt eher kunstlose Dinge denn schöne Bilder. Kehrt nicht zur archaischen Kunst, sondern zu archaischer Aufrichtigkeit zurück. Wendet euch der Natur zu, lehnt sie nicht ab, wählt nichts aus, verachtet nichts."[9]

Bei einem Einkaufsbummel fiel Deverell, einem Student, mit dem Rossetti seine Wohnung teilte, ein junges Mädchen auf, das mit seinem rotgoldenen Haar, dem zarten sahnefarbenen Teint und meist melancholischem Blick dem realitätsentrückten Frauenideal der präraffaelitischen Bruderschaft genau entsprach. Die junge Frau hieß Elizabeth Siddal.[8] Sie wurde von zahlreichen Malern der Gruppe porträtiert. Rossetti verliebte sich in Lizzie, die sich jedoch weigerte, mit ihm zu schlafen. Zuerst wollte sie geheiratet werden. Rossetti zeigte wenig Neigung zu einer festen Bindung. Ruskin, der kurz vorher seine junge Frau Effie an Millais verloren hatte, weil er die Ehe mit ihr nicht hatte vollziehen wollen, mischte sich

*Ritterhelm mit Kettennetz, den Morris 1857 beim Malen der Fresken in der Union Hall in Oxford bei einem Kunstschmied anfertigen ließ.*

ein. Er meinte, eine Eheschließung dadurch fördern zu können, daß er der Siddal, die inzwischen auch zu malen begonnen hatte, eine jährliche Rente aussetzte. Wie so häufig wurde durch das wohlgemeinte Eingreifen eines Dritten nur alles noch schlimmer.

Kurz vor seiner Bekanntschaft mit Lizzie hatte Rossetti eine Erzählung verfaßt, die den Titel „Hand and Soul" trug und deren Inhalt in diesem Zusammenhang bedeutsam ist: Chiaro dell Erma, ein fiktiver Maler in der Toskana des 13. Jahrhunderts, steckt in einer Krise, weil er weder in seiner Kunst noch in seinem Glauben einen Sinn für sein Leben zu erkennen vermag. Da hat er eines Tages eine Vision. Seine eigene Seele materialisiert sich in der Gestalt einer schönen jungen Frau. Diese rät ihm, nicht länger über den Sinn des Lebens zu grübeln, sondern von nun an das zu malen, was als Imagination aus seiner Seele aufsteigt. Während er ihr zuhört, stellt Chiaro fest, daß der erste Gedanke, den er je gedacht hat, von

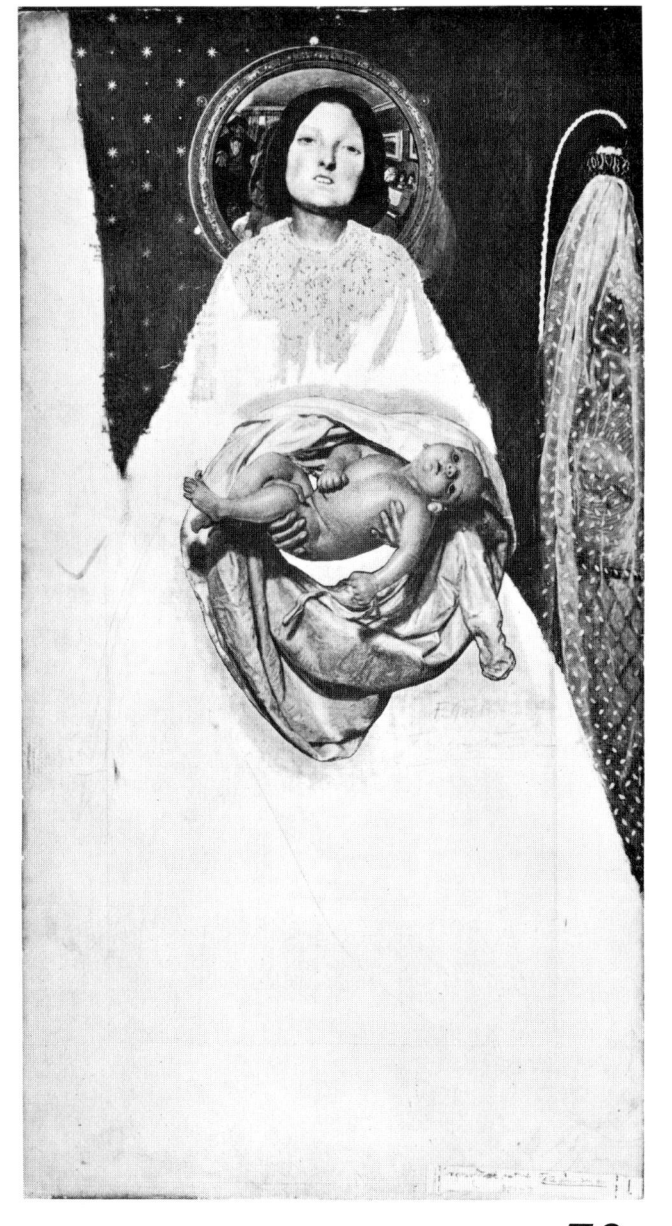

„Hand and Soul"

*Bleistiftskizze Ford Madox Browns zu dem sozialkritischen Gemälde „Take your son, Sir" (Hier ist Ihr Sohn, Herr), 1850. Die junge Frau, ein von ihrem Brotgeber verführtes Dienstmädchen, hält ihm das Neugeborene hin; der Alte ist im Spiegel hinter ihr zu sehen.*

Frauen als Spiegel der Träume

ihrem Blick ausgegangen ist, daß ihr Haar der goldene Schleier war, durch den hindurch er seine Träume wahrnahm.

Die Geschichte lieferte ihm die Rechtfertigung, Elizabeth Siddal als Spiegel seiner Träume zu gebrauchen. Zunächst fühlte sie sich geschmeichelt. Aber mit der Zeit muß die ihr als reale Person verweigerte Anerkennung sie empört haben. Wahrscheinlich liegt hier auch die tiefere Ursache für eine Folge geheimnisvoller psychosomatischer Krankheiten, von denen sie in den nächsten Jahren immer wieder heimgesucht wurde.

Von einer Heirat wollte Rossetti weiterhin nichts wissen. Wenn Elizabeth wieder einmal in ein Sanatorium mußte, tröstete er sich mit robusteren Geschöpfen, die er, unter dem Vorwand, sie porträtieren zu wollen, auf der Straße auflas. Zu ihnen gehörte unter anderem Annie Miller, eine Prostituierte aus den Slums von Cross Key. Zunächst war Hunt in sie verliebt gewesen, der aber hatte sich nach einem mißglückten Erziehungs- und Domestizierungsversuch enttäuscht von ihr

*Elizabeth Siddal lesend. Eine Zeichnung von Rossetti, die 1860 in den Besitz von John Ruskin kam, der an ihn schrieb: „Ich meine, es müßte Ida (Elizabeth) sehr glücklich machen, wenn sie sieht, wieviel schöner, vollkommener und inniger im Vergleich zu anderen Personen gerade sie von Ihnen gezeichnet wird."*

zurückgezogen. Die bekanntesten aus der langen Reihe der Modelle Rossettis sind Louisa Ruth Herbert, Ellen Smith, vor allem aber der „liebe Elephant" Fanny Cornforth, die später auch eine Zeitlang als seine Haushälterin fungierte, mißtrauisch betrachtet von Rossettis Freunden, die ihr nachsagten, sie stehle wie eine Elster.

Die Vorstellung von der Frau als Symbol für Schönheit oder Verworfenheit, als Spiegel männlicher Wünsche, ging von Rossetti auf Morris über. Sie war eine der vielen vom Vorbild übernommenen Meinungen und Verhaltensmuster.

Im Sommer 1856 übersiedelte Streets Architekturbüro nach London. Noch arbeitete Morris für Street. Das Verhältnis der beiden Männer zueinander scheint gut gewesen zu sein, denn sie unternahmen in diesem Jahr eine gemeinsame Kunstreise nach Flandern.

Edward Burne-Jones hatte sich mit Georgiana, der schönen, elfenhaften und noch kindlichen Tochter des Pfarrers George MacDonald, verlobt. An Heirat war vorläufig nicht zu denken, da der junge Maler kaum Einkünfte hatte, wenngleich ihm Rossetti eine große Karriere voraussagte.

So beschlossen die beiden Freunde Burne-Jones und Morris, sich in London einen Junggesellenhaushalt einzurichten. Nachdem sie kurze Zeit in der Upper Gordon Street in Bloomsbury, in der Nähe von Streets Büro, gehaust hatten, wurde Rossettis Studio am Red Lion Square 17 frei. Es bestand aus drei Räumen im ersten Stock des Hauses. Der größte Raum hatte Fenster nach Norden, dahinter kam ein Schlafzimmer und dahinter wiederum eine kleinere Kammer. Wie sehr es die beiden genossen, so vertraulich mit den bewunderten Mitgliedern der präraffaelitischen Bruderschaft umzugehen, erfährt man aus einem Brief von Burne-Jones, der aber wohl noch aus der Upper Gordon Street stammt: „Topsy und ich wohnen zusammen in dem verrücktesten Zimmer in ganz London. Die Wände sind bedeckt mit Abreibungen von Grabplatten alter Ritter und mit Zeichnungen Albert Dürers. Wir kennen Rossetti. Wir kommen täglich mit ihm zusammen. Wir kennen auch Browning, der der größte lebende Dichter ist. Wir kennen Arthur Hughes, Woolner und Madox Brown. Brown ist sehr komisch. Ich fragte ihn gestern, ob ich denn nicht schon zu alt sei, um noch mit dem Malen zu beginnen, und er meinte: ‚O nein. Ich kannte mal einen Mann, der war noch älter. Übrigens hat er sich gestern die Kehle durchgeschnitten.' Da stellte ich keine solchen Fragen mehr. Topsy (Morris) will auch Maler werden. Er arbeitet hart und macht sich darauf gefaßt, daß es zwanzig Jahre dauern wird. Er liebt die Kunst von Tag zu Tag mehr. Er hat verschiedene Gedichte geschrieben. Browning soll jene, die ihm vorgelesen wurden, sehr gelobt haben. Rossetti meinte, daß eines, das ‚Rapunzel' heißt, Tennyson gleichkomme."[10]

Als Morris im Herbst aus Flandern zurückkam, zogen sie zum Red Lion Square um, und hier beginnt Morris beiläufig damit, Dinge zu entwerfen. Als er keine passenden Möbel für die neue Wohnung fand, machte er Zeichnungen und gab sie an einen Schreiner in der Nähe. Es handelte sich um einen großen runden Tisch, eine Holzbank mit einer Sitzfläche unten und einem Schrank darüber. Entweder war die Ausführung zu groß geraten oder Morris hatte die Geräumigkeit ihrer Zimmer überschätzt. Jedenfalls konnten sich die beiden Freunde, als die selbstentworfenen Möbel aufgestellt waren, kaum noch rühren, und von der Bank mußte ein Stück abgesägt werden. Rossetti, der auf Besuch kam, war

**Erste Möbelentwürfe**

zunächst entsetzt, dann brach er in Gelächter aus, aber wenig später schrieb er schon recht begeistert an einen Bekannten: „Morris... hat einige stark empfundene mittelalterliche Möbel gemacht... Tisch und Stühle wie Incubi und Succubi. Er und ich haben den Rücken des einen Stuhles mit Figuren und Inschriften in Rot, Grün und Azur bemalt."[11]

Einen Kleiderschrank gab es auch, von Burne-Jones mit einer Szene aus Chaucers „Canterbury Tales" verziert. Zuvor hatte Burne-Jones schon einige Vorlagen für farbige Glasfenster für Powells Glaswerke angefertigt. Rossetti lobte Morris' Fähigkeiten bei Entwürfen und beim ornamentalen Malen.

*Links: Elizabeth Siddal, auf einem Stuhl sitzend; rechts: ihr Haar flechtend. Zeichnungen von Rossetti. Holman Hunt, ein anderer präraffaelitischer Maler, schrieb über sie: „Sie ist wie eine Königin, wunderbar gewachsen, mit einer entzückenden Figur, einem prächtigen Hals und einem zarten und vollkommen modellierten Gesicht."*

Ende des Jahres 1856 wurde das „Oxford and Cambridge Magazine" eingestellt, und Morris beendigte seine Tätigkeit bei Street. Das deutet auf eine klare Kursänderung des Lebensplanes hin, und so waren beide Schritte wohl auch gemeint. Aber in der Realität sah alles etwas anders aus. Morris merkte, daß sein Talent für Malerei Grenzen hatte. Das heißt, er hätte sich wahrscheinlich zur Aneignung bestimmter technischer Fähigkeiten mehr Zeit lassen müssen, aber Geduld war nie seine stärkste Seite. Er arbeitete in diesen Monaten unter Fluchen und Stöhnen an einem großen Ölbild mit dem umständlichen Titel „Sir Tristram, nach langer Krankheit im Garten von König Markes Palast spazierend, wird von dem Hund wiedererkannt, den er Iseult geschenkt hat". Dieses Bild oder ein zweites mit dem Thema „Tristram und Iseult auf dem Schiff" verkaufte er an Rossettis Sammler Pliny, einen Börsenmakler aus Leeds, für 75 Pfund. Beide Bilder sind verschollen. Aber eine Bleistiftskizze zum zweiten Bild ist erhalten. Ein drittes

Bild, ein Aquarell „Soldans Tochter im Glaspalast", entstand während eines Besuches bei Dixon in Manchester.

Morris wirkte in diesen Monaten gereizt und mürrisch. Er konnte den Vorwürfen seiner Familie, die ihn schon als gescheiterte Existenz sah, eine gewisse Berechtigung nicht absprechen. Dabei arbeitete er hart. Er zeichnete und malte nach Modell. Er durchforschte die Bodleian Library und das Britische Museum nach alten Manuskripten, die ihm als Anregung für eigene Ornament-Entwürfe dienten. Er schnitzte in Holz, und Georgiana Burne-Jones erinnert sich: „Ich sehe noch die lange, gefaltete, weiße Abendkrawatte vor mir, die er zu Schlingen gelegt an die Wand seines Schlafzimmers genagelt hatte, um darin seine Werkzeuge aufzubewahren."[12]

Den Haushalt der beiden Künstler führte Mary[13], eine Frau, die sich jeder Situation gewachsen zeigte. Sie hing an den beiden Männern, nahm sich heraus, ihnen hin und wieder unverblümt die Meinung zu sagen, und ließ sich nie aus der Ruhe bringen. Bereitwillig richtete sie für überraschend eintreffende Gäste, die über Nacht bleiben wollten, Matratzenlager und stand in dem Ruf, selbst aus Stiefeln und Decken Übernachtungsmöglichkeiten improvisieren zu können. Sie kochte für die beiden jungen Männer, besorgte die Wäsche, las ihnen bei der Arbeit vor und hätte ihnen auch gar zu gern Modell gestanden. Aber Morris pflegte ihr bei entsprechenden Andeutungen zu erklären, sie sei zu kurzbeinig. Und sie antwortete darauf: „Dann stell ich mich eben auf einen Stuhl."

Morris' Wutanfälle irritierten sie, aber sie machte sich um ihn Sorgen. Einmal, als sie mit Burne-Jones allein war, sagte sie zu ihm: „Wissen Sie, ich glaube, daß Mr. Morris nicht allzuviel von Frauen versteht."

„Wie kommen Sie denn darauf, Mary?"

„Nun Sir, ich weiß nicht", war die Antwort, „aber er benimmt sich doch immer so tapsig wie ein Bär."

Als Ruskin einmal die beiden Maler besuchen kam, führte ihn Mary mit der Ankündigung in Morris' Zimmer: „Hier kommt Ihr Vater, Sir!"

Wie alle Frauen seiner Umgebung, so versuchte Morris auch Mary dazu zu bringen, Stickereien für seine Wandbehänge auszuführen. Überhaupt schien er an Frauen vor allem als Hilfstruppen für seine Aktivitäten interessiert, und Mary meinte einmal, sie komme sich vor wie Robinsons Freitag.

Georgiana schreibt liebevoll über Mary: „Man konnte ihr vertrauen als einer guten Frau, die andere Frauen, deren Ruf nicht der beste war, freundlich behandelte, und die aufrichtige Güte eines jungen Mannes begriff, der einem solchen gefallenen Mädchen etwas zu essen und zum Anziehen gab und ihr half, zu ihrer Familie zurückzukehren."[14] Es war Rossetti, der häufig Prostituierte mit heraufbrachte, die er angeblich als Modelle für sein Gemälde „Gefunden" benötigte, das nichtsdestoweniger endlos Zeit brauchte, bis es fertig wurde. Im übrigen führte Mary einen verzweifelten Kampf gegen die genialische Unordnung ihrer Schützlinge. Das Atelier war zumeist übersät mit hingestreuten Kleidern, Kerzenresten und dem Kot einer Eule, die sich die Maler als Haustier hielten.

Im Sommer kamen Morris und Rossetti eines Tages aus Oxford zurück, übersprudelnd von Plänen. Rossetti wollte die Wände im Gebäude der Union Society mit Fresken ausmalen. Die achteckige Halle hatte der Architekt Benjamin Woodward aus Dublin gebaut, wobei er italienische und gotische Stilelemente zu einem eigenen Stil zu kombinieren versucht hatte. Woodward hatte aus Dublin auch seine

**Freude am Ornament**

eigenen Bildhauer, die Brüder O'Shea, mitgebracht, die das aus braunen und grünlichen Steinen aufgeführte Gebäude mit dem steilen Dach mit Katzen, Kaninchen, Vögeln und Blattwerk ausgeschmückt hatten. Als sie schließlich auch noch Papageien aus dem Stein hauen wollten, wurde es den Verantwortlichen zuviel. Man entließ sie.

Begeistert über das neue Gebäude hatte sich Rosetti anerboten, die Nischen über der Galerie zwischen den Fenstern mit Szenen aus dem geliebten „Morte Darthur" auszuschmücken. Es waren Große Ferien, und Rossetti warb Arthur Hughes, Hungerford Pollen, Spencer Stanhope, Valentine Prinsep und Alexander Munro an, um ihm mit Morris und Burne-Jones bei der Ausführung seines Planes zu helfen. Als Prinsep erklärte, er sei zu einer solchen Arbeit noch zu unerfahren, beruhigte ihn Rossetti mit dem Hinweis: „Unsinn, wir haben einen Burschen unter uns... Morris heißt er... der noch nie etwas gemalt hat. Auch er wird ein Feld ausmalen. Und ich sage Ihnen, er wird das großartig machen. Besser, Sie kommen also."[15] Philip Henderson berichtet, wie die Arbeit unter Gelächter begann: „Niemand hatte daran gedacht, daß die Oberfläche bei einer Fresko-Malerei vorbereitet werden muß. Sie malten direkt auf den feuchten Putz. Jede der Nischen wurde von zwei Fenstern durchbrochen, durch die Licht einfiel. Wenn man hinaufsah, wurde man geblendet. Mit dem ihm eigenen Elan begann Morris sein Bild als erster, war auch als erster fertig und machte sich dann daran, die Balken der Deckenkonstruktion mit Blumen und Blattwerk zu versehen. Diese Ornamente, bei denen sich wieder einmal seine Spezialbegabung erwies, waren schließlich das einzige, was sich von all den Arbeiten der Freunde erhielt."

Das Thema, das er sich für sein Fresko gewählt hatte, war: „Wie Sir Palomydes La Belle Iseult mit großer Liebe, die alles Maß überstieg, liebte, sie aber nicht ihn liebte, sondern Sir Tristram".

Das Thema des abgewiesenen Liebenden hatte er schon in seiner ersten längeren Erzählung, erschienen im April-Heft des „Oxford and Cambridge Magazine", zu gestalten versucht, was die Vermutung nahelegt, daß es ihn stark beschäftigte. Es sollte für einige Zeit das entscheidende Thema in seinen privaten Beziehungen bleiben.

Rossetti fand Morris' Bild völlig mißglückt. Die Figuren seien falsch in ihren Proportionen, kritisierte er. Außerdem wurden sie von einem gewaltigen Busch Sonnenblumen im Vordergrund fast völlig verdeckt. Die Iseult fand Rossetti häßlich, und man schickte Morris aus, Skizzen von einer Stadtschönheit zu machen, deren Mutter aber nicht erlauben wollte, daß jemand ihre Tochter zeichnete. Als Morris unverrichteterdinge an seinen Arbeitsplatz zurückkehrte, empfingen ihn die Freunde, zu denen sich die Weigerung der Mutter schon herumgesprochen hatte, mit einem improvisierten Couplet: „Poor Topsy has gone to make a sketch of Miss Lipscombe. But he can't draw the head and don't know where her hips come." („Der arme Topsy wollte von Miss Lipscombe eine Skizze machen. Er bekam den Kopf nicht hin und wußte nicht, wo bei ihr die Hüften sitzen.")

Universitätslehrer, die neugierig und skeptisch nachsehen kamen, was das lose Künstlervölkchen da treibe, waren schockiert über Dispute, die sich um die Arten der Küsse im Paradies und um Visionen von einem Rosengarten voller hinreißend schöner Mädchen drehten. Ganz im Gegensatz zu seinem unbeholfenen Fresko, waren Morris' Ornamente an den Balken, wie Burne-Jones fand, „ein Wunder an Originalität und Fertigkeit, wenn man bedenkt, daß er nie zuvor etwas derartiges gemalt hat".

Das Tagwerk begann um acht, und man schaffte, solange das Licht gut war. Wenn man Modelle brauchte, saß man sich gegenseitig, wobei Morris immer den Lancelot oder den Tristan darzustellen hatte.

Rossettis Fresko blieb unvollendet, weil er wegen einer plötzlichen Erkrankung von Elizabeth Siddal nach London zurückfahren mußte und dann nicht mehr wiederkam. Er machte aber auch noch Entwürfe für zwei andere Bilder, die nie gemalt wurden. Die Themen waren „Lancelot wird in Gueneveres Zimmer überrascht" und „Drei Ritter vom Gral". Burne-Jones' Sujet war „Nimue, Merlin verlockend" und Arthur Hughes malte „Der Tod Arthurs". Es dauerte aber nicht lange, da blätterte auf den Wänden die Farbe ab. Der Rauch und die Wärme, die durch die Gasbeleuchtung in der Halle entstanden, taten ein übriges. Nach einem Jahr waren die Fresken völlig verblichen. 1875 versuchte Morris, das Dach zu restaurieren. Trotz weiterer Rekonstruktionsversuche ist von den Bildern heute so gut wie überhaupt nichts mehr zu sehen. Was blieb, war der Spaß, den die Freunde bei ihrer gemeinsamen Arbeit gehabt hatten.

Im Oktober waren Rossetti und Burne-Jones eines Abends ins Theater gegangen. In der Reihe hinter ihnen saßen zwei auffallend schöne Mädchen. Rossetti, der immer auf der Suche nach Modellen und Frauenbekanntschaften war, sprach sie an. Besonders gefiel ihm die ältere. Sie hieß Jane Burden und entpuppte sich als die Tochter eines Stallknechts, der mit seiner Familie unter ziemlich ärmlichen Verhältnissen in der Holywell Street wohnte. Nach einigem Bitten ließ sich Jane überreden, zu einer Modellsitzung in die Union Hall zu kommen. Das damals 18jährige Mädchen war großgewachsen, grobknochig, mit blassem, elfenbeinfarbenem Teint, dichten Augenbrauen, einem langen Hals und üppigem, gelocktem schwarzem Haar. Es gibt Gerüchte über die Abstammung ihrer Familie von Zigeunern, aber wahrscheinlicher ist eine Herkunft von jenen schon vor der keltischen Invasion in den Cotswolds ansässigen Stämmen.

Jeder, der sie sah, war von ihrer eigenartig herben Schönheit stark beeindruckt. Für Morris und Rossetti schien sie eine wieder zum Leben erstandene Isolde oder Guenevere. Der junge Lyriker Charles Swinburne, der damals zum Freundeskreis der Maler gehörte, meinte, Jane sei ein Wesen, dem ein Mann vielleicht die Füße küssen, das er aber unmöglich heiraten könne.

Es scheint, daß Rossetti von Anfang an in Jane Burden verliebt gewesen ist. Er mußte aber, kaum daß er ihre Bekanntschaft gemacht hatte, Oxford verlassen, um sich um Elizabeth Siddal zu kümmern, die angeblich in London lebensgefährlich erkrankt war. Vielleicht hatte Lizzie von ihrer Rivalin gehört, und die Krankheit diente nur als Vorwand, um Rossetti fortzulocken. Rossetti scheute feste Bindungen. Andererseits war es ihm darum zu tun, die schöne Jane an seinen Freundeskreis zu binden.

Auch Morris hatte sich in Jane verliebt, aber die Zuneigung war kaum gegenseitig. Weswegen dann Jane trotzdem Morris' Werbung nicht ausschlug, darüber ist später viel spekuliert worden. Es muß betont werden: trotz einiger Indizien sind wir über den Anfang der sich so ergebenden Dreierbeziehung weitgehend auf Vermutungen angewiesen. Eine Hypothese geht davon aus, daß Rossetti Jane zugeredet habe, Morris zu heiraten, ja, vielleicht sogar für den Freund warb. Diese Hypothese wird vor allem durch eine märchenhafte Geschichte gestützt, die Rossetti fünfzehn Jahre später unter dem Titel „Der Becher voll kaltem Wasser"[16] schrieb. Der junge König eines Landes jagte eines Tages in einem großen Wald zusammen mit einem Ritter, der sein Freund war. Als er durstig wurde, hielten die beiden vor

"Der Becher voll kaltem Wasser"

einem Försterhaus an. Die Tochter des Försters gab ihnen einen Becher kaltes Wasser zu trinken. Beide Männer waren von der einzigartigen Schönheit des Mädchens berührt und verliebten sich in sie. Der König jedoch war von klein auf einer Prinzessin versprochen, von der er annahm, sie liebe auch ihn. Der Ritter aber war bereit, seiner Liebe zu folgen, ohne sich um den Standesunterschied zwischen ihm und dem Mädchen zu kümmern. Er ging zum Förster und bat um die Hand seiner Tochter. Er fand das Mädchen in Gedanken versunken. Sie sehnte sich nach dem König, um dessen Rang sie nicht wußte. Als sie dann hörte, in wen sie sich verliebt hatte, schwor sie, nie einen anderen Mann zu nehmen, und sollte man sie deswegen töten. Der Ritter kehrte zum König zurück und berichtete ihm, wie die Dinge standen. Der König, seine eigene Leidenschaft nicht verbergend, ging zu dem Mädchen und bat sie, den Freund zum Mann zu nehmen, der ein guter Mensch sei und den sie schon noch lieben lernen werde.
Wenn man Rossetti für den König, Morris für den Ritter, Elizabeth Siddal für die Prinzessin, mit der der König verlobt ist, und Jane Burden für die Tochter des Försters einsetzt, legt die Geschichte nahe, Rossetti habe Jane geliebt und zugunsten von Morris entsagt.

Die zweite Hypothese geht vom sozialen Hintergrund der Familie Burden aus. Diesen hat Margret Fleming in einem 1981 im „Journal of the William Morris Society" veröffentlichten Artikel beleuchtet. Sie weist zunächst darauf hin, daß Jane als alte Frau alles tat, um die Veröffentlichung bestimmter Fakten über ihren Familienkreis in der ersten Biographie über William Morris, die J. W. Mackail verfaßte, zu verhindern. Margret Fleming stellt fest, daß die Burdens bedrückend arm gewesen sind, und folgert daraus: „Wenn den Burdens klar geworden war, wie sehr sich Morris verliebt hatte, muß das ihnen als glänzende Gelegenheit erschie-

*Skizze zu dem Gemälde „Ophelia" von John Everett Millais. Über die Arbeit an dem Bild berichtet der Sohn des Künstlers, daß Elizabeth dabei angekleidet habe in der Badewanne liegen müssen, die von unten mit Lampen erwärmt wurde.*

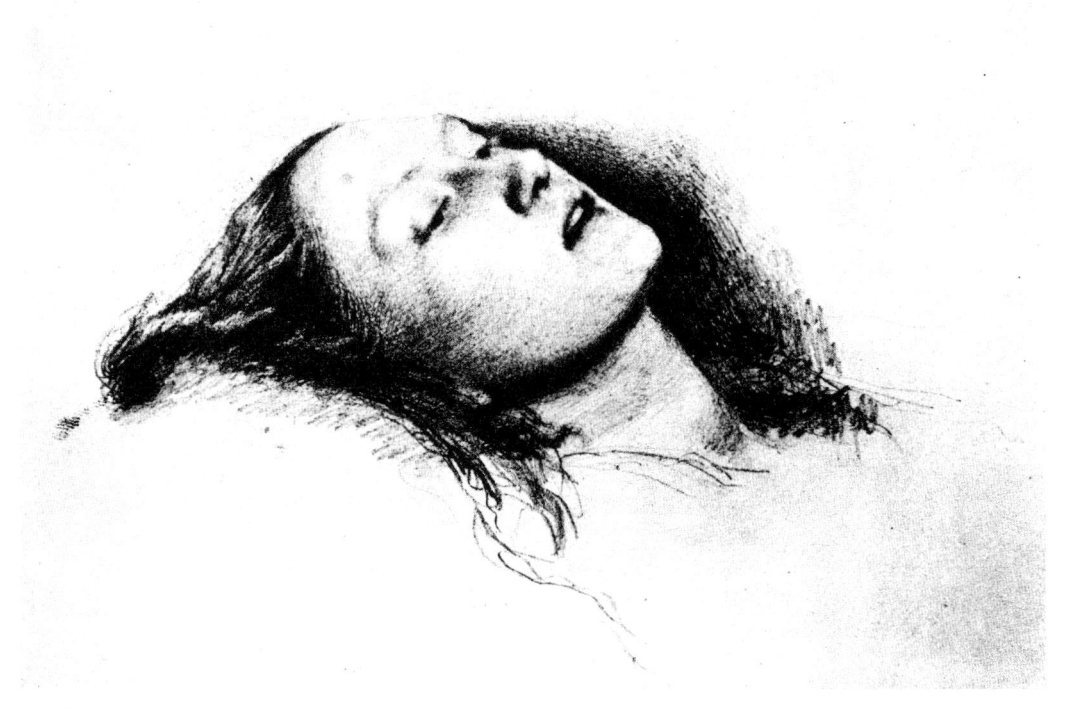

nen sein, durch die Heirat die eigene Zukunft und die ihrer Tochter zu sichern. Es war in Oxford eine vielgeübte Praktik bei Familien der unteren Volksschichten, die mit einer hübschen Tochter gesegnet waren, sich einen liebesempfänglichen Studenten einzufangen."[17]

Die relativ lange Verlobungszeit von Morris und Jane würde dann darauf hinweisen, daß Jane immer noch hoffte, Rossetti werde von Elizabeth Siddal loskommen und sie aus der mehr oder minder aufgezwungenen Verlobung mit Morris „retten". Zu dieser Konstruktion passen spätere Bemerkungen der beiden Ehepartner. Nach Williams Tod soll Jane zu ihrem späteren Geliebten, Wilfred S. Blunt, gesagt haben: „Ich bin nicht unglücklich, aber es ist eine schreckliche Sache. Immerhin bin ich mit ihm zusammengewesen seit der Zeit, da ich mir über den Ernst des Lebens klar wurde. Ich war achtzehn, als ich ihn heiratete (gemeint dürfte sein: als ich ihn kennenlernte), aber ich habe ihn nie geliebt."[18]

Wenn Jane tatsächlich ihr Jawort nur zögernd und unter Druck ihrer Familie gegeben haben sollte, würden dazu auch zwei Zitate aus Briefen von Morris passen. Das eine Zitat stammt aus einem Brief an Jane aus dem Jahre 1876 und lautet: *„Ich wünschte von ganzem Herzen, ich könnte Dir in dem, was Dich so mutlos macht, helfen oder etwas wiedergutmachen."*[19] Das zweite Zitat stammt aus einem Brief vom 16. Oktober 1886 an C. J. Faulkner. Morris macht darin einige grundsätzliche Bemerkungen über die Ehe: *„Wenn eine Frau ihren Lebensunterhalt als Bürgerin verdienen kann, und wenn die Kinder Bürger mit dem unbestreitbaren Recht auf Lebensunterhalt sind, wird nichts mehr die Leute in die legalisierte Prostitution treiben."* Und er fährt fort: *„Ich würde hoffen, daß in den meisten Fällen (von Ehe) Freundschaft mit der Lust Hand in Hand geht, daß die Freundschaft überdauert und das Paar zusammenbleiben läßt, aber immer als freie Menschen."*[20]

Und dann fällt in „Kunde von Nirgendwo" die verdächtige Bemerkung von der *„Jugendeselei, die sich für lebenslanges Helden- und Märtyrertum hält"*.[21]

Ganz unabhängig von der Frage, ob Jane zu diesem Zeitpunkt schon in Rossetti verliebt war oder nicht, die Konstellation in dieser Beziehung war alles andere als günstig. Welche Schwierigkeiten es da von Anfang an gab, hat unter allen Biographen von Morris am überzeugendsten Jack Lindsay dargestellt. Er schreibt: „Von Prinsep hören wir, daß Morris um sie (Jane) warb, indem er ihr stundenlang aus ‚Barnaby Rudge' (von Charles Dickens) vorlas. Kein Zweifel, daß ihr das gefiel, denn so erwies Morris ihr seine Achtung. Er machte Eindruck auf Frauen. Wir hören von Mädchen, wie den Schwestern von Crom, die ihn sogar bewunderten. — Aber wir hören auch durch Georgiana von seiner Unfähigkeit, sie direkt anzuschauen. Eindeutig war er durch Mädchen leicht zu erschrecken. Nicht etwa, daß seine eigenen Schwierigkeiten nur gegenüber dem anderen Geschlecht zum Vorschein kamen. Freunde beobachteten Zeit seines Lebens bei ihm diese merkwürdige Mischung von starker gefühlsmäßiger Beteiligung und noli me tangere. Solange sich eine Beziehung auf der Ebene von Spaß und Spiel oder als ernsthafte intellektuelle Auseinandersetzung vollzog, war er gelöst; was ihn verwirrte, war ein direktes und eingestandenermaßen persönliches Verhältnis. Für einen solchen Mann muß es qualvoll schwierig gewesen sein, von Liebe zu sprechen und sich in einer engen Beziehung einem anderen Menschen auszuliefern.

Er hätte sich auch kaum jemanden aussuchen können, der dazu weniger geeignet gewesen wäre als Jane, die ihr eigenes Bündel Probleme hatte. Andererseits wäre es wohl für ihn erst recht unmöglich gewesen, sich in ein Mädchen aus dem Mittelstand zu verlieben, das die konventionellen Verhaltensweisen und Reaktionen

Schwierige Beziehungen

„Die Verteidigung von Guenevere"

erwartete. Jane hatte die Tugend, ein Mädchen aus der Arbeiterschicht zu sein und war dennoch eine entrückte mittelalterliche Gestalt, die man sich als Königin vorstellen konnte. So konnte er sie mit seinen Phantasien umgeben, zufrieden für eine Weile, aber wohl auch gewiß, daß diese Konstruktion bei Belastungen zerbrechen würde."[22]

Sie wurde also von Morris auf ein von ihm erwünschtes Idealbild festgelegt, dem sie äußerlich ähnlich sehen mochte, das aber mit ihrer wirklichen Person wenig oder gar nichts zu tun hatte. Dem Idealbild zu entsprechen, war anstrengend, sich gegen eine solche Festlegung zu empören, mußte auf Unverständnis stoßen oder Enttäuschung und Mißachtung hervorrufen.

Wie sie sich auch immer verhielt: der Konflikt war unvermeidlich.

Im Sommer 1858 erzählte William Morris seinem Freund Burne-Jones von seiner Verlobung mit Jane. Der Freund erkrankte bald darauf schwer. Offenbar hatte er Tuberkulose. Mrs. Prinsep, die Mutter von Val, holte ihn auf ihren Besitz Little Holland House, um ihn dort zu pflegen. Morris mißbilligte das. Er hielt die Familie für Snobs, und Snobs, noch dazu solche mit künstlerischen Ambitionen, waren ihm widerwärtig.

Im März war sein Gedichtband „The Defence of Guenevere and Other Poems" („Die Verteidigung von Guenevere und andere Geschichten") erschienen, gewissermaßen die Frucht seines Sichversenkens in die Welt der Artus-Sage und des mittelalterlichen Frankreich, mit dessen Atmosphäre er auf seinen Reisen, aber auch durch die illuminierten Handschriften eng vertraut geworden war. Der Band war Rossetti gewidmet, der gegenüber Morris als Lyriker seine Vorbehalte hatte. An einen Freund schrieb Dante Gabriel Rossetti, nicht ohne einen Unterton von Neid: „Morris' Fähigkeit, Gedichte einfach aufs Papier zu werfen, versetzt mich in Wut. Er schreibt jetzt erst seit einem Jahr und glaubt, schon genug Gedichte für ein dickes Buch zu haben."[23]

Der Band wurde denn auch von der Mehrzahl der Rezensenten scharf kritisiert. Man bezeichnete die Gedichte als affektiert und weibisch. Dieses Urteil ist später von der Literaturkritik etwas revidiert worden. So von Professor Saintsbury, der schrieb: „Es reicht hin zu sagen, daß es in diesen Gedichten, prosaisch gesprochen, Trompeten, Flöten, Posaunen, Psalter und Zithern, also Musik aller Art gibt, die nur jene nicht hören, die dazu keine Ohren haben."[24] Das der Moderne Zugehörige an diesen Gedichten hat Jack Lindsay in einem Vortrag vor der Morris-Gesellschaft im November 1958 zu erläutern versucht: „In seinen frühen Gedichten ist der Grad an Intensität entscheidend, mit dem er in das Leben seiner aus dem Mittelalter stammenden Personen eintritt. Er schafft eine neue Form, die zugleich den Höhepunkt des romantischen Idioms und dessen Verwandlung in sein Gegenteil darstellt. Die romantische Vision verschmilzt mit einem scharfen emotionalen Realismus. Die Diktion ist oft archaisch, doch der Effekt ist der einer beiläufigen direkten Rede, durchgehalten auf dem Höhepunkt der Erfahrung und so deren Tiefenschicht erreichend. Die Worte haben eine fast gestammelte, langsam zur Wirkung kommende Kraft, so als sei nach jedem Wort gesucht worden und als würden sie nun nur zögernd hervorgebracht... die innere Anspannung ist so heftig, daß sich das Versmaß durch die Veränderung der meditativen Intensität ergibt und nicht aus der Zudringlichkeit der Schläge. Solche Gedichte sehen in ihrer wesentlichen Form in die Zukunft und nicht in die mittelalterliche Welt."[25]

Es ist übrigens bezeichnend, daß die Verse einerseits eine Verherrlichung von Schönheit enthalten, während andererseits von der Krise des Schönen durch die Unvollkommenheit des Menschen die Rede ist. Freilich sind diese Gedichte eine Nachempfindung der Welt Malorys, aber dies ohne Idealisierung und mit der Eigenheit, Leidenschaften klar und scharf auszudrücken. Wer diese Verse liest, begreift, daß in den Episoden der Artus-Geschichte bzw. der Affäre zwischen Guenevere und Lancelot Archetypen menschlicher Gefühlszustände vorgegeben sind, die Morris durch die von ihm eingenommene Perspektive und sein rhythmisches Gefühl neu lebendig werden läßt. Hinzu kommt, daß die heikle Situation der Liebe zwischen der Frau des Königs und dessen bestem Ritter mit Verständnis für Leidenschaften und ohne einen moralischen Standpunkt einzunehmen dargestellt wird. Das ist alternativ zum Zeitgeist.

„Der Heustapel in den Fluten"

Freilich haben all diese Gedichte etwas Ornamenthaftes. Andererseits kann man nicht sagen, daß hier ein idealisiertes Mittelalter abgebildet werde, wohl aber ein stilisiertes. Es sind harte, grausame, auf jeden Fall leidenschaftliche Geschichten, die da erzählt werden. Am deutlichsten wird dies vielleicht bei „The Haystack in the Floods" („Der Heustapel in den Fluten"), mit dessen Eröffnungsvers man sich sofort in die emotionale Krise der Heldin versetzt sieht:

> Had she come all the way for this
> To part at last without a kiss?
> Yeah, has she borne the dirt and rain
> That her own eyes might seen him slain
> Besiders the haystack in the floods.

(War sie deswegen den ganzen Weg gekommen, / um am Ende ohne Kuß zu scheiden? / Hatte sie darum Dreck und Regen ertragen, / um mit eigenen Augen mitanzusehen, / wie man ihn erschlagen, / neben dem Heuhaufen in den Fluten?)

Die Personen sind zunächst anonym. Mit Mystifikation werden wir in die Situation hineingerissen. Allmählich begreifen wir, was da geschieht. Das Mädchen Jehane und ein Ritter Robert sind auf einer Reise von Godmar mit dreißig Mann überfallen worden. Robert ruft vergeblich seine wenigen Begleiter dazu auf, sich gegen den überlegenen Feind zur Wehr zu setzen. Ehe es dazu kommt, legt sich ein Tuch um seine Kehle. Er ist ein Gefangener, Godmar will Jehane. Wenn sie sich ihm nicht hingibt, wird er Robert töten.

Sie weigert sich. Godmar droht, Jehane dem Volk von Paris als Hexe zu übergeben. Sie beharrt auf ihrem „Nein". Rasch bewegt sich das Gedicht auf sein dramatisches Ende zu: „Sie sah ihn beugen / Roberts Haupt. Sie sah ihn niederstoßen / den dünnen Stahl, der Hieb traf gut. / Nach hinten über fiel der Ritter Robert / und stöhnte wie ein verendender Hund." Am Ende stehen Unglück und Gewalt. Godmar befiehlt, Jehane auf sein Schloß bringen zu lassen. Die letzte Zeile beschwört noch einmal die intensive Atmosphäre des Unheils: „Und so war's, da sie voneinander schieden / neben dem Heuhaufen in den Fluten."

Ganz ähnlich wie es Morris gelingt, in „The Willow and the Red Cliff" mit dem an dem Weidenzweig hängengebliebenen goldenen Ring ein Bild zu schaffen, das das Geschehen in einer Metapher zusammenfaßt, so ist es hier das eine Katastrophe signalisierende Bild: der auf der Strömung eines Flusses dahintreibende Heuhaufen. Vom poetischen Gehalt dieser Gedichte zeigten sich nur wenige Kritiker beeindruckt, darunter der junge Walter Pater, der in der „Westminster Review"[26]

## Zweite französische Reise

Morris in eine Reihe mit Victor Hugo in Frankreich und Heinrich Heine in Deutschland stellte.

Hingegen meinte H. F. Chorley in der renommierten Zeitschrift „The Athenaeum" spitz, er wolle sich nur deswegen mit dem Buch auseinandersetzen, weil sich daran zeigen lasse, wie durch den verderblichen Einfluß der Präraffaeliten ernsthafte Männer in einem Nebelland der Kunst in die Irre geführt würden.

Schließlich wurde dann „The Defence of Guenevere and Other Poems" noch zu einer Art Geheimtip unter der Studentengeneration der Jahre um 1860. Darüber berichtet Andrew Lang: „Wir fanden etwas in diesem ... Buch, das kein anderer zeitgenössischer Dichter in gleichem Maße besaß: einen unübertroffenen Sinn dafür, was exquisit und selten am Leben im Mittelalter gewesen war. Wir fanden Froissarts Menschen wieder zum Leben erweckt in Mr. Morris' Gedichten, und wir wußten nun genauer, welche Gedanken und Gefühle das Geheimnis ihrer Herzen ausgemacht hatte, als dies den eher oberflächlichen Texten Froissarts sich hätte entnehmen lassen. In Morris' Gedichten wird der Glanz des Mittelalters wiedergegeben, sein Gold und sein Stahl, seine Begierde nach Rüstungen und Kriegsgerät, wiedergeboren, aber auch seine innere Traurigkeit, Zweifel, seine Wunder und seine phantastischen Leidenschaften."[27] Der Absatz von „The Defence of Guenevere" war alles andere als berückend. Von der breiten Öffentlichkeit blieben Morris' frühe Gedichte weitgehend unbeachtet. Insgesamt wurden ganze 250 Exemplare[28] davon verkauft.

Im Herbst 1858 unternahm Morris, diesmal in Begleitung von Webb und Faulkner, abermals eine Reise nach Nordfrankreich. Sie hatten von Oxford ein Ruderboot vorausgeschickt, mit dem sie die Seine zwischen Paris und Rouen befahren wollten. Nachdem sie die Kathedralen von Amiens, Beauvais und Chartres besucht und in Paris architektonische Details an Notre Dame gezeichnet hatten, wollten sie am Quai du Louvre ihr Ruderboot besteigen, mußten aber feststellen, daß es ein Leck im Boden hatte. Morris geriet so außer sich, daß er sich bei einer wütenden Bewegung an der Ufermauer die Hand verletzte. Als sie endlich ablegten, hatte sich eine Menschenmenge versammelt, die sie auslachte. Wenn Wind aufkam, pflegten sie unterwegs Segel zu setzen. In Maintes mußte das Boot erst einmal neu geteert werden. Morris legte sich mit einem Schleusenwärter an, der daraufhin das Wasser aus der Kammer ließ, worauf sie strandeten. In einem Gasthaus lieferten sie sich zur Erinnerung an die schönen Zeiten in der Union Hall in Oxford eine Schlacht mit Siphonflaschen.

Auf der Bootsfahrt hatte Morris mit Webb einen poetischen Plan entwickelt. Webb würde bei Street aussteigen und sich selbständig machen. Er würde Entwurf und Bauleitung jenes Hauses übernehmen, mit dem Morris eine Art „irdisches Paradies" zu verwirklichen gedachte, einen „Palast der Kunst", wie es in einem bekannten Gedicht von Tennyson hieß. Nicht in der Art des Glaspalastes aus dem Jahre 1851, der ihnen immer noch als Inbegriff der Protzigkeit, der Häßlichkeit und der Verschwendung in Erinnerung stand. Jetzt, sechs, sieben Jahre später war Morris entschlossen, eine Art Gegenentwurf zu versuchen.

In diesem Herbst ging eine merkwürdige Veränderung in Morris vor sich. Er war eine Zeitlang krank gewesen, eine Krankheit, die die Freunde seiner Angewohnheit zuschrieben, zuviel zu essen und zu trinken.

Er hatte ein Bild von Jane als „Schöne Isolde"[29] zu malen versucht und war sich wieder einmal seiner Schwächen bewußt geworden. Zornig hatte er das Bild mit der Inschrift auf der Rückseite versehen „Ich liebe dich, aber ich kann dich nicht

*Jane Morris. Bleistiftzeichnung von William Morris, 1858.*

malen" und es an Rossetti weitergegeben, der seinerseits wieder die Hilfe von Madox Brown in Anspruch nahm. Nach einigen Umwegen gelangte es später wieder an Jane. Der zwanghafte Drang zu malen, verlor sich bei Morris. Das hing damit zusammen, daß er einen neuen Traum hatte. Die Vorstellung von einem Kloster oder einer Bruderschaft hatte sich verwandelt in die Absicht, die Realisierung eines Paradieses zu versuchen. Ein vollkommenes, mittelalterliches Haus wollte er schaffen, eine edle und glückliche Einfriedung in einer dunklen Welt, eine Insel der Schönheit und des Geschmacks inmitten von Häßlichkeit. Warum nicht ein Haus zu einem Kunstwerk machen? Ein Haus ist eine Welt. Hier würde er seine Begabung für das Ornament voll ausspielen können. Was er nicht selbst herstellen konnte, würden seine Freunde, die alle vielseitig begabt waren, nur zu gern beisteuern. So würden auch sie mit dem Kunstwerk verbunden sein. Alles, was ihm in seiner Kindheit lieb und teuer gewesen war — der fast nahtlose Übergang von schöner bequemer Wohnlichkeit in eine immer von Leben erfüllte und ursprüngliche Schönheit hervorbringende Natur — würde hier wiedererstehen.

Am 26. April 1859 heirateten William und Jane in der St. Michaels-Pfarrkirche in Oxford. Burne-Jones war dabei, aber nicht Rossetti. Von Morris' Familie, die über die nicht standesgemäße Braut entsetzt und empört war, nahm niemand an der Hochzeit teil. Janes Vater setzte seine Unterschrift samt der Berufsbezeichnung „Kutscher" in das Heiratsregister. Jane war zwanzig. William fünf Jahre älter als sie. Die kirchliche Trauung vollzog Pfarrer Dixon. Er redete dabei die Braut mit einem falschen Vornamen an. Offenbar kannte er Jane nicht näher. Das junge Paar ging sechs Wochen auf Hochzeitsreise nach Paris, Belgien, Köln. Von dort aus fuhr es rheinaufwärts bis Basel.

Nach ihrer Rückkehr begann die Arbeit am Haus der Träume. Zunächst bezogen William und seine junge Frau eine möblierte Wohnung in der Great Ormond Street. Philip Webbs neu eingerichtetes Architekturbüro lag nur ein paar Häuser weiter. Morris versank in der Arbeit am Haus. Seine Freunde hörten in diesen Monaten wenig von ihm.

Unterdessen hatte die zuständige Behörde in Oxford den Maler William Riviere damit beauftragt, gegen ein Honorar von 150 Pfund jene drei Erkerflächen auszumalen, bei denen die Künstlertruppe Rossetti und Co. die Lust verloren hatte. Rossetti unterhielt engen Kontakt mit Fanny Cornworth, die ihrem Liebesgewerbe nachging, bei ihm ein Porträt in Auftrag gegeben hatte und manchmal von ihm in den Zoo ausgeführt wurde. Anfang 1860 wurde das Ölbild von Fanny, das den Titel „Bocca Baciata" (Küssender Mund) trug, fertig. Das Verhältnis zwischen Rossetti und Elizabeth Siddal war weiter gespannt. Sie weigerte sich, eigensinnig wie eh und je, mit ihm zu schlafen. Er wandte sich Fanny und anderen leichten Mädchen zu, um sich den endlosen Streitigkeiten mit ihr zu entziehen und sich gleichzeitig an ihr zu rächen. Endlich, am 23. Mai 1860, heirateten sie überraschend in Hastings und gingen auf Hochzeitsreise nach Paris, das er haßte.

Edward Burne-Jones, mit dessen Gesundheit es immer noch nicht zum Besten stand, hatte mit Faulkner und Val Prinsep eine Italienreise unternommen. Bei einem Besuch, zu dem Madox Brown nach seiner Rückkehr ihn und seine Braut eingeladen hatte, riet ihm sein Gastgeber, endlich zu heiraten. Am 9. Juni 1860, dem Todestag von Dantes Beatrice, wurden Georgiana und er in Manchester getraut. Georgiana berichtet: „Die Umstände, unter denen wir unser gemeinsames Leben begannen, sahen praktisch so aus, daß wir keine Schulden hatten, außer einem Auftrag für Mr. Plint, der noch auszuführen blieb. Außerdem besaßen wir

*Dreifache Heirat*

*Jane Morris. Bleistiftzeichnung von Rossetti 1865.*

*Edward Burne-Jones, 41jährig, im Garten von Naworth Castle. Aufnahme August 1874.*

30 Pfund Bargeld. Ich brachte einen kleinen Patience-Tisch mit in die Ehe, mit einer Schublade, in der ich meine Schnitzerei-Werkzeuge verwahrte. Drei Tage vor unserer Hochzeit jedoch kam eine Nachricht von Mr. Plint: ‚Die zwei Federzeichnungen sind bei mir eingetroffen. Ich schließe diesen Zeilen 25 Pfund ein, die Sie gerade jetzt werden gut gebrauchen können.' So waren wir also reich."[30]

Georgiana berichtet

Auf der Hochzeitsreise erkältete sich Edward und verlor vorübergehend seine Stimme, so daß aus dem mit Rossetti und Elizabeth verabredeten Treffen in Paris nichts wurde. In London wohnten Edward und Georgiana am Russel Place zunächst in ziemlich ärmlichen Verhältnissen: „Es gab keine Stühle in unserem Eßzimmer noch war irgendwelches Mobiliar bestellt worden außer einem Tisch. Aber was machte das schon? Wenn es keine Stühle gab, so war der Tisch wenigstens gut, fest und aus Eiche. Auf ihm sitzend empfing die Braut ihre ersten Besucher. Die Jungen aus dem Jugendheim in der Euston Street hatten den Tisch nach einem Entwurf von Philip Webb angefertigt und waren nun mit den Stühlen und dem Sofa beschäftigt, die bald darauf eintrafen. Die Stühle hatten eine hohe Rückenlehne, waren schwarz mit Binsensitzflächen."[31]

Kurz darauf besuchte das Ehepaar Burne-Jones das Ehepaar Rossetti. In einem Brief bemerkte Georgiana über Lizzie: „Es ging ihr immerhin so gut, daß sie sich mit uns treffen konnten, ich finde das arme Ding schön wie einen Traum."[32] Jane Morris war sie zuvor schon in der Wohnung der Morris in der Great Ormond Street begegnet. Auch sie bestätigte den Eindruck von Unwirklichkeit, den Jane bei vielen Menschen hervorrief: „Ich werde das nie vergessen... ihr Bild verfolgte mich in der Nacht bis in den Traum."[33]

Und von Elizabeth Siddal gibt sie noch die folgende Schilderung: „Lizzies schlanke, elegante Gestalt — sie war gemessen an dem Zeitgeschmack für eine Frau recht groß gewachsen, aber ich erfuhr nie, wie groß sie genau war — rückt sich mir in einem hübschen, einfachen Kleid vor Augen... das genaue Gegenteil einer jungen Dame, die sich ihre Garderobe maßschneidern läßt. (Man hatte sich im Zoo getroffen.) Wir gingen mit ihnen heim in ihre Wohnung in Hampstead und ich werde nie diese Stimmung von Romanze und Tragödie vergessen können, die sie und ihren Ehemann umgab. Ich sehe sie in dem kleinen Schlafzimmer oben, mit den vergitterten Fenstern, in das sie mich führte, als wir ankamen. Und dann diese Flut tiefroter Haare, die zum Vorschein kam, als sie die Haube abnahm. Sie trug das Haar nur leicht hochgesteckt, so daß es dann in schweren, weichen Strähnen fiel. Ihr Teint wirkte, als liege eine rötliche Färbung unter der dunklen Haut. Ihre Augen waren goldbraun, achatfarben ist das einzige Wort, das mir richtig erscheint. Und wunderbar strahlend waren sie. In allen Zeichnungen von Gabriel, in dem Frauentyp, der sich in seinem Bewußtsein nach ihrem Bild formte, ist das zu erkennen. Ihre Augenlider waren lang, aber sie hatten nichts Schmachtendes oder Schläfriges, sondern die Besonderheit, daß sie kaum das Licht abschirmten, wenn sie zu Boden sah."[34]

Georgiana, die Ruskin als „ein kleines Landveilchen mit blauen Augen, langen Wimpern, gut und süß wie nur was" beschrieb, wunderte sich, daß man in all den langen Jahren der Krankheit nie genau herausfand, was Elizabeth fehlte. Bald ging es ihr wieder so schlecht, daß sie bis Oktober nach Brighton ans Meer zur Erholung fuhr.

Nach einem regnerischen Sommer konnte das Ehepaar Morris endlich in sein Haus einziehen. Es war auf einem Wiesengrundstück mit Obstbäumen in dem Dorf Upton in Kent, zehn Meilen von London, sofern man mit dem Wagen fuhr,

**Haus der Träume**

und drei Meilen von der Bahnstation Abbey Wood entfernt. Das Eisenbahnnetz des Londoner Vorortverkehrs nach Kent hinein war zu dieser Zeit noch nicht sehr weit ausgebaut und die Hochebene von Bexley Heath war offenes Land. „Red House" hieß der Bau nach seinen unverputzten Ziegeln.

Gäste wurden am Bahnhof Abbey Wood mit einem kleinen Wagen abgeholt, der von Webb entworfen, in Bexley gebaut worden war. Wie die altmodischen Marktwagen war er mit einer Zeltplane überdacht. Hintenauf hatte Morris sein Wappen gemalt. Mit diesem Gefährt ging es auf einer gewundenen Straße hinauf ins höher gelegene Land, vorbei an dem Weiler „Hog's Hole" bis vor das Tor des Morris'schen Anwesens.[35]

An den Wochenenden waren stets viele Gäste da. Sie wurden damit beschäftigt, die Innenausstattung des Hauses zu vervollständigen. Man machte Spiele im Garten, und die Männer lieferten sich im Spaß Boxkämpfe.[36] Es gab viel Schabernack, bei dem Morris meistens das gutmütige Opfer war. Man schickte ihn für nichts und wieder nichts bis nach Coventry; ohne Erklärung begegneten ihm plötzlich alle mit Schweigen. Jemand brachte an seinem Jackett über Nacht einen Abnäher an, um ihm vorzuspiegeln, er sei wieder einmal dicker geworden.

Er ertrug das alles, ohne je seine gute Laune zu verlieren. Der schönste Anblick aber war es, Morris aus dem Keller kommen zu sehen, vor dem Dinner, strahlend vor Freude, die Hände voller Weinflaschen und zur Reserve noch ein paar unter die Achseln geklemmt.

Manchmal bei Versteckspielen im Haus war eine gewisse Spannung, die untergründig zwischen William und Jane vorhanden war, zu bemerken, aber alles im allem schien er ausgeglichen und zufrieden wie selten zuvor — völlig davon ausgefüllt, das Haus mit Bildern, Wandbehängen und Dekorationen und durch die Gestaltung des Gartens in eine Insel absoluter Schönheit zu verwandeln.

Im Januar 1861 brachte Jane eine Tochter zur Welt, die den Namen Jane Alice erhielt. Zur Taufe kamen so viele Besucher, daß die Gästezimmer von Red House nicht ausreichten und im Wohnzimmer Notquartiere für die Männer errichtet werden mußten. Auch Rossetti und Lizzie waren gekommen. Lizzie war schwanger. Es fiel auf, daß Rossetti seltsam geistesabwesend wirkte. Er trank nur Wasser und kaute Rosinen. Bei Tisch fuhr ihn Lizzie an. Er nahm es, ohne zu widersprechen, hin. Vier Monate später hatte sie eine Totgeburt, die einen schweren Schock bei ihr auslöste. Noch monatelang weigerte sie sich, den Tod des Kindes zur Kenntnis zu nehmen. Sie saß an einer leeren Wiege und schaukelte sie, und alle Besucher mußten bei der makabren Selbsttäuschung mitspielen.

Im Winter 1859 auf 1860 kam es zu politischen Spannungen zwischen England und Frankreich. Das Land richtete sich auf eine Invasion Napoleons III. ein. Es wurden Heimwehren aufgestellt. Morris und Rossetti, die sich voll patriotischem Eifer gemeldet hatten, wurden dem „Freiwilligen-Korps der Künstler" zugeteilt. Im Sommer 1861 exerzierte Morris in einem Lager in Wimbledon. Er nahm, vom entschiedenen Pazifismus späterer Jahre noch weit entfernt, seine militärischen Pflichten während der Ausbildung sehr ernst — im Gegensatz zu Rossetti, der auf den Befehl des Stabsfeldwebels „die Augen rechts!" mit der Frage antwortete: „Warum bitte?"[37]

# VI. Red House und die Firma

*„Sie können sicher sein, daß jede Dekoration zwecklos ist und bereits im ersten Stadium des Verfalls, wenn sie Sie nicht an etwas erinnert, das jenseits von dem liegt, was sie abbildet, etwas eben, wofür sie nur das sichtbare Symbol ist.*
*Als ein Mensch der westlichen Welt und ein Liebhaber von Bildern, muß ich auf einen Reichtum von Bedeutungen in den Mustern bestehen. Ich will unmißverständliche Andeutungen von Gärten und Feldern haben, von seltsamen Bäumen und Ranken, oder ich kann mit ihren Mustern nichts anfangen, sondern greife nach dem ersten besten Stück Zufallswerk eines kurdischen Schäfers, das er gewoben hat wie es ihm Tradition und Gedächtnis eingaben.*
*Diese natürlichen Formen, die uns so vertraut sind und uns so sehr gefallen, und zwar durch die Assoziationen, die sie hervorrufen ebenso wie durch ihre Schönheit, eignen sich am besten für unseren Zweck. Die Rose, die Lilie, die Tulpe, die Eiche, die Weinranke, alle Kräuter und Bäume, von denen selbst wir Großstädter wissen, sind dafür geeignet."*

*William Morris, 1881*[1]

*Außenansicht von Red House mit Blick auf den Brunnenhof vom Garten her. Rossetti nannte es „mehr ein Gedicht als ein Haus . . . aber ein wunderbarer Ort, um darin zu leben."*

Haus und Garten

In der Darstellung der Architektur folge ich Philip Henderson, der schreibt: „Red House war ein L-förmiger Bau mit einem hohen, mit roten Ziegeln belegten Dach und weit vorspringenden Vordächern. Die Fenster waren weit zurückgesetzt und trugen oben spitz zulaufende Bögen aus Ziegelsteinen. Die unregelmäßige Dachlinie, der Brunnenhof und darin der Brunnen mit seinem konischen Ziegelaufsatz gaben dem Haus ein ritterburgartiges Aussehen." Doch muß man mit dem Urteil, man habe es hier mit einer Imitation mittelalterlicher Architektur zu tun, vorsichtig sein. Die Frage wird später ausführlich erörtert werden. Hier, bei der Beschreibung des Baues, ist darauf hinzuweisen, daß die weiß gestrichenen Schiebefenster und die runden Fenster im oberen Stockwerk alles andere als gotisch-mittelalterlich anmuten.

„Red House", urteilte Henderson, „war ein romantisches Haus. Es war aber auch solide und praktisch, und bei der Anordnung der Räume wurde auf die besonderen Lebensgewohnheiten seiner Bewohner verständnisvoll Rücksicht genommen. Die Struktur lag offen. Der Vorbau auf der Rückseite wurde im Sommer als kleines Gartenzimmer benutzt. Eine der Wände hatte Morris mit selbstgefertigten und bemalten Kacheln dekoriert. Der Garten war nach mittelalterlichem Vorbild angelegt. Vor dem Haus war er bewußt in mehrere kleine Rechtecke unterteilt, die zusammen ein großes Rechteck bildeten. Jedes dieser Rechtecke war von einem Zaun aus Flechtwerk mit nur einer Öffnung umgeben. Über allen Zäunen wucherten üppig Rosen."

Der Stall mit Boxen für zwei Pferde stand an der einen Seite des Gartens, der gekennzeichnet war durch lange graswachsene Wegstreifen, blühende Lilien zur Sommerzeit und einen Sonnenblumenflor im Herbst. Kaum einer der auf dem Grundstück stehenden Obstbäume hatte gefällt werden müssen. Wenn in warmen Herbstnächten die Fenster offenstanden, fielen nicht selten Früchte ins Zimmer.

Eine lange Mauer trennte Haus und Garten von der Straße. Große rötliche Holztüren öffneten sich zu einer kurzen, eine Kurve beschreibenden Auffahrt hin. Ein Besucher erzählte, daß auf ihn das Innere von Red House streng, schlicht und würdig gewirkt hätte, vor allem wegen der hohen Decken, seinem sichtbaren Balkenwerk, den Ziegelbögen und dem in der Form einfachen, aber im Ausmaß gigantischen, aus Ziegeln aufgemauerten Kamin. Der ungewöhnliche Charakter des Hauses teilte sich dem Besucher schon im Hausflur mit. Sein Boden war mit dunkelroten Klinkern und Fliesen ausgelegt. Das Treppenhaus war aus massiver Eiche, mit spindelförmigen schmalen Pfosten, die das Auge zur offenen, mit wilden Mustern verzierten Dachkonstruktion wiesen.

Ursprünglich war vorgesehen, die Wände des Treppenhauses mit einem Bild vom Trojanischen Krieg auszumalen, darunter ein Schiff, das all die homerischen Helden trug. In der Diele rechts neben dem Eingang stand ein massiver Wandschrank mit einer Sitzbank, entworfen von Webb und bemalt mit Szenen aus dem Nibelungen-Lied. Sie sind nicht in allen Details ausgeführt, und es ist nicht genau bekannt, ob sie von Burne-Jones, Rossetti oder Morris stammen.

Zur Linken führte ein Gang mit Glasfenstern zum hinteren Vorbau. Die Figuren stammten von Burne-Jones, die sie umgebenden bunten Gläser von Morris und Webb. Zur Rechten lag das Eßzimmer mit einer massigen rotbemalten Anrichte. Morris war ein lustvoller Esser, der auch selbst gern und gut kochte. So kann es nicht verwundern, daß er diesen Raum als einen der beiden Mittelpunkte des Hauses betrachtete und für ihn eine besondere Dekoration vorgesehen hatte. Der Einfall dazu scheint ihm schon in Oxford oder am Red Lion Square gekommen zu sein, als er mit der Wiederbelebung alter Sticktechniken experimentierte. In Stopfstich hatte er eine Folge von blühenden Bäumen und Vögeln und sein von Jan van Dyke übernommenes Motto „If I can" auf Leinen gestickt. Normalerweise schnitt er die Figuren, Blumen und Bäume seiner Wandbehänge aus Leinen aus und applizierte sie auf Samt oder Serge. Bei diesem Stück wurden die Figuren mit langen Parallelstichen auf das Leinen gezeichnet. In Weiterentwicklung früherer Versuche kam Morris nun auf den Einfall, das Eßzimmer mit aus Seide und Wolle gestickten weiblichen Figuren auszuschmücken.

Die Haupträume im ersten Stock waren das Atelier und das Wohnzimmer, deren Decken gegen die Dachkonstruktion hin offen blieben. Morris sagte einmal voller Emphase: „Ich will aus diesem Wohnzimmer den schönsten Raum in ganz England machen." Die großen hohen Fenster gingen nach Norden, man schaute über offenes Land hin. In den nach Osten und Süden gelegenen Haustrakten befanden sich die Korridore. Die Nordlage des Wohnzimmers war gewählt worden, weil es mit Fresken geschmückt werden sollte, die keine starke Sonneneinstrahlung vertrugen. Ein schmales Erkerfenster nach Westen diente dazu, die sanftere Abendsonne hereinzulassen.

„Die Dekorierung des Wohnzimmers zog sich über mehrere Jahre hin und blieb auch dann noch unvollendet. Die Decke war mit Blumenmustern von Jane und William Morris geschmückt worden. Burne-Jones hatte die Wände mit Bildern zu einer mittelalterlichen Romanze bemalt. Morris fügte dann einen Fries mit Bäumen und Papageien hinzu. Rossetti persiflierte auf den noch freien Stellen das Morris'sche Motto mit dem Satz: ‚As I can't'."[2]

Auch Elizabeth Siddal hatte sich an der Ausgestaltung beteiligt, und Rossetti malte auf die Türen der noch aus Red Lion Square stammenden Schrankbank eine „Salutation der Beatrice". Eine Brüstung war als „Galerie der Minstrels" gedacht. Sofort ins Auge sprang ein mächtiger Kamin aus Ziegeln, aufgemauert bis zur Decke des Zimmers und inspiriert durch eine ähnliche Feuerstelle aus dem 15. Jahrhundert, die der mit Morris befreundete Architekt Aymer Vallance in Stoneacre, Otham restauriert hatte.

Zur Lage der Zimmer ist noch zu bemerken, daß die nach Norden liegenden Räume im Erdgeschoß nicht als Wohnzimmer dienen sollten. Der Raum unter dem Atelier war als Junggesellen-Schlafzimmer für Freunde vorgesehen, die lange aufblieben und dort lärmen konnten, ohne daß die Kinder, deren Zimmer am anderen Ende des Hauses lagen, gestört worden wären. Daß die Küchenfenster nach Westen ausgerichtet waren, schien manchem befremdlich; aber die Küche war zugleich Aufenthaltsraum für die Hausangestellten, und diese sollten den schönen Ausblick auf den Garten hin haben.

„Es gab in Red House keine Tapeten; Morris hatte zu der Zeit noch keine eigenen Muster entworfen. Das große Schlafzimmer war mit rauhem dunklen Serge ausgeschlagen, auf den Jane mit heller Wolle kleine Blumen stickte. Sie waren denen des Gänseblümchenmusters sehr ähnlich" (Henderson), das dann 1864 auf Morris' erster kommerziell hergestellter Tapete zu sehen ist. Jane hat später erzählt, Morris habe ihr unmittelbar nach ihrer Heirat die ersten Techniken für Stickereien beigebracht: „Wir sahen uns alte Stücke an. Durch Auftrennen etc. lernten wir viel..., aber es war eine mühsame Angelegenheit, faszinierend zwar, aber nur durchzustehen mit großer Energie."[3]

**Architektur als Inbegriff der Künste**

Der allgemeine Eindruck der Dekorationen in Red House im Zusammenklang mit den roten Ziegeln muß von jener „Roheit" gewesen sein, die Ruskin als eine der besonderen Kennzeichen gotischer Ästhetik herausgestellt hatte. Der Architekt William Bell Scott schreibt in seinen „Autobiographical Notes": „Die Dekorationen hatten einen neuartigen, um nicht zu sagen einen beunruhigenden Charakter. Wenn jemand erklärt hätte, dies sei Südsee-Look, ich hätte ihm das abgenommen, so bizarr wirkte das alles."[4] Das Haus war das Ergebnis genauer Überlegungen und Diskussionen zwischen dem Architekten und dem Bauherrn, wobei dieser sehr bestimmte ästhetische Vorstellungen hinsichtlich der Inneneinrichtung hatte, der Architekt wiederum auch Möbel, Kerzenstöcke, Tafelglas und farbige Glasfenster für dieses Haus entwarf. Red House war weder als Prototyp gedacht — es hatte seine Vorbilder in Pfarrhäusern, die Webb früher bei Street gestaltet hatte — noch als einmaliges Museumsstück. Wenn man begreifen will, warum dieses erste Heim von Morris auf die Entwicklung der Architektur selbst Einfluß nahm, muß man etwas weiter ausholen und sich über die Situation der englischen Architektur in der Mitte der viktorianischen Epoche klar werden.

Vorweg ist daran zu erinnern, daß Morris während seiner Zeit im Büro von Street zwar nie ein vollständiges Haus entworfen hatte, aber über die Fachdiskussion durch die Bekanntschaft mit Street und Webb recht genau unterrichtet war. Er ist nie davon abgegangen, die Architektur als einen Rahmen für sein Denken und die verschiedenartigsten Designs anzusehen. Architektur war für ihn Grundlage, aber auch Krone aller Künste, das wichtigste Beispiel menschlicher Kooperation, somit durchaus auch Ausgangspunkt für einen seiner politischen Grundbegriffe, den der „Assoziation". Architektur war in seiner Vorstellung zuständig für die Gestaltung der „*gesamten Umgebung des Menschen*". „*Wir können uns ihr*", sagte er in einem seiner Vorträge, „*nicht entziehen, solange wir ein Teil der Zivilisation sind, denn durch sie greift der Mensch verändernd und gestaltend in das Landschaftsbild der Erde ein — dies betrifft uns alle, bedarf unser aller Aufmerksamkeit.*"[5]

Morris' Architekturbegriff reichte vom kleinsten dekorativen Detail in einem Zimmer bis zum Bild der Landschaft. Er schließt das, was wir heute Ökologie nennen, wie selbstverständlich mit ein. Und er hat da Werturteile nicht gescheut. Beispielsweise dieses:„*Wie kann jemand ernsthaft an einem Bild einer Landschaft interessiert sein, aber sich nicht im geringsten um das Wohl und Wehe dieser Landschaft selbst kümmern? Oder welches Recht hat jemand, sich mit schönen Formen und Farben in seinem Haus abzuschließen, wenn er es anderen Menschen unmöglich macht, solche Freuden zu erleben.*"[6]

Ebenso bestimmt hat er zu definieren gewußt, was er als Minimalausstattung für ein gutes Zimmer ansah:„*Vielleicht wird es Sie nicht allzu sehr ermüden, wenn ich Ihnen hier erkläre, welche Ausstattung ich für das Wohnzimmer eines gesunden Menschen für nötig erachte: ein Zimmer meine ich, in dem der Betreffende nicht kocht, in dem er gewöhnlich nicht schläft und in dem keine manuelle Tätigkeit verrichtet wird, bei der Abfall entsteht. Erstens ein Bücherregal mit möglichst vielen Büchern; des weiteren einen Tisch, der nicht wackelt, wenn man daran schreibt oder arbeitet; dann mehrere Stühle, die man verrücken, und eine Bank, auf der man sitzen und liegen kann; eine Kommode mit Schubladen. Sofern Bücherregal oder Kommode nicht außergewöhnlich schön sind und mit Bildern und Schnitzereien verziert, werden Sie Bilder oder Drucke haben wollen, und wenn Sie es sich leisten können, nicht nur Lückenfüller, sondern richtige Kunstwerke. Sonst aber muß die*

*Wand selbst mit einem schönen und ruhigen Muster verziert sein. Eine Vase werden wir noch brauchen und ein, zwei Blumen darin. Letztere besonders dann, wenn Sie in der Stadt leben. Dann wird es eine Feuerstelle geben, bei unserem Klima ein Hauptgegenstand im Zimmer. Aber das ist dann auch schon alles, was wir brauchen, vorausgesetzt, der Fußboden ist gut, was jedoch bei einem in unserer Zeit erbauten Haus meist nicht der Fall sein wird. Dann sollten wir noch einen kleinen Teppich haben, der sich innerhalb von zwei Minuten zusammenrollen und aus dem Zimmer schaffen läßt. Wir müssen auch darauf achten, daß er schön ist, oder wir werden uns sehr ärgern. Nun, sofern wir nicht auch noch ausgesprochen musikalisch sind und ein Klavier brauchen (dann haben wir in punkto Schönheit Pech gehabt), ist das alles, was wir wollen; und wir können dem sehr wenig hinzufügen an wirklich Notwendigem, ohne uns Ärger zu machen und uns bei der Arbeit, beim Denken oder beim Ausruhen selbst zu behindern."*[7]

Was wir in unseren Häusern brauchen

Die Antwort auf die Frage, was wir in unseren Häusern brauchen, wie unsere Umwelt aussehen sollte und wie nicht, wird in diesen Jahren bei Morris vorwiegend unter ästhetischen Gesichtspunkten gegeben. Das wird sich später ändern. Er wird feststellen, daß ästhetische Veränderungen ohne sozial-politische Veränderungen nicht möglich sind. Und der dritte Denkschritt wird sein: seine Einsichten auf ästhetischem und wirtschaftlichem Gebiet miteinander in Einklang zu bringen. Aber die Vorstellung, daß das Glück des Menschen in seinen vier Wänden, unter seinem Dach beginne, hat er nie aufgegeben. In dem Aufsatz „Die Schönheit des Lebens" schreibt er:*„Ich habe von populären Künsten gesprochen, aber man kann sie unter dem einen Wort ‚Architektur' zusammenfassen, und mit der Kunst des Hausbaues beginnt alles."*[8] An anderer Stelle, in einem jener Protz und Prunk kritisierenden Sätze, die man so manchen Eigenheimbesitzern und Bungalowbauherren ins Gästebuch schreiben möchte, stellt er unerhört apodiktisch fest:*„Wir lechzen mehr nach dem Schein von etwas als nach der Sache selbst. Wenn wir nicht reich sind, prunken wir mit kleinlichem Luxus. Wenn wir reich sind, meinen wir, wenn etwas groß und teuer ist, sei es auch schon schön. Ich komme nicht darum herum festzustellen, daß in der Regel die Leute sich (als Haus und als dessen Inneneinrichtung) etwas wünschen, das nach doppelt soviel aussieht als es tatsächlich gekostet hat. Solange solche Vorstellungen fortbestehen, wird sich Architektur nicht ereignen: Einfachheit und Solidität sind die beiden vorrangigen Eigenschaften, die ihre Produkte auszeichnen."*[9]

Das Haus ist für Morris gewissermaßen die zweite Haut des Menschen. Der Mensch hat physische und seelische Bedürfnisse. Den physischen Bedürfnissen entspricht das Stichwort der Nützlichkeit, den seelischen Bedürfnissen das der Schönheit. Aber warum waren eigentlich so viele Häuser, die er im England der 60er Jahre zu sehen bekam, so abstoßend häßlich?

Zunächst einmal hatten die Auswirkungen eines dramatischen Bevölkerungswachstums und einer sehr rasch verlaufenden Industrialisierung fast völlig die Bautradition des älteren, größtenteils noch ländlichen, vor-industriellen Englands zerstört. Es war plötzlich zu einer Ausweitung des Bedarfs an Wohnungen für Arbeiter, an Bahnhöfen, Fabrikgebäuden, Arbeitshäusern, Schulen und Kirchen gekommen, dem ein Mangel an qualifizierten Handwerkern und Architekten gegenüberstand.

So ergab sich eine Chance für Großunternehmer, ein Vermögen mit rasch hochgezogenen, minderwertig ausgeführten Bauten zu machen. Und was auch ins Gewicht fiel: Der Mangel an Baumeistern und Architekten trat eben in dem

*Red House, Treppenhaus (Aufnahme um 1950). Das Haus wirkt durch die Schlichtheit seiner äußeren Gestaltung und durch die Innenausstattung. Webb, der Architekt, hat viele der Möbel selbst entworfen.*

Augenblick ein, da die Bauindustrie mit besonderen und neuartigen Aufgaben konfrontiert wurde. Die Ausweitung des Verkehrsnetzes durch Eisenbahn und Kanäle führte dazu, daß ein breites Sortiment von Baustoffen nahezu überall verfügbar wurde. Wo früher eben nur die in der Region vorkommenden Steine benutzt worden waren, hatte man nun die Auswahl zwischen roten oder gelben Backsteinen, roten oder blauen Dachschindeln, Kalkstein, Granit und Sandstein. Neue Materialien waren hinzugekommen: Eisen, Beton, Plattenglas.

Die historische Forschung hatte unterdessen die ganze Skala früherer Baustile beschrieben. Es kam die Vorstellung auf, ein Architekt könne jedes dieser Stilelemente zum Ausdruck seiner individuellen Eigenart oder Vorlieben benutzen, sie miteinander verbinden. Dabei gingen dann auch häufig entscheidende Grundgegebenheiten des betreffenden Stils unter.

Die Forderung nach einem eigenen Zeitstil war gestellt worden. Aber der mußte erst einmal gefunden werden, und weil man sich damit schwertat, bediente man sich vorerst ungeniert aus dem großen Katalogangebot der Vergangenheit. Oder man hielt es schon für einen Zeitstil, wenn man einen alten Stil unter Verwendung neuer Materialien nachahmte oder abwandelte.

Allmählich aber bildete sich dann doch so etwas heraus, was sich als viktorianischer Stil bezeichnen ließ. Paul Thompson charakterisierte ihn so: „Unter seiner historischen Verkleidung hatte der für die Mitte der viktorianischen Epoche bezeichnende Stil mit seinen hellen Farben, kontrastierenden Materialien, seinen starken skulpturartigen Umrissen und grob vereinfachenden Einzelheiten sehr wohl seine Eigenart...dieser Stil aber führte nirgendwohin, weil seine Kühnheit unter weniger erfahrenen Händen zu besonders ausgeprägten Scheußlichkeiten wurde. Um 1870 wandten sich daher die nachdenklicheren und originelleren Architekten einem vorsichtigeren Historismus zu. Besonders die Kirchen-Architektur wurde wieder eine Mischung von Motiven aus verschiedenen Perioden und Ländern.

Viktorianische Architekten sahen nicht ein, daß in den standardisierten Eisen- und Glasbauten zu Ausstellungszwecken, bei den Bahnhöfen und Eisenbahnviadukten die Grundlagen für einen funktionalen Stil bereits vorhanden waren, und dies obwohl doch Pugin und Ruskin darauf hingewiesen hatten, daß die gotische Architektur nicht zuletzt wegen ihrer Funktionalität so erfolgreich stilbildend gewesen war und so eindrucksvolle Bauten hatte schaffen können."[10]

Sowohl Morris als auch Webb bewunderten gotische Architekten. Sie bewunderten an ihnen das, was Ruskin „roh und wild" genannt hatte. Sie bewunderten es als Ausdruck von Freiheit und Eigenständigkeit in dem Sinne, daß damals dem Handwerker Muße und Spielraum blieben, seinen künstlerischen Anlagen Ausdruck zu verleihen. Sie bewunderten den Funktionalismus gotischer Bauten. Aber sie erkannten auch, welche Gefahren in dem Programm der „Gothic Revival" steckten.

Es war derselbe Unterschied, der zwischen den Präraffaeliten und deren Vorbildern bestand: ein Unterschied im Bewußtsein. Nur, daß beim Bauhandwerk mit der zunehmenden Arbeitsteilung bei den Ausführenden auch Techniken verlorengegangen waren.

Von Morris sind Worte des Entzückens über gotische Räume überliefert: *„Ich fühlte mich gedrängt aufzuschreien, als ich zum ersten Mal die Kathedrale von Amiens betrat. Es ist dieser Raum so frei, so gewaltig, groß und edel und ich fühlte mich nicht im geringsten von seiner Großartigkeit eingeschüchtert."*[11]

Zeitstil

*Philip Webb, Architekt, Mitstreiter und Freund von William Morris.*

Funktionalität und Ornament

In der Kathedrale von Lincoln fühlte er sich so glücklich, daß er gar nicht mehr fort wollte: *„Diese Kirche ist innen nicht hoch, wohl aber lang und breit. Ihre überragende Qualität liegt in einer Art bedachter Anmut und Schönheit, die ich bei keinem anderen Münster in England gefunden habe."*[12]

Für Morris war ein Gebäude vor allem jedoch im Hinblick darauf interessant, ob seine Wände die Möglichkeit zu Ornamenten boten. „Das Ornamentale ist der wichtigste Teil der Architektur", hatte John Ruskin ihn gelehrt. Die Kriterien für ein ornamentales Muster hießen für ihn: Schönheit, Einfallsreichtum und Ordnung. Die Farben müßten „rein und klar" eingesetzt werden; helle reine Farben seien „am besten für Tapeten oder gemalte Flächenornamente" geeignet, reiche und tiefe Farben für schwere Materialien oder für kleine begrenzte Flächen.

Als Webb und er sich über die Pläne zum Bau von Red House verständigten, müssen sie übereingekommen sein, daß zweierlei ausgewogen zu seinem Recht kommen solle: die Zweckmäßigkeit für die Bewohner, also Funktionalität, und das Dekor als Ausdrucksmöglichkeit für Schönheit. Funktionalität allein hat Morris nie befürwortet, sofern in ihr nicht aus der Natur abgeleitete Schönheit mitenthalten war. Funktionalität und Ornament waren also die entscheidenden Gesichtspunkte. Nun sagt aber Morris auch, daß ein sinnvolles Ornament *„an etwas erinnern müsse, was jenseits von dem liegt, was es abbildet, wofür es nur sichtbares Symbol ist"*. Wofür aber war dieses Haus, bei dessen Gestaltung er und seine Freunde ihren Schönheitssinn einsetzten, „sichtbares Symbol"? Eine naheliegende Antwort findet sich bei Mackail, der die besondere Lage und die Ausstattung von Red House mit Jane Morris und ihrer botticellihaften Schönheit in Verbindung bringt; er meint, Morris sei es nicht nur darum gegangen, dem ungewöhnlich schönen Bild seiner Frau einen ungewöhnlich schönen Rahmen zu schaffen, es sei ihm auch darum zu tun gewesen, sie, das Mädchen aus der Unterschicht, vor dem Snobismus der Londoner Gesellschaft zu schützen. Er habe sich und ihr ein „wirkliches Heim" schaffen wollen, in dem das „Leben und seine wichtigsten Zwecke nicht von der Gemeinheit und Häßlichkeit der unmittelbaren Umgebung beeinträchtigt" würden. Das kommt dem, was man gewöhnlich als „Elfenbeinturm" zu bezeichnen pflegt, recht nahe. Aber das Haus war auch Versammlungsort und Kommunikationszentrum für den Freundeskreis von Morris. Wir hören immer wieder von zahlreichen Besuchern. Vor allem die Ehepaare Rossetti und Burne-Jones waren häufig und lange in Red House zu Gast, und die Gäste waren tätig, nicht nur um Morris einen Gefallen zu tun, sondern auch, weil es ihnen Freude machte, bei der Ausgestaltung eines schönen Hauses mitzuwirken. Man muß sich vorstellen, daß zumindest Burne-Jones und Webb am Anfang ihrer beruflichen Karriere standen. „Red House" war also auch für diese künstlerisch-handwerklich tätigen Freunde ein Experimentierfeld, bot Gelegenheit, um Einfälle und Techniken auszuprobieren, ein „work in progress", das nie ganz fertig wurde, woran man ständig im Sinn einer Annäherung an absolute Schönheit und Vollkommenheit gemeinsam arbeitete.

Wir haben hier auch den Versuch einer Kunstkommune vor uns, einer Gemeinschaft, die mit den Waffen der Kunst eine Gegenwelt zu ihrer Zeit schaffen will. Es scheint wichtig hervorzuheben, daß es Morris immer darauf ankam, mit anderen etwas zu machen und so die Isolierung des Künstlers zu durchbrechen.

Wie die sakralen Bauten der Gotik war auch Red House der Ausdruck eines Gemeinschaftsgefühls, nicht eines individuellen, sondern eines kollektiven Genies, der Ausdruck einer Gruppe von Männern, die sich ihrer Verbundenheit bewußt

*Porträt William Morris'
aus dem Jahr 1870 von
G. F. Watts.*

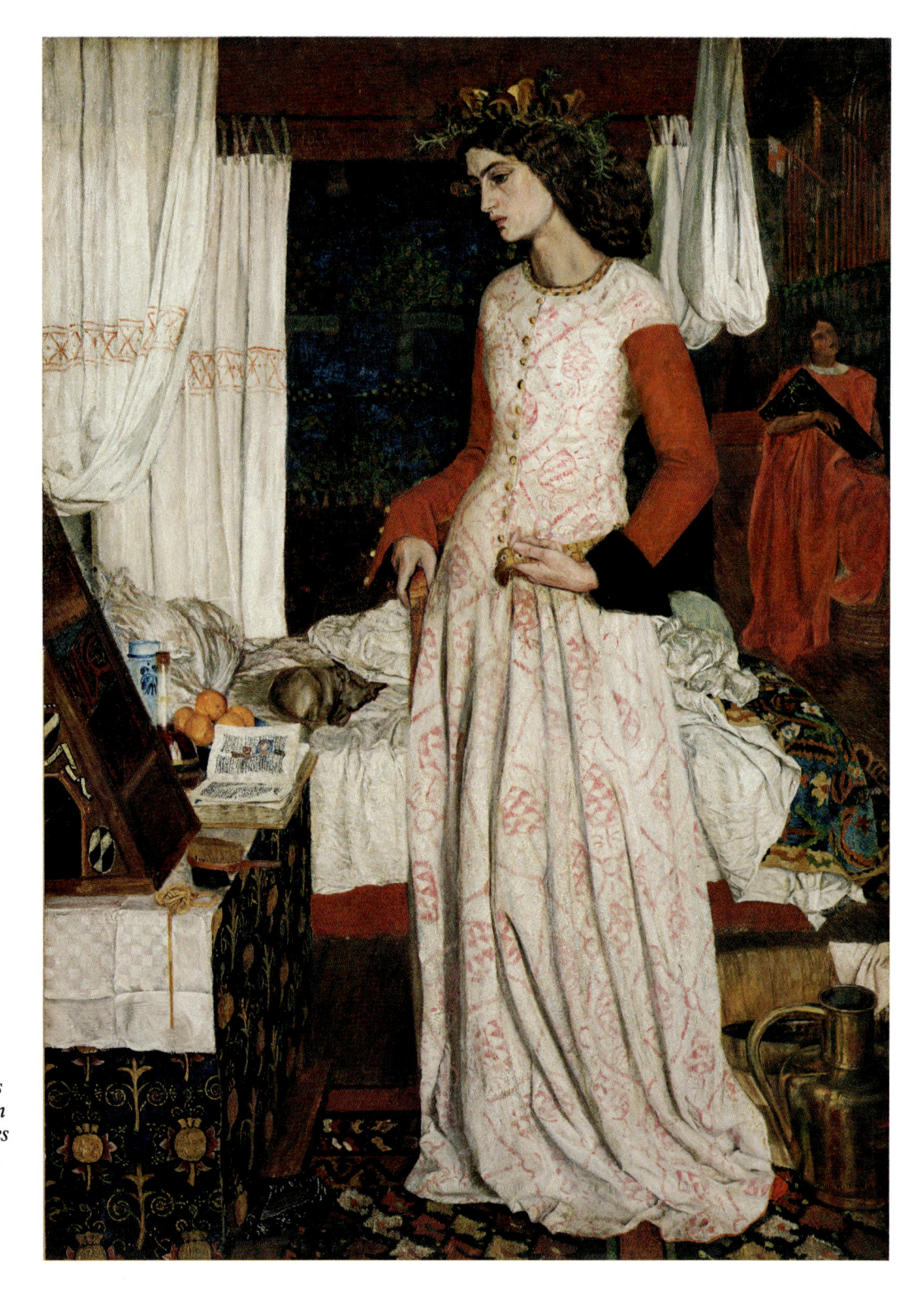

„Queen Guenevere"
(Juni 1857), eines der
wenigen Gemälde von
Morris. Seine Frau Jane
diente als Modell der des
Ehebruchs beschuldigten
Königin und Ehefrau des
legendären König Artus.
Das Gemälde wird
manchmal auch unter
dem Titel „La belle
Iseult" aufgeführt.

*Bild der „Astarte Syriaca" von Rossetti, entstanden zwischen 1875 und 1877, also schon nach dem Bruch zwischen Morris und Rossetti. Astarte hat die Züge von Jane Morris, der Geliebten des Malers und Ehefrau seines früheren Freundes.*

*William Morris' Bett in Kelmscott Manor. Auf dem Fries steht ein zauberspruchartiges Gedicht. Teppich, Tapeten, Bett- und Fenstervorhänge sowie der Bettüberwurf tragen von ihm selbst entworfene Ornamente.*

„The Woodpecker" (der Specht). Am Hochrahmen gewebter Wandbehang von William Morris. Entstanden 1880. Zusammen mit dem „Forest" (Wald) Wandteppich wurde er auf der ersten Arts & Crafts-Ausstellung 1888 gezeigt.

*Oben: Wandbehang „Orchard" (Obstgarten) von William Morris, entstanden 1890.
Unten: Divansessel mit dem Stoffmuster „Peacock and Dragon" (Pfau und Drache). Entwurf und Ausführung durch die „Firma".*

*Gotische Kredenz, von Philip Webb 1861 für die „Firma" entworfen. Sie wurde bei der Weltausstellung 1862 ausgestellt.*

*Links: Druckstoff, Baumwollgewebe „Honeysuckle" (Geisblatt). Handdruck mit Modeln in Naturfarben aus dem Jahr 1876. Das Muster wurde zuerst bei Thomas Wardle, Leek gedruckt.
Rechts: Tapete „Pimpernel" (Pimpernelle). Firmenaufdruck und Musterschutzmarke 1876. Gedruckt bei Jeffrey & Co.*

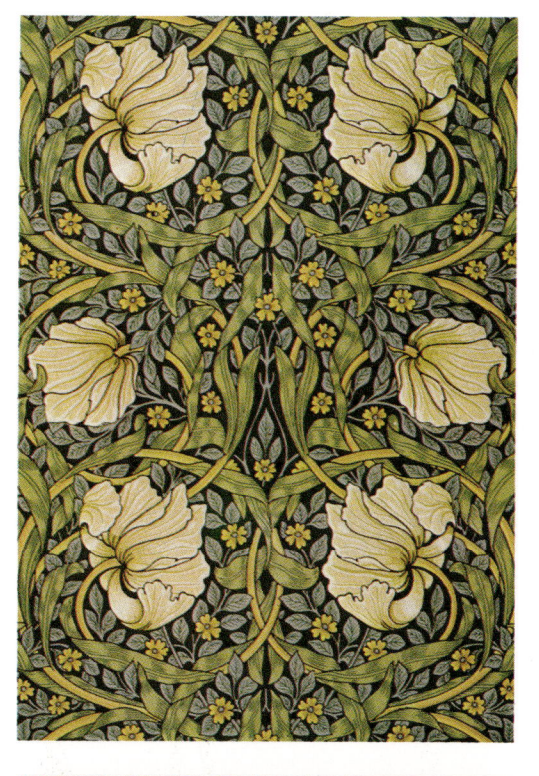

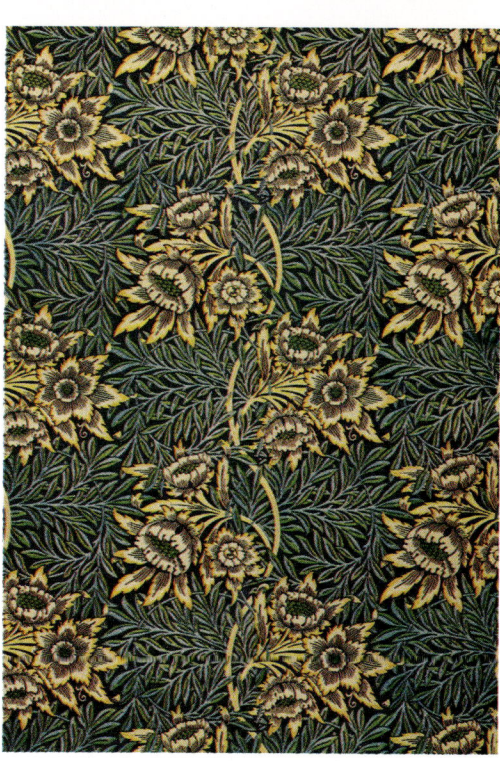

*Links: Druckstoff, Baumwollgewebe „Strawberry Thief", Indigo-Ätzverfahren und Handdruck mit Modeln. Gedruckt 1883 in Merton Abbey.
Rechts: Druckstoff, Baumwollgewebe „Tulip and Willow" (Tulpe und Weide), Indigo-Ätzverfahren und Handdruck mit Modeln. Entstanden 1873. Der Titel ist irreführend, da es sich bei den Blumen offensichtlich nicht um Tulpen handelt.*

*Links: Tapete "Trellis" (Spalier), Handdruck mit Modeln in Temperafarben. Entwurf 1862, Registrierung 1864. Die Vögel wurden von Philip Webb entworfen.*
*Rechts: Tapete "Blackthorn" (Schlehdorn). Handdruck mit Modeln in Temperafarben. 1892 gedruckt bei Jeffrey & Co.*

*Links: Chintzmuster "Compton". Morris' letzter Musterentwurf aus dem Jahr 1896. Der Auftraggeber war Laurence Hodson, der Bestimmungsort dessen Heim Compton Hall bei Walverhampton.*
*Rechts: Tapete "Acanthus" (Bärenklau), Handdruck mit Modeln in Temperafarben. Entstanden 1875.*

*Oben links: Glasfenster der „Firma". Der Entwurf zu dem Bild in der Mitte stammt von Burne-Jones. Morris entwarf die Ornamente für die äußeren Felder.*
*Oben rechts: Bemalte Kacheln gehörten von Anfang an zum Sortiment der „Firma".*
*Unten: Schmuck aus dem frühen Sortiment der „Firma" nach Entwürfen von Philip Webb, um 1861.*

*Der grüne Speisesaal im South Kensington Museum, dem späteren Victoria & Albert-Museum, entstanden 1865/66. Die Dekoration des grünen Speisesaals im South Kensington Museum und die Neuausstattung des Waffensaals von St. James' Palace waren die ersten wichtigen Arbeiten, mit denen die noch unbekannte Morris'sche Firma schon bald nach der Gründung betraut wurde.*

A BOOK OF VERSE

WILLIAM MORRIS

WRITTEN IN LONDON

1870

51

PRAISE OF VENUS

Yea all these things well praised may be
But with what words shall we praise thee
O VENUS O thou love alive
Born to give peace to souls that strive

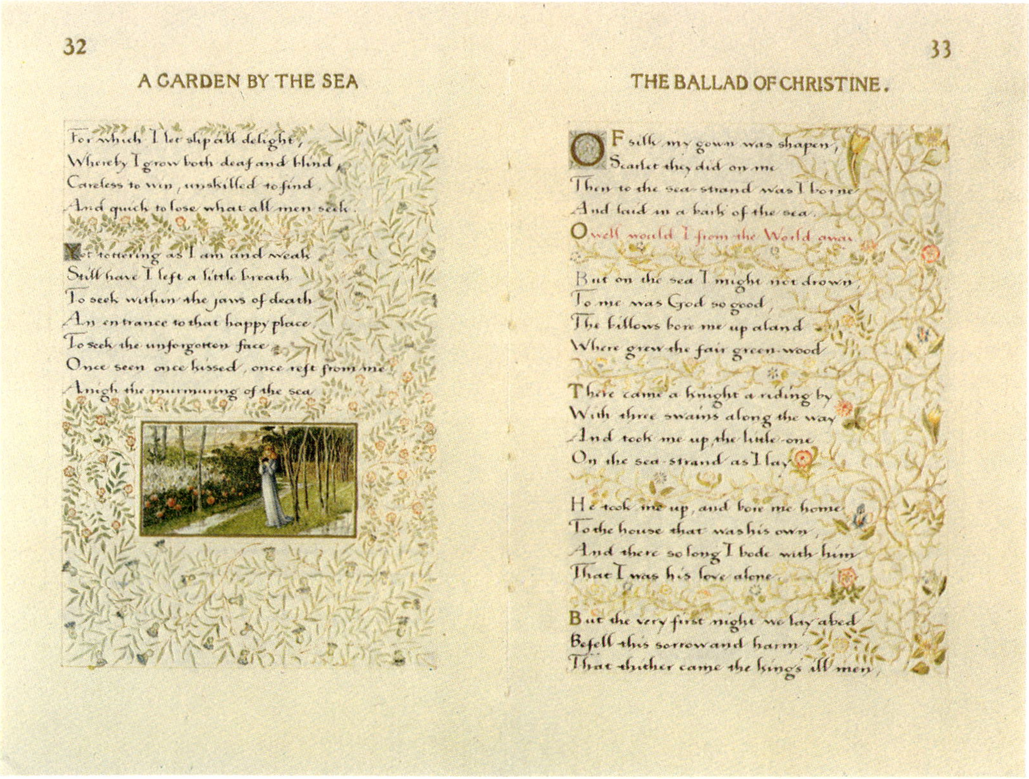

32

A GARDEN BY THE SEA

For which I let slip all delight,
Whereby I grow both deaf and blind,
Careless to win, unskilled to find,
And quick to lose what all men seek.

Yet tottering as I am and weak
Still have I left a little breath
To seek within the jaws of death
An entrance to that happy place
To seek the unforgotten face
Once seen once kissed, once reft from me
Anigh the murmuring of the sea

33

THE BALLAD OF CHRISTINE.

Of silk my gown was shapen,
Scarlet they did on me
Then to the sea-strand was I borne
And laid in a bark of the sea.
O well would I from the World away

But on the sea I might not drown,
To me was God so good,
The billows bore me up aland
Where grew the fair green-wood

There came a knight a riding by
With three swains along the way
And took me up the little one
On the sea-strand as I lay

He took me up, and bore me home
To the house that was his own,
And there so long I bode with him
That I was his love alone

But the very first night we lay abed
Befell this sorrow and harm
That thither came the kings ill men,

*Oben: Wandbehang von William Morris. Entwurf und Stickerei um 1857. Die Worte „If I can" stellen seinen Wahlspruch dar.*

*Linke Seite: Buchseiten aus Morris' „A Book of Verse" (Ein Buch voller Verse), ein handgeschriebenes Geburtstagsgeschenk für Georgiana Burne-Jones 1870. Auf der Titelseite (oben links) ein Porträt von Morris, das Charles Fairfax Murray malte. Alle übrigen Bilder stammen von Edward Burne-Jones, die Ornamente der ersten zehn Seiten entwarf George Wardle, während der übrige Buchschmuck von William Morris selbst ausgeführt wurde. Diese handschriftlichen Gedichte weichen interessanterweise von den Fassungen in der gedruckten Ausgabe ab.*

„Der Pilger im Garten" oder „Das Herz der Rose". Wirkteppich aus Wolle und Seide auf Baumwollkette. Entwurf Edward Burne-Jones und William Morris. Ausgeführt 1910 in Merton Abbey unter der Leitung von John Henry Dearle durch den Weber Martin Berry, Glassbrook.

„Work" von Ford Madox Brown, entstanden 1852/55. Vorbild für die Szenerie war die Heath Street in Hampstead. Die beiden Männer, die rechts am Geländer lehnen, sind Carlyle und F. D. Maurice und versinnbildlichen die intellektuelle Arbeit. Im Hintergrund sieht man auf der Straße einige „Sandwichmen", die Reklame für Bogus, den Pferdefleischimporteur machen.

*Ansichten von „Red House", das der Architekt Philip Webb für seinen Freund William Morris entwarf. Es wurde 1860 in Bexley Heath erbaut. Morris verkaufte es bereits 1865 wieder, als er durch die Verluste der „Firma" in finanzielle Schwierigkeiten geriet.*

waren. Es läßt sich aber auch nicht übersehen, daß Red House für Morris so etwas wie ein Versuch war, persönliche Probleme zu lösen. Indem er dort eine paradiesische Situation wie die in seiner Kindheit herstellte, indem er eine ungewöhnlich schöne Frau als Mittelpunkt dieses Paradieses einsetzte, versuchte er damit auch jene bei ihm stark ausgeprägten Todesängste abzuwehren, die ihn als Kind und auch als junger Mann immer wieder gequält hatten, und die sich vielleicht am deutlichsten in der Erzählung „Franks versiegelter Brief" spiegeln.

Das Mandala als Grundmuster

Das innere Muster von Red House aufgespürt zu haben, ist das Verdienst von Roderick Marshall[13], einem vergleichenden Literaturwissenschaftler aus den USA, der lange Jahre in Indien lebte, sich dort intensiv mit fernöstlicher Philosophie und Mystik befaßte und seine letzten Lebensjahre in Kelmscott Manor, auf einer anderen der Morris'schen Inseln des Glücks, verbrachte.

Kein zweiter Autor im angelsächsischen Sprachraum hat mit solch detektivischer Akribie und einsichtsvoller das literarische und das architektoral-dekorative Werk von Morris gedeutet. Marshall entwickelte eine Theorie, die, so merkwürdig sie auf den ersten Blick erscheinen mag, bei intensiver Beschäftigung mehr und mehr an Glaubwürdigkeit gewinnt. Er sieht nämlich Morris' Leben als eine Kette von Versuchen, in verschiedenen Bereichen paradiesische Situationen herzustellen und weist auf die Ähnlichkeit zwischen den Ornamenten bei Morris und indischen Mandalas hin. Es sei vielleicht Morris' Hauptverdienst, schreibt Marshall, in das englische Leben eine Note der Freundlichkeit, Ruhe, Ausgeglichenheit gebracht zu haben.

Red House als Mandala — das mag manch einem recht verwegen vorkommen. Aber Morris hatte sich bei der Anlage seines Gartens an mittelalterlichen Formen und Ornamenten orientiert, ja, diese ausdrücklich als ideal bezeichnet. Viele Züge der mittelalterlichen Gartenkunst sind aber unbestreitbar durch Übernahmen und Einflüsse aus dem Nahen Osten (Kreuzzüge) geprägt. Somit haben Marshalls Vorstellungen durchaus einen konkreten kulturgeschichtlichen Ausgangspunkt. Marshalls Theorie gewinnt noch an Überzeugungskraft, wenn wir nun noch einmal näher eines jener Hauptornamente untersuchen, die für Red House vorgesehen waren.

Morris wollte zusammen mit seiner Frau und deren Schwester, die später Handarbeitslehrerin wurde, eine ganze Anzahl von Wandbehängen mit Frauengestalten herstellen. Insgesamt war an zwölf Figuren gedacht „mit Bäumen zwischen und über ihnen und einem Gürtel von Blumen zu ihren Füßen".

Sieben von diesen zwölf Behängen wurden vollendet, ehe Morris 1865 Red House verließ. Drei davon sind heute auf einem Wandschirm zu sehen, der Lady Carlyle gehörte und im Victoria and Albert Museum aufbewahrt wird. Die eine Frau, mit der Fackel in der Hand, ist Helena, die zweite, angetan mit einem Kettenhemd, mit Schwert, Schild und Speer bewaffnet, könnte Jeanne d'Arc sein, die dritte Gestalt schließlich in königlichen Kleidern, ebenfalls mit einem Schwert in der Rechten, das sie mit der Linken auf seine Schärfe hin prüft, ist Dido von Karthago. Die übrigen Frauen sind Venus, Diana, Penelope, Guenevere und die heilige Katharina.

Während Henderson annimmt, daß Chaucers „Legende von den Guten Frauen" Morris inspiriert haben könnte, nennt Marshall eine in diesen Jahren von Morris erworbene, 1473 in Ulm gedruckte Ausgabe von Boccaccios „De Claris Mulieribus" als die wahrscheinlichere Anregung. Als mögliche andere Quelle verweist er auf die dreiundzwanzig „femmes fatales" in Swinburnes Text „Masque of Queen Bersabe", den der Lyriker teilweise in Red House schrieb. Er erwähnt auch, daß

*113*

*Jane und Jenny Morris. Aufnahme aus den frühen Sechziger Jahren.*

der Kirchenarchitekt G.F. Bodley, den Morris aus dem von Rossetti in diesen Jahren gegründeten Hoggarth-Club kannte und dem die Firma Morris & Co. später zahlreiche Aufträge verdankte, ebenfalls Altardecken und Kanzelbehänge mit christlichen Heiligengestalten anfertigte. Letzten Endes ist aber die Frage des Warum entscheidend. „Wenn wir schon nicht in der Lage sind, die genaue literarische Quelle für alle Morris'schen Frauengestalten ausfindig zu machen", schreibt Marshall, „so läßt sich vielleicht doch die Bedeutung und der Wert erkennen, den er ihnen als Gruppe beimaß. Wir müssen nach dem inneren Bedürfnis, nach der psychologischen Notwendigkeit fragen, die für ihre Anwesenheit auf den Wänden des Hauses bestand."[14]

Marshall räumt ein, daß auch darüber freilich nur Spekulationen möglich seien, führt aber dann die Analogie vieler Morris'scher Ornamente mit denen der Mandalas weiter: „Wir haben gesehen, wie gewisse Gruppen der Hindus, der Buddhisten und der Tibeter das zu lindern, wenn nicht gar zu überwinden suchten, was ihnen an der Situation des Menschen als das unvermeidliche Maß an Ängsten und Enttäuschungen erschien, und zwar durch ein Gebilde, welches, obwohl hauptsächlich innerlich erlebt, sich doch auch äußerlich durch traditionelle Muster aus Rechtecken darstellen läßt, die sich im Kreis um oder aufgehäuft über die Erde anordnen oder Kreise aus Bildern von Feuer, Wasser, Bäumen und Blumen darstellen, welche ein viereckiges Schloß umgeben, in deren Mittelpunkt eine alles beseelende Gottheit ihren Sitz hat. Meist ist dies die Weiße Tara, die auf einem rosa Lotusblatt tanzt. Die Göttin, so wird dieses Bild gedeutet, befinde sich in einem winzigen Raum, im menschlichen Herzen, das als Lebensquell oder als Essenz des menschlichen Lebens gilt. — Die ganze Konstruktion taucht auch in einer architektonischen Szenerie auf. Es stellt sich dann als eine sorgfältig angelegte Festung dar, dazu bestimmt, das Wesen der Dinge vor der Erosion durch Angst, Elend, Schmerzen und Tod zu schützen. Außer Tara (im Mittelpunkt) werden auf bildhaften Mandalas auch oft andere Schutzgottheiten abgebildet. Sehr häufig, ja meistens, sind sie weiblich oder weibliche Manifestationen (personifizierte Energien) von Gottheiten... diese Gottheiten bewachen die Türen des Herzens und wehren das Böse ab... also jene dunklen Kräfte, die die kostbaren Augenblicke unterminieren, in denen der Mensch Allwissenheit, Allmacht und All-Liebe empfindet. Sie tun dies durch ihren Tanz, aber sie können auch, und tun es auch gewöhnlich, Waffen tragen."[15]

Von daher kommt Marshall zu der Überzeugung, daß die zwölf weiblichen Figuren dazu bestimmt waren, das mandalahafte Gebilde, das Morris mit Red House und seiner Umgebung geschaffen hatte (Obstgärten und Rosenhecken) zu bewachen. Sie sind die Schutzgöttinnen eines heiligen Zentrums. Er weist dann darauf hin, daß es für das Zentrum des Hauses im Garten, umgeben von Kreisen und Vierecken aus Bäumen und Blumen, ein Vorbild gibt: den realen persischen Palast. Eine solche Anlage wurde bei den Persern paridaeza oder Paradies genannt. Morris war mit der persischen Bedeutung des Paradies-Begriffs vertraut. Er interessierte sich für persische Miniaturmalerei, die ja häufig Illustration zu Märchen und Mythen ist. Er war einer der 41 privaten Besitzer, die 1885 für eine öffentliche Ausstellung über Islamische Kunst, die vom Burlington Fine Arts Club in London veranstaltet wurde, Kunstgegenstände ausliehen. Die meisten Stücke waren Metallarbeiten(13), aber die Ausstellungsnummer 577 zeigt, daß sein Interesse weiter gespannt war. Es handelt sich um eine aus dem frühen 17. Jahrhundert stammende Handschrift des „Shahname" von Firdausi.

**Eine Firma wird gegründet**

1883 wird Morris eine Übersetzung eben dieses Werkes aus dem Französischen versuchen. Bekannt ist auch, daß das „Rubaiyat" des Omar Khayyam zu seinen persönlichen Lieblingsbüchern gehörte.

Wenn Marshall in Rückgriff auf C. G. Jung argumentiert, daß „Mandala ein universeller Traum ist, der in den Tiefen des Unbewußten aufleuchtet", und daß der Mensch in diesem psychologischen Vorgang nach Glück und Heilung sucht, dann beginnen wir langsam zu verstehen, welch tiefgreifende Bedeutung dieses ornamentale Muster für Morris gehabt haben könnte.[16]

Man kann es auch anders ausdrücken: Das Gesamtornament von Red House ist eine Collage mit bedeutungsträchtigen Bestandteilen aus Natur und geschichtlicher Tradition, in der sich das Grundbedürfnis des Menschen nach Schönheit und Glück materialisiert. Red House war eine Gegenwelt, in der wenigstens in Form *eines* Hauses eine Gesellschaft, in der Häßlichkeit, Elend und Geschmacklosigkeit weit verbreitet waren, überwunden werden sollte. Ein solcher Versuch wurde überhaupt nur möglich, weil Morris Einkünfte aus Aktien hatte.

Als Morris und seine Freunde sich nach Möbeln und Gebrauchsgegenständen umsahen, wie sie sie sich für Red House wünschten, stellten sie fest, daß die meisten in Londoner Firmen angebotenen Möbel und Gebrauchsgegenstände von einer ihren Zorn erregenden Häßlichkeit waren: „Stühle mit geschwungenen Beinen und gewellten Rücken, aufragende Plattenglasspiegel in Rahmen aus Muschelgold, Vorhangstangen aus dickem Mahagony mit metallenen Hörnern an den Enden, an denen Drapierungen schwer wie Blei hingen; fette Bronzeuhren auf Löwentatzen oder auf dem gespaltenen Schädel einer Boa constrictor, monströs ausgestopfte Vögel, unheimliche exotische Pflanzen, natürlich getrocknet und unter Glasstürzen von jeglicher Farbe und Höhe, hölzerne Kamineinfassungen, so angestrichen, daß sie wie grüner Marmor wirken sollten. Auf dem Sims darüber ein Samtdeckchen, eingefaßt mit einer Borte, an der kleine farbige Baumwollkügelchen hingen. Nadelkissen, so dicht verkrustet mit farbigen Glasperlen, daß man nirgendwo mehr eine Nadel hineinstecken konnte; den Vorläufer von Swinburnes Tagesbett, das aus einem Wandschrank hervorkam, auf den man einen Krokodilsrachen aufgemalt hatte. Kurz gesagt, Chaos von Kitsch, fürchterlich anzuschauen."[17]

Die Unmöglichkeit, Möbel zu finden, die zu Red House paßten, war das eine; das Bedürfnis, auch anderen zu schönen und nützlichen Möbeln zu verhelfen, das andere. Es begann als einer der vielen „practical jokes", die im Kreis von Morris Freunden so beliebt waren. Rossetti berichtet: „Eines Abends saßen wir im Freundeskreis beieinander. Wir kamen darauf zu sprechen, daß in alten Zeiten die Künstler alles selbst gemacht hatten, die Entwürfe, fast jede Art von Dekoration und auch die eigentlichen Möbel. Im Scherz schlug jemand vor, daß wir alle fünf Pfund auf den Tisch werfen und eine Gesellschaft bilden sollten. Fünf-Pfundnoten wuchsen uns damals auch nicht gerade auf der flachen Hand, und ich möchte nicht schwören müssen, daß es auf dem Tisch vor Fünfern nur so geknistert hätte. Jedenfalls wurde eine Firma gegründet. Es gab natürlich keine Urkunde oder dergleichen. Tatsächlich spielten wir mehr Geschäft, und Morris wurde Geschäftsführer, nicht etwa, weil sich jemand hätte träumen lassen, daß er dazu begabt sei, sondern weil er der einzige unter uns war, der Zeit und Geld übrig hatte. Wir hatten keinen blauen Dunst, wie man wirtschaftlich erfolgreich ist, und wahrscheinlich gerade deswegen hatten wir Erfolg."[18]

Die Vorbereitungen spielten sich Anfang des Jahres 1861 ab, kurz nachdem Morris' erste Tochter zur Welt gekommen war. Der genaue Firmentitel lautete zunächst „Morris, Marshall, Faulkner and Co.". Außer den darin genannten drei Männern gehörten als Teilhaber der Firma Burne-Jones, Rossetti, Madox Brown und Webb an. Der Name des Malers Arthur Hughes taucht zwar auf dem ersten Prospekt der Firma ebenfalls auf, aber er zog sich bald wieder zurück, weil er auf dem Land lebte und zweifelte, ob die Gesellschaft jemals ihre Arbeit aufnehmen werde.

Faulkner verließ Oxford. Er hatte an der Universität eine Tutorenstelle für Mathematik innegehabt und trat in ein Ingenieurbüro in London ein, wo er angeblich vor Stumpfsinn fast umkam. Er zeichnete den ganzen Tag Nietstellen in die Pläne zu Eisenbrücken ein und kümmerte sich nach Feierabend um die Kontobücher der neugegründeten Firma.

Das Kapital war gering. Jeder besaß, wie schon gesagt, einen Anteilschein über fünf Pfund. Am 1. April 1861 mußten alle noch ein Pfund nachschießen. Mit dieser Summe und einem noch zweifelhaften Kredit von Morris' Mutter hoffte man fürs erste auszukommen.

„Das Ausmaß an Vorurteilen, auf das die Firma stieß", schreibt Aymer Vallance, „kann man sich heute überhaupt nicht mehr vorstellen. Die Ankündigung schlug ein als Provokation und mit der Kraft einer Herausforderung. Sie ließ jene, die sie zu Gesicht bekamen, über die Kühnheit des Wagnisses den Kopf schütteln... Professionelle fühlten sich von den Eindringlingen bedroht... sie hätten am liebsten ein Kartell gebildet, um die Herren Morris, Marshall, Faulkner and Co. vom Markt fernzuhalten..."[19]

Tatsächlich waren die Sätze des Gründungsprospektes nicht gerade zahm, sondern eher so etwas wie ein Nasenstüber für die ganze Branche. Offenbar sind sie weitgehend von Rossetti formuliert worden: „Die Entwicklung der angewandten Kunst

*Jenny Morris, geboren im April 1862.*

Das Programm hat jetzt dank der Anstrengung englischer Architekten in unserem Land einen Punkt erreicht, an dem es wünschenswert erscheint, daß Künstler von Ruf sich daran beteiligen und ihr Zeit widmen. Zweifellos lassen sich einzelne Fälle finden, in denen ein solches Engagement erfolgreich war. Insgesamt aber wird man zugeben müssen, daß alle Bemühungen in dieser Richtung bisher unausgeglichen und rhapsodisch geblieben sind. Denn bislang machte sich der Mangel an künstlerischer Beaufsichtigung, die allein dafür bürgen kann, daß alle Teile einer Arbeit sich zu schöner Harmonie fügen, desto mehr spürbar als es naturgemäß eine teure Sache war, wollte man einen einzelnen Künstler aus seinem gewohnten Schaffen herausreißen, damit er sich mit kunstgewerblichen Dingen beschäftige. Die Künstler, deren Namen hier zu Anfang aufgeführt sind, hoffen diese Schwierigkeiten dadurch zu überwinden, daß sie untereinander verbunden sind. Da sich unter ihnen Männer mit den verschiedenartigsten Fähigkeiten finden, wird es ihnen möglich sein, alle Arten dekorativer Aufträge auszuführen, sei es ein Wandschmuck oder was auch immer vom echten Gemälde bis hin zur kleinsten Arbeit, bei deren Ausführung es sich noch um künstlerische Formgebung handeln kann. So entsteht die Aussicht auf ein größtmögliches Maß an künstlerischer Leistung unter steter künstlerischer Überwachung bei optimaler Beschränkung der Geldmittel, während die geleistete Arbeit selbst ganz folgerichtig vollkommener ausfallen muß als wenn sie einem einzelnen Künstler anvertraut wäre, der sich nur gelegentlich mit solchen Dingen beschäftigt. Die genannten Künstler haben sich schon seit Jahren in das Studium der dekorativen Künste aller Zeiten und Völker vertieft und haben vielleicht empfindlicher als die meisten Zeitgenossen gespürt, daß es gegenwärtig keine Stelle gibt, wo man gute Arbeiten von zugleich echtem und schönem Charakter erhalten oder sich anfertigen lassen kann. Daher haben sie sich zu einem Unternehmen zusammengeschlossen, in dem durch sie selbst und unter ihrer Aufsicht hergestellt werden:
1. Wandschmuck, entweder in Gemäldeform oder als Musterverzierungen, oder auch nur durch Angabe von Farbbestimmungen, für Wohnungen, Kirchen sowie öffentliche Gebäude.
2. Schnitz- und Skulpturenarbeit für Bauten.
3. Glasmalerei, unter besonderer Rücksicht auf harmonische Beziehungen zur Wandverzierung.
4. Metallarbeiten jeglicher Art, einschließlich Schmuckstücken.
5. Mobiliar, dessen Schönheit entweder vom Entwurf oder von der Verwendung von Materialien, die bisher unbeachtet blieben, abhängt, oder vom Zusammenspiel von Muster und Form.
6. Malereien, worunter alle Arten der Stickerei, gepreßtes Leder und Zierarbeiten in ähnlichen Stoffen, sowie die künstlerische Gestaltung jeglicher Artikel für den täglichen Hausbedarf mit eingeschlossen sind.
Es ist nur noch nötig mitzuteilen, daß Arbeiten auf allen diesen Gebieten veranschlagt und auf solid geschäftsmäßiger Grundlage ausgeführt werden, und es besteht die Vermutung, es werde sich zeigen, daß gute Dekoration, die viel mehr einen Geschmackluxus als einen Geldluxus voraussetzt, entschieden weniger kostspielig ist als man allgemein annimmt."[20]
Morris' Mutter gab schließlich den Kredit von hundert Pfund. Im Januar 1862 mußte jeder der Partner abermals zwanzig Pfund nachschießen. Morris erhielt ein Jahresgehalt von hundertfünfzig Pfund als Geschäftsführer, Faulkner arbeitete für die gleiche Summe als Buchhalter. Das Geschäftslokal und die Werkstätten der

„Firma" lagen an der Red Lion Square 8, in der Nähe von Rossettis, Morris' und Burne-Jones' Bohèmewohnung. Im Erdgeschoß befand sich ein Juwelier. Ein Brennofen wurde im Keller aufgestellt. Im ersten Stock befand sich das Büro und die Ausstellungsräume. Weitere Werkstätten waren im dritten Stock und im Keller untergebracht.

Als sich der Umsatz ausweitete, wurden in der „Firma" bis zu zwanzig Arbeiter regelmäßig beschäftigt. Die Hilfskräfte kamen aus einem Fürsorgeheim in der Euston Road, die älteren Arbeiter aus Camden Town. Den Vorarbeiter George Campfield, einen erfahrenen Glasmaler, hatte Morris bei den Abendkursen im „Working Men's College" kennengelernt. In den ersten Jahren trafen sich die Geschäftspartner der „Firma" an jedem Mittwochabend zu einer Besprechung, die alles andere als steif und förmlich verlief. Wie Faulkner im April 1882 an Cormell Price schreibt, hatten diese Sitzungen mehr „den Charakter eines Treffens der Fröhlichen Steinmetzen oder sonst irgendwelcher fröhlichen Leute als den von geschäftlichen Zusammenkünften. Sie beginnen um acht oder neun Uhr abends mit dem Erzählen von Witzen und Anekdoten, die die Geschäftspartner seit der letzten Sitzung gehört haben. Ist dieses Gesprächsthema erschöpft, so werden vielleicht Topsy (Morris) und Brown die relativen Verdienste der Kunst des 13. und des 15. Jahrhunderts zu diskutieren beginnen. Dann, nach ein paar weiteren Anekdoten, kommen sie zwischen zehn und elf Uhr zu den eigentlichen geschäftlichen Dingen, die darauf bis zwölf, eins oder zwei Uhr wütend diskutiert werden."[21]

In seinem Buch „William Morris and his world" kommentiert Ian Bradley:
„Die Idee einer Wiederbelebung des Kunstgewerbes war um die Mitte des 19. Jahrhunderts so neu nicht. Prinz Albert hatte versucht, Interesse für die Gründung einer ‚English Academy of Practical Arts' zu erwecken, Henry Cole, der Organisator der Großen Ausstellung 1851 im Kristall-Palast, hatte das South Kensington Museum (das heutige Victoria and Abert Museum) gegründet, um dort Beispiele von guter Handwerksarbeit in den angewandten Künsten verschiedener Epochen und Länder auszustellen. 1847 hatte Cole die ‚Summerly's Art Manufactures' ins Leben gerufen, die dekorative Objekte und Möbel entwarfen. Wie fast alle anderen Unternehmungen dieser Art zielte auch dieser Versuch auf ein Design für die Massenproduktion ab.

Das Neue an der ‚Firma' war ihr Beharren darauf, daß der Künstler selbst am Produktionsprozeß der Gegenstände beteiligt sein sollte und dieser nicht Fabrikarbeitern oder Handwerkern mit zweifelhaften Fähigkeiten überlassen blieb. In der Realität ließ sich allerdings diese Idee nicht mehr verwirklichen. Die ‚Firma' griff bei der Herstellung von Möbeln auf Handwerker zurück, die ihr nicht angehörten. Sie vergab Aufträge zum Druck von Tapeten und zur Herstellung von Textilien, deren Muster ihre Teilhaber entworfen hatten. Aber das Ideal des Künstlers, der zugleich auch Handwerker war, blieb immer ein ernstgenommenes Prinzip, und eben deswegen versuchte Morris immer wieder, die verschiedensten Herstellungstechniken zu erlernen, ehe er jeweils daranging, für die entsprechenden Kunstgegenstände Entwürfe zu machen."

Innerhalb eines Monats begann der Verkauf im Ladengeschäft. Der erste Artikel war ein Tafelglas, das Webb entworfen hatte und das bei Powell hergestellt wurde. Weitere Entwürfe von Webb für Möbel und Schmuck wurden von einem Schrankmacher, Curwen, der in der Nähe seine Werkstatt hatte und bei einem Juwelier im Haus der „Firma" ausgeführt.

Die finanzielle Situation blieb auf Jahre hinaus kritisch. Das lag vor allem daran,

Wiederbelebung des Kunstgewerbes

*Eichenstuhl. Entwurf und Ausführung durch die „Firma".*

**Fenster, Wandbehänge, Möbel**

daß sich keiner der Partner, einschließlich der beiden Geschäftsführer, allzu sehr für die geschäftliche Seite des Unternehmens interessierte. Zum anderen führte Morris ein recht aufwendiges Leben, während seine Einkünfte aus seinem Aktienbesitz immer weiter zurückgingen. Dabei waren die Verkäufe recht gut, nachdem die „Firma" auf der Internationalen Ausstellung in South Kensington 1862 immerhin zwei Medaillen errungen hatte.

Ausgestellt war dort ein Schrank, entworfen von Webb, auf dessen Türen Morris Szenen aus der Legende vom Heiligen Georg gemalt hatte. Teile der Bilder waren in durchsichtigen Farben über Gold und Silber gemalt. Das Innere des Schrankes war scharlachrot: Drachenblut. Bemerkenswert war auch ein vergoldetes Bücherregal mit sieben Bildern aus dem Leben einer englischen Familie.

Seltsame Erfahrungen machte Rossetti mit sieben Glasbildern über das „Gleichnis vom Weinberg", die später in ein Fenster in Scarborough eingefügt wurden. Die Konkurrenz behauptete, es handele sich um lediglich restauriertes mittelalterliches Glas und beantragte deswegen, die „Firma" bei der Preisvergabe zu disqualifizieren. Andererseits waren es gerade diese Farbfenster, die der „Firma" ihre ersten größeren Aufträge einbrachten. Sie kamen von dem schon zuvor erwähnten Kirchenarchitekten Bodley, der Fenster für seine Bauten in Brighton, Scarborough und Selsley bestellte. Für diese Ausstellung entstand auch ein großer Schrank von J. P. Seddon, den Brown, Burne-Jones, Rossetti und Morris in Gemeinschaftsarbeiten mit Szenen über die Flitterwochen des Königs René von Anjou bemalt hatten. Uns erscheinen heute diese Schränke, die im Victoria and Albert Museum ausgestellt sind, reichlich pathetisch, an Vorbildern aus dem Mittelalter orientiert. Verglichen mit den Stücken der anderen Aussteller waren sie nüchtern und einfach. Die Begründung zu den auf der Ausstellung errungenen Medaillen dürfte den Freunden nur mit Einschränkungen behagt haben. Sie lautete: „Messrs. Morris and Company haben mehrere Stücke an Möbeln, Tapeten etc. im Stil des Mittelalters ausgestellt. Die allgemeine Form der Möbel, das Arrangement der Wandbehänge und der Charakter der Einzelheiten befriedigt in der Genauigkeit seiner Nachahmung den Archäologen, gleichzeitig ist der allgemeine Eindruck ausgezeichnet."[22]

Bei den Wandbehängen muß es sich um Stickarbeiten gehandelt haben, denn gewebte Stoffe stellte Morris erst viele Jahre später her. Die Möbel, die Webb für die „Firma" zu dieser Zeit entwarf, waren aus einfacher Eiche (oft grün oder schwarz eingefärbt) oder aus Eiche verziert mit Bildern oder lackiertem Leder. Unter ihnen befand sich auch eine Schrankbank, deren hohes Oberteil sich leicht vornüberneigte, die Paneele mit Leder geprägt, auf das Morris Sonnenblumen gemalt hatte. Madox Brown hatte schon seit einiger Zeit Möbel entworfen. Aus dem Jahr 1860 stammt ein formschöner Stuhl mit Binsensitzfläche aus grün eingefärbtem Eichenholz. Sein Ankleidetisch war der Zeit weit voraus. Er wurde noch fünfzig Jahre später von kommerziellen Herstellern nachgeahmt. Im allgemeinen waren die Möbel der „Firma" das, was im Katalog mit „solider Konstruktion und guter Tischlerarbeit" umschrieben wurde: einfach, ehrlich, im klaren Gegensatz zu heruntergekommenen Rokoko- und Empireformen, die damals im Schwange waren. Morris selbst hat übrigens nach seinen Versuchen für die Wohnung am Red Lion Square keine Möbel mehr entworfen. Den Sessel mit verstellbarer Rückenlehne entwickelte Webb aus einem alten Sussex-Stuhl. Die „Firma" hatte ihn ab 1866 in ihrem Programm. Sie ließ auch die Tradition der schönen Sussex-Ellbogenstühle mit Binsensitzfläche wieder aufleben. 1862 waren auf der Ausstellung schließlich noch ein sehr einfach gehaltenes Bett, ein Regal und ein Waschtisch von Webb zu sehen, kupferne Kerzenstöcke, von Rossetti, Burne-Jones, Webb und Morris bemalte Kacheln und ein von Rossetti entworfenes Sofa.

Aber das große Geschäft machte die „Firma" nicht mit all dem, sondern mit ihren farbigen Glasfenstern für Kirchen. Für die Figuren standen die Künstler wieder häufig einander Modell. So tauchte in Rossettis „Gleichnis" unter dem großen Ostfenster mit der Kreuzigung Morris auf, der einem Büttel einen Stein an den Kopf wirft. In Selsey bei der Darstellung des Paulus in Athen hat Morris ein Porträt von Jane eingefügt. Brown porträtierte in Scarborough sich und seine Ehefrau Emma. Rossetti malte auf einer Darstellung der Bergpredigt Jane als Magdalena. Eine besondere Spezialität der „Firma" waren dabei Gelbtöne, von ganz blassen Tönungen bis zu intensiver, schon rötlicher Bronze. Höhepunkte, die nach langen mühsamen Experimenten erreicht wurden, sind die Fenster mit Engeln in Cheddleton aus dem Jahre 1869 und das Cecilien-Fenster aus dem Jahre 1880. „Das Fenster aber, welches am vollkommensten die Kleinmuster in den Glasfenstern von Morris zeigt, ist das Erzengelfenster von King's Walden, Herts (um 1869), auf dem alle Figuren von Morris selbst stammen. Sie sind von Kopf bis Fuß mit außerordentlich feinen Ornamenten verziert, das gleiche gilt für den Hintergrund, aber die Hauptlinien der Muster sind so breit und einfach, daß sich die Frage der Überladenheit gar nicht stellt. Diese Fenster gehören zu den bedeutendsten Errungenschaften der modernen Glasmalerei und das Verdienst hieran gebührt allein Morris." (Sewter)[23]

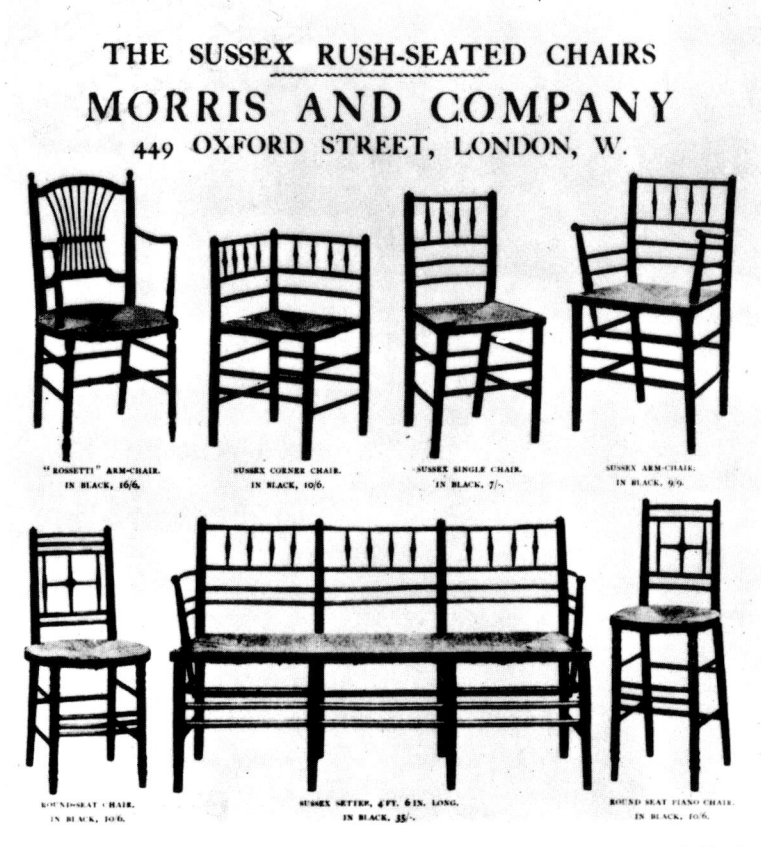

Kirchenfenster

*Von der „Firma" angebotene Stühle. Der Sussex Stuhl mit Binsensitz verkaufte sich besonders gut.*

Eheliche Krisen

Die Vorbereitung der beträchtlichen Anzahl von Ausstellungsstücken machte viel Mühe. Faulkner berichtet, dies alles habe ihn mehr Drängeln und Schimpfen gekostet, als es drei Ausstellungen wert gewesen wären.

Die Rolle des Verkäufers im eigenen Geschäft war für Morris noch ungewohnt. Er zeigte sich seinen Kunden in blauer Arbeiterbluse und rundem Proletarierhut, an den Händen und auf den Kleidungsstücken ewig Farbspritzer. Über die Atmosphäre der frühen Jahre in der „„Firma"" berichtet William Michael Rossetti in der Zeitschrift „The Studio", die Freunde und Partner seien miteinander mit „rauhem Gebell, aber herzlich" umgegangen. Gegenüber Käufern habe Morris eine diktatorische Ironie an den Tag gelegt. „Mr. Morris setzte fest, wie man die Dinge zu sehen hatte. Der Kunde hatte sich zu beugen. Es wurde ihm zu verstehen gegeben, er könne auch wieder verschwinden. Die Waren seien erstklassig, das Kunstempfinden und die handwerklichen Fähigkeiten, mit denen sie hergestellt worden waren, ausgezeichnet, die Preise hoch. Basta! Es gab keine Konzessionen an individuellen Geschmack. Persönliche Wünsche wurden nicht berücksichtigt, Bitten um Preissenkungen grundsätzlich überhört. Man konnte die Gegenstände so erwerben, wie die „Firma" es nun einmal für richtig empfunden hatte, sie zu entwickeln, oder man mochte es eben bleiben lassen und sich trollen."[24]

Das Jahr 1863 wurde, was das persönliche Leben von Morris und Rossetti anging, zum Beginn einer lang andauernden Krise. Im März brachte Jane eine zweite Tochter zur Welt, die nach der Patronin ihres Geburtstages Mary getauft, später aber stets May gerufen wurde. Nach dem zweiten Kind scheint Jane entschlossen gewesen zu sein, keine weiteren Schwangerschaften mehr auf sich zu nehmen. Um ihren Mann dem ehelichen Bett fernzuhalten, griff sie zu der für eine Dame des viktorianischen Zeitalters typischen Entschuldigung: sie wurde leidend. Gewiß waren die sie in den nächsten Jahrzehnten immer wieder quälenden Rückenschmerzen nicht nur eingebildet. Vielmehr scheint es sich um ein Bandscheibenleiden gehandelt zu haben, das damals nicht richtig diagnostiziert, viel weniger noch wirksam behandelt werden konnte. Ein gewisses Maß an Hysterie dürfte hinzugekommen sein. Davon abgesehen, muß es aber noch einen anderen Grund gegeben haben, der von nun an zu einer immer weiter fortschreitenden Entfremdung zwischen den Ehegatten führte. Hier mögen Morris' häufige Wutausbrüche eine Rolle gespielt haben, auch seine rastlose Tätigkeit für die „Firma", oder auf seiten von Jane ein Schockerlebnis bei der Geburt des zweiten Kindes. Vielleicht aber hatte sich auch jetzt erst für beide klar und deutlich spürbar herausgestellt, daß kaum gemeinsame Interessen und zu wenig Verständnis für die Eigenarten und Bedürfnisse vorhanden waren. Dennoch bleibt um diese Entfremdung ein Geheimnis, das sich wahrscheinlich nie mehr wird aufklären lassen.

Von nun an scheint es, als zeige Janes ungewöhnliche Schönheit, die übrigens auf manche Menschen, die nicht so stark auf das präraffaelitische Ideal fixiert waren, auch grotesk wirken konnte, Züge von Härte und Verbitterung. Eine mürrisch-gelangweilt-verschlossene Frau, die manch einer kaum ein Wort sagen hörte; ein Mensch, auf dem ewig ein Schatten lag, kränkelnd, unentschlossen in seinen Gefühlen, vielleicht auch nur verstört und ratlos: so wirkte Jane von nun an.

Bestürzender aber noch war das Ende der Beziehung von Gabriel Rossetti zu seiner Frau Elizabeth. Sie scheint über das Trauma des totgeborenen Kindes nicht hinweggekommen zu sein. Allen, die Elizabeth in diesen Monaten sahen, die mit ihr sprachen und umgingen, fiel eine tiefe Verstörtheit auf. Zeiten häuslicher

Gewitter wechselten in dieser Ehe mit immer nur kurzen Schönwetterperioden ab. Geldsorgen kamen hinzu, die sie offenbar bedrückender und peinigender empfand als ihr in dieser Beziehung eher lässiger Ehemann. In einem Brief Ende des Jahres 1861 ist von Messern die Rede, die das Stück einen Shilling kosten sollten und die sie nicht bezahlen konnte. Da war sie in Red House auf Besuch, und Gabriel malte eine Gönnerin in Yorkshire. Als er von dort zurückkam, hatte Lizzie Red House schon wieder verlassen. Sie war plötzlich, ohne Angabe eines Grundes, abgereist. Auch in der gemeinsamen Wohnung in London traf er sie vorerst nicht an. Plötzliche Abreisen während der Besuche bei Freunden: das wiederholte sich in den Monaten um die Jahreswende. Im Licht der nachfolgenden Ereignisse wirken diese Fluchten wie stumme Signale, die auf eine wachsende Bedrängnis aufmerksam machen sollten.

*Elizabeth Rossetti begeht Selbstmord*

Am 10. Februar 1862 beging Elizabeth mit einer Überdosis Laudanum, einem Opiumpräparat, Selbstmord. Sie war an diesem Abend mit ihrem Ehemann und dem jungen Swinburne, der sie bewunderte, zum Abendessen ausgewesen. Auch an diesem Abend hatten Gabriel und Lizzie sich wieder gestritten. Nachdem er sie heimgebracht hatte, ging er noch einmal in die „Abendschule für Arbeiter". Als er zurückkam, war Elizabeth tot. Sie hatte eine Nachricht hinterlassen, die Madox Brown vernichtete. Über ihren Inhalt gehen die Gerüchte auseinander. „Vielleicht wird es dir jetzt leid tun" oder „Mein Leben ist so elend, daß ich es nicht mehr mag" lauten die beiden Versionen. Es kam zu einer amtsärztlichen Untersuchung. Der entsprechende Bericht erwähnt weder Herzschwäche noch Auszehrung, Krankheiten, als welche ihre Leiden zuvor gelegentlich diagnostiziert worden waren; vielmehr wird festgestellt, daß Elizabeth bewußt, zufällig oder durch ein Unglück selbst ihren Tod herbeigeführt habe.

Rossetti weigerte sich, die Wohnung, in der sich seine Frau umgebracht hatte, je wieder zu betreten. Im Herbst des Jahres mietete er Tudor House am Cheynee Walk 16 in Chelsea, ein altes Backsteingebäude nahe der Themse. Bald gesellte sich Fanny Cornforth als „Haushälterin" ihm zu.

Seine Schuldgefühle wurde Rossetti Zeit seines Lebens nicht mehr los. Was Bessie Parker, eine Vertraute Elizabeths, die später eine bekannte Frauenrechtlerin wurde, über sie schrieb, läßt die Tragödie von Elizabeths Leben verständlicher werden: „Sie war nicht von gleichem Rang wie er, und mir scheint, sie hatte nicht im geringsten etwas von einer Gräfin, vielmehr war sie von einer ganz unweltlichen Einfachheit und Reinheit des Ausdrucks, wovon Rossetti etwas in den Bleistiftzeichnungen ihres Gesichts eingefangen hat. Auch Millais hat diesen Blick in seiner ‚Ophelia', zu der sie ihm Modell stand, wiedergegeben. Der Ausdruck der Beatrice hingegen war nicht der ihre. Als ich vor der berühmten Beatrice in der National-Galerie stand, fühlte ich mich verwirrt von der Art, in der der Künstler Kopf und Gesichtszüge eines bemerkenswert zurückhaltenden englischen Mädchens, das ich genau kannte, ausgewählt hatte, um sie mit einem Ausdruck zu überblenden, in dem ich von der moralischen Wesensart von Miss Siddal nichts zu erkennen vermochte. Sie hatte den Blick eines Mädchens, das jeden Abend in ihrer Bibel liest und ihr Gebet spricht, was sie wahrscheinlich auch tat."[26]

Rossetti war wie besessen von Elizabeth Siddal, aber nicht von der realen Person, sondern von deren Verkörperung eines Ideals. Der Übergang von romantischer Verzauberung zu Intimität und realistischer Vertrautheit aber hatte sich nie vollzogen. In diesem Punkt glichen sich die Eheprobleme der beiden Freunde. Und sie glichen sich nicht zufällig. Beide nahmen sie das Frauenideal ihrer Zeit, ein Traum-

**Die Frau im sozialen Wandel**

bild aus Zartheit, Hinfälligkeit und Entrücktheit, für die Wirklichkeit. Dieses Ideal war durch die Industrielle Revolution mit bedingt.

Frauen hatten auch zuvor immer eine untergeordnete Stellung in der Gesellschaft eingenommen, aber ehe die Industrialisierung kam, galten sie als kompetent im Haushalt und in den mit einem großen Haus zusammenhängenden Handwerken.

*Morris' Sessel mit verstellbarer Rückenlehne. Um 1866 von Philip Webb nach alten Modellen aus Sussex entworfen.*

In einem beschränkten Lebenskreis genossen sie Ansehen und erlebten Selbstverwirklichung. Als die Industrien zunahmen, verfiel die Hausarbeit. Die Familien zogen häufig in die Stadt. Aus Landfrauen wurden Fabrikarbeiterinnen. Mit der Zunahme des materiellen Wohlstandes und des Prestiges des Mittelstandes wurde es Sitte, daß die Frauen des Bürgertums nicht mehr arbeiteten. Je weiter eine Frau der Sphäre der Mühen und der schmutzigen Arbeit entfernt war, als desto empfindsamer und damenhafter galt sie.

Die Abhängigkeit der durchschnittlichen Ehefrau aus dem Mittelstand mochte noch mit einer gewissen Respektabilität verbunden sein, aber was war mit jenen Frauen, die keinen Ehepartner fanden? „Warum", fragte eine andere Freundin von Elizabeth Siddal, „haben auch Frauen Passion, Intellekt und moralische Aktivität, aber eine gesellschaftliche Stellung, in der sie keine dieser Eigenschaften zeigen dürfen?"[27]

Nach Elizabeths Tod suchte Rossetti Beziehungen zu eher derb wirkenden Frauen. Aber die Wäscherinnen und Bardamen, bei denen er die Katastrophe mit Elizabeth zu vergessen suchte, waren gefühlsmäßig und intellektuell ebensowenig ebenbürtige Partnerinnen. Irgendwann um diese Zeit müssen seine Blicke wieder einmal auf Jane gefallen sein. Ob er sich tatsächlich schon bei ihrer ersten Bekanntschaft in sie verliebt hatte, ob er sich nun nur einredete, er hätte sie damals geliebt, jetzt wurde die letztlich unbeschreibbare Merkwürdigkeit ihrer äußeren Gestalt der Köder. Bernhard Shaw ist dem so schwer fixierbaren Reiz, der von Jane ausging, vielleicht am nächsten gekommen, als er schrieb: „Wenn sie ein Zimmer betrat, sah sie in ihren so merkwürdig schönen Gewändern mindestens aus als sei sie 1,85 Meter groß. Es war, als sei sie eben einem ägyptischen Grab in Luxor entstiegen."[28]

Jane war für Rossetti die Frau eines guten Freundes. Man sollte nicht glauben, daß er sich über diese Tatsache so einfach hinweggesetzt hätte. Er setzte sich gewiß nicht auf der Ebene der bürgerlichen Moral mit ihr auseinander, die er freilich für sich nicht anerkannte. Aber daneben gibt es in einer Gruppe, wie sie Morris, Burne-Jones und Rossetti bildeten, einen eigenen Verhaltenskodex. Es gibt Dinge, die man nicht tut, für die man, wenn man sie trotzdem tut, vor sich selbst eine Entschuldigung braucht. Wie diese Entschuldigung, die sich Rossetti erfand, aussah, steht in einem Brief, den er ein paar Jahre später an Jane schrieb: „Je mehr er (William) Dich liebt, desto mehr muß ihm klar werden, daß Du zu schön und liebenswert bist, um nicht auch von anderen geliebt zu werden."29

Und so begann der Nervenkrieg zwischen den beiden Freunden um Jane. Eine Auseinandersetzung, bei der nie ein lautes oder heftiges Wort fiel, eine Schlacht, die mit allem Raffinement, mit aller Tücke, mit allen Tricks und Listen ausgetragen wurde, die sich denken lassen; eine Auseinandersetzung, die das englische Sprichwort, alles sei gestattet in der Liebe und im Krieg, zu einer Feststellung von tiefer Menschenkenntnis werden läßt.

Aber noch sind wir nicht ganz so weit. Noch stehen wir im Jahre 1864 und haben zu berichten, welche weiteren dunklen Wolken sich um das Paradies von Red House zusammenbrauten. Die Folge von Katastrophen, die mit dem Tod der Elizabeth Siddal begonnen hatte, setzte sich damit fort, daß der kleine Sohn von Burne-Jones an Scharlach erkrankte, sich Georgiana bei dem Kind ansteckte und eine Fehlgeburt hatte. Der Ehemann, seit jeher von schwächlicher Konstitution, aber auch das Ehepaar Morris, ängstigten sich, Mutter und Sohn könnten auch noch sterben.

In dieser Zeit muß in William Morris eine erste Ahnung davon aufgestiegen sein, was Georgiana für ihn bedeutete, daß er sie liebte, daß sie weit mehr als Jane jene Frau war, die ihm zu geben bereit schien, was ihm von seiner Mutter und seiner Schwester in der Kindheit vorenthalten worden war. Vor zehn Jahren in der Erzählung „Goldene Flügel" hatte er, als der Held sich verliebte, geschrieben: *„Dann fielen alle Sorgen und Zweifel von mir ab ... dann fühlte ich mich sofort tapfer und wahr."*30 Liebe als die höchste Form von Bestärkung, Liebe als das einzige Mittel, das nagende Selbstzweifel und die tiefsitzende Todesfurcht aufhebt: so lautete die Botschaft jener frühen Erzählung.

Georgiana: *„Ihre Augen grau und klar / wahrer als wahr"*: so steht es in einem seiner Gedichte. Und Graham Robertson beschreibt in „Time was" die Macht dieser Augen so: „Augen wie die von Georgiana Burne-Jones habe ich nie zuvor und nie mehr danach gesehen. Durch all die langen Jahre unserer Freundschaft hindurch konnte dieser direkte Blick bei mir immer so etwas wie ein unbewußtes Herzstechen verursachen, nicht wegen Furcht vor Kritik oder Mißbilligung, sondern aus Erschrecken, daß sie mit ihrem so geheimnisvollen Grau, ihrer kristallklaren Reinheit vielleicht auf etwas Unwürdigem ruhen könnten."31

Georgiana wurde gesund. Der Sohn genas. Edward ging es besser. Aber nun wurde Morris selbst krank. Bei der Fahrt zwischen London und Red House — er legte diese Strecke fast täglich zurück — erkältete er sich und bekam einen schweren Anfall von rheumatischem Fieber. Für einige Zeit war er fast völlig gelähmt. Er hatte mit seinen Partnern hochfliegende Pläne gemacht. Die Aufträge der Firma nahmen zu. Warum nicht an Red House noch einen Flügel anbauen, als Wohntrakt für die Familie Burne-Jones und als Werkstätten für die „Firma"? Warum nicht die noch offene Form der Anlage schließen? Warum nicht eine geschlossene Burg daraus machen? Warum nicht den Freund und dessen Frau, mit

Dunkle Wolken um Red House

Hausauflösung

der sich solche Verlockungen und Hoffnungen verbanden, täglich um sich haben? Die Pläne für den Anbau waren schon gezeichnet. Nun zerschlug sich alles.

Es hatte sich herausgestellt, daß es in Red House unangenehm kühl wurde, wenn die Winterstürme bliesen. Aber war es wirklich nur das, was Edward bewog, mit seiner Familie nicht in Red House einzuziehen, oder erhielt er eine jener Sturmwarnungen, wie sie uns unser Unterbewußtsein manchmal zukommen läßt? Der rationale Grund klang plausibel. Burne-Jones wollte sich eine Wohnung in London suchen, weil man einen guten Arzt in der Nähe brauche. Sein Absagebrief erreichte Morris noch auf dem Krankenlager Ende Oktober. Anfang November 1864 beantwortete er ihn: *„Was nun unseren Kunstpalast betrifft, so war Dein Brief für mich zuerst ein schwerer Schlag, wenn dieser auch nicht unerwartet kam. Um es kurz zu sagen: ich weinte. Ich bin jetzt darüber hinweg. Was unseren elenden Zustand angeht, alter Junge, so kann ich nur für mich selbst sprechen. Ich weiß nicht: ich weigere mich einfach, über etwas unglücklich zu sein, was letztlich doch weit weniger zählt als der Verlust eines Freundes, ohne den ich nicht auskommen könnte. Mal angenommen, Du hättest Dich bei all dem Kummer davongemacht — was zum Teufel, hätte ich dann getan? Ich bin ziemlich gewiß, daß ich nicht den Mut gehabt hätte, weiterzumachen mit der Firma. All unsere prächtigen Vorhaben wären zuschanden geworden. Es schreckt mich jetzt noch, Ned, daran auch nur zu denken. Nun bin ich doch erst dreißig Jahre alt und dieser verdammte Rheumatismus wird mich nicht ewig plagen. Wir werden noch vieles miteinander machen, so hoffe ich. Ich kann Dir gar nicht sagen, wie sehr ich mich, als es schlimm stand, gesorgt habe. Am Sonntag schon hatte ich einen Brief an Dich begonnen, aber er hörte sich so trostlos an (tatsächlich war ich recht mutlos), daß ich ihn dann verbrannte."*[32]

Ende 1864, als sich Georgiana erholt hatte, bezog das Ehepaar Burne-Jones in London eine Wohnung am Kensington Square. Für Morris nahm das Unglück noch kein Ende. Die „Firma" war immer noch ein Zuschußunternehmen, und die Erträge aus seinem Aktienbesitz nahmen rapide weiter ab.

Er mußte sich entscheiden. Eines würde er aufgeben müssen: Red House oder den kühnen Versuch einer Genossenschaft von Künstlern, die nicht nur schöne Dinge entwarfen, sondern sich auch an deren handwerklicher Herstellung beteiligten. Er verkaufte Red House. Zum letzten Mal fuhr er im September 1865 zusammen mit Jane, Georgiana und Edward hinaus. Es war ein schöner Tag, und sie kutschierten mit dem Pferdewagen noch einmal an all die schönen Plätze, die sie geliebt hatten. Unter den beiden Männern wurde gesprochen über zwei- bis dreihundert Holzschnitte, die Burne-Jones zu einem im Entstehen begriffenen langen Gedicht von Morris mit dem Titel „Das Irdische Paradies" anfertigen wollte. Morris las lange daraus vor. Georgiana erinnerte sich noch Jahrzehnte später voller Scham, manchmal dabei eingeschlafen zu sein. Sie biß sich dann in den Finger und stach sich mit einer Nadel in die Fingerkuppe, damit es nicht wieder geschah. „Spätere Generationen", bemerkt Philip Henderson etwas mokant, „werden wohl kaum zu so drastischen Maßnahmen gegriffen haben, und deshalb ist das ‚Irdische Paradies' heute so wenig bekannt."[33]

Der Plan einer so überreichen Ausstattung des Gedichtbandes mit Holzschnitten mußte übrigens später, da zu kostspielig, fallengelassen werden. Burne-Jones verwendete einen Teil der Holzschnitte für Illustrationen eines anderen Buches.

Im November 1865 war Red House von der Familie Morris endgültig geräumt. Viele Möbel blieben zurück, weil sie sich für einen Umzug als zu schwer erwiesen. Morris ist nie mehr in dieses Haus seiner Träume zurückgekehrt.

# VII. Das irdische Paradies und der zerbrochene Traum

*"Soll denn einem jeden erlaubt sein zu tun, was ihm gerade einfällt? Ned, W. M. und Gabriel stacheln sich zu immer neuen nutzlosen Ausgaben an. Wie lange wollen sie noch weiter kleine Jungen spielen? Was absolut notwendig ist, um die Firma vor dem Ruin zu bewahren, wäre dies: Jemand muß sich die Bücher wöchentlich oder alle vierzehn Tage einmal anschauen. Wir wollen energisches und entschiedenes Handeln, wenn die Firma gerettet werden soll. Wenn Sie nicht handeln, wird es niemand tun. Alle verhalten sich so, als ginge es hier um einen Spaß."*

Warington Taylor an Philip Webb, 1869[1]

*Die Familien Morris und Burne-Jones im Garten des Hauses „The Grange" in Fulham, 1874.*

Die „Firma" in Bloomsbury

Im Sommer 1865 mietete die „Firma" für 26 Pfund und zehn Shilling im Jahr das Haus Queen Square 26. Es war ursprünglich dazu gedacht, Geschäftsräume und Werkstätten aufzunehmen, aber im Herbst bezog dann die Familie Morris die Wohnung im ersten Stock.

Das Haus lag in Bloomsbury, einem Stadtteil, der als Vorort von London zu Zeiten der Königin Anne Glanz und Gloria erlebt hatte. Jetzt war Bloomsbury ein normaler Wohnbezirk des Mittelstandes, in dem es auch schon einige Industriebetriebe gab. Mitten auf dem Queen Square, einem typischen Platz des Viertels, stand ein Denkmal von Königin Anne. Darum herum zog sich eine kleine Parkanlage. Die Nordseite des Platzes war damals noch unbebaut, und man sah von dort auf die Höhen von Hampstead Heath hinüber. Die kleinen alten Häuser aus dem 17. Jahrhundert in der Devonshire- und der Old Gloucester-Street waren heruntergekommen und fast Slumquartiere. Auf der Ostseite war man gerade dabei, ein Haus abzureißen, um Raum zu schaffen für den Erweiterungsbau eines Krankenhauses. Der Ausblick ging also nun auf eine viktorianische Stadtlandschaft mit den für dieses Jahrzehnt typischen Phänomen. Es war ein Abstieg, den vor allem Jane als solchen empfand und mißbilligte.

Zu ebener Erde wurde in dem Haus ein Büro und ein Ausstellungsraum eingerichtet. In einem ehemaligen Tanzsaal am Ende des gepflasterten Hofes, mit dem Haus verbunden durch einen langen Gang, lag die Werkstätte der Glasmaler. Andere Werkstätten befanden sich im hinteren Anbau des Hauses und weiteten sich mit der Zeit nach Ormond Yard hinüber aus.

Ein langgezogenes Zimmer im ersten Stock mit fünf hohen Fenstern wurde das Wohnzimmer der Familie. Es wurde weiß gestrichen und weiß ausgemalt, um, wie Georgiana Burne-Jones schreibt, „Schmutz und Häßlichkeit der weiteren Umgebung vergessen zu lassen, wozu sich diese Farbe noch besser eignet als all die schönen Gewebe, mit denen die übrigen Wände im Haus geschmückt waren". Charles Faulkner war unterdessen wieder als Dozent nach Oxford zurückgekehrt, aber seine Mutter wohnte auch am Queen Square, und er kam oft herüber, um sie und Morris zu besuchen.

Als zweiter Geschäftsführer, für Buchhaltung und Finanzplanung zuständig, war Warington Taylor eingestellt worden, ein etwas sonderbarer Mensch, dem die „Firma" viel, in wirtschaftlicher Hinsicht vielleicht sogar alles, verdankte.

Taylor war der Typ des exzentrischen Engländers, ein kleiner dünner Mann mit einer Adlernase und einer aufgeregten Sprechweise, die sich selbst noch aus seinen Briefen mitteilt. Er war, wenn auch nur kurz, zusammen mit Swinburne in Eton gewesen und hatte danach in Deutschland studiert. Nach dem Verlust seines gesamten Vermögens war er in die Armee eingetreten. Zu der Zeit, als ihn Rossetti mit hinaus ins Red House brachte, war er als Platzanweiser an der Königlichen Oper beschäftigt. Angeblich hatte er diese Stellung vor allem deswegen angenommen, weil er so seiner Musikbegeisterung frönen konnte.

„Innerhalb einer Woche", erzählt Georgiana Burne-Jones, „verbreitete sich das Gerücht, daß er die Konten der Firma wie ein Drache bewache und Morris tatsächlich dazu bringe, erst die eine Sache zu Ende zu führen, ehe er mit der nächsten anfange."[2]

Taylor erkrankte bald nach seinem Eintritt in die „Firma" an Tuberkulose und zog sich auf den Rat seiner Ärzte nach Hastings zurück, wo das Klima angeblich für ihn zuträglicher war. Er behielt aber auch von dort aus die einmal ergriffenen Zügel fest in der Hand und bombardierte die Partner mit im Befehlston gehaltenen

Briefen. Er scheint ein netter Bursche gewesen zu sein, begabt mit Sach- und gesundem Menschenverstand, denn sie ließen sich von ihm ohne Widerrede manches gefallen, zumeist freilich, ohne sich zu bessern.

Im Herbst 1866 bekam die „Firma" einen wichtigen Auftrag. Sie sollte den Waffen- und Tapeten-Saal in St. Jame's Palace neu ausstatten.

Zu dieser Zeit war der für die Vergabe solcher Aufträge zuständige Beamte ein gewisser William Cowper (später Lord Mount-Temple). Cowper und seine Frau waren mit Ruskin befreundet, und durch diesen lernten sie 1865 Rossetti kennen. In ihren 1890 erschienenen „Memorials" schildert Mrs. Cowper, in welch burschikos-bilderstürmerischer Art und Weise damals Rossetti reichen Bürgern Unterricht in Geschmacksfragen zu erteilen pflegte: „Wir waren gerade dabei, unser liebes kleines Haus in der Curzon Street einzurichten. Nichts gefiel uns, außer handgemalten Tapeten mit Rosengirlanden, die mit blauen Bändern umwunden waren. Wie glasiert wirkender Chintz mit Buschen von Rosen, so natürlich sahen sie aus. Es schien mir, als hätte ich sie gerade gepflückt. Und unter uns: ich halte sie immer noch für sehr hübsch! Die schönsten Ornamente in vollkommenster Harmonie hatten wir: vergoldete Pelikane, Schwäne und Kerzenstöcke, Mintons Imitationen von Sèvres und vergoldete Schleifen überall. Eines Tages speiste Mr. Rossetti mit uns allein. Statt, wie ich erwartet hatte, mein Zimmer und dessen Dekoration zu bewundern, fiel es ihm offensichtlich schwer, entspannt dazusitzen. Ich fragte ihn, ob er vielleicht irgendwelche Veränderungen vorschlagen wollte. ‚Nun', sagte er mit schöner Offenheit, ‚ich würde zunächst einmal vorschlagen, daß Sie alles, was Sie hier haben, verbrennen!'"[3] Lady Mount-Temple schreibt weiter, die Öffentlichkeit sei der „Firma" in hohem Maße zu Dank verpflichtet. Sie habe „viele Leute davon abgebracht, auf mit Rosenmustern verzierten Teppichen herumzutrampeln und zwischen Schäferinnen, Vögeln und Schmetterlingen herumzusitzen". Von diesen vulgären Ornamenten und Scheußlichkeiten hätte Morris das viktorianische Heim befreit und es wohnlich und schön werden lassen. Sie erwähnt auch mit sichtlicher Genugtuung, es sei ihrem Mann zu verdanken, daß damals statt eines modischen Innenausstatters „der große Kunstreformer William Morris" dafür gewonnen wurde, den Raum in St. Jame's Palace neu auszustatten.

Taylor schrieb im Zusammenhang mit diesem Auftrag im November 1866 mahnend an Webb: „Kommen Sie herüber, sobald Sie können, und berichten Sie mir über sichtbare Fortschritte im Palast, damit ich mal etwas Erfreuliches zu hören bekomme, aber kommen Sie bald und schleppen Sie Morris mit. Kümmern Sie sich darum, daß Morris mit diesen Engeln für das Dach in Cambridge (es handelte sich um das Jesus-College) endlich anfängt. Es wird sonst nie rechtzeitig fertig, und im letzten Moment darf dann wieder ein anderer einspringen. Wie sieht er denn aus? Ich wette, wohl und rosig vom guten Wein? Die Nationalökonomie lehrt, wie wir reich werden können. Kaum, daß man reich ist, wird man ein Mistkerl. Wo ist der Gewinn? Die menschliche Vernunft — welche Pleite stellt sie doch dar. Fortschritt, verflucht, was ist das? Kommen Sie rüber und bringen Sie den Landedelmann mit."[4]

Solcher Spott kam nicht von ungefähr. Die Geschäftsbesprechungen fanden im Haus am Queen Square als wöchentliches Festessen der Partner statt, bei denen nach alter Manier allerlei Allotria getrieben wurde. „Das fröhliche Treiben der Jugendjahre lebte noch einmal auf!" So verklärt sah es Georgiana Burne-Jones.

Jane war es ganz und gar nicht recht, praktisch in einer Werkstatt zu leben, in der ein lärmender Ehemann den Ton angab. „Morris' Umgangsformen und Gesten", so

*Alles verbrennen!*

**Wie Heinrich der Achte**

schildert es in schöner Anschaulichkeit Philip Henderson, „waren mittelalterlich-drastisch. Es war nicht ungewöhnlich, daß er sein Essen aus dem Fenster schleuderte, wenn es ihm schlecht gekocht vorkam oder es ihm nicht schmeckte. Türen öffnete er nicht selten mit einem Fußtritt, oder aber er riß wütend die Klinke ab, wenn sie aus irgendeinem Grund nicht gleich dem Druck seiner Hand gehorchte. Seinen Freunden kam er manchmal vor wie ein Löwe in einem zu engen Käfig. Er konnte bei Tisch nie still sitzen. Er brachte es fertig, morgens um fünf Uhr plötzlich aufzustehen und sich an die Arbeit zu machen oder ein anderes Mal wieder zwei, drei Nächte überhaupt nicht ins Bett zu gehen."

Daß sich Janes körperliches Leiden verschlimmerte, trug nicht gerade dazu bei, ihr Zusammenleben einfacher zu machen. Selbst nach außen hin von kräftiger Konstitution und immer bestrebt, den Eindruck von Robustheit zu erwecken, konnte er Wehleidigkeit nicht ausstehen. Sie reizte ihn zu Grobheiten, obwohl er dann auch wieder bei Erkrankungen seiner Freunde sehr teilnehmend reagieren konnte.

Der zweite große Auftrag der „Firma" war die Ausstattung des Grünen Speisesaals im South Kensington Museum. Er wurde 1867 von Henry Cole, dem Direktor des Museums, erteilt. Dieser scheint bei der Ausstellung 1862 auf die „Firma" aufmerksam geworden zu sein. Den Gesamtentwurf des Grünen Saales erstellte Phi-

*William Morris und Edward Burne-Jones im Garten von „The Grange", 1874.*

lip Webb. Die bemalten Füllungen am Sockel sind das Werk von Burne-Jones; Morris fand sie nicht einheitlich genug und ließ es von Fairfax Murray überarbeiten. Die beiden Glasfenster stammen ebenfalls von Burne-Jones; der Einfluß des italienischen Quattrocento ist deutlich zu erkennen, doch fehlt hier noch die Bindung an Botticelli, die seine späteren Werke prägte. In den reliefierten Gipsfeldern im oberen Teil der Wand mit dem Blumenstraußdekor von Webb treten japanische Einflüsse hervor, Reaktionen auf die japanischen Zeichnungen, die die Freunde auf der Weltausstellung gesehen hatten.

Obwohl der Raum eine öffentliche Funktion hatte, gelang es, ihm eine Atmosphäre von Distinktion und Einfachheit zu geben, die die Besucher beeindruckte. Michael Rossetti, Gabriels Bruder, schrieb nach einem Besuch am 19. April 1870 in sein Tagebuch: „...der Erfrischungsraum, ausgemalt von Morris. Ich glaube, das ist die beste Raumdekoration dieses Jahrhunderts in England oder anderswo. Er ist dunkler als ich es mag, das heißt, es fällt wenig Licht ein. Aber das liegt an der vorgegebenen Architektur, nicht an der Dekoration."[5]

Auch zu diesem Auftrag liegt wieder einer von Warington Taylors diktatorischen Briefen vor. Ebenfalls noch im November 1866 schrieb er an Webb: „Was ist wegen der Fenster in South Kensington geschehen? Wer soll sie nun übernehmen, da Campfield krank ist? Das muß sofort geklärt werden. Kümmern Sie sich darum. E. B.-J. sollte spätestens bis heute seine ersten Entwürfe geschickt haben. Kümmern Sie sich darum. Ist das Cambridge-Fenster schon im Ofen? Kümmern Sie sich darum. Es sollte noch diese Woche herausgehen... Und Sie sollten sich an die Entwürfe für die Paneele in South Kensington machen. Es ist Unsinn zu sagen, Sie wollten das nicht tun! E. B.-J. muß mit allen South Ken. Fenster-Entwürfen bis Weihnachten fertig sein. Das Klima hier ist entzückend, die Bevölkerung zum Fluchen... ich bin sehr vergnügt und schrecklich fiebrig, aber machen Sie sich deswegen keine Sorgen. Ich bin gewiß, daß MacShane (der Schreiber der ‚Firma') mit den Büchern schon klar kommen wird."[6]

Es war und blieb Warington Taylor, der auf ein einigermaßen vernünftiges Verhältnis von Selbstkosten und Verkaufspreisen sah. Dann starb der Schreiber MacShane, und Taylor hatte neue Sorgen: „Wer soll ihn ersetzen? Es muß bald eine Entscheidung herbeigeführt werden, oder Sie sitzen in sechs Monaten in der Tinte. Summa: es ist Ihre Aufgabe, eine Sitzung einzuberufen und sofort zu entscheiden, was nun geschehen soll — statt Unsinn zu schwatzen... Unter allen Dingen ist britisches Durcheinander das schlimmste. Morris behauptete, er sei ein Kelte, und wir wissen ja, was dies in Praxis bedeutet. Man kann leider sicher sein, daß wir für etwas, das uns zehn Pfund kostet, nur neun Pfund verlangen."[7] Im folgenden Jahr weist er gegenüber Rossetti darauf hin, daß immer noch die Tendenz bestehe, die Preise zu niedrig anzusetzen: „Unsere Gewinne liegen bei den ausgeführten Arbeiten um die 28 Prozent oder etwas über 3000 Pfund im Jahr... den Arbeitsaufwand in Rechnung gestellt, kommen wir nur mit hohen Preisen auf einen grünen Zweig. Bei der Menge der Aufträge, die wir bekommen können, bedeutet billige Arbeit nur einen Zeitverlust. Morris und ich können uns nie recht über Preise verständigen. Er möchte immer einen niedrigen Preis. Bei der Arbeit, die in unseren Produkten steckt, ist das absurd. Wir müssen teuer sein. Und wir dürfen den Preis nicht per Fuß (nach Fläche) berechnen, sondern sollten kalkulieren, wieviel Zeit für das Malen benötigt wird."[8]

In einem anderen Jahr rechnet er vor, daß von dem Gewinn, nach Abzug der Gehälter für Morris (150 Pfund), ihn (120 Pfund) und einen Schreiber (37.10

Britisches Durcheinander

Was nicht sein darf

Pfund), nur noch 500 Pfund übrigbleiben. Kurzum, er gibt zu verstehen, daß in der „Firma", was die kaufmännische und organisatorische Leitung angeht, eigentlich nur ein Mann angestellt sein dürfte. Er wird nicht müde, Morris' illusionistische Gepflogenheiten im Umgang mit Geld zu kritisieren: „Denken Sie nur daran, daß ich ihn durchschaue, da ich ihn kenne. Was er doch wahrscheinlich tut, ist dies: er zieht Schecks über kleinere Summen auf die Firma und gibt dann vor, er habe es vergessen. Wird am Ende des Quartals nachgerechnet, dann stellt sich heraus, daß er bei der Firma hundert Pfund Schulden hat. Die zahlt er nicht etwa zurück... nein. Auf diese Weise wird er die Firma allmählich ruinieren. Das einzige Mittel dagegen wäre, daß ein Teilhaber einmal in der Woche die Bücher kontrolliert, um festzustellen, was er sich nun wieder geleistet hat..."[9]

Ständiger Stein des Anstoßes ist für Taylor die Höhe der Privatausgaben von Morris. Hier entwickelte er geradezu den Eifer eines puritanischen Missionars: „Heulen Sie nicht gleich los", schreibt er an Morris, „sagen Sie jetzt nicht, Sie wollten

*Georgiana Burne-Jones, geb. Macdonald, Tochter des später berühmten Fantasy-Autors George Macdonald. Sie heiratete 1860 Edward Burne-Jones und war die Vertraute von William Morris.*

den verdammten Laden schließen. Das können Sie sich nämlich überhaupt nicht mehr leisten. Ich habe Ihnen schon vor einem Jahr vorzurechnen versucht, daß er für sie unersetzlich ist. Es ist klar, daß Sie Ihre aufwendige Lebensführung einschränken müssen... es hat keinen Zweck, herumzuschimpfen; Sie müssen den Gürtel enger schnallen. Was sind das wieder für 60 Pfund, die Sie Ned schulden? Er hat niemandem 60 Pfund gezahlt. Sie werden es schon wissen. Sie haben die Schecks schließlich unterschrieben. Ich bin noch nicht tot. Aber wie kann ein Mann für die Beköstigung 700 Pfund im Jahr ausgeben... Sie müssen Ihren Weinkonsum auf 2,5 Flaschen am Tag senken... dies allein macht, wenn man die Flasche mit $1/6$ ansetzt, 68 Pfund im Jahr."[10] Er schlug Morris auch vor, billigere Kerzen zu verwenden, an Feuerung zu sparen, nicht zu häufig das große Wohnzimmer zu benutzen, weil dort besonders viel Kohle verbraucht werde, nicht mehr als ein großes Essen einzunehmen, im Haushalt nur einen Diener und eine Aushilfskraft zu beschäftigen, Wein zu trinken statt Bier. Und schließlich: „Wenn Sie zum Essen Suppe haben, brauchen Sie hinterher nichts mehr außer einem Stück Fleisch."[11]

Bis zum Jahr 1860 war die Dividende aus den Kupferaktien auf 460 Pfund im Jahr gefallen. Aus der „Firma" hatte Morris Einkünfte von etwa 200 Pfund, ungefähr ebenso hoch war der Erlös aus seinen literarischen Arbeiten. Taylor rechnete ihm vor, daß er weitere 200 Pfund aus seinen Rücklagen entnähme, die um 1870 dann aufgezehrt sein würden. Wie sich aus Taylors Briefen ergibt, machte die „Firma" ihren Hauptumsatz mit Glas. Die beiden öffentlichen Aufträge waren ehrenvoll und hatten einen Reklameeffekt, sehr gewinnträchtig waren sie nicht. 1867 war ein Jahr mit guten Umsätzen. Von einem Gesamtgewinn um die 3000 Pfund waren allein 2300 Pfund mit Glasfenstern verdient worden. Außer Glasmalereien und einigen Sonderaufträgen von Privatkunden blieb der Arbeitsbereich der „Firma" begrenzt. Zwischen 1862 und 1866 hatte Morris eine kleine Anzahl naiver, naturalistischer Tapetenentwürfe gezeichnet, die er bei der Firma Messrs. Jeffrey & Company in Islington umsetzen ließ. Seine Entwürfe wurden auf Blöcke aus Birnenholz übertragen, diese wurden dann eingefärbt und mit der Hand auf das Papier gedruckt. Verglichen mit dem maschinellen Verfahren, war das ein langwieriger und arbeitsaufwendiger Prozeß. Morris überwachte die Arbeiten selbst, um die erwünschten Qualitäten zu erzielen.

Viele dieser frühen Tapeten wurden für einzelne Häuser von deren Besitzern bestellt und erlebten deswegen keine hohen Auflagen. Von Taylor war zu hören, in Anbetracht des geringen Interesses an Dekorationen und des begrenzten Verkaufserfolgs der Tapeten sei es nicht ratsam, weitere Muster zu entwickeln. Morris befolgte seinen Rat und gab das Musterzeichnen vorläufig auf.

Abgesehen von Stickereien, an denen Jane, deren Schwester und Webbs Schwester beteiligt waren, stellte die Firma zu diesem Zeitpunkt noch keine Textilien her. Auch die Nachfrage nach handgemalten Kacheln blieb gering, und die von Webb entworfenen und handbemalten Möbel waren wegen des hohen Preises ebenfalls schwer absetzbar. Bei den Stühlen konzentrierte man sich auf das Sussex-Modell und auf Sitzbänke. Der verstellbare Morris-Stuhl wurde in seiner Grundform von Taylor in Hurstmonceaux/Sussex in der Werkstatt des alten Zimmermanns Ephraim Colman entdeckt. Größere Umsätze erzielte die Firma damit erst in den 70er Jahren. So konzentrierte sich Morris' handwerkliche Energie auf die Herstellung von Glasarbeiten. Alle hervorragenden Glasfenster und Glasmalereien von Morris stammen aus dieser Zeit.

Als Taylor im Alter von 33 Jahren starb, ging eine Veränderung mit Morris vor

Ausgaben und Einnahmen

**Die „Firma" etabliert sich**

sich. Die Kritik, das ständige Nörgeln, Quengeln und Sticheln seines Geschäftsführers hatten ihn dahin gebracht, sich an die zur Leitung eines Geschäftsunternehmens notwendige Disziplin, an systematisches Arbeiten und vernünftige Organisation zu gewöhnen. Von manch anderem Handwerk, das noch folgen sollte, hatte Morris als erstes das des Kaufmanns erlernt.

Inzwischen war es in den kunstbewußten Kreisen des gehobenen Mittelstandes „fashionable" geworden, sich die Wohnung oder das Haus von der Firma Morris ausstatten zu lassen. In einem zeitgenössischen Unterhaltungsroman einer Mrs. Humphrey Ward, „Die Heirat des William Ash", ist davon die Rede, wie in Lady Transmore's Haus eine „zunehmende Verehrung von Morris und Burne-Jones aufkommt", wie die Wände „mit den wohlbekannten Mustern von Granatapfel, Jasmin und Sonnenblumen" geschmückt werden. „Während die Vorhänge in einem mystisch grünlichen Blau leuchteten, stammten die Gemälde fast alle von den frühen Italienern oder deren modernen Nachfahren."[12]

Und in einem Führer durch die elegante Welt von Süd-Kensington, der 1882 erschien, hieß es: „Die Mehrzahl der Einwohner haben die Tapeten und Designs von Morris. Die Nachfrage nach dessen dekorativen Arbeiten ist so groß, daß wir uns nicht wundern würden, wenn man neben dem Hauptgeschäft in Bloomsbury nun bald auch Filialen in anderen Stadtteilen einrichten würde."[13]

Dazu kam es vorerst nicht, aber die ärgsten finanziellen Sorgen war Morris nun los. Die Produkte der „Firma" wurden sogar schon imitiert. Das große Möbelgeschäft Mables, das für Morris Teppiche nach dessen Entwürfen hergestellt hatte, verkaufte eine Anzahl von Stücken hinter seinem Rücken. Als Morris im Laden vorsprach und Mables deswegen zur Rede stellte, erwiderte dieser, er betrachte es nur als fair, daß die Sonne auch ein wenig in seine Fenster scheine. Morris war so verblüfft, daß er diesmal keinen seiner berüchtigten Wutanfälle bekam, sondern nur „Guten Morgen" murmelte und ging.

Die Vorstellung, in Mode zu kommen, war ihm verhaßt. Zum ersten Mal wurde ihm das Dilemma seiner Stellung zwischen den Klassen bewußt. Für die Arbeiter waren seine Produkte viel zu teuer, auch hatten die meisten kein Verständnis für Schönheit. Ohne Klientel aus den Reihen der Neureichen und Snobs konnte die „Firma" nicht existieren.

Während all dem, und bedrängt von der sich zuspitzenden Krise in seiner Ehe, hatte Morris viel geschrieben. Meist nachts, manchmal in Eisenbahnzügen, nicht selten sogar während seiner Arbeit in den Büros und Werkstätten der „Firma". Er hatte für sich eine besondere Methode entwickelt. Zehn Zeilen formulierte er im Kopf vor, rannte dann in der „Firma" zu einem Pult, wo Papier bereit lag, und schrieb sie rasch nieder. Man konnte ihn auch am Samstag im Salon bei Burne-Jones sitzen und an einem Federhalter nagen sehen. Zu einem Besucher, der ein paar Worte mit ihm wechselte, sagte er, das Gespräch plötzlich abbrechend: *„Nun, Sie verstehen, Sie müssen jetzt verschwinden. Es tut mir leid. Aber es läßt sich nicht ändern."*[14] Später hatte er solche Probleme nicht mehr. Als er in Kelmscott Manor einmal an einem Beistelltisch arbeitet, trat eine Frau heran. Sie hatte vorgehabt, sich mit ihm zu unterhalten, als sie aber sah, daß er ein Gedicht schrieb, wollte sie sich wieder davonmachen. Diesmal sagte er: *„Nein, nein..., bleiben Sie nur. Erzählen Sie mir eine Geschichte."*

In der zweiten Hälfte der 60er Jahre konnte es, wie Faulkner berichtet, vorkommen, daß er am Tage siebenhundert Zeilen zum „Jason" aufs Papier brachte.

Boshaft und wohl auch mit leichtem Neid pflegte Rossetti zu erzählen, es gebe am

Queen Square einen „Blauen Schrank", von oben bis unten vollgestopft mit Gedichten von Morris. Ihm, der auch den Arbeitsprozeß bei Gedichten zelebrierte, hatte der mehr handwerkliche Umgang mit der Verskunst, wie ihn der Freund praktizierte, von jeher mißfallen.

Morris hatte als Lyriker lange geschwiegen. Der Ansatz, den er nun versuchte, war gegenüber „Die Verteidigung der Guenevere", die zehn Jahre zurücklag, neu und anders. Er war zugeschnitten auf die Lebensumstände eines Mannes, der sich neben dem Schreiben noch mit vielem anderen beschäftigen wollte. In Red House hatte er schon mit ersten Texten einer Serie von Gedichten begonnen, in denen er seine immer vorhandene Freude am unbekümmerten Erzählen (fast ist man geneigt zu sagen: am Spinnen eines Garns) dazu einsetzen wollte, um eine Anzahl klassischer und mittelalterlicher Stoffe neu zu gestalten und sie durch eine Rahmenhandlung zu verbinden. Die Geschichte von Jason und der Suche nach dem Goldenen Vlies war einer der Stoffe aus dieser Reihe, der sich aber bald, allein durch die Länge, zu der sich das epische Gedicht auswuchs, verselbständigte.

In dieser Nacherzählung ist vor allem die Darstellung der Medea einer genaueren Betrachtung wert, zeichnet er doch in ihr einmal mehr das Wunschbild einer starken, dem männlichen Gefährten Schutz und Sicherheit gebenden Frau: überlebensgroß, erdverbunden, mit vegetativem Wissen, Hüterin eines irdischen Paradieses, über das ihr Vater gebietet, eine weiße Hexe. Die grausamen Züge der Medea in der antiken Vorlage sind eher zurückgenommen. In gewissem Sinn scheint er sich selbst mit Jason identifiziert zu haben. In die Erzählungen über dessen Kindheit unter der Obhut des Zentauren Chiron an den Abhängen des Pelion sind viele Erinnerungen an die eigene Kindheit verwoben. Während der Rückreise der Argonauten mit dem erbeuteten Vlies werden in immer neuen Varianten die Vorstellungen von einem Irdischen Paradies und vom Goldenen Zeitalter vergegenwärtigt. Diese ornamentalen Phantasien machen fast die Hälfte des gesamten Textes aus, während sie in der klassischen Vorlage überhaupt nicht vorkommen.

Es scheint eine Art Traumarbeit, die sich hier vollzieht. In ihr wird der wohl noch lange schmerzende Verlust von Red House verarbeitet. Es gibt, so erfährt Jason, gefährliche Paradiese. Beispielsweise das auf Circes Insel, auf der die zu Tieren verhexten Männer auftauchen, für immer dazu verdammt, sich in ungestillter Lust nach Frauen zu verzehren. Der unvorbereitete Wanderer sieht sich dort von halbnackten Mädchen ergriffen und in das „Dunkel eines Klosters" gezerrt, aus dem er, offenbar nur nachdem sie ihn zuvor vergewaltigt haben, wieder zu entkommen vermag.

Mit dem Garten, in dem die Äpfel der Hesperiden wachsen, kommt ein Flecken Erde in Sicht, in dem paradiesische Zustände herrschen. Die Bilder, mit denen es dargestellt wird, sind die des Morris'schen Urtraums vom Glück. In diesem paradiesischen Garten, mit einem grünen Obstbaum und einem klaren blauen Bach, liegt ein Drache, „mit immer wachsamem Blick", sieht Jason zwei Mädchen, von denen die eine ihr Haar kämmt und die andere nackt und dabei wie in einem Traum singend in dem kalten blauen Bach steht. Die Argonauten verlassen nur zögernd die Insel des Glücks, während Priesterinnen einen Orangenbaum umtanzen und dabei singen.

In dem Schlußlied der Töchter der Hesperiden scheint das Paradies für immer verloren. Die Menschen sind ausgeliefert an ein Leben des Gewinnstrebens, der Ruhelosigkeit, der Angst. Nach Griechenland zurückgekehrt, kann Jason mit Medeas Hilfe das ihm gestohlene Königreich des Vaters wieder in seinen Besitz

*Jasons Suche nach dem Goldenen Vlies*

**Erzählen als Selbsttherapie**

bringen, wie es schon Circe und die Hesperiden in Weissagungen dunkel angedeutet hatten; aber er ist seines Glückes überdrüssig, „wie ein Narr, dem ein schöner Himmel nicht genug ist". Jason wendet sich der schönen, aber offenbar törichten Griechin Glauce zu, die am Tag ihrer Hochzeit zu Asche verbrennt, während Medea für immer verschwindet. Gebrochen an Leib und Seele wandert Jason ruhelos umher.

Man kann in der Jason-Nacherzählung schwerlich einen Schlüsselroman in der Art des Märchens von Rossetti sehen. Offenbar war es für Morris eine Möglichkeit, sich in der eigenen Situation von Vergeblichkeit damit zu trösten, daß er die Geschichte eines anderen, der ebenfalls hoch griff und tief fiel, nacherzählte. Es ist keine Überinterpretation, wenn man vermutet, daß Morris bei Glauce an Jane gedacht hat und Jasons Scheitern mit dem Verlust von Red House in Zusammenhang gebracht wird.

*Porträt der Maria Zambaco von Edward Burne-Jones.*

Medea scheint ein Wunschbild, sein Frauenideal. In dem er Jane heiratete, so wie Jason Glauce, verfehlt er es. Erst in Georgiana findet er wieder eine Frau, die diesem Ideal entspricht. Die Bewunderung, die er für Georgiana empfindet, kann er, projiziert auf die vorgefundene Gestalt, unzensiert zum Ausdruck bringen. Das sind Spekulationen. Aber sie liegen nahe, weil auch das auf den „Jason" folgende Gedicht mit dem Titel „Das Irdische Paradies" in seiner Rahmenhandlung, nämlich den die verschiedenen Monate besingenden Versen, ganz eindeutig dazu benutzt wird, um sich in verschlüsselter Form über das psychologische Dilemma seiner Ehe auszusprechen. Die Binnenhandlung von „Das Irdische Paradies" wird im „Argument" so zusammengefaßt: „Gewisse Gentlemen, Schiffer aus Norwegen, all das bedenkend, was sie über das Irdische Paradies gehört hatten, stachen in See, um es zu finden. Nach vielen Jahren und unter großen Mühen gelangten sie als alte Männer in ein Land im Westen, von dem sie nie zuvor gehört hatten. Dort werden sie, nachdem sie eine gewisse Anzahl von Jahren hochgeehrt bei dem seltsamen Volk gelebt haben, schließlich sterben. Die Einwohner jenes Landes sind die Nachfahren eines Vorpostens der griechischen Zivilisation im Westen."[15]

Es ist die Zeit des Schwarzen Todes in Europa. Die Reisenden sind norwegischer, bretonischer und deutscher Herkunft. Jeden Monat, das ganze Jahr hindurch, unterhalten sie ihre Gastgeber mit einer Geschichte, worauf diese ihrerseits eine Geschichte erzählen.

Von den Monatsgedichten, die den jeweils zwei Geschichten vorangestellt sind, hat Mackail gesagt, sie bildeten „eine Autobiographie, so delikat und so direkt, daß man sie für sich selbst sprechen" lassen könne. Hierzu muß man anmerken, daß sich Mackail aus Rücksicht auf seine Schwiegermutter Georgiana Burne-Jones eine gewisse Zurückhaltung in nach damaligen Vorstellungen allzu intimen Bereichen und Fragen auferlegte. Gemeint ist die Darstellung der nun nahezu unhaltbar gewordenen Situation zwischen William und Jane. Ein Mann muß sich eingestehen, daß ihn seine Frau nicht mehr liebt und, was schlimmer ist, daß er ihre Liebe wohl nie mehr zurückgewinnen wird:

> „And hope no more for things to come again
> That thou beholdest once with careless eyes!
> Like a new-wakened man thou art, who tries
> To dream again the dream that made him glad.
> When in his arms his loving love he had."

(Was Du einst mit so sorglosem Blick wahrnimmst, siehst Du wie jemand, der neu erwacht ist und versucht, noch einmal jenen Traum zu träumen, der ihn froh machte, den Traum von der Geliebten, die er liebend in seinen Armen hielt.)

Der Schreibende versetzt sich in die Rolle der Frau. Es werden Gründe dafür angeführt, warum sie unwillig und unfähig ist, ihn zu lieben:

> „I knew of love
> But my love and not his; how could I tell
> That such blind passion in him I should move?"

(Von Liebe wußte ich, doch nicht von solcher Liebe wie der seinen. Wie hätt' ich wissen sollen, daß in ihm ich solche blinde Leidenschaft errege.)

Selbsttrost wird gespendet, der wieder nur Illusion ist. Die Glocken läuten, erinnern an Veränderung, verlorene Freundlichkeit, Liebe, die ungeliebt allein blieb:

> „Till their desparing sweetness makes thee deem
> Thou once wert loved, if but amids a dream."

„Berühmt durch mein Bild"

(Bis Dich ihre verzweiflungsträchtige Süße begreifen läßt, Du wurdest einst geliebt, und sei es auch nur in einem Traum.)
Und auch dies schrieb Morris, sich in die Rolle der Jane versetzend:

> „I wore a mask because though certainly
> I loved him not yet was there something soft
> And sweet to have him ever loving me..."

(Ich trug eine Maske, denn wenn ich ihn gewiß auch nie geliebt, so war's so sanft und süß zu wissen, daß er ständig mich geliebt...) Schließlich gibt es auch noch ein Gedicht, in dem auf das gestörte Verhältnis zwischen Morris und Rossetti kaum verschlüsselt angespielt wird:

> „Wir treffen uns, wir lachen, reden und doch lassen wir / das Siegel auf den Dingen, die ich nie vergessen kann. / Und müßten sprechen miteinander. Ich zählt die Stunden / bis der Freund dann kommt. So hungrig seine Augen. / Ich sehe, wie sein Fuß die Treppe dort erklimmt. / Dann sitzen wir uns gegenüber, getrennt durch eine Wand von Lügen, / verhärtet durch die Furcht, betäubt von Ängsten, / drauf geht er fort / und läßt mich wünschen, es sei gestern noch."

Eine psychologische Hölle. Was war geschehen? Nur eine ungefähre Rekonstruktion, zu der Bilder und Gedichte die wichtigsten Indizien vermitteln, ist möglich. 1865 scheint es, angesichts von Janes Unlustgefühlen über die Wohnung in Geschäfts- und Werkstattnähe, zu einer Annäherung zwischen ihr und Rossetti gekommen zu sein. Von diesem Jahr an begann Rossetti, sie immer öfter, mit einer schon pathologisch zu nennenden Fixiertheit, zu malen und zu zeichnen. Man könnte die Bilder zählen; die Liste würde lang werden. Wir greifen nur einige zur Deutung der psychologischen Situation besonders bezeichnende Gemälde heraus, ohne dabei unbedingt Maßstäbe künstlerischer Qualität anzulegen. Die Besessenheit, das Gesicht dieser Frau in immer neuen Facetten abzubilden, hat etwas Eindrucksvolles. Jane in hundert Rollen. Oder: nicht Helena in jedem Weibe, sondern Jane.

1868 entstand das Bild „Das Blaue Kleid" (auch: „Mrs. William Morris" genannt). Als Widmung versah es Rossetti mit einem lateinischen Vers, der sich etwa so übersetzen läßt: „Berühmt durch ihren Ehemann, den Dichter, / noch berühmter durch die Schönheit ihres Gesichts, / soll sie hinfort berühmt sein durch mein Bild." Er schrieb auch ein Sonett zu dem Gemälde, in dem er sich selbst das Privileg verleiht, ihre Seele und ihren Körper der Welt zu präsentieren.

Es ist übrigens jenes Bild, das Henry James zu Gesicht bekam, als er Jane und William Morris in ihrer Wohnung im ersten Stock des Hauses am Queen Square besuchte. Seiner Schwester berichtete er über den Eindruck, den Jane dabei auf ihn machte: „O meine Liebe, welch ein Weib! In jedem Fall ist sie ein Wunder. Denk dir eine hochgewachsene magere Frau in einem langen gürtellosen Gewand aus mattem Purpurstoff, mit einer Masse krauser, schwarzer Haare, aufgetürmt und in großen Wellen auf ihre Schläfen fallend, ein dünnes, blasses Gesicht, ein Paar seltsam traurige, tiefe, dunkle Swinburnsche Augen, mit großen, dicken, schwarzen, schrägen Brauen, die in der Mitte zusammenwachsen und seitwärts unter ihrem Haar verschwinden, einen Mund wie die Orianna in unserer illustrierten Tennyson-Ausgabe, einen langen Nacken ohne jeden Kragen, stattdessen etwa zwölf Schnüre mit fremdartigen Perlen. An der Wand hing ihr fast lebensgroßes Porträt von Rossetti, so merkwürdig und unwirklich, daß du es, ohne sie gesehen zu haben, für eine krankhafte Vision halten würdest, während es in Wirklichkeit äußerst ähnlich ist."¹⁶

Rossetti arbeitete gleichzeitig an einem weiteren Bild von Jane. Es trägt den Titel „La Pia de Tolomei". Zu jener Zeit wurden Rossetti und Jane immer häufiger auf Empfängen und Partys in London gesehen. Einmal thronte sie als Königin des Festes auf einem erhöhten Sessel, während er zu ihren Füßen auf den Stufen davor hockte. Ein anderes Mal wieder wurden sie dabei beobachtet, wie sie in einer dunklen Ecke des Zimmers saßen; er fütterte sie mit Erdbeeren, auf die er zuvor Zucker streute und die er dann noch in Sahne tunkte, ehe er sie ihr in den Mund schob. Langsam begann man in der Londoner Gesellschaft über die Affäre zu munkeln.

Für die nun beginnende psychologische Kriegsführung ist das Bild „La Pia" bezeichnend. Für die Präraffaeliten, und für Rossetti gilt dies in besonderem Maße, sollen ja Bilder auch immer eine Geschichte erzählen und Texte beim Leser starke Bilder hervorrufen. Die Geschichte von „La Pia" ist bei Dante in Purgatorio V nachzulesen. Es wird dort eine junge Frau erwähnt, die zu Unrecht von ihrem Ehemann der Untreue beschuldigt wird. Über das Ende der unschuldigen Schönen gibt es mehrere Versionen, denn Dante verarbeitete hier seinerseits einen legendären Stoff mit historischem Kern. Nach einer Überlieferung ließ sie der barbarische Ehemann so lange in einem Kerker in den Maremmen einsperren, bis sie Malaria bekam und daran starb; nach einer anderen stürzte er sie von den Zinnen der Burg, in der sie gefangengehalten wurde, und gab ihr so den Tod.

1868 lud Rossetti aus Anlaß der Fertigstellung dieses Bildes zu einem Dinner. Am Abend stellte sich plötzlich heraus, daß es dreizehn Personen zu Tisch waren. Morris wurde ausgeschickt, um einen vierzehnten Gast herbeizuschaffen. Als Rossetti noch einmal zählte, stellte sich heraus, daß bereits vierzehn Personen anwesend waren; er hatte vergessen, Morris mitzuzählen.

Ohne Zweifel, Rossetti war zu jener Zeit heftig in Jane verliebt. Daß Rossetti ihr ebenfalls nicht gleichgültig war, steht auch fest. Während Rossetti unter Anfällen von Schlaflosigkeit litt, die er mit Laudanum und Whisky zu bekämpfen pflegte, wurden bei Jane die Rückenschmerzen immer schlimmer. Sie scheint die Bewunderung, die ihr Rossetti entgegenbrachte, zwar genossen zu haben. Sie hat aber wohl kaum je ernsthaft in Erwägung gezogen, sich wegen Gabriel von William zu trennen. Hingegen muß es ihr zunehmend schwieriger geworden sein, im Umgang mit Rossetti gewisse Grenzen zu ziehen, nicht zuletzt auch deswegen, da dieser sie schamlos in eine Erlöser- und Trösterinnenrolle hineinmanövrierte. Vor allem um dieser unguten Situation ein Ende zu machen, mag sich Morris im Sommer 1869 entschlossen haben, Jane zu einer Kur nach Bad Ems zu bringen. Der Ort war weit genug entfernt, um zu verhindern, daß Rossetti ihr dorthin folgte oder sie besuchen kam. Er war auch als gesellschaftlicher Treffpunkt berühmt, wenn man bedenkt, daß unter anderen Jacques Offenbach und der König von Preußen dort zu kuren pflegten. Jane scheint vom mondänen Getriebe beeindruckt gewesen zu sein. Auch von daher war Bad Ems gut gewählt. Das Ehepaar wohnte im Hotel Fortuna. Morris berichtete in Briefen an Webb von Bootsfahrten auf der Lahn, „in einer Maschine wie eine Butterschüssel, mit Messer und Gabel als Ruder". Morris las den „Wilhelm Meister" in der Übersetzung von Carlyle und fand, Goethe müsse geschlafen haben, während er ihn schrieb.

Rossetti schrieb an Jane: „Ich kann Dir gar nicht sagen, wie sehr ich die ganze Zeit in Gedanken bei Dir bin. Dich nicht zu sehen, daran bin ich seit langem gewöhnt,

*Der verliebte Maler*

*William und Jane Morris während der Kur in Bad Ems 1869. Karikatur von Rossetti.*

**Ein Gedicht von 42 000 Zeilen**

keine Trennung kann mich Dir so weit entrücken, wie es Deine Gegenwart für Jahre tat. Du weißt, wie dankbar ich für die schier unfaßbare Veränderung bin. Aber ich habe kein Recht, in einer Art zu reden, die Dich auf meine Kosten traurig macht, da sich doch in Wirklichkeit das Gleichgewicht von Freude und Sorge bei mir in einem Maße hergestellt hat, auf das ich in den vergangenen Jahren nie mehr zu hoffen gewagt."[17]

Bei all seinem Mystizismus hatte Rossetti einen ausgeprägten Sinn für Humor. Er schickte dem Ehepaar eine Karikatur nach Ems, die Jane in einer Wanne sitzend darstellt, während Morris hinter der Wanne hockt und aus dem 2. Band von „Das Irdische Paradies" vorliest. Vor der Wanne stehen sieben Gläser, auf die im Begleittext angespielt wird: „Um Dich auf das Schlimmste vorzubereiten", schrieb Rossetti, „was immer auch das sein mag: die sieben Gläser mit Brunnenwasser oder sieben Bände (seines Buches)." Die Unterschrift zu der Karikatur lautet „Die Ms in Ems".

Als das Ehepaar Morris Anfang September nach London zurückkehrte — die Kurärzte hatten William geraten, Jane in die Schweiz zu bringen und dort die Behandlung fortzusetzen, aber er hatte von Kuren genug und fand, Brunnenwasser könne Jane auch daheim trinken —, sandte Rossetti eine weitere Karikatur: eine in einen Schrank eingebaute Heilquelle mit einem beweglichen Röhrensystem und eine ziemlich fette Jane, die duscht. Dazu schrieb er: „Ich konnte der Versuchung nicht widerstehen, meinen Erinnerungen an Janes Figur Ausdruck zu verleihen, wenngleich mir klar ist, daß es Neds Talent bedurft hätte, um den Themen gerecht zu werden..."[18] Beide Karikaturen waren auch Nadelstiche gegen Morris als Lyriker, den, aus Deutschland heimgekehrt, gute Besprechungen seines „Irdischen Paradieses" empfingen.

Mit diesem 42.000 gereimte Zeilen langen Gedicht wurde er in den Augen seiner Zeitgenossen zu einem der führenden Dichter Englands. Er bestätigte damit die Vorstellung beim breiten Publikum, er sei ein Romantiker, ein dem Mittelalter zugewandter Schriftsteller, ohne zeitgenössische Bezüge. Das entsprach übrigens nur dem Bild, das er selbst in der Apologie zu Anfang des Versepos von sich zeichnete. Die „Saturday Review" hatte schon am 30. Mai 1869 geschrieben, dieses Buch sei die Familienlektüre, „dazu geeignet, unsere Frauen und Töchter mit einer verfeinerten, aber nicht verdünnten Fassung dieser wunderbaren Schöpfungen griechischer Einbildungskraft vertraut zu machen, die in der Originalfassung in die Hand zu nehmen nur dem härteren Geschlecht gestattet sein sollte."[19]

Aus einer Besprechung im „Spectator" aus dem Jahr 1870 zum dritten Teil wird manches über die Funktion klar, die eine solche Dichtung in einer solchen Gesellschaft erfüllte: „Wohin wird sich ein Leser, der in diesen Tagen für eine Weile der Unrast und dem Lärm der Welt entgehen will, wenden? Wohin, wenn er einmal Verlangen nach angenehmen Orten hat, an denen ihn nichts an jene zweifelhaften Schlachtfelder erinnert, auf denen er, nach einem kurzem Atemholen, seine Rolle zu spielen hat?" Die Antwort, die auf diese rhetorische Frage dann gegeben wird, ist natürlich die Empfehlung des „Irdischen Paradieses".[20]

Oder es läßt sich das „Blackwood Magazine" zitieren, in dem es über das Buch heißt: „Aber wenn die Stunde der Lotosesser gekommen ist, wenn wir den Weg zwischen den Geisblattranken und den Rosen entlanggehen, oder das ‚tremolar della marina' vom Strand aus beobachten, wenn wir die Lampe anzünden und den Vorhang zuziehen an einem Herbstabend nach des harten Tages Arbeit, dann ist der Dichter an der Reihe, um uns zu erfreuen. Dann suchen wir nach einem Vers,

*Rossettis Porträt der Aglaia Coronio aus dem Jahr 1870.*

der den müden Geist mit Bildern der Schönheit beruhigt, die ohne Anstrengung aufgenommen werden können und die doch mehr sind als nur Unterhaltung."[21] Lyrik als Erbauungsliteratur, als die tägliche Ration Gefühlsseligkeit, um für die nächste Runde im Kampf ums Dasein fit zu werden: dieser Gefahr ist Morris in den Gedichten dieser Jahre zumindest nahe. Aber er befand sich damit ganz und gar in Übereinstimmung mit den Vorstellungen und Bedürfnissen seiner Zeit. Mit 35 Jahren hatte er sich einen Platz unter den anerkannten Autoren seiner Zeit — Tennyson, Browning und Meredith — erobert. Und bei aller Übereinstimmung mit dem Geschmack eines breiten Publikums sprach aus diesen Versen noch etwas anderes: Andeutungen über Frustrationen, die nicht nur aus der privaten Misere erwuchsen, ein zunehmendes Wissen um den Abgrund, der das Idyll von der Wirklichkeit trennte. Und dieses Wissen war es, das Morris trieb, zu neuen Ufern aufzubrechen und mehr und mehr die Rolle des „müßigen Sängers in leeren Tagen", der auch „die krummen Dinge nicht gerade biegen kann", hinter sich zu lassen.

Psychologische Kriegsführung

Inzwischen hatte Rossetti eine weitere Waffe zum Zweck der psychologischen Kriegsführung entwickelt und zum Einsatz gebracht. Er hatte wieder ein Bild von Jane gemalt. Es stellte sie als Pandora dar, mit einer Masse schwarzem Haar, in dunkler Kleidung, eine Gestalt aus einem Grab, die einem Mann, um dessen bis in die Kindheit zurückreichende Todesängste Rossetti sehr wohl wußte, als Schreckensbild erscheinen mußte. In einem dazugehörigen Sonett warnt Rossetti Jane vor den teuflischen Gefahren enttäuschter Leidenschaft und vor dem schrecklichen Ende, das es mit ihrem Ehemann nehmen werde, sollte er sich auch nur Hoffnungen darauf machen, die Frau jemals zurückzugewinnen.

Rossetti hätte jeden direkten Bezug des Bildes zu dem Dreiecksverhältnis Gabriel–Jane–William freilich bestreiten und behaupten können, es sei von einer ganz anderen schaurigen Erfahrung inspiriert. In der Nacht des 10. Oktober 1870 hatte er auf dem Friedhof in Highgate Elizabeths Grab öffnen lassen, wozu eine Sondererlaubnis des Innenministeriums notwendig gewesen war. In Gegenwart eines Rechtsanwaltes und eines Arztes war ein Manuskriptbuch mit Gedichten dem Sarg entnommen worden, das seinerzeit Rossetti Lizzie mit ins Grab gegeben hatte. Der Arzt ließ das Buch zunächst einmal desinfizieren. Zur Erklärung dessen, was sich hinter diesem gespenstischen Vorgang verbarg, schreibt Jack Lindsay: „Sein Bedürfnis, das Buch wiederzubekommen, mutet etwas seltsam an. Er hatte ein gutes Gedächtnis, was seine Gedichte anging, und viele Leute besaßen Abschriften jener Gedichte, die in diesem Buch standen. Vielleicht empfand er eine Art von Wiedergeburt durch Jane, und das veranlaßte ihn zu dieser Handlung... jedenfalls rechtfertigte er sein Tun als Wiederkehr seiner kreativen Energien."[22]

*Die Prostituierte Fanny Cornforth, Modell und schon vor dem Tod von Elizabeth auch die Geliebte Rossettis. Später als seine Haushälterin „der liebe Elefant" genannt.*

Er versuchte wieder einmal das Bild „Gefunden" fertigzustellen und arbeitete daneben an einem „Tod der Beatrice". Und wir hören, daß ihm Mrs. Morris um diese Zeit wieder Modell saß.

Im Jahr 1870 veröffentlichte Rossetti einen Band Gedichte, in denen viele Verse einen klar auf der Hand liegenden Bezug zu seinem Verhältnis mit Jane haben. Morris hatte versprochen, eine Besprechung über das Buch zu schreiben. Er hielt dieses Versprechen, wenn ihm das auch offenbar nicht leicht gefallen zu sein scheint. An Mrs. Coronio, eine Bekannte und einer der wenigen Menschen, denen er sich zu dieser Zeit mit seinen persönlichen Sorgen anvertraute, schrieb er, als er

**Aglaia Coronio** sich endlich die Buchbesprechung abgerungen hatte: *„Ich bin gerade damit fertig geworden... puh!"*

Aglaia Coronio, von der es eine kolorierte Kreidezeichnung von Rossetti gibt, gehörte zu der griechischen Kolonie Londons, die durch ihren Reichtum und die Mäzenatenrolle vieler Kaufleute im letzten Viertel des 19. Jahrhunderts im künstlerischen Leben der Stadt eine nicht unwichtige Rolle spielte. Eine einflußreiche Familie in der Kolonie waren die Ionides, Emigranten, deren Besitz in Konstantinopel 1815 von den Türken konfisziert worden war und die dann nach England geflohen waren. Hier wurden sie als Baumwollimporteure rasch reich. Constantine, das Familienoberhaupt, auch „Zeus" oder „der Donnerer" genannt, war ein Mäzen von Rossetti. Einer seiner Brüder, Luke Ionides, wohnte in einem Haus in Holland Park, das die Firma Morris & Co. ausgestattet hatte. Er war mit Whistler befreundet. Eine Schwester, Nellie, war mit Whistlers jüngerem Bruder William verheiratet. Aglaia war die zweite Schwester Constantines und in London eine stadtbekannte Schönheit. Das Porträt von Rossetti aus der Zeit um 1870 zeigt ein ruhiges, ernstes Gesicht mit großen nachdenklichen Augen und einer gewissen Ähnlichkeit mit Jane. Rossetti und verschiedene seiner Freunde aus dem Kreis der Präraffaeliten waren mit den Ionides um das Jahr 1864 bekannt geworden, und zwar durch Luke, der als Geschäftsmann nicht sehr erfolgreich war, sich aber unter Künstlern in seinem Element fühlte. Luke, der sich zu Morris hingezogen fühlte, schildert, wie er einmal Zeuge eines Gesprächs wurde, in dem Morris einen Freund zu trösten versuchte, der von seiner Frau verlassen worden war: „,Überlegen Sie doch mal, alter Junge', sagte Morris zu ihm, ,wieviel besser es ist, daß Ihre Frau Sie verlassen hat als wenn umgekehrt Sie, ihrer überdrüssig, sie verlassen hätten.' Ich denke wirklich, er rettete diesem Freund durch sein Verständnis und seine Hilfe das Leben. Obwohl er ein starker Mann war, hatte er die Empfindlichkeit einer zarten Frau... Wenn es mir unerträglich schlecht ging und ich dann zwei Stunden mit ihm zusammen war, fühlte ich mich absolut glücklich. Ich habe ihn immer mit einer Seebrise verglichen, die einem alle schlechten Dämpfe aus dem Kopf vertreibt."[23]

Aglaia, die Morris bei der Ausstattung der Wohnung ihres Bruders näher kennengelernt hatte, war eine sympathische und intelligente Person, die mit Morris wie auch mit Rossetti in einem vertraulichen Briefwechsel stand. Morris wirkte in vielen seiner Briefe an Aglaia weitaus lockerer und offener als in der Korrespondenz mit Jane. Trotz Morris' zunehmender Animosität gegenüber Rossetti und seinem Vertrauen zu Aglaia blieb auch ein freundschaftlicher Kontakt zwischen ihr und Rossetti bestehen. Dieser schätzte ihr Urteil. Sie kaufte mehrere Bilder von Whistler und nahm regen Anteil an Rossettis künstlerischer Entwicklung. Als sie ihm eine Änderung an seinem Gemälde „Der Tagtraum" — wiederum ein Porträt Janes — vorschlug, ging er darauf ein und notierte mit Befriedigung, das Bild habe dadurch viel gewonnen. Um 1870 fragte Rossetti sie häufig in Sachen der Literatur und beim Malen um Rat.

Auch das Gemälde „Dantes Traum" steht mit der Beziehung von Rossetti zu Jane in Zusammenhang. Es stellt die tote Beatrice, schräg aufgerichtet in einem Alkoven liegend, dar. Dante beugt sich über sie und küßt sie auf die Wange. Ein Bild, das eine beträchtliche Intimität ausdrückt... das mit dem Wunsch auf oder den der Erinnerung an solch intime Augenblicke ein böses Spiel treibt. Welcher Art waren diese Intimitäten? Über diese Frage sind von den Biographen der beiden Männer schier endlose Spekulationen angestellt worden. Nicht alle lassen sich als bloßer Voyeurismus abtun. Mir scheint das, was Paul Thompson über die Liebesbeziehung zwischen Rossetti und Jane feststellt, der Wahrheit deshalb am nächsten zu kommen, weil es die Zeitatmosphäre als bestimmenden Faktor in Rechnung stellt.

Thompson kritisiert jene Biographen, die an sexuellen Umgangsformen des 20. Jahrhunderts orientiert sind, und ausgehend von diesen Vorstellungen, die zahlreichen Anspielungen in den Briefen und Versen zu deuten bzw. zu entschlüsseln versuchen: „Wir wissen sicher, daß Rossetti Jane liebte und daß sie oft unter ein und demselben Dach geschlafen haben — nicht mehr. Wir vergessen leicht, wie furchtbesessen, verschämt und schlecht informiert viktorianische Frauen in Sachen Sexualität waren, oder auch, daß ja immer Dienstpersonal mit im Haus war, das natürlich neugierig auf eine Sensation auf der Lauer lag... und Jane beschäftigte in ihrem Haushalt Ende 1870 nicht weniger als drei Mädchen, einen Koch und einen Laufburschen. Wir wissen nicht einmal, was sie für Rossetti empfunden haben mag. Die wenigen Briefe an ihn, die erhalten geblieben sind und denen bisher erstaunlich wenig Beachtung geschenkt wurde, wirken freundlich und sensibel, mit manchmal aufblitzendem Humor, lassen aber eigentlich keine Deutung in dem Sinn einer großen Leidenschaft von ihrer Seite her zu. Und Rossettis Verhalten, seine demonstrative Neurose und Verzweiflung, sein Selbstmordversuch, deuten stark auf eine Affäre hin, die intensiv war, aber unerfüllt blieb."[24]

An diese Analyse anschließend, scheint auch noch Roderick Marshalls ironischer formuliertes Urteil als Ergänzung bedenkenswert: „Gewiß mag es da leidenschaftliche Küsse gegeben haben, aber es ist denn doch die Frage, in welchem Ausmaß die Gewänder des Sichentziehens und der Unberührbarkeit, in die Jane sich hüllte, je abgestreift wurden. Sie sonnte sich in der Bewunderung berühmter Männer. Wohl immer noch in Erinnerung an das rücksichtslos-rohe Verhalten ihres Vaters, des Kutschers, der sie so bereitwillig an Morris ausgeliefert hatte, scheint sie männlicher Zuneigung nie mehr voll und ganz vertraut zu haben."[25]

Die Gedichte von 1870, die den Beischlaf mehr oder minder offen andeuten, verraten eine Tendenz versteckter Bosheit. Es scheint, als habe Rossetti in diesem Jahr unbedingt bei Morris einen Ausbruch von Zorn und Eifersucht provozieren wollen, als sei ihm jedes Mittel dazu recht gewesen. Daß es dazu nicht kam, ist ange-

Viktorianische Leidenschaften

*Georgiana Burne-Jones, Porträt von Sir Edward Poynter, 1870.*

**Maria Zambaco**

sichts von Morris' sonst recht ungezügeltem Temperament und seiner Sensibilität erstaunlich. Das läßt sich auch nicht allein mit Großmütigkeit oder Freundestreue zu Rossetti erklären, dem er gewiß viele Verrücktheiten nachsah, weil sie ihm als Folge seiner Schuldgefühle erschienen. Die Situation war komplizierter, und der Schlüssel zu ihrem Verständnis ist außerhalb des Dreiecks Gabriel-Jane-William zu suchen.

Um das Jahr 1869 war auch Morris' Verhältnis zu Georgiana intensiver geworden. Zu dieser Zeit hatte deren Ehemann Edward eine melodramatisch verlaufene Liebesaffäre mit Maria Zambaco, einer griechischen Schönheit. Das Verhältnis hatte schon 1867 begonnen und dauerte bis 1871. Geboren in Athen im Jahre 1843, war Maria die Tochter des reichen, aber in zwielichtige Geschäfte verwickelten Baumwollhändlers Hadji Cassevetti, der 1858 starb, worauf Mutter und Tochter nach England übersiedelten und dort bei ihren Verwandten, dem Ionides-Klan, lebten. Maria, leidenschaftlich und eigensinnig und „wirklich eine wunderbare Schönheit", wie ein Zeitgenosse notierte, heiratete gegen den Widerstand ihrer Verwandtschaft 1861 den etwas langweiligen, wenn auch freundlichen Mediziner Demetrius Zambaco. Sie lebte mit ihm in Paris. Er war dort der Arzt der griechischen Kolonie. 1866 verließ sie ihn und tauchte in Künstlerkreisen in London auf. Sie war wohlhabend, ihr Vater hatte ihr ein Vermögen von 80.000 Pfund hinterlassen. Sie betätigte sich als Bildhauerin und stellte Medaillons her. Mit ihrem gloriosen roten Haar und ihrer fast phosphoreszierend-weißen Haut — so beschreibt sie ihr Cousin Luke Ionides — beeindruckte sie Edward, als sie mit ihrer Mutter in sein Atelier kam. Eine gewisse Verletzbarkeit scheint sie für ihn besonders anziehend gemacht zu haben. Wie Georgiana schreibt: „Zwei Qualitäten waren es, die Edward Zeit seines Lebens zu beeindrucken vermochten: Schönheit und Unglück." Er selbst sprach von ihr als eine „Woge auf der See", womit er wahrscheinlich auf ihr Temperament anspielt. Seine Obsession für sie, die ihn gefühlsmäßig erschöpfte, war immerhin der Anstoß zu einer Serie von Porträts. Es war ein ganz ähnliches Verfallensein an ein schönes Gesicht, wie wir es schon bei Rossetti erlebt haben, wobei Burne-Jones auch ein technisches Problem besonders beschäftigte: „Keines ihrer beiden Profile gleicht dem anderen... und das volle Gesicht ist wieder anders."

Georgiana erfuhr zunächst nichts von der Schwärmerei ihres Mannes. 1868 machte Edward den Versuch, mit Maria zu brechen. Was darauf geschah, schildert am 23. Januar 1869 Rossetti in einem Brief an Madox Brown: „In der Affäre des armen Ned (Burne-Jones) ist es nun zum Eklat gekommen. Er und Topsy (Morris) sind nach den widerlichsten Vorfällen plötzlich nach Rom abgereist. Sie haben eine griechische Dame (Maria) zurückgelassen, die alle Freunde abklappert und wie Kassandra heult. Georgie ist hier geblieben. Und heute höre ich nun, daß Top und Ned überhaupt nicht nach Dover gefahren sind. Ned soll so fürchterlich krank sein, daß sie wahrscheinlich nach London zurückmüssen."[26]

Ursache all dieser Aufregung war der Vorschlag Marias gewesen, zusammen mit Edward Selbstmord zu begehen. Nachdem er dazu wenig Neigung zeigte, hatte sie versucht, allein aus dem Leben zu gehen, indem sie sich vor dem Haus Brownings in den Paddington-Kanal stürzte. Edward hatte Steine ins Wasser gerollt, um sie vor dem Ertrinken zu retten. Dabei hatte ihn ein Polizist beim Schlafittchen bekommen, der die Szene als Mordversuch gedeutet zu haben schien.

Die Situation spitzte sich weiter zu, als ein gewisser Howell, „der böse Genius der Präraffaeliten", Maria im Hause Burne-Jones Georgiana vorstellte. Als Edward das Zimmer betrat und sah, was da geschah, wurde er ohnmächtig, schlug mit dem Kopf gegen die Kante eines Möbelstücks und verletzte sich dabei ernstlich. Georgiana behielt, als sie um die Affäre wußte, einen kühlen Kopf und rettete dadurch die Ehe. In Morris hatte sie zu dieser Zeit einen guten und verläßlichen Freund, dem auch Edward vertraute. Daß Edward und sie William in gewissem Sinn bewunderten, geht aus den „Memorials of Edward Burne-Jones" nur zu deutlich hervor. Auch wissen wir, daß in den zurückliegenden Jahren zwischen dem Ehepaar Morris und dem Ehepaar Burne-Jones eine sehr enge Freundschaft bestanden hatte.

1870 begann Morris, der immer schon eine große Vorliebe für Kalligraphie, alte Manuskripte und deren Illustrationen gehegt hatte, selbst illustrierte Handschriften herzustellen. Die erste Arbeit dieser Art war „A Book of Verse", eine Anthologie seiner Lieblingsgedichte. Zwei Jahre später schrieb er das Rubaiyat des Omar Khayyam ab. Beide Handschriften schenkte er Georgiana. Man kann darin kaum etwas anderes als eine besondere Auszeichnung, eine Huldigung, sehen, die einer Liebeserklärung mit künstlerischen Mitteln gleichkam. Was als gegenseitiger Beistand in Ehenöten begann, scheint als Liebe geendet zu haben, als eine besondere Art von Liebe, der die Freundschaft zu Edward nie geopfert wurde.

Morris, der Kalligraph

*Jane Morris in der Pose der femme fatale. Eine Aufnahme Rossettis in seinem Haus in der Cheyne Walk, London.*

**Grenzen der Freundschaft**

In dem Gedicht „Gewitter im Garten" hat Morris den entscheidenden Augenblick seiner Beziehung zu Georgiana beschrieben: Ein Mann und eine Frau, die einander lange kennen, erleben in einem Park bei Ausbruch eines Gewitters so etwas wie einen absoluten Augenblick. Ihre Finger verschränken sich, sie küssen sich; für die Dauer des Gewitters währt ihr Glück, verborgen vor der Neugier der Welt durch den Regendunst. Dann wird der Donner leiser, eine Brise kommt auf, über einem Kirchendach wird der Mond sichtbar. Sie betreten wieder das Haus. Sie kehren damit in eine Welt zurück, in der die Gebote der Konvention wieder gelten. Es ist undenkbar, den in diesem Gedicht dargestellten Vorfall mit Jane in Zusammenhang zu bringen, von der immer wieder berichtet wird, daß sie zu dieser Zeit auf die leiseste Berührung durch ihren Ehemann mit heftigster Abwehr reagierte. Und dies ist nicht der einzige Bezugspunkt in Morris' Lyrik und seinen späteren Fantasy-Romanen, der eine enge, ja innige Beziehung zwischen ihm und Georgiana andeutet. Selbst die als Memoiren-Schreiberin so diskrete Georgiana — sie erwähnt beispielsweise die Liebesaffäre Edwards und Marias mit keinem Wort — wird in den „Memorials" deutlich: „Nichts unterbrach je die Intimität mit Morris. Die Freundschaft war wie eine Naturgewalt."

Nachdem die Familie Burne-Jones 1868 „The Grange" bezogen hatte, ein Haus ziemlich weit vom Queen Square entfernt, wurde es zur Gewohnheit, daß William jeden Sonntagmorgen zum Frühstück herüberkam und den Vormittag mit Edward in dessen Atelier verbrachte. Wenn das Wort vom „Hausfreund" ohne Beigeschmack gebraucht werden kann, so hier. Morris muß sich gesagt haben, daß es lächerlich gewesen wäre, Rossetti wegen eines Gefühls Vorwürfe zu machen, das er selbst nur zu gut kannte: Zuneigung und Liebe zur Frau eines engen Freundes. Worunter er mehr gelitten zu haben scheint, war das viktorianische Übel der Unehrlichkeit, die Tatsache, daß selbst zwei Freunde sich darüber niemals offen miteinander aussprechen konnten. So ergab sich „jene Dunkelheit", in der er das Gefühl hatte, die Substanz seines Lebens zerrinne ihm zwischen den Fingern, wie es in einem Brief — wahrscheinlich an Georgiana gerichtet — heißt.

Morris wird es nicht entgangen sein, in welche Abgründe die Suche nach absoluter Schönheit ihn und seine engsten Freunde geführt hatte. Daß es Augenblicke gab, in denen er an Selbstmord dachte, ist einigen Gedichten zu entnehmen. Und es scheint Georgiana gewesen zu sein, deren Zuneigung ihm über solche Depressionen hinweghalf. Dann wieder fand er Vergessen im Schreiben und in der Arbeit für die „Firma". Zufriedenheit brachte es ihm, wenn er eine neue handwerkliche Fertigkeit erlernte.

Es war Zeit, nach einer neuen bestärkenden Lebensphilosophie Ausschau zu halten. Seine Jugend war endgültig vorbei. Das Mannesalter begann.

# VIII. Nordwärts-ho – oder Island und Stoizismus

*„Ah, shall Winter mend your case:*
*Set your teeth the wind to face.*
*Beat the snow, tread down the frost!*
*All is gained when all is lost."*
                                        *William Morris, 1871*[1]

*„Nun, indem er die rauhe Kultur und die gefrorenen Weiten von Island erkundete, fand er dort nicht nur ein Echo seines eigenen Zustands der Einsamkeit, sondern eine Quelle des Mutes und der Hoffnung, durch die er sich vom ‚müßigen Sänger leerer Tage' in einen leidenschaftlichen politischen Aktivisten und Reformator verwandelte. Die Erfahrung Island setzte dem Eskapismus ins Mittelalter bei Morris ein Ende und inspirierte ihn, weiterzugehen und zu versuchen, die Dinge der modernen Welt zu verändern."*
                                        *Ian Bradley, 1978*[2]

*147*

**Isländische Übertragungen**

Im Herbst 1868 machte Morris die Bekanntschaft des Isländers Eirikr Magnusson. Er war ein Jahr älter als Morris und Pfarrer; seine Kirche hatte ihn 1862 nach England geschickt, um den Druck einer Ausgabe des Neuen Testaments in isländischer Sprache zu überwachen. Durch eine Zufallsbekanntschaft auf dem Schiff war Magnusson dazu angeregt worden, ein norwegisches Wörterbuch zusammenzustellen und eine Folge isländischer Legenden ins Englische zu übersetzen. 1871 bekam Magnusson eine Anstellung als Dozent in Cambridge und erwies sich dort als ein ausgezeichneter Sprachlehrer.

Warington Taylor hatte die Bekanntschaft zwischen Morris und Magnusson vermittelt. Die beiden Männer waren gleichermaßen sofort voneinander eingenommen. Bezeichnenderweise bestand auch in ihrer äußeren Erscheinung eine große Ähnlichkeit. Magnusson ging bereitwillig auf Morris' Bitte ein, ihm Sprachunterricht zu geben. Dessen Methode, sich eine Fremdsprache anzueignen, war für die damalige Zeit einigermaßen ungewöhnlich, kam aber modernen Techniken recht nahe. „Sie werden meine Grammatik sein, während wir übersetzen", sagte er zu Magnusson, „ich will an die Literatur ran. Ich will die Geschichten haben. Ich will den Spaß dabei." Ungeduldig wie immer übersetzte er, ehe er genau verstand. Dank seiner intuitiven Fähigkeiten und einer gewissen Affinität zu den isländischen Sagaerzählern hatte er bald erstaunliche Erfolge.

Er traf sich dreimal in der Woche mit Magnusson zu Sitzungen von jeweils drei Stunden. Der Lehrer fertigte eine wörtliche Übertragung an, die Morris sprachlich und dramaturgisch bearbeitete. Den ersten Text, den sie auf diese Weise ins Englische übertrugen, war die „Saga von Gunnlaug Wurmzunge", welche im Januar 1869 in der „Fortnightly Review" erschien. Ende 1869 folgte die „Geschichte von Grettir dem Starken" und 1870 die „Völsungen Saga". Diese und andere Übersetzungen wurden zunächst einzeln veröffentlicht. 1890 dann legte Magnusson den Editionsplan für die sogenannte „Saga-Bibliothek" vor. In fünf Bänden wurde das seit 1870 übersetzte Textmaterial präsentiert.

Magnusson ermunterte Morris auch dazu, Sagastoffe zu adaptieren, sie also als Stoff für eigene Texte zu benutzen. Zunächst hatte Morris Bedenken, die aber nicht sehr lange gedauert haben können, denn schon im Juni 1869 bearbeitete er eine zentrale Episode aus der Saga „Die Leute vom Lachswassertal" für das „Irdische Paradies". Die Geschichte heißt in der Version von Morris „Die Liebhaber der Gudrun". Erzählt wird von den beiden Freunden Kiartan und Bodli, die beide in die schöne und stolze Gudrun verliebt sind. Gudrun ist Kiartan versprochen. Ehe sie aber heiraten, entschließt sich dieser, sich an einem Raubzug nach Norwegen zu beteiligen. Von dieser Reise kehrt zunächst Bodli zurück. Er berichtet, Kiartan habe Gudrun aufgegeben. So veranlaßt er sie dazu, ihn zu heiraten. Kiartan, der später nach Island heimkommt und Gudrun mit dem Freund verheiratet vorfindet, nimmt enttäuscht eine andere zur Frau. Gudrun durchschaut Bodlis Betrug. Ebenso zornig über diese Täuschung wie über Kiartans Treulosigkeit, macht sie ihrem Ehemann das Leben zur Hölle und schürt Streit zwischen den beiden Freunden. Bodli lockt Kiartan in einen Hinterhalt, tötet ihn, wird aber seinerseits das Opfer der nun zwingenden Blutrache.

Im Erzählstil hebt sich diese Geschichte deutlich von den übrigen Episoden des „Irdischen Paradieses" ab. Die Betonung liegt auf der Darstellung der Personen und nicht, wie in zahlreichen anderen Geschichten des Gedichts, auf den Landschaftsbeschreibungen. Kiartan tritt als Charakter deutlich hervor. Er ist glaubwürdig als handelnde Person. Mit der Erzählung von Bodlis Empfindungen ist eine

*Vorige Seite:*
*Kelmscott Manor,*
*Ansicht von Nordosten.*

„Gunnlaug Wurmzunge"

*Karikatur von Edward Burne-Jones, die er so kommentiert: „Morris ist aus Island zurück und unterliegt mehr denn je seiner Leidenschaft für Eis und Schnee und rohem Fisch."*

Situation gegeben, deren Darstellung Morris Gelegenheit bot, sich einiges über seine eigene Ehe von der Seele zu schreiben. Dann wird mit einem langen Zeitsprung weitererzählt: Gudrun blickt als alte Frau auf ihr Leben zurück. Auf die Frage, wen von den beiden Männern sie wirklich geliebt habe, antwortet sie: „Ich habe dem das Schlimmste angetan, den ich am meisten liebte."

Wenn sich die Gudrun-Geschichte von den anderen Episoden im „Irdischen Paradies" durch ihre Realistik vorteilhaft abhebt, so bleibt sie doch hinter der Wirkung des Originals zurück. Die Empfindungen der handelnden Personen werden nicht ausgespart wie in der Saga der Vorlage, und es tritt auch insofern eine Verfälschung ein, als das Lebensgefühl der Personen so wiedergegeben wird, als handele es sich um eine Gesellschaft, in der der Verhaltenskodex ritterlicher Ehre und romantischer Liebe herrscht.

Gehen wir zurück auf den allerersten Text, den Morris mit Magnusson 1868 las, übersetzte und sofort publizierte, die schon erwähnte „Saga von Gunnlaug Wurmzunge". Sie erzählt von zwei Krieger-Dichtern, der eine rot-, der andere schwarzhaarig, die dasselbe Mädchen, Helga, lieben. Versprochen ist sie dem Gunnlaug, der Wurmzunge genannt wird, weil in seinen Reimen immer etwas Bitteres anklingt. Helga verspricht, drei Winter auf Gunnlaug zu warten, der zu einer Aventüre aufbricht. Als er nach drei Jahren nicht zurückkehrt, heiratet sie seinen Rivalen Rabe. Aber Rabe schläft schlecht im Ehebett. Er träumt, er werde, während er in Helgas Armen liege, zusammengeschlagen; sie könne das Blut nicht mehr stillen, das aus seinen Wunden hervorspritzt. Helga hat, wie im Traum vorhergesehen, auch in der Wirklichkeit kein Mitleid mit Rabe. Durch Druck auf ihren Vater hatte er die Ehe erzwungen. Als Gunnlaug zurückkehrt, verläßt sie Rabe. Es kommt, was kommen muß, die beiden Männer kämpfen um Helga, Rabe verliert bei diesem Kampf ein Bein. Als Gunnlaug dem Verwundeten in seinem Helm Wasser bringt, wird er von seinem Gegner heimtückisch ermordet. Helga heiratet einen dritten Mann. Sie stirbt schließlich, rote Fäden aus einem Mantel ziehend, den Gunnlaug ihr einst geschenkt hat.

Parallelen im Handlungsmuster zu dem Konflikt zwischen Morris, Rossetti und Jane sind nicht zu übersehen. Ein dritter Text, um 1870 übertragen und als Übersetzung von Morris kalligraphisch gestaltet, ist „Die Geschichte von Kormak", abermals eine Saga, die von Liebe und Eifersucht handelt. Kormak, ein berühmter Dichter und Krieger wie Gunnlaug, liebt Steingerd von jenem ersten Augenblick an, da er nur ihre Füße sieht, die er dann in einem Gedicht besingt. Steingerd erwidert die Zuneigung trotz des Widerspruchs ihres Vaters. Aber eine Hexe verflucht Kormaks Liebe und prophezeit ihm, es werde ihm daraus nur Unglück erwachsen. Die Hochzeit wird festgesetzt, aber der Bräutigam erscheint nicht. Er ist aufgehalten worden; der Fluch der Hexe beginnt sich zu erfüllen. Kormak wird dann als Krieger berühmt. Er trägt viele Duelle aus, tötet aber keinen seiner Gegner. Steingerd könnte Kormak heiraten. Zweimal geht sie mit anderen Männern die Ehe ein. Einmal verbringt Kormak eine Nacht bei Steingerd — aber ein Brett liegt zwischen ihm und der geliebten Frau. Immer noch, wie er es anfangs versprochen hat, zu jeder Jahreszeit ein neues Lied auf seine Geliebte dichtend, fällt Kormak schließlich bei einem Wikinger-Angriff in Schottland.

Es ist auffällig, wie viele Helden jener Sagas, die Morris entweder übersetzte oder bearbeitete, durch Zauber in eine Art Trance versetzt werden, in der sie hinfort leben müssen. Es liegt nahe, sie als eine Metapher für jenen Zustand zu betrachten, in dem sich Morris selbst in diesen Jahren empfand. Morris sah also wahrscheinlich im freien Gebrauch der Sagas die Möglichkeit, eigene Probleme in die schon vorhandenen Geschichten zu projizieren. Er erlebte dabei, daß es anderen Menschen vor ihm ähnlich ergangen war wie ihm selbst, daß sein individueller Konflikt auch ein Grundmuster menschlicher Existenz darstellte. Aber die Beschäftigung mit den Sagas brachte mehr: hier wurde ein Verhaltenskodex aufgezeigt. Roderick Marshall geht so weit zu behaupten, daß Morris sich instinktiv zu den „barbarischen und schrecklichen Geschichten aus Island" hingezogen gefühlt habe, um damit seine Mordphantasien gegenüber Rossetti und Jane abzureagieren.

Morris selbst hat in einem Brief davon gesprochen, er habe die Sagas zu übersetzen begonnen, um „das Nichts seines Lebens" mit etwas aufzufüllen, und er hat die Werte, die er in diesen Texten fand, selbst so gekennzeichnet: *„Für uns moderne Menschen liegt der Reiz jener Aufzeichnungen über einen vergangenen Zustand des Lebens hauptsächlich in dem Umstand, daß wir Ereignisse, die im wesentlichen wahr sind, hier lebendig und dramatisch von Menschen wiedergegeben finden, welche die Sitten, das Leben und die Bewußtseinshaltung der Akteure genau kannten... Der Sagaerzähler ist beispielsweise unerbittlich in seiner Betrachtung von Grettirs Charakter, dieser ist derselbe Mensch am Anfang wie am Ende. Er hat bei allem, was er tut, Unglück, aber etwas macht ihn auch stark genug, dieses Unglück zu ertragen. Er betrachtet die Welt mit einer gewissen Skepsis, aber dennoch ist er zur Freude fähig und entschlossen, aus allem das Beste zu machen und sich durch trügerische Erfahrungen nicht täuschen zu lassen. Weder hadert er, noch beklagt er sich über Schicksalsschläge, weil er weiß, daß sie notwendigerweise mit dem Leben verbunden sind."*[3]

Widerstandsfähigkeit, Durchhaltevermögen und Mut angesichts härtester Schicksalsschläge: das waren Eigenschaften, die Morris für die eigene Gesinnung den Sagas entnahm. Es ist eine Art existentieller Stoizismus, wie er den Helden Hemingway'scher Kurzgeschichten oder der Romane Albert Camus' später zu eigen sein wird, und somit eine Haltung der Moderne.

In jene Zeit der Beschäftigung mit der isländischen Saga-Literatur fällt nun ein Ereignis, das für Morris' folgende Lebenszeit von weit größerer Bedeutung wurde als er das selbst zunächst geahnt haben mag.

Seine beiden Töchter waren nun neun- und zehnjährig, die Wohnung am Queen Square alles andere als bequem, das Londoner Klima tückisch. Janes Gesundheitszustand ließ weiter zu wünschen übrig. All dies führte zu der Überlegung, ein Haus auf dem Land zu mieten, damit Jane und die Kinder „an die frische Luft" kämen. Er selbst würde einen Zufluchtsort haben, an den er sich wenigstens vorübergehend vor der Hektik seiner Londoner Arbeitstage zurückziehen konnte, um beim Fischen und auf Spaziergängen Ruhe zu finden. Möglich, daß er auch hoffte, sein Familienleben den neugierigen Blicken der Gesellschaft, in der nun immer häufiger über das Verhältnis zwischen Rossetti und Jane geklatscht wurde, zu entziehen. Dafür spricht jedenfalls, daß sich Rossetti an der Mietsumme für ein solches Anwesen beteiligte und Morris dieser Regelung zustimmte, obwohl ihr Verhältnis zueinander immer schwieriger geworden war. Im Mai 1870 schrieb Morris an Faulkner: *„Ich habe mich nach einem Haus für die Frau und die Kinder umgesehen, und was meinst Du, worauf mein Blick ruhen blieb? Auf Kelmscott, einem kleinen Dorf oberhalb von Radscoot Bridge... ein Himmel auf Erden. Ein altes elisabethanisches Steinhaus wie Water Eaton, und welch ein Garten, nahe dem Flußufer, mit einem Bootsufer. Alles passend."*[4]

Im Hinblick auf die späteren Ereignisse tut man gut daran, noch einmal zu betonen, daß Morris und Rossetti Kelmscott Manor am Nordufer der Themse, nahe Lechlade, auf der Grenze von Gloucester und Oxfordshire *gemeinsam* für die Summe von sechzig Pfund im Jahr mieteten. Offenbar aber waren die Vorstellungen der beiden Männer über den Verwendungszweck des Hauses sehr unterschiedlich. Während sich Rossetti in Kelmscott so einrichtete, als wolle er von nun an hauptsächlich dort leben — er ließ sehr bald seine Möbel kommen und brachte auch Tiere mit —, sah sich Morris, wenn er von London ein paar Tage nach Kelmscott aufs Land gehen wollte, dort als unerbetener Gast behandelt. Rossetti ging davon aus, daß nach seinem Lebensstil sich jeder zu richten habe.

Er pflegte bis in die Morgenstunden aufzubleiben, dann ein starkes Schlafmittel zu nehmen. Danach erwachte er jeweils gegen Mittag und bestellte sich ein Frühstück mit vier halbrohen Spiegeleiern und Schinken, die er, ohne eine Gabel zu benutzen, vom Teller aufschlürfte. Er scheint eine kindische Freude daran gehabt zu haben, Morris durch diese und andere Unarten zu provozieren. Morris jedenfalls kam immer seltener nach Kelmscott; er kaufte sich 1872 ein kleines Haus in Chiswick und lebte dort, wenn ihn nicht ohnehin die Arbeit für die „Firma" und deren Werkstätten in London festhielt.

Später sollte sich Kelmscott Manor noch als eine der großen Tröstungen, als ein neues „Paradies", in Morris' Leben erweisen, und es ist schwer vorstellbar, daß ihm Haus und Umgebung nicht gleich von Anfang an als eine jener Inseln des Glücks vorgekommen sind, nach denen er Zeit seines Lebens auf der Suche war.

Kelmscott Manor war das typische, unregelmäßig gebaute Herrenhaus aus der Zeit der ersten Elisabeth, mit vielen Um- und Anbauten, wie sie Morris als eine Art von historischer Patina hoch schätzte. Was bei Red House nachahmend angestrebt worden war, hatte sich in Kelmscott im Laufe einiger Jahrhunderte von selbst ergeben. Das Haus stand und steht noch heute in einer Landschaft, die man in England als das „stille Tal" der Themse bezeichnet und die niemand, der sich länger in ihr aufgehalten und sie durchstreift hat, so leicht wieder vergißt. In gewisser Hinsicht hat sie Ähnlichkeit mit der Landschaft, in der Morris seine Kindheit verlebte. Auf dem Fluß sind es dreißig Meilen bis Oxford und drei Meilen bis zu dem Landstädtchen Lechlade. Es ist eine liebliche Landschaft, in der mäßig hohe Hügel sich vor weiten Horizonten erheben, eine Landschaft voll schöner alter Bäume und sich weit hinziehender Weiden. In den meisten Dörfern gibt es schöne, kleine, teilweise

Ein Haus auf dem Lande

**Eine Landschaft des Glücks**

sehr alte Kirchen, in deren Mauerwerk die Geschichte ihre Spuren eingegraben hat. Es gibt aber auch sehr eindrucksvolle weltliche Bauten wie die große Zehntscheune von Coxwell, die Morris für eines der schönsten historischen Gebäude von ganz England zu halten geneigt war. Alles in allem wirkt die Landschaft wie ein weiter englischer Park, in dem nicht nur die in das Gras eines Hügelabhangs eingeschnittenen weißen Pferde, das Straßenbild der Dörfer und Landstädtchen, die uralten Brücken und Grabplatten in den Kirchen geschichtliche Assoziationen hervorrufen.

Wenn es eine Landschaft gibt, in der man sich einen Menschen wie Morris als glücklich vorstellen kann, so sind es die Cotswolds und die Umgebung von Kelmscott.

Aber das Paradies war zunächst einmal vom Freund, der zum Erzfeind geworden war, besetzt, und Morris schien weder Neigung noch Kraft zu haben, um die Auseinandersetzung mit ihm aufzunehmen. Statt dessen reiste er im Sommer 1871 zusammen mit Magnusson und Faulkner nach Island und entdeckte dabei etwas, was ihn in seiner weiteren Entwicklung entscheidend voranbrachte, nämlich die Fähigkeit, aus sich selbst zu leben.

Morris war begeistert von dem harten Leben der Menschen in diesem entlegenen, unwirtlichen Land, das ihm als das genaue Gegenteil der zu Luxus und Bequemlichkeit neigenden viktorianischen Gesellschaft erschien. *„Du kannst Dir gar nicht vorstellen"*, schrieb er von unterwegs an Jane, *„was für ein gutes Stew ich zuzubereiten verstehe und wie gut es mir gelingt, Speck zu braten."* Aus seinen Tagebuch-Eintragungen geht hervor, welch tiefen Eindruck die isländische Landschaft auf ihn machte. Während er sonst in Beschreibungen zu Verallgemeinerungen neigt, sind die Landschaftsschilderungen in seinem isländischen Tagebuch präzis, realistisch und mit liebevoller Hinwendung zum Detail.

Am 6. Juli waren die drei Männer, denen sich noch der Armeeoffizier W. H. Evans angeschlossen hatte, mit einem dänischen Paketboot von Granton ausgelaufen. Eine Woche später kam das Land in Sicht, dem Morris bisher nur in den Sagatexten begegnet war: *„Eine schreckliche Küste wahrlich, eine große Masse dunkelgrauer Gebirge, zurechtgeschliffen in Pyramiden und Schollen, die aussahen, als sei hier gebaut worden, und als wären die Bauten nur noch als Ruinen vorhanden."*[5]

Am Ufer eines Fjords tauchte dann eine Handelsstation, bestehend aus einem halben Dutzend Holzhäuser und einem Fahnenmast, auf. Am 16. Juli, inzwischen waren sie in Reykjavik, berichtete Morris in einem Brief über die Fahrt der „Diana" von den Faroer-Inseln nach Island: *„Ich habe nie, auch im Traum nicht, etwas so Seltsames erlebt wie unser Auslaufen aus dem letzten schmalen Sund in den Atlantik. Achtern ließen wir eine Wand Felsen in dem schattenlosen, mitternächtlichen Zwielicht zurück..."*[6]

Gegen drei Uhr morgens kam Island in Sicht. *„Es war ganz schwarz über dem Wasser, heller über dem Festland oberhalb einer Wolkendecke, die wie ein Baldachin über der Insel hing."*

„Hier", so deutet es Jack Lindsay, „waren die Wechsel und Krisen aus einem seiner Angstträume, aber nun machtvoll angesiedelt in seiner wachen Erfahrung. Er war bereit, sich den Ängsten zu stellen und sich als ein Mann zu erweisen."[7]

Von der Hauptstadt aus brach man mit Ponys ins Innere auf. *„Wir ritten nach Osten in eine unfruchtbare Ebene, dann weiter über Lava und Öden lockeren, grobkörnigen schwarzen Sandes, der dann wieder in eine mit Gras bewachsene Ebene überging, diesmal aber nicht sanft geschwungen, sondern übersät von Höckern."*[8]

Dann kamen sie in sumpfiges Gelände. An diesem Abend schoß Morris zwei  *Island in Sicht*
Regenpfeifer zum Abendessen. Er lag lange wach und hörte die Vogelrufe, die
Geräusche der weidenden Pferde und das Knattern der Zeltbahnen im heftigen
Wind. Am nächsten Morgen kochte er für die anderen das Frühstück. Sie ritten in
die Berge. Dann wieder über offene Weiten, ausgefüllt mit Lava, an einem Fluß
entlang, in dessen milchweißem Wasser es vor Lachsen nur so wimmelte.
In Oddi konnten sie sich davon überzeugen, daß die alten Sagas in der Erinnerung
der Bevölkerung noch fortlebten. Sie kamen an die Stelle, an der Njals Haus
gestanden hatte, und sahen auf drei Erdhügel in dem aufgepflügten Marschland.

*Geysir auf Island.*

Sie ritten über Weiden, auf denen zwischen üppigem Klee Enzian blühte. Bei Axe-
water lagerten sie auf einem *„herrlichen Stück moosigen Torf, nahe dem Rand des
Wassers, im Schatten des Großen Riffs, dessen wunderbare Klippe auf der anderen
Seite des Flusses nur ein paar Meter weit in der mondhellen Nacht sich deutlich
abzeichnete und über und über mit Raben besetzt war, die nicht aufhörten zu
schreien und zu krächzen, als wir uns dort niedergelassen hatten."*[9] Sie gelangten in
das Tal von Markfleet mit seinen seltsamen überhängenden Klippen: *„Mit Höhlen,
wie die Mäuler auf Buchillustrationen aus dem 13. Jahrhundert und großen, davon
abgespaltenen Säulen mit abgeflachten Spitzen, auf denen ein oder zwei Schafe gra-
sten, die der Teufel beim Schwanz genommen und dorthin getragen haben mußte."*[10]
Sie kamen an den Großen Geysir, und Morris empörte sich über den Unrat, den
Touristen dort liegen gelassen hatten. Sie blieben an dieser Stelle vier Tage, weil
Faulkner krank geworden war, und durchstreiften am 29. Juli die Wildnis der
Nordseefjorde. Sechs Tage hielten sie bei eisigem Wind und Regen in den einsa-
men schwarzen Gebirgen aus. Sie befanden sich nun in jener Gegend, die der
Schauplatz der Saga von Grettir ist.
*„Es war der schlimmste Anblick eines Gebirges während der ganzen Reise."* Sie ver-
suchten, die Höhle von Surhellir zu durchwandern, aber das von der Decke herab-

*153*

Tröstungen

tropfende Wasser löschte ihnen die Kerzen aus. Faulkner und Morris gaben auf halbem Wege zum Zielpunkt auf und ärgerten sich später, daß sie nicht mit den anderen weitergegangen waren. Auf die Hochlandmoore, in denen Grettir sich als Vogelfreier versteckt hatte, kamen sie in Hagel und Eisregen. Am 6. August erreichten sie jenen Landesteil, in der die „Saga von den Leuten aus dem Lachswassertal" spielt. Für einen Augenblick schien Morris die Grundstimmung Islands die einer unermeßlichen Trauer: *„Es ist ein fürchterlicher Flecken Erde. Abgesehen von der Hoffnung, die das unsichtbar bleibende Meer einem gibt und der seltsamen Veränderung der stachligen Gebirge jenseits des Fjordes, scheint der Rest Leere und sonst nichts. Ein Stück Torf unter deinem Fuß und der Himmel darüber, das ist alles, was es an Tröstungen für dein Leben zu geben scheint. Die Tröstung muß aus dir selbst kommen oder aus den alten Geschichten, die in sich nicht sehr hoffnungsvoll sind."*[11]

An der Nordküste, die sie bei Herdholt berührten, kehrten sie um. Beim Ausblick auf ein Lavafeld fiel Morris eine halbzerstörte Barrikade der französischen Commune auf, ein Hinweis darauf, daß er sich mit politischen Ereignissen zu dieser Zeit sehr wohl schon beschäftigte. Eine Woche später erreichten sie Grettirs Lager an den Schönholt-Fällen. *„Ein furchtbarer, wilder Ort"*, notierte Morris in seinem Tagebuch und versuchte sich die Saga-Gestalt genauer vorzustellen: *„Ein schreckliches und monströses Wesen, wie die frühen Riesen der Welt."* Mit Faulkner gab es wegen dessen heftigem Schnarchen eine komische Auseinandersetzung, die daheim immer wieder zum besten gegeben wurde. Nach dem Besuch der Thing-Stätte kehrte man nach Reykjavik zurück, wo Morris einen Stapel Briefe vorfand, die aber *„nicht mehr als die übliche Menge Enttäuschungen"* enthielten. Drei Tage, an denen es heftig regnete, besichtigten sie Museen und wurden einmal vom Gouverneur der Insel zum Essen eingeladen. Dann bestiegen sie wieder die „Diana", die am 6. September am Pier in Gratham festmachte, noch gerade rechtzeitig für Morris, um mit dem Abendzug nach London weiterzureisen.

Kelmscott fand Morris fest in Rossettis Hand. Die psychologische Kriegsführung zwischen den beiden Männern nahm an Erbitterung nur noch zu. Rossetti schrieb um jene Zeit das Märchen von dem König und seinem Ritter, die sich beide in die Förstersstochter verlieben. In kaum verschlüsselter Form beschreibt es die Situation in Oxford bei der Werbung um Jane oder gibt seine Sichtweise der Situation wieder. Der Text war, wie häufig bei ihm, als Vorstudie für ein entsprechendes Gemälde gedacht.

Seine Gemälde stellten von Mal zu Mal Jane in immer düsteren und bedrohlicheren Szenen dar. Er soll während Morris' Abwesenheit auch vorgeschlagen haben, eine der beiden Töchter zu adoptieren. Ganz abgesehen davon, daß William seine beiden Töchter sehr liebte, wird er diesen Vorschlag, sofern er ihm zu Ohren gekommen ist, als das durchschaut haben, was er wohl war: als den Versuch, ein wichtiges Hindernis bei einer möglichen Scheidung aus dem Weg zu räumen.

Morris, der in diesen Monaten selten nach Kelmscott kam und jeweils auch immer nur kurz blieb, verfaßte um diese Zeit zwei kleine Werke, die in kaum noch verschlüsselter Weise seine Einstellung zu der immer problematischer werdenden Situation zum Ausdruck brachten. Da ist zunächst einmal die lyrische Suite „Love is enough", von der der junge Shaw später einmal spöttisch zu sagen pflegte, ihr Inhalt lasse sich in dem Satz zusammenfassen, Liebe sei eben doch nicht genug. In ihr findet Pharamond, der von einer Queste zurückkommt, sein Königreich von einem stärkeren Mann besetzt. Er akzeptiert die Situation und überwindet Enttäuschung und Trauer durch Entsagung im Zeichen der Liebe. Nie hat Morris zwanghafter und verkrampfter der verfahrenen Lage einen Sinn beizulegen versucht als in diesem neuen Versepos. Die Entsagungs- und Verzeihungsgeste, mit der das Gedicht schließt, paßte wenig zu seinem Temperament und dem wachsenden Zorn, der sich durch rationale Überlegungen und Selbstkontrolle offenbar nur mühsam bändigen ließ.

„Der Roman auf blauem Papier"

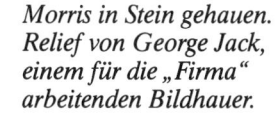

*Morris in Stein gehauen. Relief von George Jack, einem für die „Firma" arbeitenden Bildhauer.*

Morris scheint sich gesagt zu haben, Rossetti sei ein kranker Mann, eine Trennung von Jane könne man ihm nicht zumuten. So versuchte er, seinem Aufbegehren und den Anfällen von Melancholie dadurch Herr zu werden, daß er seine Probleme in Geschichten und Gedichte verwob. „Der Roman auf blauem Papier", 1982 von der William-Morris-Gesellschaft gedruckt und einem Kreis von Interessierten zugänglich gemacht, erzählt von zwei ungleichen Brüdern, die in das gleiche Mädchen verliebt sind. Nachdem Morris das Manuskriptfragment zunächst Georgiana, später dann ihrer Schwester Louisa Baldwin, zu lesen gegeben hatte, und keine der beiden Frauen ihn dazu ermutigte, es zu beenden, gab er diesen einzigen Versuch, einen realistisch-psychologischen Roman zu schreiben, auf.

Rossettis Verfolgungswahn

Mitte Mai 1872 veröffentlichte der Dichter und Kritiker Robert Buchanan einen schon früher erschienenen Artikel noch einmal als literarische Kampfschrift mit dem Titel „Die fleischliche Schule der Poesie". Er beschuldigte darin unter anderem Rossetti, ein Sensualist zu sein, der London zu einem neuen Sodom und Gomorrha mache, dem seine gerechte Strafe schon noch zuteil werden würde. Bei der Tabuisierung von Sexualität in der viktorianischen Gesellschaft kam eine solche Attacke einem Rufmord ziemlich nahe. Rossetti fürchtete vor allem, er werde Jane verlieren. Entweder, weil diese aus schlechtem Gewissen sich von ihm abwenden oder weil Morris sie nun vielleicht zwingen werde, jeglichen Umgang mit ihm aufzugeben.

Rossetti versuchte, sich gegen den Angriff durch Buchanan mit einem Artikel in „Athenaeum" zur Wehr zu setzen. Aber die wichtigeren Zeitschriften schlugen sich auf Buchanans Seite, und als am 1. Juni in der „Saturday Review" Rossetti abermals heftig kritisiert wurde, erlitt er einen Nervenzusammenbruch. Er war davon überzeugt, es gäbe eine organisierte Verschwörung gegen ihn. In der Nacht auf den 2. Juni nahm er eine Überdosis Chloral, um zu sterben, wie zehn Jahre zuvor Lizzie gestorben war. Zwei Tage lang lag er bewußtlos im Haus seines Arztes Dr. Hake. Zwischen dem Hausarzt und den Verwandten wurde erörtert, ob man ihn in eine Nervenheilanstalt bringen solle oder nicht. Nachdem der Patient sich einigermaßen erholt hatte, schickte ihn Dr. Hake zu Madox Brown. Jane, die in Kelmscott verständigt worden war, kam nach London. Nach dem Wiedersehen mit ihr faßte Rossetti neuen Lebensmut. Bei dem sich dann anschließenden Aufenthalt in einem Haus in Schottland, das Freunde ihm und seinem Arzt zur Verfügung gestellt hatten, machten sich bei Rossetti erste Anzeichen von Verfolgungswahn bemerkbar, ohne daß freilich derlei als bestimmte psychische Krankheit diagnostiziert worden wäre. Als er eines Tages mit Dr. Hake am Ufer stand und den Fischern, die mit Treibnetzen arbeiteten, zuschaute, sagte er: „Dies ist eine Allegorie meines Zustandes. Meine Verfolger kreisen mich langsam ein, gewiß werden sie irgendwann das Netz zuziehen." Selbst das freundliche „Gute Nacht" irgendeines Bauern aus der Nachbarschaft kam ihm, wie der Arzt im Juli an William Rossetti meldete, wie eine Beleidigung vor. Wenn ein Hund bellte, so war dieser, nach Gabriels Meinung, von seinen Gegnern auf ihn angesetzt worden.

Ende September 1872 war Rossetti immerhin so weit wiederhergestellt, daß er zu Jane nach Kelmscott zurückkehren konnte. Wie er selbst die Situation nun einschätzte, geht aus einem Brief an seinen Bruder hervor: „Alles hängt davon ab, daß ich nicht der Gesellschaft jener einen Person beraubt werde, die ich unbedingt brauche."

Lange war er damit beschäftigt, Studien für das Gemälde mit Jane als Proserpina zu malen. Im Gegensatz zum Sommer des vergangenen Jahres, da sie gemeinsam weite Fußwanderungen in die Umgebung von Kelmscott unternommen hatten, konnte er sich jetzt kaum noch bewegen.

Was Morris bei all dem dachte und empfand, ergibt sich aus einem Brief vom November 1872 an Aglaia Coronio. Bei aller spürbaren Zurückhaltung und allem Widerstreben, offen gegen den Freund von einst vorzugehen, deutet sich in diesen Zeilen auch an, daß Morris es seiner Selbstachtung schuldig zu sein glaubte, jetzt etwas zu unternehmen. Er schreibt:

*„Jane ist am letzten Sonntag aus Kelmscott zurückgekommen. Es scheint ihr ganz gut zu gehen, jedenfalls ist sie guten Mutes... Es sieht so aus, als müßten wir dieses Haus (Queen Square) im Frühjahr verlassen, da es Wardle (der neue Geschäftsfüh-*

*Rossetti im Jahre 1863. Die Aufnahme stammt von Lewis Carroll, dem Verfasser von „Alice im Wunderland".*

*rer) vollständig für die Firma braucht. Ich gestehe, daß mir die Aussicht auf einen Umzug ganz und gar nicht behagt. Man gewöhnt sich doch an so ein Haus, selbst wenn man, wie ich, sich so darin fühlt, als bewohne man eine möblierte Wohnung. Auf jeden Fall will ich mein altes Atelier und meine Schlafkammer hier behalten. Wenn ich schreibe, daß es eigentlich keinen Grund dafür gibt, daß ich mich niedergeschlagen fühle, so meine ich damit, daß sich meine Freunde in ihrem Verhalten mir gegenüber nicht geändert haben, und daß es keinen Streit gibt. Tatsächlich habe ich aber manchmal Angst, daß dieser Zustand nur durch meine Feigheit und Unmännlichkeit aufrechterhalten wird. Daß einem etwas fehlt, dürfte nicht auf so vieles Auswirkungen haben. Tatsächlich verdirbt es mir auch die Freude am Leben nicht immer, wie ich das vielleicht Ihnen gegenüber einmal behauptet habe. Wirkliche Freunde und eine Art von Ziel im Leben zu haben, das ist viel, so daß ich mir eigentlich sagen müßte, ich sei glücklich, und oft, wenn ich in besserer Stimmung bin, frage ich mich, was mich denn manchmal wieder in solche Wut und Verzweiflung stürzt. Ich vermute, daß mich solche Depressionen auch ohne dieses Versagen überfallen würden. Ich muß aber zugeben, daß dieser Herbst für mich eine ziemlich mißliche Zeit war. Ich bin ein gut Teil hier im Haus gewesen ... nicht allein, was ja noch ganz gut gegangen wäre ... sondern allein mit der armen Bessie (Janes Schwester). Ich sollte mich eigentlich nicht beklagen. Sie ist wirklich harmlos, ja sogar gut, und ich sollte nicht so wütend über sie sein, aber, o Gott, wie habe ich darunter gelitten, sie immer beim Essen anzutreffen und all das! Ich bin sehr froh, daß Jane jetzt wieder da ist. Sie ist zu mir eigentlich immer gut und freundlich, ihre Gesellschaft ist immer angenehm. Weiterhin war mein Umgang mit G. (Georgiana) ziemlich lange unterbrochen. Nicht wegen irgendeiner Verstimmung bei ihr oder durch meine Überschwenglichkeit, sondern durch so vieles, was eigentlich nichts ist und sich doch summiert. Dann waren Sie auch fort, und es gab niemanden, mit dem ich über Dinge, die mich ärgerten, reden konnte, was ich, um es zu wiederholen, mehr spürte, als ich dies in meiner Undankbarkeit erwartet hatte.*

*Eine andere ganz selbstsüchtige Sache ist, daß sich Rossetti in Kelmscott niedergelassen hat und dort nicht mehr fort will, was mich diesem Zufluchtsort fernhält. Unsere zufälligen Treffen, zu denen es kommt, wenn wir es nicht verhindern können, sind allein schon eine Farce. Zum anderen geht er mit dem freundlichen, einfachen, alten Haus so unsympathisch um, daß ich seine Anwesenheit dort als einen Schandfleck betrachte. Das ist natürlich sehr unverständig, wenn man überlegt, weswegen wir dieses Haus mieteten, und daß es seinen Zweck in diesem einen Jahr gut erfüllt hat. Aber ich würde es wohl auch so empfinden, wenn er nicht so romantisch unzufrieden wäre und ich dadurch nicht immer so wütend und enttäuscht. Sie sehen mich wieder einmal, liebe Aglaia, in meiner ganzen Kleinlichkeit. Bitte, ermutigen Sie mich nicht auch noch darin, aber begreifen Sie! Sie sind immer so freundlich zu mir gewesen, und das haben Sie nun davon. Ach, es verlangt mich sehr danach, nicht so engstirnig zu werden, sondern die Dinge großzügig und freundlich zu betrachten!"*[12]

Das nächste Jahr, 1873, blieb Rossetti ständig in Kelmscott. Er reiste nur gelegentlich nach London, um drohende Besuche von Fanny Cornforth auf dem Land abzuwehren.

Ende 1872 war die Familie Morris von Queen Square nach Horrington House übersiedelt. William war im Begriff, die mächtige „Heimskringla" zu übersetzen. Er durchlebte Ängste, seine eigene Einfallskraft als Autor könne erschöpft sein. Überhaupt war er weiter starken Stimmungsschwankungen ausgesetzt.

## Zweite isländische Reise

Im April 1873 reiste er zusammen mit Burne-Jones nach Italien, aber weit mehr beschäftigte ihn schon eine zweite Reise nach Island, die er sich für den Sommer vorgenommen hatte. Durch sein Vorurteil gegenüber der Renaissance, in der seiner Meinung nach der Grund für die kulturelle Fehlentwicklung in Europa zu suchen sei, brachte er sich um ein gut Teil der Kunsterlebnisse in Italien. Einem Bekannten, der ihn unterwegs überreden wollte, doch bis nach Rom mitzukommen, erklärte er: „Was kann Rom mir noch bieten, was ich nicht schon aus Whitechapel kenne."

An Jane schrieb er, man werde der ewigen Maulbeerbäume zwischen Turin und Bologna (mit großer Wahrscheinlichkeit meinte er Oliven!) denn doch rasch überdrüssig, schwärmte aber von Piemont als einem Land wie ein einziger Garten, *„so grün das Gras, gefiederte Pappeln und eine Unzahl blühender Pfirsich- und Mandelbäume."* Edward Burne-Jones war offenbar enttäuscht darüber, dem Freund nichts von seiner eigenen Italien-Begeisterung vermitteln zu können, denn an Philip Webb schrieb Morris:*„Ich bin glücklich genug, aber so, wie es ein Schwein ist. Ich kann einfach nicht die richtige Einstellung finden, um all diese Wunder in mich aufzunehmen. Ich kann nur hoffen, daß ich mich später noch werde an sie erinnern können. Vor Neid wage ich das nicht einmal zu flüstern, denn er ist schrecklich eifersüchtig auf das geringste Zeichen einer Depression in mir, da er meint, daß Florenz einen kranken Mann heilen und einen törichten klug machen müßte."*

Im selben Brief äußerte er sich kritisch über den schlechten Zustand der historischen Gebäude in Italien und fährt fort: *„Ned schimpft schon und findet, daß ich mehr Aufmerksamkeit einem Olivenbaum oder einem Topf zuwende als den Gemälden. Nun, einmal meine ich, daß ein Olivenbaum in hohem Maße der Betrachtung wert ist, und zum anderen verstehe ich mehr von Töpfen als von Bildern. Er ist professioneller Maler, und ich bin da nicht fair..."*[13]

Kaum nach England zurückgekehrt, brach er im Juli zu der zweiten Reise nach Island auf. Wieder begleitete ihn Faulkner. Etwas über zwei Monate blieben sie diesmal auf der nördlichen Insel. Wie sehr Morris sie liebte, verraten Zeilen aus einem Brief an Jane vom 18. Juli 1873 aus Reykjavik: *„Für mich ist das hier alles wie ein Traum, und das reale Leben steht still, bis dieser Traum vorbei ist."*

Jane war inzwischen wieder zu Rossetti nach Kelmscott gezogen. Gabriel fand, sie sähe besser aus denn je zuvor. Er begann, Einrichtungsgegenstände, die Morris nach Kelmscott gebracht hatte, beispielsweise einige schöne Gobelins, fortzuräumen, weil sie angeblich in dem betreffenden Zimmer nur aufgehängt worden waren, um ihm Angst zu machen. Er hielt sich eine junge Eule und schrieb ein Gedicht, mit der für die Situation bezeichnenden Zeile: „Meine Welt, mein Schaffen, meine Frau, all dies ist mir zu eigen!"

Unterdessen war Morris manchmal bis zu fünfzehn Stunden im Sattel. Die ersten Tage hielten sie sich in der vertrauten Gegend des Südwestens auf und stießen dann in die Wildnis von Mittel-Island vor. Den von Reykjavik entferntesten Punkt ihrer Reise erreichten Morris und Faulkner bei Dettfoss. Von dort aus zogen sie über das nördliche Gebirge zu dem kleinen Hafen Akureyri. Im September waren sie wieder in der Hauptstadt zurück. Von der Heimreise schrieb Morris an Aglaia Coronio:*„Die Reise war sehr erfolgreich und vertiefte die Eindrücke, die ich von Island gehabt habe, wie auch meine Liebe zu diesem Land. Ich war davon ausgegangen, es nie wiederzusehen. Trotzdem war ich voller Verlangen danach und, um die Wahrheit zu sagen, es ging mir auf der Hinreise, ehe ich in den Sattel kam, viel schlechter als ich dies in meinem Brief aus Reykjavik zuzugeben bereit gewesen bin.*

*Aber die große Schlichtheit dieses schrecklichen und tragischen Landes mit seinen Geschichten über tapfere Männer, die immer noch in aller Mund sind, ließen mich meine Verdrossenheit vergessen. Alle lieben Gesichter von Frau und Kindern, von Lieben und Freunden wurden mir noch lieber. Ich hoffe, Ihr Gesicht wird für lange darunter sein."*[14]

Begegnung mit Richard Wagner

Gleich nach seiner Rückkehr aus Island wurde Jane wieder krank. Man kommt um die Feststellung nicht herum, daß sich ihr Gesundheitszustand je nach Anwesenheit oder Abwesenheit ihres Mannes verschlechterte oder verbesserte. Morris nahm ihre Krankheit ernst und besprach sich mit Webb, welchen neuen Arzt man konsultieren solle.

Im Herbst dieses Jahres mietete sich Morris ein Modell und versuchte wieder zu malen, nur um sich bald darüber klar zu werden, daß er „nicht das nötige Gedächtnis eines Malers für Formen" besitze und sich nie einig werden könne, welchen Bildausschnitt er wählen müsse.

Einer seiner Brüder gab ihm das Libretto von Richard Wagners „Walküre" zu lesen, aber was Wagner mit der nordischen Mythologie gemacht hatte, fand er ziemlich unerträglich. Die Vorstellung, daß ein deutscher Tenor mit sandfarbenem Haar Sigurds Klage anstimmte, machte ihn lachen. Später sind sich Morris und Wagner begegnet. Im Frühjahr 1877 besuchten Richard Wagner und Cosima auf Einladung des Dirigenten Dannreuther, der mit der Schwester von Luke Ionides

*Das sogenannte „Wandteppich"-Zimmer in Kelmscott Manor. Seit dem 18. Jahrhundert befand sich dort ein flämischer Wandteppich, „Das Leben des Samson". Zwischen 1871 und 1874 benutzte Rossetti den Raum als Atelier.*

verheiratet war, London. Bei einem Galadiner, an dem Morris schließlich doch teilnahm, obwohl er keinen Gesellschaftsanzug besaß, wurde er Cosimas Tischherr, die ihn „ganz reizend" fand, während ihn doch die blauen Farbspuren auf seinen Händen (er experimentierte wieder einmal mit einem Indigo-Bottich) etwas verlegen werden ließen. Einige Tage später saß er bei einem Konzert in der Albert Hall in der Nähe der Wagners. Die Gespräche zwischen den beiden Männern scheinen aber über den Austausch von Höflichkeitsfloskeln nie hinausgelangt zu

**Vision vom glücklichen Leben**

sein. Wenn später in der deutschen Presse anläßlich der Nachrufe auf Morris' Gemeinsamkeiten in der Auffassung beider Männer hinsichtlich der nordischen Mythologie gesehen wurden, so muß das schlechthin als falsch bezeichnet werden, oder genauer: als ein Wunschtraum.

Im März 1874 wurde Morris vierzig. In einem Brief an Louisa Baldwin, in dem er sich für deren Glückwünsche bedankte, gab er sich optimistisch und meinte, trotz der runden Zahl fühle er sich wie in den alten Zeiten der Sonnenblumen, wie damals nämlich, als er in Oxford die Union-Hall ausmalte. Plötzlich entwickelt sich in diesem Brief aus einer Beschreibung seines Mißvergnügens über einen schwülen Frühlingstag in London eine Vision vom glücklichen Leben. Er schreibt: *„Ich hatte so vieles in London zu erledigen. Montag war hier ein Tag, an dem man sich am liebsten davongemacht hätte. Es war so heiß wie im Juni. Dazu war die Luft so stickig wie das in England leider häufig der Fall ist. Obwohl es doch an solchen Tagen in der Stadt gerade schlimm genug ist, weht einen statt süßen Duftes noch eine Extra-Portion Schmutzgeruch an. Wenn die Menschen statt siebzig fünfhundert Jahre lebten, würden sie sich gewiß Lebensumstände ausdenken, die sie nicht zwingen, sich an einem so häßlichen und schandbaren Ort aufzuhalten. Aber da dem nicht so ist, erklärt sich offenbar niemand dafür zuständig... und letztlich bin ich es ja wohl auch nicht, trotz allen Schimpfens... aber schauen Sie einmal: Angenommen die Menschen würden in kleinen Gemeinden leben, zwischen Gärten und grünen Feldern, so daß sie innerhalb von fünf Minuten auf dem Land wären; weiterhin einmal angenommen, sie hätten wenig Bedürfnisse, sie brauchten beispielsweise kaum Möbel und keine Hausangestellten und würden sich nur mit der (schwierigen) Kunst beschäftigen, darüber nachzudenken, wie man im Leben glücklich werden kann und herausfinden, was sie wirklich wollen: Dann, glaube ich, könnte man darauf hoffen, daß die Zivilisation wirklich beginnen würde."*[15]

In vielen Biographien bricht das Zitat dieses Briefes an dieser Stelle ab, mit dem Hinweis, daß hier zum ersten Mal in der englischen, ja überhaupt in der modernen Architektur der Gedanke der Gartenstadt anklinge, den Morris selbst in „Kunde von Nirgendwo" zum grundlegenden Muster eines utopischen Gesellschaftsentwurfs werden läßt und der in der Ära des Jugendstils in England und Deutschland von Ebenezer Howard, Hegner-Hellerau u. a. aufgegriffen worden ist. Der Brief geht aber mit Sätzen weiter, die bezeichnend für Morris' damalige Unzufriedenheit sind. Was hier von der gesellschaftlichen Situation gesagt wird, darf man getrost auch auf seine persönliche Lage beziehen: *„... das einzige, was man diesem Land wünschen kann, wären große tragische Ereignisse, damit die Menschen, wenn sie schon kein angenehmes Leben haben, was ja eigentlich gemeint ist, wenn man von Zivilisation spricht, wenigstens Erlebnisse von geschichtlicher Dimension miterleben, die ihnen Anlaß zum Nachdenken sein könnten... all dies wird wohl aber in unserer Zeit nicht mehr geschehen."*[16] In einem der nächsten Sätze spricht er davon, daß es ihm immer schwerer falle, nicht so zu reagieren, wie ihm tatsächlich zumute sei. In den nächsten Tagen müsse er auf eine Hochzeit. Was hält ihn davon ab, fragt er in diesem Brief, einfach nicht hinzugehen und zu erklären: *„Ihr seid mir egal, ich bin Euch egal, und ich bin nicht gewillt, einen kostbaren Tag meines Lebens damit zu verbringen, daß ich Euch angrinse."*[17]

Wen mag er nicht angrinsen? Die da heiraten, sind William Rossetti, der jüngste Bruder Gabriels, und Lucy, die Tochter von Madox Brown. Man erkennt daraus, wie weit die Spannungen zwischen Morris und Rossetti schon auf den Kreis der alten Freunde übergegriffen haben. Lager und Fronten haben sich gebildet. Selbst auch nur sich mit Verwandten von Gabriel Rossetti zu treffen, ist Morris verhaßt. In diesen Monaten muß er sich darüber klar geworden sein, daß die offene Auseinandersetzung mit Rossetti unvermeidlich war. Hätte er nicht von je her ein starkes Bedürfnis nach einem Kreis Gleichgesinnter gehabt, deren Zusammenhalt nun gesprengt wurde, er hätte diesen Schritt bereits früher getan.

Immer rücksichtsloser machte sich Rossetti mit seinem Anhang in Kelmscott breit, immer offenkundiger erhob er Anspruch auf Jane. Immer drohender, unheimlicher und aggressiver in den Anspielungen auf Morris wurden die Szenen der Bilder, in denen er Jane porträtierte.

Am 16. April 1874 schrieb Morris einen Brief an ihn, mit dem er den Kampf eröffnete.

*„Lieber Gabriel!*
*Ich schicke Dir hier 17 Pfund, weil ich nicht weiß, wohin ich sie sonst schicken soll, da Kinch tot ist. In Zukunft bitte ich Dich, davon auszugehen, daß ich mich (am Mietzins) nicht mehr beteiligen werde. Halte mich bitte deswegen nicht für schäbig, aber schließlich benutzt Du Kelmscott ausschließlich für Deine Zwecke, was, wie ich meine, keiner von uns vorhergesehen hat, als wir das Haus damals gemeinsam mieteten; im übrigen bin ich zu arm und erzwungenermaßen auch aus Armut zu sehr beschäftigt, um, selbst wenn es anders wäre, es angemessen zu benutzen und sehr froh, wenn es für Dich nützlich und angenehm ist. Herzlich Dein*
*William Morris"*[18]

Es war dies nur der erste von drei Schachzügen, von denen Morris sicher sein durfte, daß sie Rossetti beträchtlich verunsichern würden. Der zweite Schlag folgte nur wenige Monate später. Während bei Rossetti der Verfolgungswahn immer offensichtlicher zum Ausbruch kam, beschloß Morris, im Juli mit Frau und Kindern nach Flandern zu reisen ... trotz der im Brief an Rossetti erwähnten Armut und seiner angeblich damit verbundenen Arbeitsüberlastung. Beide Bemerkungen waren auch diskrete Hinweise darauf, daß Gabriel seit einigen Jahren so gut wie nichts mehr zu den Einkünften der „Firma" beigetragen hatte. Dem Exfreund Jane zu entziehen, deren Gegenwart auf seine nervliche Überreizung immer beruhigend wirkte, war eine Tat subtiler Gemeinheit. Sie bedeutete, unter den gegebenen Umständen entscheidend dazu beizutragen, daß Gabriel in Panik geriet, weil er sich in seinen Wahnvorstellungen so noch bestätigt sehen mußte.

Es kann durchaus sein, daß Morris sich nicht klar bewußt war, was er da tat. Und man wird ihm zugute halten müssen, daß er über Jahre hin viele psychologische Beleidigungen und Verletzungen hingenommen hatte. Es war ein Zustand erreicht, in der dies rächende Befreiungsschläge seines Unterbewußten sein mochten. Über bestimmte Faktoren, die sein Verhalten entscheidend beeinflußt haben könnten, wissen wir so gut wie nichts. Sofern sich Jane bei ihrem Ehemann über Rossetti beklagt haben sollte oder auch nur andeutungsweise derlei Äußerungen gefallen sind, mag Morris sich zu einem — im Vergleich mit dem der letzten Jahre — härteren Kurs gedrängt und sich dazu nun auch berechtigt gesehen haben. In gewissem Sinn liebte er Jane immer noch. Er mag sich Hoffnungen gemacht haben, sie auf diese Weise doch noch zurückzugewinnen. Dagegen spricht, daß Jane, nachdem es zwischen den beiden Männern endgültig zum Bruch gekommen war, Rossetti noch mehrmals besuchte, ihm Modell saß, ja sogar in einer geschäftlichen Angelegenheit, die „Firma" betreffend, eine Geste Rossettis zuließ, die Morris als Kränkung und Unloyalität deuten mußte.

**Rossettis Verstörung**

Es könnte aber auch sein, daß jemand aus seinem Freundeskreis Morris dazu aufforderte, Jane dem Einfluß des eindeutig nervenkranken Rossetti zu entziehen. Denken wir an die Beratungen zwischen Morris und Webb, welch anderen Arzt man konsultieren könne. Aus Briefen geht hervor, daß Webb eine starke uneigennützige Zuneigung für Jane empfand. Endlich ist nicht auszuschließen, daß seine neue, aus der Begegnung mit der Welt Islands gewonnene Lebensphilosophie Morris veranlaßte zu handeln oder, um es deutlicher zu sagen, sich zu wehren. Die Reise, bei der sich das Ehepaar Morris mit den beiden Töchtern auf den Spuren seiner Hochzeitsreise bewegte — in Brügge sollen sie sogar im selben Zimmer gewohnt haben wie damals — verlief wenig glücklich. Die Kinder waren quengelig. Ihre Wünsche und die der Erwachsenen ließen sich schwer miteinander in Einklang bringen. Zudem scheint Morris zu jenen Menschen gehört zu haben, die rasch gereizt und nervös werden, wenn sie sich, um Familienurlaub zu machen, von ihrer geliebten Arbeit trennen.

In Kelmscott hatte sich unterdessen folgendes zugetragen: Rossetti hielt es allein dort nicht aus. Er versuchte, es ständig so einzurichten, daß er Besucher um sich hatte. Das Ehepaar Brown kam, seine Mutter und die kränkelnde Schwester Christiana. Schließlich reiste sogar auch noch sein Hausarzt Dr. George Hake an. Als Rossetti mit dem Arzt eines abends am Fluß entlangging und sie an einer Gruppe von Anglern vorbeikamen, bildete er sich ein, die Männer hätten eine beleidigende Bemerkung über ihn gemacht. Unter Verwünschungen stürzte er sich auf sie. Dr. Hake warf sich dazwischen, entschuldigte ihn und brachte den Verstörten dann eiligst nach Kelmscott Manor zurück. Nach diesem Zwischenfall war es für Rossetti unmöglich geworden, allein in Kelmscott zu bleiben. Sein Arzt und seine Verwandten überredeten ihn, mit ihnen nach London zu kommen. Er kehrte danach nie mehr nach Kelmscott zurück.

Morris, dem es in diesem Jahr offenbar tatsächlich nicht leicht gefallen war, die Miete für das Sommer- und Ferienhaus aufzubringen, mietete es von nun an zusammen mit seinem Verleger Ellis, der aus dem Umstand, mit zahlen zu müssen, kaum Rechte ableitete. Hin und wieder kam er als Morris' Gast nach Kelmscott. Eine Schlacht war gewonnen. Aber der dritte Schlag gegen Rossetti stand noch aus.

# IX. Eine Freundschaft geht zu Ende – Das Glück von Kelmscott

*„Wir unternahmen gestern eine lange Fahrt entlang der Grenze. Ich sog begierig den Geruch der Moore ein und meinte, wieder in Island zu sein."*
*William Morris an Aglaia Coronio, 1872*[1]

*„So, sage ich, könnte ein neues Haus sein, und so sind Häuser auch einmal gewesen, denn es ist kein ideales Haus, an das ich denke, kein rares Kunstwerk, wie es sich immer nur wenige in besten Zeiten und Ländern leisten können, weder ein Palast, nicht einmal ein Herrenhaus, sondern eines Bauern Heimstatt bestenfalls, oder vielleicht auch nur das Cottage eines Schäfers. Es gibt sie bis auf diesen Tag noch in einigen Teilen Englands. Und ein solches Haus, eines der kleinsten, kommt mir, während ich zu Ihnen spreche, vor Augen. Es steht an einem Straßenrand, an einem der westlichen Abhänge des Cotswolds. Die Wipfel der großen Bäume nahebei sehen die Grenze von Wales, und dazwischen liegt ein weites Hügelland, welliges Waldland und Weiden und Ebene, auf der sich viele berühmte Schlachten abgespielt haben. Zur Rechten ist ein schwankender Fleck Blau: der Rauch von Worcester; aber auch der Rauch von Evesham, obwohl näher, ist nicht zu sehen, so wenig ist es: dann zeigt eine lange Linie Dunst, matt sichtbar, an, wo sich die Avon gegen die Severn hin schlängelt, bis die Hügel von Bredon und der Rauch von Tewkesbury die Sicht auf beide versperren.*
*Und dort steht nun das kleine Haus, das einst das Cottage eines Arbeiters war, erbaut aus Cotswold-Kalkstein, gewachsen jetzt, Wände und Dach von einem angenehmen warmen Grau, obwohl es in seinen früheren Jahren sahneweiß gewesen ist. Nicht eine Linie davon verletzt die Schönheit der Cotswolds; alles daran ist sorgfältig überlegt und gesetzt, geschickt geplant und wohl proportioniert. Es gibt ein kleines, scharf-schönes Schnitzwerk um den Eingang, und jeder Teil ist recht bedacht. Es ist wahrlich schön, ein Kunstwerk und nicht weniger ein Stück Natur: es gibt keinen Menschen, der, in Anbetracht von Ort und Zweck, es besser hätte bauen können..."*
*William Morris, 1882*[2]

*„Ich werde Watts heute nachmittag für das Bild sitzen, obwohl ich eine teuflische Erkältung im Schädel habe", schreibt Morris an seine Frau Jane zu diesem Porträt, das G. F. Watts im Januar 1870 von ihm malte.*

**Spazierfahrten nach Cumberland**

Von den Ferien mit Frau und Kindern aus Flandern heimgekehrt, fuhr Morris zusammen mit Burne-Jones nach Naworth Castle in Cumberland. Kanonikus Dixon, der Freund aus Studienzeiten in Oxford, mit dem sie auch zusammentrafen, fand den „armen Ned" kränklich, den alten Topsy dagegen „genial, herrlich und voller Zuneigung". Von den Sorgen und Verunsicherungen, die Morris unter der Maske des „jolly good fellow" verbarg, nahm er nichts wahr. Aufschlußreicher sind da Beobachtungen und Empfindungen der Gastgeberin Rosalind Howard, Kundin der „Firma", die sich bei der Ausstattung ihres Heimes beraten ließ. Ihr Mann war ein wohlhabender Liberaler, der im Stil der Präraffaeliten Aquarelle malte. Sie selbst, Mutter von sechs Söhnen, wurde später Präsidentin der Frauenorganisation der Liberalen Partei. Durch ihren Brief an eine Freundin erhält man auch eine Vorstellung davon, wie Morris auf seine wohlhabende Klientel gewirkt haben muß. „Morris kam zeitig heute morgen an", schreibt Mrs. Howard, „als Gepäck hatte er nur eine Reisetasche aus Samtstoff bei sich. Er war ziemlich schüchtern... und ich auch. Ich spürte, daß er einen experimentellen Sprung unter die Barbaren tun wollte. Ich war ganz und gar nicht sicher, welche Meinung er sich dabei über uns bilden würde. Er ist jedoch viel umgänglicher geworden, und drei Stunden haben hingereicht, um auf beiden Seiten die Befangenheit vergehen zu lassen. Er spricht so klar und denkt sehr klar. Das, was sich aus Webbs Mund wie ein Paradox ausnimmt, ergibt bei ihm einen überzeugenden Sinn. Es mangelt ihm aber an Sympathie und an Menschlichkeit. In meinen Augen sind das schlimme Mängel, nur eben ist sein Charakter so eindrucksvoll und massiv, daß man ihn einfach bewundern muß. Er ist auch verbindlich und stößt einen nicht vor den Kopf. Nicht, daß er mich mögen wird, aber ich kann mich mit ihm verständigen, und wir werden wohl ganz gut miteinander auskommen."[3]

Bei Morris riefen die Spazierfahrten im Norden Erinnerungen an das geliebte Island wach, und die Vormittage in einem Turmzimmer zu verbringen, das niemand mehr betreten hatte, seit der Ahnherr der Familie in den Tagen der ersten Elisabeth dort residierte, war durchaus nach seinem Geschmack. Wieder nach London zurückgekehrt, schrieb er seiner Gastgeberin einen Dankesbrief, in dem er einmal mehr vor jemandem, der ihm nicht eigentlich nahestand, grundsätzliche Überlegungen ausbreitete, die ihn gerade beschäftigten: *„... ich halte es für falsch, die Augen vor der Häßlichkeit und der Gemeinheit zu verschließen, selbst wenn sie sich bei Leuten zeigen, die gar nicht so unmenschlich sind. Wissen Sie, wenn ich so einen armen Teufel sehe, betrunken oder brutal, überkommt mich, einmal abgesehen von meinen ästhetischen Wahrnehmungen, eine Art von Scham, als sei das auch mit meine Schuld. Ich mißgönne jenen, die der modernen Auffassung huldigen, sie hätten diese Welt (oder jedenfalls einen kleinen Winkel in ihr) ruhiger und weniger gewalttätig gemacht, ihren Triumph in keiner Weise, aber ich meine, daß diese Blindheit gegenüber Schönheit eines Tages eine Art Rache nach sich ziehen wird. Wer weiß? Vor Jahren war das Bewußtsein der Menschen ganz von der Kunst und der würdigen Gestaltung des Lebens ausgefüllt, und sie hatten wenig Zeit für Gerechtigkeit und Frieden. Die Rache war nicht die Zunahme der Gewalt, um die sie sich nicht kümmerten, sondern die Zerstörung der Kunst, um die sie sich gekümmert haben. So bereiten vielleicht die Götter für die Welt jetzt Kummer und Schrecken vor, damit sie wieder schön und lebendig wird, denn ich glaube einfach nicht, daß sie ewig langweilig und häßlich bleiben kann. Unterdessen müssen wir uns mit dem, was den Göttern genug erscheint, zufriedengeben, obwohl ich manchmal doch gern wüßte, warum die Geschichte der Erde so unwürdig verlaufen muß."*[4]

Klingen Morris' Geschichtsbetrachtungen in diesem Brief reichlich naiv-feuilletonistisch, so drückt sich in ihnen doch einmal mehr sein Bedürfnis nach Schönheit und seine soziale Sensibilität aus. Es zeigt sich, wie er die Problembereiche des Ästhetischen und des Gesellschaftlichen nun miteinander in Beziehung setzt, und daß er die Zusammenhänge zwischen Arbeit und Kunst immer deutlicher wahrnimmt.

Nach dem Tod von Warington Taylor im Jahre 1870 war Georg Wardle, seit 1866 in der Firma schon als Buchhalter und Zeichner angestellt, zum Geschäftsführer ernannt worden. Der Geschäftsbetrieb dieser Jahre ist gekennzeichnet durch eine Zunahme dekorativer Aufträge nichtkirchlicher Kunden. Die „Firma" expandierte rasch. Beispielhaft läßt sich das an den Aufträgen zeigen, die Morris an Frederick Leach aus Cambridge vergab, jenem Dekorateur, mit dem er am liebsten zusammenarbeitete. Zwischen 1867 und 1870 hatte er im Jahr gewöhnlich zwei bis drei Arbeiten für die „Firma" ausgeführt. 1871 waren es schon neun Aufträge, im darauffolgenden Jahr vierzehn und 1878 schon achtundvierzig. Die „Firma" hatte sich von einem nur halbernst gemeinten Hobby zu einem Geschäftsunternehmen von beträchtlichem Umfang entwickelt. Aber gerade der wirtschaftliche Erfolg brachte Probleme. Rechtlich hatte jeder Partner Anspruch auf gleichen Gewinnanteil. Ohne Zweifel war aber die Beteiligung am Arbeitsaufwand alles andere als gleich. Burne-Jones lieferte weiterhin eine große Anzahl von Entwürfen für die Glasfenster. Madox Brown und Webb blieben ebenfalls beteiligt, jedoch mit weniger Entwürfen. Die Hauptlast der Arbeit lag bei Morris. Bei einem Rückgang der Nachfrage im Möbelbereich bot es sich für ihn an, die Tapeten- und Stoffentwürfe zu forcieren, auch wenn er bis dahin nicht sehr erfolgreich darin gewesen war. Auf diesem Gebiet lag Morris' stärkste Begabung. Aber die Entwicklung neuer Muster und die Ausweitung des Sortiments waren nicht denkbar ohne eine noch größere Arbeitsbelastung für ihn. Morris war im übrigen der einzige unter den Partnern, dessen Lebensunterhalt weitgehend von den Einkünften der „Firma" abhing. Neben diesen sachlichen Gründen gab es persönliche, als Morris im Herbst 1874 den Vorschlag machte, die „Firma" aufzulösen, die nichtaktiven Teilhaber zu entlassen und sie dann unter seiner alleinigen Leitung neu zu gründen.

Die Auflösung der Firma Morris, Marshall, Faulkner & Co. war der dritte Schlag gegen Rossetti. Morris scheint dabei reichlich taktlos und ungeschickt vorgegangen zu sein. Brown, Marshall und Rossetti widersprachen seinem Vorschlag. Brown lehnte jedes persönliche Gespräch über die Modalitäten ab und nahm sich einen Anwalt. Die Bemerkung, er könne Morris nie mehr mit dem geringsten Vergnügen begegnen, deutet darauf hin, daß Kontroversen vorausgegangen waren. Auch Rossetti übertrug die juristischen Verhandlungen seinem Freund Watts-Dunton, der Anwalt war. Im Gegensatz zu Brown und Marshall, die sich offenbar von Morris übervorteilt wähnten, machte Rossetti eine große und zugleich boshafte Geste. Er schenkte seine Anteile Jane, die diese auch annahm. Daß ein solcher Akt der Unloyalität Morris weiter verärgerte, ist verständlich. Brown bestand darauf, daß das Firmenkapital zu gleichen Teilen unter den Partnern aufgeteilt werden müsse. Dementsprechend hätte jeder für die geringfügige Einlage am Anfang nun zwischen siebentausend und achttausend Pfund ausbezahlt bekommen. Burne-Jones, Faulkner und Webb waren mit der Auflösung nach den Vorschlägen von Morris einverstanden. Die drei anderen Partner blieben hart. Die Verhandlungen zogen sich fast ein Jahr hin. Schließlich wurden die anderen mit jeweils eintausend Pfund entschädigt, und 1875 konnte Morris, nun alleiniger Inhaber, die „Firma" neu

Die „Firma" wird aufgelöst

Alleinunternehmer gründen; sie hieß nun Morris & Co. Der Bruch mit Rossetti war damit vollständig; im Gegensatz zu Brown, mit dem Morris sich später aussöhnte, kam es mit Rossetti zu keiner Wiederannäherung.

Was als idealistischer Freundschaftsbund begann, endete, nachdem sich Erfolg eingestellt hatte und die ärgsten Klippen umsteuert waren, als ein Scherbenhaufen menschlicher Beziehungen. Der Vorwurf, Morris habe seine Partner übervorteilen wollen, läßt die wirtschaftliche Lage außer acht. Die Zeit der hohen Gewinnspannen war vorbei, die englische Wirtschaft ging kritischen Zeiten entgegen. Die amerikanische und deutsche Wirtschaft machten in dieser Epoche England seine Vorherrschaft im Bereich der Industrieprodukte streitig.

*Edward Burne-Jones im Garten seines Hauses „The Grange", 1889.*

Morris übernahm also die alleinige Führung zu einem Zeitpunkt, als das wirtschaftliche Risiko eher zunahm. Man muß zugeben, daß die „Firma" unter dem Aspekt des genossenschaftlichen Modells wie auch dem von direkt an der Produktion beteiligten Künstlern gescheitert war. Nie hatte die „Firma" alle Entwürfe der in ihr zusammengeschlossenen Designer selbständig ausgeführt. Bei der Zahl der Aufträge und der Vielfalt des Sortiments war das nun noch weniger möglich. Darauf zu verweisen, heißt nicht im geringsten, die großen Verdienste der „Firma" im Sinn einer Entwicklung und Durchsetzung nützlicher und schöner Dinge zu schmälern. Es heißt nur, auf Erfahrungen zu verweisen, die den Entschluß von Morris, sich politisch zu engagieren für eine grundsätzliche Veränderung der Gesellschaft, gewiß mit beeinflußt haben.

Und das Fazit jener Jahre? Im persönlichen Bereich hatte Morris erfahren, daß Häßlichkeit nicht nur die Qualität jener Dinge verdarb, mit denen der Mensch ständig umgeht, sondern auch in die Beziehungen unter Menschen eindrang. Im Geschäftsbereich hatte sich herausgestellt, daß in bestimmten Produktionsbedingungen eine wichtige Ursache lag für die Häßlichkeit so vieler Waren. Man konnte diesem Prozeß entgegenwirken, indem man sich bemühte, schöne und nützliche Waren herzustellen.

Weit schwieriger hingegen, wenn nicht unmöglich, war es, innerhalb eines intakten kapitalistischen Produktions- und Marktsystems zu fortschrittlichen Produktionsverhältnissen zu gelangen.

Die Produkte, die durch eine fast zeitlose Schönheit, welche ihnen Morris' Kreativität verlieh, sich bis heute behauptet haben, die Tapeten- und Stoffentwürfe, entstanden eben zu jener Zeit, als Morris ganz nach den gängigen Mustern des kapitalistischen Wirtschaftslebens Alleinunternehmer war. Die Annahme liegt nahe, Morris' kreativer Instinkt habe ihn zielsicher dazu getrieben, eben solche Bedingungen herzustellen, die zum Aufblühen der Vielzahl seiner Tätigkeiten am günstigsten waren.

Was nun die in diesen Jahren von der „Firma" ausgeführten wichtigen Aufträge und die neu entwickelten Produkte angeht, so muß zunächst auf die beträchtliche Anzahl von Glasfenstern hingewiesen werden, die Brown und Burne-Jones entworfen hatten. So die Fenster der High-Church-Kathedrale in Oxford, die der Jesus-College-Kapelle in Cambridge, der Holy-Trinity-Kirche in Meole Brace/Shropshire und der All-Hallows-Kirche in Allerton/Liverpool.

Meole Brace besitzt Fenster aus den Jahren 1871/73 von Brown und solche aus dem Jahre 1873 von Burne-Jones sowie noch spätere Arbeiten der „Firma". Gerade in dieser Kirche wird der stilistische Unterschied zwischen beiden Künstlern besonders deutlich. Bei dem linken Fenster in der Apsis, das im wesentlichen eine Arbeit von Madox Brown darstellt, wirken die Farben und Formen weit dramatischer als bei dem Fenster rechts, das von Burne-Jones stammt.

Auch die Fenster der Christ-Church sind Arbeiten aus verschiedenen Jahren. Sie entstanden 1870 bis 1873 und 1878. Das eindrucksvollste Kunstwerk ist das Vyner-Memorial-Ostfenster in der Frauenkapelle, gestiftet zum Andenken an einen Studenten, der von Räubern in Griechenland ermordet wurde. Es ist ein vierteiliges Fenster mit den Figuren des Samuel, des Johannes, dem Evangelisten, und Timoteus. Die Personen stehen in einem weißen Feld, gemustert mit Gold, vor tiefblauem Hintergrund. Das dichte Rankenwerk im oberen Teil des Fensters geht in das Maßwerk über und hat einen starken dekorativen Effekt.

Wie vorteilhaft bei einem solchen Hintergrund die Hauptfiguren zur Geltung kommen, läßt sich an den Fenstern des Jesus-College erkennen, die aus den Jahren 1873 bis 1878 stammen und auf Entwürfe von Madox Brown und Burne-Jones zurückgehen. Die Kapelle ist auch insofern ein interessantes Beispiel für die Arbeit der „Firma", da sie Deckendekorationen aus den Jahren 1866 und 1867 enthält. Die Bilder, die Morris gemalt hat, stellen Engel mit Schriftrollen dar. Außerdem gibt es in dieser Kirche noch ein Chorfenster von Pugin, jenem Designer, der Morris entscheidend beeinflußte. Die starken Farben der Fenster stehen auf einem dunklen Fond. Die Figuren heben sich, dank der hellen Farbgebung, besonders lebendig ab. Einfall von starkem Sonnenlicht ist notwendig, wenn man die Einzelheiten im Hintergrund erkennen will.

Die Entwicklung von Burne-Jones, für den großflächige Bildkompositionen bezeichnend sind im Unterschied zu der dramatischen Intensität in kleinformatigen Arbeiten bei Madox Brown, läßt sich an den Ostfenstern im Chorraum in Allerton gut verfolgen. Die fünf Fenster waren hier von einem zentralen Bild, dem

168

des Lammes Gottes auf einem Felsen, zusammengehalten, während die Engel aus der Landschaft darunter zu dem Symbol aufschauen. Dieselbe Kirche enthält Fenster mit den Darstellungen der vier Evangelisten aus dem Jahre 1876, mit Bildern von Noah, Moses, Daniel und Paulus (1879) und von Miriam, Ruth, Esther und Maria aus dem Jahre 1880 mit besonders schönen Blatt- und Fruchtornamenten.

Die hohe Qualität dieser Fenster wird besonders deutlich, wenn man sie mit Arbeiten der „Firma" aus späterer Zeit vergleicht, bei denen die Farbgebung teilweise weit weniger einfallsreich gehandhabt worden ist.
Ein Produktionsbereich, den die Firma erst jetzt energisch für sich eroberte, waren die Tapeten. Zwischen 1872 und 1876 entwarf Morris nicht weniger als neun Tapeten, in denen sich eine deutliche Veränderung gegenüber seinen früheren, mehr naiven Mustern abzeichnet. Die besten unter diesen Entwürfen — Jasmin, Weinrebe, Rittersporn, Acanthus und Chrysantheme — zeigen einen bemerkenswerten Sinn für Bewegung bei einer schlichten, aber leuchtenden Struktur. Wie die Blumennamen schon andeuten, ließ sich Morris von Naturformen inspirieren. Er setzte sich damit von dem von Pugin und Owen Jones geprägten Zeitgeschmack, der sich auf das abstrakte Ornament hin bewegte, deutlich ab. Konsequent verwirklichte er seine Vorstellung von der Funktion der Tapete, die unter Umständen das Wandbild ersetzen und stilisierte Natur in die Behausung des Menschen bringen sollte.
Die Spannkraft seiner Designer-Fähigkeit ist erstaunlich. Sie reicht von der Zartheit der Jasmin-Tapete mit ihren verschiedenen Grüntönen und den als winzige rote Punkte auftretenden Blüten bis hin zu der schwelgerischen Üppigkeit des Acanthus mit dennoch unerhört feinen Farbabstufungen, die beim Druck nicht weniger als sechzehn Druckstöcke notwendig machten.

Von Tapeten war es nur ein kleiner Schritt zu bedruckten Textilien, vornehmlich Chintz-Stoffen. Die ersten Entwürfe waren hier „Tulpe und Weide" im Jahr 1873, die allerdings erst zehn Jahre später erfolgreich ausgeführt wurden. Es folgten die Muster Geißblatt, Ringelblume, Iris, Rittersporn, Nelke, afrikanische Ringelblume und blaue Hyazinthe (1878).
Bei den Tapeten war Morris vor allem mit dem linearen Musterverlauf und den damit zusammenhängenden Problemen beschäftigt gewesen. Bei Stoffen, die auch als Vorhänge benutzt werden sollten, wurden durch den Faltenwurf die Farben wichtig. Die im Handel erhältlichen Farben, mit denen er Wollstoffe bedruckte, befriedigten ihn nicht. Das führte zu einer gründlichen Beschäftigung mit den alten, zu seiner Zeit schon fast untergegangenen Pflanzenfarben, wie sie bezeichnenderweise von einer alternativen Handwerksbewegung jetzt, hundert Jahre später, wiederentdeckt wurden.
Die Beschäftigung mit den Farben brachte Morris dazu, sich dann auch für das Weben zu interessieren. Sobald dazu genügend Platz vorhanden war, stellte er in seinen Wohnhäusern Webstühle auf, mit denen er nicht nur Serge- und Seidenstoffe, sondern auch Teppiche und Wandbehänge herstellte. Weben war für Morris nicht eigentlich Arbeit, sondern ein Vergnügen. Er hatte kaum Verständnis dafür, daß nicht alle Besucher von Kelmscott Manor, und später von Kelmscott House in Hammersmith, sich mit der gleichen Geschicklichkeit und demselben Enthusiasmus wie er eine solche Technik aneigneten und die handwerklichen Freuden mit ihm zu teilen bereit waren.

Designer-Fähigkeiten

*Linke Seite: Nach der Umgründung der „Firma" im Jahre 1875 wurden 1877 neue Verkaufsräume in der Oxford Street in der Londoner Innenstadt bezogen.*

Farbexperimente

Morris' textile Studien sollten von vornherein ein technisches wie auch ein ästhetisches Interesse befriedigen. Wieder einmal erwies sich der Blick zurück in die Geschichte als produktiv. Er ging dabei von der Beobachtung aus, daß das Geheimnis der alten Färbekunst auf der Palette der Pflanzenfarben beruht hatte, die seit der Einführung der chemischen Farben nicht mehr benutzt und in Vergessenheit geraten waren.

Die Farben, die in Europa zwischen dem 16. und 18. Jahrhundert vorwiegend verwendet wurden, waren ein Blau, gewonnen aus Indigo, ein Rot aus Kermes, den pulverisierten weiblichen Schildlaustieren, und ein weiteres Rot aus der Pflanzenfarbe Krapp. Dazu kamen Wau, ein Gelb aus wilden Reseden, und eine Vielzahl anderer Gelbtöne aus Pappel, Birke, Weide und Heidekraut, sowie ein Braun aus Walnußschalen oder Wurzeln. Die aus Hölzern gewonnenen Farben waren weniger beständig als Kermes und Indigo. Durch Verbindung von Indigo und Wau entstand ein Grün. Indigo und Kermes ergab ein Purpur. Bis 1800 waren zusätzlich noch rote und gelbe Farben aus amerikanischen Hölzern hinzugekommen, weiterhin Cochenille für Rot und als Grundlage für das Schwarz.

Eine entscheidende Veränderung brachte das Preußisch-Blau, eine chemische Farbe auf Eisenbasis, 1704 von dem Berliner Chemiker Diesbach entdeckt. 1835 ersetzten chemische Farben das sanfte Grün aus Wau und Indigo. Die mauve und purpurnen Farben aus Teer, die Morris besonders verhaßt waren, wurden 1856 entdeckt. Damit waren die alten Pflanzenfarben gewissermaßen abgeschafft. Nun läßt sich zwar behaupten, mit den chemischen Farben sei die früher erreichbare Farbharmonie zusammengebrochen. Fortschritte in der Haltbarkeit und in der Vereinfachung des Arbeitsprozesses beim Färben und Drucken waren unbestreitbar. Außerdem war die Anwendung chemischer Prozesse auch bei Naturfarben nötig.

Solange man Pflanzenfarben benutzte, mußten sie mit einem Beizstoff, meist Alaun, fixiert werden. Eine Farbe, mit der man leicht färben konnte, eignete sich nicht immer zum Drucken, jedenfalls nicht bei bestimmten Stoffen wie Baumwolle und Leinen. Die besten Ergebnisse ließen sich immer noch so erzielen, daß man zunächst ein Muster mit dem Beizstoff druckte, so daß nach dem Farbdruck dort die Farbe herausgewaschen werden konnte, wo keine Beize aufgetragen worden war.

All diese Techniken kannte Morris. In seinen Werkstätten benutzte man für gewisse Entwürfe sogar chemische Farben, so beispielsweise für den Chintz mit dem Narzissen-Muster. Es waren nicht so sehr besondere Techniken als vielmehr sein besonderer Sinn für Farbästhetik und für das Zusammenspiel von Farben und Mustern, was ihn als Färber von seinen Zeitgenossen unterschied. Aber eine komplexe und oft sehr alte Technik zu erlernen, war für ihn aufregend, und zwar eben nicht nur als praktische Übung, sondern, wie Paul Thompson schreibt, „als romantische Wiedereroberung einer verlorenen Welt".[5]

Zunächst experimentierte er in seinem kleinen Färberhaus am Queen Square. Dann entschloß er sich, den gesamten Färbeprozeß systematisch zu erforschen und dabei auch selbst färben zu lernen. Er nahm dazu Kontakt mit der Färberei von Thomas Wardle, dem Bruder seines Geschäftsführers, in Leek/Staffordshire auf. Im Februar 1875 reiste er für einige Tage dort hin. Wardle benutzte hauptsächlich chemische Farben. Morris arbeitete vor allem am Indigo-Kessel mit. Sein Temperament machte ihm dabei einmal mehr zu schaffen. Er bespritzte sich von Kopf bis Fuß mit Indigo und berichtete: *„Ich wünschte, ich würde mich nicht so närrisch* *anstellen. Vielleicht werfen sie mich morgen raus oder stecken mich in den Indigobottich."*[6] In den nächsten Jahren reiste Morris insgesamt noch dreimal zu Wardle, und dieser versuchte, eine Farbenproduktion aufzubauen, die Morris' Qualitätsansprüchen gerecht wurde. Zwischen beiden entwickelte sich eine ausführliche Korrespondenz.

Morris setzte auch seine eigenen Versuche noch eine ganze Weile fort. Er erprobte Nußschalen, einen blauen Farbstoff, auf den er bei Hellot, einem französischen Autor aus dem 18. Jahrhundert, gestoßen war und brachte vom Fischen an der Themse bei Kelmscott Pappelzweige mit heim. Er schickte Wardle alte Färberezepte, so Auszüge aus einem Buch des Holländers Philomon, aus Gerards Herbarium, aus den Färbeanweisungen des Schweizers Fuchsius aus dem 16. Jahrhundert und des Venetianers Matthiolus. Seine Fähigkeit, solche Schriften aufzutreiben, grenzte ans Wunderbare.

Wardle sandte Färbemuster zurück, die Morris mit Seife auswusch, in ihren Farbwerten beurteilte und dem Sonnenlicht aussetzte, um festzustellen, wie rasch sie verblaßten. Die Sorgfalt im Detail, mit der er dabei vorging, wird aus der folgenden Briefstelle ersichtlich: *„Die Proben sind gerade angekommen"*, heißt es da, *„bei 1032 passen die Grüntöne gut zu 967, aber das Moosgelb ist zu dunkel und hat zuviel Rot... 1034 taugt nicht viel, es wirkt tot und sieht verwaschen aus... bei Grün 968 würde eine hellere Farbe ein wenig frischer wirken. Diese Proben haben das Waschen schlecht überstanden. Das Eindunkeln des Gelbs beim Seifen macht alles noch schlimmer."*[7]

Zunächst waren die Ergebnisse eher entmutigend. Es stellte sich heraus, daß Wardles Färber wenig Farbsinn besaß. Morris schrieb, Rat suchend für bestimmte Effekte, bis nach Frankreich und Konstantinopel. Blau und Grün machten die meisten Schwierigkeiten. Als dann Wardle seinen Färber durch einen neuen Mann ersetzte, fand Morris, das Blau sei „jetzt ein Erfolg" und lobte seinen Partner: *„Ich bin sehr zufrieden und gratuliere Ihnen."*[8]

Allmählich erhielt er so differenzierte Farbwerte wie er sie suchte. Zum ersten Mal erprobt wurden die neuen Farben bei sechs Chintzstoffen, deren Druck Morris bei Wardle ausführen ließ. Die größten Schwierigkeiten machte dabei das Geisblattmuster: *„Es kostet uns eine Menge Blöcke, ist aber das wichtigste, das wir vielleicht je haben werden."* Die Schwierigkeiten, dem Entwurf gerecht zu werden, führten offenbar zu einer Krise zwischen Morris und Wardle.

Morris hatte die Färberwerkstatt veranlaßt, ihre Preise zu senken, die zunächst doppelt so hoch lagen wie die von Thomas Clarkson in Bannister Hall, jenem Stoffdrucker, der 1873 den ersten Chintz „Tulpe und Weide" ausgeführt hatte. *„Natürlich hoffen wir"*, schrieb Morris an Wardle, *„sobald sich alles eingespielt hat, den Stoff genauso billig verkaufen zu können wie andere Leute. Wir beide kennen uns in diesem Geschäft gut genug aus, um zu wissen, daß die Leute explodieren bei den Preisen, die wir im Augenblick nehmen müssen. Ich muß Sie auch daran erinnern, wie sehr wir unter Nachahmern zu leiden haben. Die werden Augen machen, wenn sie hören, wie unsere gedruckten Stoffe bewundert werden, und wir dürfen ihnen nicht die Möglichkeit geben, uns allzu stark zu unterbieten."*[9]

Die hohen Preise blieben ein Problem, und Morris schrieb in einem anderen Brief, grundsätzlich sei er gegen die Benutzung von Maschinen, aber wenn Wardle so besser zurechtkomme, solle er es nur so versuchen. Wardle argumentierte, er verdiene zu wenig. Morris war darauf aus, immer höhere Ansprüche stellen zu können.

## Im Teufelskreis

Das Dilemma, in das Morris so geriet, wird in dem folgenden Briefausschnitt deutlich: *„Ich habe"*, heißt es da, *„mein künstlerisches Gewissen bis zum äußersten strapaziert, indem ich Stücke von zweifelhafter Qualität übernahm, die, wenn ich rein geschäftlich verfahren wäre, von mir hätten zurückgewiesen werden müssen. Das Ergebnis ist, wir haben hier einen guten Teil Ware auf Lager, der uns nichts nützt."* Die Probleme schienen nur lösbar durch eine ständige Qualitätskontrolle unter künstlerischen Gesichtspunkten während des Druckens. Daran war vorerst nicht zu denken.[10]

Zunächst behalf sich Morris damit, daß er Muster entwarf, die einfacher waren, bei denen es nicht in so ausgeprägtem Maß auf eine bestimmte Farbschattierung und die „sehr schöne Ausgewogenheit der Farben" ankam.

Ab 1876 führte die „Firma" das Färben aller Stoffe allein durch, zunächst in der kleinen Werkstatt am Queen Square unter beengten Verhältnissen. Später, 1881 nach dem Umzug der Produktionsbetriebe nach Merton Abbey, war dort genügend Platz, um sowohl das Weben wie das Färben auszuweiten und jene Qualitätsanforderungen durchzusetzen, die Morris vorschwebten.

Nicht genug mit diesen Aktivitäten, Morris entwarf auch noch Muster für eine ganze Anzahl von Kidderminster-, Wilton-, Brüsseler und Axminster-Teppiche, die aber nicht in den eigenen Werkstätten, sondern in anderen Betrieben unter den gewöhnlichen kommerziellen Bedingungen hergestellt wurden. Zudem entwarf die „Firma" komplizierte Stickereimuster. Typisch für diesen Sektor ist der Wandfries „Die Romanze von der Rose", den Morris und Burne-Jones für das Eßzimmer von Sir Lowthian Bells Haus Rounton Grange in Northallerton entwarfen. Ausgeführt wurde er dann von Margret Bell und ihrer Tochter Florence. Er befindet sich heute in der William Morris Gallery in Walthamstow.

In Bells Haus soll sich übrigens jene Episode abgespielt haben, die eine Stimmung wachsender Unzufriedenheit bei Morris mit seiner Arbeit als Designer verdeutlicht. Der Hausherr sah ihn aufgeregt umhergehen und mit sich selbst reden. Als er ihn fragte, ob er Ärger habe, antwortete Morris: *„Es ist nur, weil ich mein ganzes Leben damit verbringe, dem schweinischen Luxus der Reichen zu dienen."*[11]

Er wurde sich immer deutlicher bewußt, daß er einen bestimmten Teufelskreis nicht durchbrechen konnte. Um gediegene formschöne Dinge herzustellen, mußte er hohe Preise nehmen. Die hohen Preise aber machten seine Waren nur für eine Elite erschwinglich. Eine Bewußtseinsveränderung in der Breite ließ sich so nicht erreichen. Kaum zu fassen, daß Morris bei all den handwerklichen Experimenten, den dekorativen Entwürfen und Kontrolle der kaufmännischen Entwicklung noch Zeit blieb, zu schreiben und zu publizieren.

Man muß sich die literarische Produktion dieser Jahre einmal im Überblick und mit den Daten ihres Erscheinens vor Augen halten, um zu begreifen, daß er allein auf diesem Sektor eine Arbeitsleistung absolvierte, die einen anderen Menschen allein schon voll ausgefüllt hätte.

Zwischen 1870 und 1875, jenem Zeitpunkt, zu dem mit dem Eingreifen von Morris in die Tagespolitik eine neue Epoche in seinem Leben beginnt, sind folgende literarische Arbeiten entstanden: die drei Teile von „Das Irdische Paradies" (1868 bis 1871), mehrere Saga-Übersetzungen, darunter die Übersetzung der „Völsungen Saga" (1870), „A Book of Verse", jene handgeschriebene und illustrierte Gedichtauswahl, die Morris für Georgiana Burne-Jones anfertigte, die Journale über die beiden Islandreisen, die allerdings erst viel später veröffentlicht wurden, die lyrische Suite oder „Masque" „Liebe ist genug" (1873), die Übersetzung des

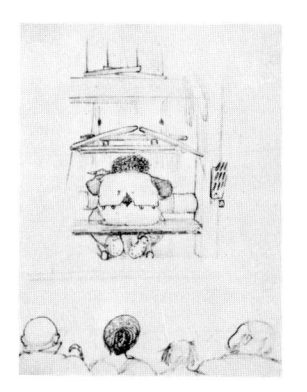

*Morris erteilt seinen Gästen Unterricht im Weben. Karikatur von Edward Burne-Jones.*

Aeneas-Epos von Vergil (1875) und schließlich, als einer der Höhepunkte seines literarischen Schaffens überhaupt, seine Adaption der „Völsungen-Saga" unter dem Titel „Sigurd der Völsung" (1876).

„Sigurd der Völsung"

Diese letzte Arbeit verdient schon allein deswegen genauer betrachtet zu werden, weil Morris die „Völsungen-Saga" bei seiner Arbeit an der Übersetzung zusammen mit Magnusson im Jahre 1869 als die *„edelste und großartigste unter den nordischen Legenden"* bezeichnete, mehr noch, als *„die Geschichte des Nordens schlechthin"*. Er forderte, sie müsse als kulturelles Erbe für den Menschen Nordwesteuropas zu dem werden, *„was die Geschichte von Troja für die Völker des Mittelmeerraumes darstellt"*.

Das war nicht im geringsten rassistisch gemeint, sondern vielmehr ein Urteil, das seiner Begeisterung über den Erzählstil entsprang. Schon während der Übersetzungsarbeit überlegte Morris, ob er den Stoff als Epos adaptieren solle. Er verwarf solche Pläne, weil er zu der Einsicht kam, *„daß kein Vers dem besten Teil der Saga gerecht zu werden vermag und unter meiner Feder nur eine zahmere Version dessen entstehen würde, was da bereits gültig ausgeformt vorliegt"*.[12]

Im Oktober 1873 konnte er dann aber doch der Versuchung nicht widerstehen und begann mit seiner Version. Das Ergebnis war ein episches Gedicht, dem zwar beim breiten Publikum und der zeitgenössischen Kritik die Anerkennung weitgehend versagt blieb, das er selbst aber Zeit seines Lebens für seinen wichtigsten und besten literarischen Text hielt; ein Urteil, dem sich die Literaturhistoriker in unserer Zeit zumindest annähern.

Indem man die Umsetzung des Sagastoffes in einen eigenen Text nachvollzieht, erhält man Einblick in Morris Arbeitsweise im literarischen Bereich und über sein Bewußtsein in diesen Jahren. Zunächst einmal mag die Beschränkung des Vokabulars bzw. die Vermeidung solcher Worte der englischen Sprache, die lateinischer Herkunft sind, vielleicht als Marotte erscheinen, die sich aus der damaligen Verherrlichung alles Mittelalterlichen herleitet. Sie ist aber auch der erste Schritt zur Erarbeitung einer eigenen Kunstsprache, die in den späteren Fantasy-Geschichten noch weiter vorangetrieben wurde.

Selbst derjenige, der sich an dieser stilistischen Eigenart stößt, wird den rhythmischen Fluß der Zeilen und eine epische Musikalität, die den Leser in das Geschehen hineinreißt und fortträgt, nicht leugnen können. Der englische Literaturwissenschaftler Alfred Noyes bezeichnete das Epos als „ein unendliches Meer von einem Lied, anschwellend, verebbend, weiter ankämpfend, vielleicht auch wie ein Sturm in einem mächtigen, vorzeitlichen Kiefernwald".

Und zu den Schwierigkeiten der Adaptierung schreibt Paul Thompson: „Wie meistens, wenn er auf vorhandene Stoffe zurückgriff, hat Morris die Handlung für seine Zwecke verändert. Dies war gerade in diesem Fall alles andere als einfach, da schon der aus dem späten Mittelalter überlieferte Text aus Fragmenten der zu verschiedenen Zeiten entstandenen Versionen besteht und eigentlich nur noch die Ruine der einstigen Geschichte darstellt. Die primitiveren Episoden über Sigurds Vorfahren, in denen Zauber und Gewalttaten die Zeichnung des Charakters überschatten, sind wahrscheinlich die frühesten Teile. Die Kindheit Sigurds, seine Auseinandersetzung mit dem bösen Zauber des Schwertschmiedes und dem Drachen Fafnir, sein Sieg durch das Schwert seiner Vorfahren, das Pferd Graufell, die Entdeckung Brünhildes in der Waberlohe auf dem Gipfel von Hindfells gehören als Motive zu der nächsten Schicht, und der jüngste Teil der Geschichte ist dann endlich die Haupthandlung: Sigurd am Hofe des Königs der Nibelungen, Gunnar, der

*„Sigurd der Völsung"*

betäubende Trank der Königsmutter, der dazu führt, daß Sigurd sein Verlöbnis mit Brünhild vergißt, die Hochzeit mit Gunnars Schwester Gudrun und der Ritt durchs Feuer, um Brünhild für Gunnar zu gewinnen. Erst nach der Hochzeit erlangt Sigurd sein Erinnerungsvermögen wieder. Die Geschichte erreicht ihren Höhepunkt mit dem Vorschlag Sigurds, Gudrun umzubringen, um dann das Versprechen gegenüber Brünhild einlösen zu können. Sie stößt ihn mit den Worten zurück: ‚Ich will weder dich noch irgendeinen anderen Mann heiraten!' Nur mit seinem Tod will sie sich zufriedengeben. Nachdem sie ihn hat ermorden lassen, tötet sie sich selbst, damit ihre Leiche zusammen mit der seinen auf einem Holzstoß verbrannt werden kann. Die Geschichte läuft dann in Fragmenten aus, in denen von Gudruns Rache und von der völligen Auslöschung der gesamten Familie erzählt wird."

Morris war nun der Ansicht, daß gerade die Verschränkung der aus verschiedenen Zeiten stammenden Teile den besonderen Reiz bei einem Stoff ausmache. So bekam Geschichte jene historische Patina, die er auch an Gebäuden bewunderte, die im Lauf ihrer Existenz häufig umgestaltet wurden. Andererseits stellte ihn die differenzierte Ausarbeitung der Charaktere, der unterschiedliche Stellenwert des Übernatürlichen in den verschiedenen Teilen, die Unausgewogenheit von Vorgeschichte und Hauptteil, auf den ein Trümmerfeld von Fragmenten folgt, als Bearbeiter vor beträchtliche Probleme. Schließlich konnte der Gefühle und Leidenschaften nicht ausspinnende, sondern aussparende Sagastil bei einem epischen Gedicht nicht beibehalten werden.

Ein Einwand gegen Morris' Fassung, den man häufig hören kann, lautet, er habe der Geschichte zwar Klarheit und Logik verliehen, sie aber gerade dadurch um ihre tragödienhafte Wirkung gebracht. Morris kürzte das Vorspiel und den Schluß. Er stellte die Beziehung zwischen Sigurd und Brünhild als entscheidenden Teil in den Mittelpunkt. Einige ausgesprochen wüste Szenen des Originals ließ er fort.

*„Unerreicht in ihrer Würde und so schön wie eine Kathedrale...", beschreibt Morris die Zehntscheune von Great Coxwell, Berkshire.*

Nicht berichtet wird, wie Sigmund der Wölfin die Zunge abbeißt. Ebenfalls fortgelassen wird, wie Swanhild, Gudruns Tochter, von einem Pferd totgetrampelt wird, während ihr Kopf in einem Sack steckt. Morris ließ einen Unterschied zwischen Vorspiel und Hauptgeschichte bestehen. So verfährt er bei der Charakterisierung von Sigurds Vorfahren skizzenhaft, während Brünhild und Gudrun als Personen genau geschildert werden, wenngleich in recht präraffaelitischer Manier.

Morris übernahm aus der Vorlage die Motive des zerstörerischen Kampfes um materiellen und sexuellen Besitz. An ihrer Gestaltung merkt man, daß hier Themen erörtert wurden, die Morris selbst stark betreffen. Man könnte auch sagen: abermals vergewisserte er sich durch diese Adaption, daß seine drängendsten persönlichen Konflikte so uralt sind wie die Menschheit. Entsprechend werden die Spannungen in Gunnars Haushalt stärker herausgearbeitet als dies im Original der Fall ist. An vielen Stellen reicherte Morris seine Vorlage durch eigene Bilder und Einfälle an. So, wenn zu Anfang die Halle der Völsungen ausführlich beschrieben wird, oder wenn sich bei ihm Hindfells aus den Wolken erhebt.

Da es sich ja um eine Neugestaltung und nicht um eine mit möglichst großer Werktreue angefertigte Übersetzung handelte, ergibt sich die Frage, was Morris vor allem an dem Stoff reizte und warum, im Gegensatz zu dem von den Zeitgenossen bewunderten „Irdischen Paradies", der Erfolg ausblieb. Auch in „Sigurd der Völsung" ist Morris ein Mann gegen seine Zeit. Während ihm die Darstellung ungebrochener, die Konventionen sprengender Leidenschaften gefiel, während er im Nachvollzug eine Möglichkeit zum Protest gegen die in diesen Jahren immer wieder als bedrückend empfundene Langweiligkeit und Engstirnigkeit seiner Zeit sah, glaubte die auf Produktion und Kapitalanhäufung konzentrierte Gesellschaft des viktorianischen Zeitalters, sich solch Verunsicherungen nicht leisten zu können. Einerseits tat sie in ihrem Fortschrittsdenken die Welt der Sagas als barbarisch ab, andererseits empfand sie wohl auch eine gewisse Angst vor den Abgründen der menschlichen Seele, die sich darin auftaten, und die erst ein paar Jahrzehnte später von der Psychoanalyse, welche ebenfalls auf heftige Ablehnung stieß, rational untersucht wurden.

Man bedenke, daß der Viktorianer in seinem ausgeprägten Familiensinn dazu neigte, alle Konflikte innerhalb der Familie nach außen zu verschweigen. Nun wurde ein dies als Norm erachtendes Publikum mit einer Geschichte konfrontiert, in der die freilich auch in der Familie wirksamen Leidenschaften und Triebkräfte mit provokanter Direktheit dargestellt wurden. Verstärkt wird dies alles noch durch den Ton des „understatement", in dem die Geschichte im Original vorgetragen wird. Bei allen Veränderungen, die sich durch die Übersetzung und die erwähnten Veränderungen ergaben, blieb noch genug Abschreckend-Skandalöses erhalten.

Für Morris selbst hatte der Mißerfolg von „Sigurd" Konsequenzen. Er hat darauf, mit Ausnahme von „The Pilgrims of Hope", das in Fortsetzungen in der Zeitschrift der Sozialisten „Commonweal" erschien, nie mehr ein episches Gedicht geschrieben.

Damit ist hier ein Punkt erreicht, an dem man sich darüber klar werden muß, wie es eigentlich um Morris' lyrische Begabung bestellt war. Zu einem ausgewogenen Urteil, das zugleich der Eigenart von Morris' Persönlichkeit gerecht wird, kommt Paul Thompson, der schreibt: „Die alles durchdringende Schwäche war, daß alle seine Gedichte ohne hinreichende Sorgfalt geschrieben sind. Er verfaßte drei bedeutende Poeme: ‚Die Verteidigung der Guenevere', ‚Die Liebhaber der Gudrun' und ‚Sigurd der Völsung'. Aber er war kein beständiger Lyriker von

„Sigurd der Völsung"

Morris' Aussehen

Bedeutung. Paradoxerweise liegt der Grund dafür eben in der Quelle, aus der auch Morris' Stärke kommt, in seiner sozialen Vision. Es gelang ihm nicht nur, einige große Gedichte zu schreiben, sondern auch ein breites Publikum zu erreichen. Dabei blieb er ein Handwerker mit mannigfachen anderen Fähigkeiten. Der Preis war, daß Morris qualitativ sehr ungleiche Texte hervorbrachte, oder zu anderen Zeiten wieder hauptsächlich zu seinem Vergnügen und zu seiner Entspannung schrieb. Dabei wurde für ihn Dichtkunst zu einer Art Handwerk in Versen, zu einer jener angenehmen Beschäftigungen, die er als das fundamentale Recht aller Menschen ansah."[12a]

Von Zeit zu Zeit in meinem Bericht gefällt es mir, von der äußeren Erscheinung her den Menschen Morris in seiner Veränderung hervortreten zu lassen. Zwischen 1871 und 1875 hatte man ihn sich noch als den stolzen Besitzer eines Zylinderhutes vorzustellen. Er trug ihn, wenn er seine Funktion als Direktor der Kupferbergwerks-Gesellschaft ausübte, deren nun fast keine Dividende mehr abwerfenden Aktien ihm sein Vater bekanntlich hinterlassen hatte. Irgendwann in dieser Zeit hat er sich dann, wie er es selbst einmal umschrieb, „auf seinen Zylinder gesetzt", das heißt, den Bruch mit jener Tätigkeit vollzogen, bei der er noch der Rolle des guten Bürgers entsprach.

Wer ihm in diesen Jahren begegnete, beschreibt ihn nun als rundlich bis korpulent, mit einem unordentlichen blauen Anzug bekleidet, manchmal auch in einem Werkkittel, ewig mit Farbe an den Händen und auf den Kleidern, auf dem Kopf eine alte Pelzmütze oder den runden Hut der Proletarier. Wegen seines geröteten Gesichts und seines rollenden Gangs wurde er von Straßenpassanten gelegentlich für einen Seemann, für den „Kapitän der ‚Seeschwalbe' ", gehalten. Er scheint dieses Erscheinungsbild sogar noch kultiviert zu haben, weil es sich mit der erwünschten Rolle des Handwerkers deckte. Zu dieser Rolle gehörte auch, daß die Grenzen zwischen Arbeit und Freizeit fließend waren. Indem er in die Arbeit — wenigstens für sich selbst — wieder die Kunst einbrachte, indem er für sich den sonst bestehenden Gegensatz zwischen Hand- und Kopfarbeit aufzuheben bemüht war, indem in vielen Bereichen kaum zu unterscheiden war, wo das spielerische Tun aufhörte und die nutzbringende Arbeit bei ihm begann, empfand er sich keineswegs als zu stark belastet, sondern eher als privilegiert.

Wenn es für einen Mann wie ihn überhaupt so etwas wie Erholung gab, so bestand diese darin, nach anstrengenden Tagen in der ungeliebten Großstadt London aufs Land nach Kelmscott zu fahren. Er fischte gern, und es eilten seinen Besuchen dann Nachrichten wie diese an Jane voraus: *„Bitte, sag Mary, sie soll viele Würmer für mich bereithalten. Richtige Rotwürmer bitte. Man erkennt sie daran, daß sie gestreift sind und nicht gut riechen. Bitte, denkt unbedingt an die Würmer!"*[13]

Kelmscott, mit seinem schönen Baumbestand, den alten steinernen Scheunen, dem bemoosten grauen Dach, dem kleinen Garten wurde für ihn immer mehr zum Haus seiner Träume. Außer dem Zimmer im ersten Stock des Anbaus waren die übrigen Räume klein und niedrig. Sie enthielten weit weniger Möbel und andere Gegenstände als heute, da das Haus mehr oder minder ein Morris-Museum geworden ist. Im Vergleich zu Red House war Kelmscott unprätentiös, man könnte auch sagen: von jener Schlichtheit, die Morris später als einen wesentlichen Gesichtspunkt jeder vernünftigen Innenarchitektur zu betonen nicht müde wurde. Es war ein Haus, das man nach dem „zerstörten Traum" von Red House „mit vernünftiger Liebe lieben konnte". Zu solcher Liebe trug auch die Balance zwischen der Natur und den mit Geschichtlichkeit durchdrungenen menschlichen Siedlungen in der Umgebung bei.

In Kelmscott lebte Morris mit dem Wechsel der Jahreszeiten, mit den Saatkrähen, Eulen, Reihern und Moorhühnern, die er zu beobachten pflegte, mit den Schneeflocken, den blühenden Apfelbäumen im Mai, den Butterblumen und der purpurnen Minze, den Rosen noch im Oktober, den Hagebuttenhecken, die in seinen Briefen so häufig erwähnt werden und auch in seine Muster eingingen.

Ein anderes war die weitere Umgebung, die Landschaft im Norden und Westen von Kelmscott, bekannt unter der Bezeichnung die Cotswolds, die ihren Namen einem Hügelzug verdankt, der sich von Northhamptonshire, durch Oxfordshire, Gloucestershire bis nach Somerset erstreckt. Die keltische Tradition ist stark. Menhire, Dolmen, prähistorische Grabhügel sind häufig. Seit den Zeiten der Prosperität im 16. und 17. Jahrhundert, als die Cotswolds das Zentrum des englischen Wollhandels waren, hat sich an der einheitlichen Architektur der Dörfer und kleinen Landstädte kaum etwas verändert. In den Dorfkirchen finden sich häufig noch Teile in sächsischem oder normannischem Baustil, aber erst in der Tudor- und Stuartzeit gewannen die Herrenhäuser, Bauernhäuser und Cottages jene Schönheit, um derentwillen sie Morris so liebte. Die vielen Giebel, die den Cotswolds-Dörfern und Städten ihre besondere Note geben, hängen mit der Tatsache zusammen, daß die Häuser oft nicht mehr als fünfzehn englische Fuß vom Erdboden bis zur Dachrinne messen. Da es keinen Platz für Fenster im Obergeschoß gab, wurden diese in die hochgezogenen Giebelmauern gesetzt und das steile Dach durch zahlreiche Dachfenster unterbrochen. Die Cotswolds-Häuser waren aus einem graubraunen Naturstein erbaut, der in dieser Gegend gebrochen wird. In Morris' Zeiten waren viele Cottages so klein, daß man sie unter den schönen großen alten Baumbeständen kaum sah. Selbst die größeren Bauern- und Herrenhäuser waren so unter wucherndem Blattwerk verdeckt, daß man Meilen durch die Wolds laufen konnte und nur die Trennungslinien zwischen den Feldern, bestehend aus Natursteinmauern, Buchen- oder Weißdornhecken, als Zeichen für eine Besiedlung des Landes durch den Menschen wahrnahm, bis dann mitten in einer Baumgruppe der Turm einer alten Kirche aufragte und anzeigte, daß dort ein Dorf lag.

Die Cotswolds

*In der Kirche von Great Coxwell entdeckte Morris eine Grabplatte aus der Tudorzeit mit der Inschrift: „Willm Morys, Herr des Herrenhauses von Coxwell und seine Frau Johane".*

Die Cotswolds

Besonders bei bewölktem Himmel und einbrechender Dunkelheit hat die Landschaft eine Verlassenheit und Melancholie, die Morris geschätzt haben dürfte. Andere Engländer haben die Cotswolds eine „Landschaft des Steins und der Sorgen" genannt. Was Morris in ihnen sah, war eine eigensinnige Unerschütterlichkeit, eine Stimmung von Trost und Schutz. Die Geschlossenheit und Gemütlichkeit der Bauweise schrieb er, sich an Ruskin erinnernd, dem Umstand zu, daß hier eben gerade kein „Architekt mit großem Büro" tätig gewesen sei, sondern daß Dorfsteinmetze diese Häuser geschaffen hätten.

Morris hat Bibury an der Coln, nur zwölf Meilen nordwestlich von Kelmscott, mit seiner berühmten Arlington Row, eines der schönsten Dörfer Englands genannt. Große Begeisterung hegte er auch, wie wir von seiner Tochter May wissen, für die kleine Ortschaft Minster Lovel, ebenfalls im Coln-Tal.

„Es ist das Epithomen von landschaftlicher Schönheit in England, so klein, so graziös im Detail, so süß und zart in der Farbe, und bei all seiner Kleinheit ist nichts daran trivial. Vor Jahren kamen wir durch ein ziemlich zerklüftetes Stück wüstes Oberland über einen Weg zur Landstraße und sahen in dem tiefen Tal, smaragdgrün umkleidet, aber nicht erdrückt vom stattlichen Gehölz, zum ersten Mal Minster Lovel, das sich meinem Gedächtnis deswegen auch so einprägte, weil es meinen Vater zu einem Ausruf freudigen Erstaunens hinriß. Ein paar Bauten des Dorfes sind in eine merkwürdig abschüssige Ecke gerückt und erstrecken sich entlang des Wassers, eine Ansammlung bescheidener Hütten in der weiten Flußaue, zusammengebunden am einen Ende durch eine geschwungene Brücke und eine Mühle mit großem Teich, am anderen Ende durch die Kirche und die melancholischen und romantischen Ruinen eines stattlichen Herrenhauses. Nichts könnte vollständiger, schöner komponiert, dem Muster einer Hintergrundlandschaft bei einem großen Maler ähnlicher sein als diese Siedlung."[14]

Häufig ist Morris von dort aus nach Norden, bis zum anderen Ende der Cotswolds gelaufen, nach Broadway, wo jener Inbegriff des einfachen und guten Hauses stand, welches das Zitat am Anfang dieses Kapitels so eindringlich schildert. Wer heute durch die Cotswolds fährt oder wandert, wird immerhin trotz aller Klagelieder, die über den Einbruch der modernen Architektur gesungen worden sind, noch etwas von der bukolischen Schönheit dieser Landschaft spüren. Sie atmet Ruhe und Behaglichkeit, ihre Bauten erzählen, wenn man sich die Mühe macht, sie genauer zu betrachten und zu befragen, oft erstaunliche Dinge aus der englischen Geschichte. Es ist eine Landschaft, die zu Tätigkeiten unter freiem Himmel einlädt, zum Fischen, Reiten, Jagen, Radfahren, Kricketspielen, zu Spaziergängen mit Hunden. Diese Landschaft macht anschaulich, wie sich Morris sein Paradies vorgestellt hat.

Es ist, von einigen spezifischen Eigenarten abgesehen, eine Landschaft, wie sie sich wahrscheinlich viele jener Menschen erträumten, die sich in den letzten Jahrzehnten von der immer bedrückender werdenden Atmosphäre in den Städten unserer großen Industrienationen abwandten und aufs Land zogen. Alle Sätze, mit denen Morris von den Bauten und der Landschaft der Cotswolds berichtet, verraten eine gewisse Exaltation. Man darf sie nicht unbedingt wörtlich nehmen. Sie sind getränkt von der Begeisterung eines Glückssuchers, der nach Stationen des Umwegs, die Marlborough, Oxford, Flandern und Normandie, Red House und Island hießen, nun endlich so etwas wie eine Annäherung an das irdische Paradies gefunden hatte. Wen wundert es, daß er es vor Pfuschern, Restaurateuren, Spekulanten und anderen fortschrittsbesessenen Narren geschützt sehen wollte.

# X. Gegen den Krieg – für alte Häuser

„Aber trotz all dieser Erfolge kam ich nicht mehr darum herum, mir klar zu machen, daß die Kunst, die hervorzubringen ich mitgeholfen hatte, mit dem Tod der wenigen von uns, denen es wirklich ernst war, untergehen mußte, daß eine Reform in der Kunst, die auf Individualismus beruht, mit jenen Individuen, die sie vorantrieben, untergehen muß. Sowohl meine geschichtlichen Studien wie auch mein praktischer Konflikt mit dem Philistertum der modernen Gesellschaft haben mir die Überzeugung aufgezwungen, daß Kunst unter dem gegenwärtigen System des Kommerzialismus und der Profitgier nicht wirklich leben und wachsen kann.
Ich habe versucht, eine Sichtweise der Dinge zu entwickeln, die in der Tat eine Form des Sozialismus, gesehen durch die Augen eines Künstlers, darstellt."

*William Morris, 1883[1]*

*Satirische Zeichnung aus dem „Punch" vom August 1876. Der britische Premierminister Disraeli wird wegen seiner Haltung angesichts der türkischen Massaker in Bulgarien kritisiert. Die Überschrift lautet: „Greueltaten? Ich finde darüber nichts in den offiziellen Meldungen."*

Hinwendung zu den Radikalen

Daß sich ein Dichter und Kunstenthusiast plötzlich nicht nur für Politik interessiert, sondern auch aktiv in sie eingreift, ja, sich schließlich zu einer Persönlichkeit entwickelt, deren Handeln die politische Szene des Landes entscheidend mit beeinflußt, mag in Deutschland erstaunen, in England gibt es dafür eine lange Tradition. Sie reicht von Blake, Shelley und Byron bis Spender und Orwell.

Nach Herkommen und Bildungsgang wäre es nicht verwunderlich gewesen, wenn Morris in seinen politischen Ansichten den Konservativen zugeneigt hätte. Auch seine zeitweilige Begeisterung für die High Church und seine Vorliebe für das Mittelalter deuten in diese Richtung. Zwar scheint sein soziales Gewissen schon früh empfindlich reagiert zu haben, aber solche Regungen hätten durchaus auch zu einer Haltung führen können, die eine paternalistische Fürsorgepflicht für die Arbeiterklasse bejahte, wie sie unter aufgeklärten Torys nicht selten war.

Wie ist es dann zu erklären, daß Morris sich an einem bestimmten Punkt seines Lebens bei den Radikalen engagierte — hier zu verstehen als progressive Gruppe innerhalb der liberalen Partei — und sehr bald von dort den Schritt ins Lager der Sozialisten tat? Die Wurzeln für diese Entwicklung liegen in seiner Studentenzeit in Oxford, bei der Lektüre von Carlyle und Ruskin, dessen immer weiter fortschreitende Radikalisierung in diesem Jahrzehnt auf Morris gewiß nicht ohne Eindruck geblieben ist. Wichtig war auch, daß die jungen Leute aus Birmingham, die am Pembroke-College studierten und mit denen Morris durch Edward Burne-Jones in Beziehung trat, direkte Erfahrungen mit der Lage des industriellen Proletariats hatten und diese Erfahrungen ihm auch vermittelten.

Es ist darauf hinzuweisen, daß sich im Kreis der Präraffaeliten zahlreiche Männer fanden, die mit den Chartisten demonstriert hatten. Auch im engeren Freundeskreis, unter jenen Männern, die die „Firma" gegründet hatten, lebte ein gewisser politischer Radikalismus fort. Madox Brown war ein radikaler Demokrat. Mag uns auch heute sein Gemälde „Arbeit" (Seite 111) pittoresk anmuten, da es die Konflikte der Arbeitswelt eher zu verklären als aufzudecken scheint, so ist es doch eines der wenigen Kunstwerke, in denen sie überhaupt thematisiert wird. Eine Rolle spielt zweifellos auch, daß Morris durch seine kaufmännische Tätigkeit in der „Firma" und als Direktor einer Bergwerksgesellschaft (er trat 1876 von diesem Posten zurück) Einblick in das kapitalistische Wirtschaftsleben, aber auch in die Zusammenhänge von Wirtschaft, Kunst und Politik erhalten hatte.

Nicht übersehen werden darf endlich, daß die Erfahrungen in der Ehe und die sich aus dem Ehekonflikt ergebende Auflösung seines Freundeskreises starke innere Antriebe für den nun beginnenden rastlosen Kampf in der politischen Szene gewesen sind. Dieser Aspekt ist merkwürdigerweise nie weiter beachtet worden: Morris hatte ein Mädchen aus der Unterschicht geheiratet. Die Ehe war von seiten Janes alles andere als eine Liebesheirat gewesen. Jane war mehr oder minder von ihrer Familie gezwungen worden, Morris zu heiraten, gezwungen aus materiellen Überlegungen. Überspitzt gesagt: Jane war an ihn verkauft worden. Mag er sich zunächst noch einer gewissen Selbsttäuschung insofern hingegeben haben, daß er hoffte, er könne trotz dieser schlechten Voraussetzungen mit Jane glücklich werden, so hatte er (und gewiß auch sie) für diese Illusion bitter bezahlt.

Als großzügiger, unkonventioneller, der Freundschaft bedürftiger Mensch hatte er sich gezwungen gesehen, sich in einen psychologischen Konflikt auf Leben und Tod mit einem seiner besten Freunde nur deswegen einzulassen, weil die Bindungen zwischen Jane und Rossetti, die nun einmal bestanden, nach den Normen der Gesellschaft nicht bestehen durften. Er selbst hatte in der Auseinandersetzung mit

Rossetti, bei der es im Grund um den Besitz von Jane ging, materiellen Druck ausgeübt. Er hatte Rossetti aus Kelmscott vertrieben. Er hatte die „Firma" aufgelöst und neugegründet, um sich Rossettis als Gesellschafter und Mitarbeiter zu entledigen. Wenn er sich fragte, warum seine Ehe mit Jane auch gescheitert war bzw. was ihr an dem Leben, das er führen wollte, mißfiel, so stieß er auf gewisse bürgerliche Ideale, deren Hohlheit sie im Gegensatz zu ihm wohl deswegen nicht durchschaute, weil sie aus der Unterschicht kam.

Morris war — seine Vorträge und Aufsätze beweisen es — ein Mann, der sich mit der politischen und sozialen Wirklichkeit immer höchst konkret auseinanderzusetzen pflegte. Er wollte den Alltag „verschönern". Als Voraussetzung dazu galt ihm die genaue Beobachtung und Analyse des Alltäglichen.

Selbst wenn man unterstellt, daß jeder Mensch eine gewisse Blindheit gegenüber seinen eigenen Konflikten entwickelt — die Tatsache, daß seine persönliche Misere auch ihre gesellschaftlichen Voraussetzungen hatte, kann ihm nicht entgangen sein. Es bedurfte eines gewissen Abstandes, einer gewissen Entlastung, ehe er aus solcher Einsicht die Konsequenzen zog.

Das andere war Morris' starkes Bedürfnis nach etwas, das man einen Freundeskreis oder eine enge menschliche Gemeinschaft nennen könnte. Es ist bei der Darstellung seiner Studentenzeit und seiner Kontakte zu der Künstlergruppe der Präraffaeliten schon erklärt worden, woher dieses Bedürfnis kam. Der Bruch mit Rossetti, die Auflösung der auf genossenschaftlicher Basis betriebenen „Firma" machten es nun nötig, daß dieses Bedürfnis neu und anderweitig befriedigt wurde.

Der aus der Island-Erfahrung entwickelte heroische Stoizismus mochte seinem individuellen Bedürfnis nach Würde noch in der Niederlage entgegenkommen. Eine Lösungsmöglichkeit bei der fixierten Lebensaufgabe, wie Kunst und Schönheit zu retten und eine Welt zu schaffen sei, in der sie den zentralen Platz einnahmen, der ihnen seiner Meinung nach zustand, war aus ihm nicht abzuleiten. Nachdem sein individuelles Paradies erobert war, nachdem er sich die neuen Betätigungsfelder für seine Hände geschaffen hatte, die nie stillhalten konnten, blieb nun Spielraum, sich diesem Lebensthema wieder zuzuwenden. Dies schien um so nötiger, da er inzwischen erfahren hatte, daß die ihn empörende Häßlichkeit eben nicht nur Dinge, sondern selbst die intimsten Beziehungen von Menschen berührte.

Der Anlaß, sich in die politische Arena zu stürzen, war dann die Empörung über eine politische Entscheidung, bei der die Inhumanität des Kapitalismus deutlicher als gewöhnlich zum Vorschein kam, und bei der sich klar herausstellte, wie bei einem Konflikt zwischen Moral und Profit die Regierung Ihrer Majestät sich wohl stets entscheiden werde.

Es begann — und dabei dürften Erinnerungen an Byrons Engagement für die griechische Unabhängigkeit wach geworden sein — mit einem Aufstand der Serben, Montenegriner und Bulgaren gegen das „türkische Joch" in den Jahren 1875—76. Berichte über Massaker türkischer Söldner an der christlichen Bevölkerung Bulgariens drangen nach England. Die konservative Regierung Disraeli war um den Bestand des türkischen Reiches besorgt, durch das sie einen wesentlichen strategischen Schutz für die eben eröffnete neue Route nach Indien durch den Suez-Kanal gewährleistet sah.

Der liberale Politiker Gladstone, der sich nach seiner Niederlage bei den Parlamentswahlen des Jahres 1874 aus der Öffentlichkeit zurückgezogen hatte, sah eine Chance, die Wählerschaft der englischen Mittelklasse in dieser Frage zu mobilisieren. Bei allem Geschäftssinn hatte es in England immer ein in weiten Kreisen auch

Bedürfnis nach Gemeinschaft

*181*

„An die Arbeiter von England" politisch ausgeprägtes Empfinden dafür gegeben, was fair und was unfair sei. Am 6. September veröffentlichte Gladstone eine Kampfschrift mit dem Titel „Die Greueltaten in der Türkei und die Frage des Nahen Ostens", in der er den Abzug aller Türken „mit Sack und Pack" aus Bulgarien forderte. Außerdem warnte er die Regierung, zugunsten der Türkei zu intervenieren, falls der russische Zar, unter dem Vorwand, die Bulgaren zu schützen, gegen die Dardanellen vorstoßen sollte. Die Behauptung, eine britische Intervention zugunsten der Türkei sei ein gerechtes und ehrenwertes politisches Ziel, eine Meinung, wie sie in Kreisen des Adels und des Großbürgertums weit verbreitet war, löste bei Morris einen seiner berüchtigten Wutanfälle aus, der sich am 26. Oktober in einem Brief an die „Daily News" niederschlug. In diesem Brief fand sich der Satz: *„Zum Teufel mit der türkischen Regierung... und etwas Rationales und Fortschrittliches an ihre Stelle!"*[2]

Wichtig ist nun nicht so sehr der Verlauf der Krise selbst, als vielmehr die konkrete politische Erfahrung, die Morris dabei machte. Sein Standpunkt war der vieler kritisch gesinnter Intellektueller; selbst nicht wenige seiner wohlhabenden Kunden stellten sich auf seine Seite, und sehr bald sah er sich als Schatzmeister der sogenannten „Eastern Question Association", eines Zusammenschlusses kritischer Geister, den man mit einem modernen Begriff wohl als Bürgerinitiative gegen einen ungerechten Krieg charakterisieren kann. Schon zu diesem Zeitpunkt scheint Morris entschlossen gewesen zu sein, mehr auf eine außerparlamentarische Opposition zu setzen als *„auf Wichte in einem durch Schiebung zustandegekommenen Parlament, die es hinnehmen, daß eine Demonstration von zweitausend Arbeitern mit Schüssen auseinandergetrieben wird".*

Einen ersten Schritt auf dem Weg zum Sozialismus stellte dann Morris' Aufruf „An die Arbeiter von England" dar, den er im Mai 1877 verfaßte, als Rußland der Türkei inzwischen den Krieg erklärt und Englands Eingreifen auf seiten des „kranken Manns am Bosporus" nur noch eine Frage von Tagen oder Stunden zu sein schien. Der schneidende Tonfall, durch den der gesellschaftliche Umgang mit großbürgerlichen Freunden und Bekannten abgeschnitten wurde, ließ keinen Zweifel darüber aufkommen, daß es sich hier nicht nur um eine beiläufige Meinungsäußerung handelte, sondern um eine Grundsatzerklärung:

*„Wer sind jene, die uns in diesen Krieg führen? Gierige Schieber an der Börse, müßige Offiziere der Armee und der Marine (arme Burschen), abgewrackte Spötter in den Klubs, Leute, die nichts anderes zu tun haben als sich am bequemen Frühstückstisch an Kriegsnachrichten aufzugeilen, weil sie ja in diesem Krieg bestimmt nichts verlieren werden.*

*Arbeiter von England: noch ein Wort der Warnung! Ich bezweifle, daß Ihr Euch über die Intensität des Hasses auf Freiheit und Fortschritt im klaren seid, die in den Herzen bestimmter Teile der reicheren Klassen in diesem Land anzutreffen ist. Ihre Zeitungen verschleiern diesen Haß durch eine dezente Schreibe. Aber Ihr müßtet sie reden hören, wenn sie unter sich sind, wie ich sie oft habe reden gehört. Und ich weiß nicht, ob Zorn oder Verachtung in Euch die Oberhand gewinnen würden über ihre Torheit und Dummheit. Diese Männer können nicht von Euren Vorstellungen, von Euren Zielen und Euren Führern sprechen, ohne in Verachtung und Beleidigungen zu verfallen. Diese Männer, wenn sie die Macht dazu hätten, würden Eure gerechtfertigten Hoffnungen am liebsten ersticken (und sollte England dabei vor die Hunde gehen), sie würden Euch am liebsten mundtot machen und Euch, an Händen und Beinen gefesselt, der verantwortungslosen Macht des Kapitalismus für immer ausliefern."*[3]

Bei seiner Tätigkeit in der „Association" machte Morris seine direkten Erfahrungen mit der politischen Maschinerie der etablierten Parteien. Er gehörte einer Delegation an, deren Aufgabe es war, liberale Politiker zu entschlossenerem Handeln gegen den Krieg zu drängen. Er hielt seine ersten öffentlichen Reden. Er schrieb seine ersten politischen Kampflieder, die auf einer Antikriegskundgebung in der Exeter Hall in London am 16. Januar 1878 vom Chor der Gewerkschaft der Steinmetzen vorgetragen wurden. Vierzehn Tage später war die „Eastern Question Association" zusammengebrochen. Das Land verfiel in einen Taumel antirussischen Hurrapatriotismus oder Jingoismus, ein Ausdruck, der von folgender damals allgemein bekannter Strophe eines Couplets abgeleitet war:

> We don't want to fight,
> But, by Jingo, if we do,
> We've got the ships, we've got the men,
> We've got the money too!

(Wir wollen nicht kämpfen, / aber zum Teufel, wenn wir anfangen / wir haben die Schiffe, die Männer / und auch das Geld dazu!)[4]

Versammlungen der Kriegsgegner wurden überfallen oder auseinandergetrieben. Gladstone warf man die Fensterscheiben ein. Er war schließlich davon überzeugt, es sei sinnlos, sich dieser Woge von Chauvinismus entgegenzustellen. Europa stand mit dem Einzug der russischen Truppen in Konstantinopel am Rand eines Weltkrieges. Morris erklärte, die „*Art, wie die Leute sich im ‚Rule Britannia-Stil' benehmen*", kann „*einem den Magen umdrehen*". Am 23. Februar 1878 schrieb er an Jane, die das wahrscheinlich herzlich wenig interessierte: „*Was meine politische Karriere angeht, so ist sie wohl für den Augenblick erst einmal zu Ende und läßt mich ziemlich angewidert zurück. Nachdem ich seit vierzehn Tagen nur um den Busch herumgeklopft und die letzten Fetzen von Widerstand gegen die Kriegspartei versucht hatte zusammenzuknüpfen, wobei ich die ganze Zeit in irgendwelchen Ausschüssen und dergleichen verbrachte, ging ich mit ein paar von den Arbeitern und Chesson zu Gladstone, sprach mit ihm und versuchte, ihn zu einer Versammlung in der Agricultural-Hall zu überreden; er stimmte zu und war ganz Feuer und Flamme. Ich fuhr sofort zu der Halle und mietete sie für morgen! Wir machten uns an die Arbeit und brachten alles auf Vordermann, aber am Montag begannen unsere Parlamentarier zu quaken und Gladstone zu reizen. Sie haben es geschafft, ihm die Kundgebung auszureden: Die E.Q.A. gehörte zu den Ersten, die die Flucht antraten, und ich muß wirklich sagen, sie haben sich in dieser Angelegenheit übel benommen... ich schäme mich so, daß ich den Leuten kaum noch ins Gesicht zu schauen vermag, obgleich ich mein Bestes tue, um die Dinge am Laufen zu halten... es gab gestern eine stürmische Sitzung der E.Q.A. voll von nichtswürdigen persönlichen Animositäten. Ich hielt meinen Mund... ich bin jetzt damit fertig, ich meine, was meinen Kopf angeht. Ich werde damit aufhören, Vorträge zu halten, und mich statt dessen um meine Arbeit kümmern.*"[5]

Die Auswirkung dieser Enttäuschung auf seinen Gesundheitszustand war, wie häufig bei ihm in solchen Fällen, ein Gichtanfall, der ihn zwang, mehrere Tage im Haus zu bleiben. Darauf fuhr er einige Tage nach Kelmscott zum Fischen.

Die politischen Konflikte lösten sich dann noch einmal, ohne daß es zu einem großen Krieg gekommen wäre. Auf dem Kongreß von Berlin im Juli 1878 wurde Bulgarien geteilt. Die Russen mußten ihren Brückenkopf am Mittelmeer wieder räumen, während England das Recht zugesprochen wurde, eine Flottenbasis auf Zypern einzurichten.

**Kelmscott House**

In der Familie galten Morris' Sorgen um diese Zeit vor allem seiner Tochter Jenny, bei der, als sie fünfzehn Jahre alt war, epileptische Anfälle auftraten. Es war eine Sorge, die Morris von nun an nie mehr verließ. Jenny war seine Lieblingstochter, und er empfand Gewissensbisse darüber, daß das Mädchen die Krankheit von seiner Familie her geerbt haben könne.

Im Oktober 1878 verlegte Morris seine Londoner Wohnung von den beengten Verhältnissen im Horrington House in das etwas geräumigere „The Retreat" in Hammersmith, das er von nun an „Kelmscott House" nannte, mit Bezug auf „Kelmscott Manor", das geliebte Haus auf dem Land. Das neue Haus war ein einfacher Ziegelbau, erbaut im 18. Jahrhundert. Aus den Fenstern der Vorderfront blickte man auf die Themse. Im Garten des Hauses hat 1816 Sir Francis Ronald das erste Kabel des von ihm erfundenen Telegraphen verlegt. Ian Bradley berichtet über die Innenausstattung:

„In seinem Schlafzimmer stellte Morris einen Webstuhl auf, an dem er bis zu zehn Stunden an den komplizierten Mustern des Wandbehangs ‚Cabbage and Vine' (Kohlblätter und Weinranke) arbeitete. In dem an das Haus angrenzenden Kutschenhaus wurde ein Teppichwebstuhl installiert, und etliche Frauen aus dem Stadtteil wurden als Weberinnen angestellt. Es war hier, wo die handgeknüpften wollenen Hammersmith-Teppiche und Brücken entstanden. Im Mai 1880 veranstaltete Morris eine Ausstellung. In einem Prospekt, den er dazu drucken ließ, hieß es, Zweck dieser Unternehmung sei, ‚England von den aus dem Orient importierten Teppichen, die für sich in Anspruch nehmen könnten, ein Kunstwerk zu sein, unabhängig zu machen'."

Eine Reise, die er mit seiner Familie im Frühjahr 1878 nach Italien unternahm, war insofern ein Fiasko, als er wieder einen schweren Gichtanfall erlitt und Jane das Klima in Venedig nicht vertrug. Morris, der davon überzeugt war, daß „diese infernalische Hitze eines Schmelzofens" einen weiteren Gichtanfall bei ihm auslösen werde, kehrte allein nach England zurück, während Jane mit den Mädchen noch länger blieb.

Wieder in London, beklagte sie sich über die viele Arbeit, die mit dem großen neuen Haus verbunden war. Rossetti hatte ihr alle Möbel, die er noch in Kelmscott Manor stehen hatte, geschenkt. Sie waren nun nach Kelmscott House gebracht worden. In diesem Herbst lag sie nachts oft wach, weil sie die Geräusche der Schiffe auf der Themse störten. Später war es das Klappern von Williams Webstuhl.

Unterdessen hatte sich ein neues Ziel ergeben, für das Morris sich mit Leidenschaft einzusetzen bereit war. *„Die Forderung, daß Menschen an Orten wohnen, die schön sind, liegt mir immer mehr am Herzen"*, schrieb er 1880, *„ich meine eine Art von Schönheit, die für alle erreichbar ist, wenn sich nur Menschen einmal für ein solches Ziel einzusetzen beginnen. Ich wünsche mir wirklich, daß endlich etwas mehr geschieht als nur beständiges privates Grollen und ein paar wohlfeile Reden..."*[6]

Über Jahre hin, vor allem durch die zahlreichen Aufträge der „Firma" für Glasfenster, aber auch durch sein persönliches Interesse an schönen alten Gebäuden, war er Zeuge eines Restaurierungsprogramms geworden, bei dem eine Rücksichtslosigkeit waltete, die ihre Ursache nicht zuletzt darin hatte, daß sich gut daran verdienen ließ. Auch die „Firma" hatte in den sechziger Jahren bei der Restaurierung dreier mittelalterlicher Colleges in Cambridge mitgewirkt. Ein Drittel aller in der „Firma" hergestellten Glasfenster vor 1877 waren für alte Kirchen bestimmt, standen also auch mit dieser Restaurierungskampagne in Zusammenhang.

Bekannte Architekten dieser Ära wie Butterfield, Street, Bodley und White waren davon überzeugt, daß mittelalterliche Bauten, die vom Einsturz bedroht waren, bei ihrer Restaurierung durch Errungenschaften der viktorianischen Architektur verbessert werden sollten. Man sicherte solche Bauten also nicht nur in ihrer Bausubstanz, sondern fügte neue Fliesenböden, Schnitzereien und Glasarbeiten hinzu. Dies mit der Behauptung — größtenteils wohl auch mit der ehrlichen Überzeugung — eine Zeit, die soviel könne, sei auch in der Lage, den Geist der alten Zeit stilsicher nachzuempfinden.

*Gesellschaft zum Schutz von alten Gebäuden*

In dem Maße, in dem Morris' Begeisterung für das Mittelalter etwas nachließ, wurden ihm auch die Gefahren einer solchen Restaurierungspraxis bewußt. Angeregt von Ruskin, warnte er vor einer unbedachten Zerstörung des Alten, eine Gefahr, die selbst die Vertreter der Neogotik sahen: „Man reißt die Sitze heraus, entfernt die Fußböden, kratzt den Putz von den Wänden, hebt das Dach ab und überläßt die Kirche für Monate der Gnade oder häufiger der Ungnade der Elemente. Fenster, wenn sie dem Pfarrer nicht gefallen, werden herausgerissen und durch prätentiösere ersetzt, tatsächlich reformiert man alles von Kopf bis Fuß... bald wird man das Bedürfnis empfinden, einmal eine unberührte Kirche anzutreffen."[7]

Scott, selbst ein an dieser Art von Restaurierung beteiligter Architekt, von dem die voranstehenden Sätze stammen, machte die häufigen, hohe Gewinne bringenden Gesamtaufträge für die Sünden einer solchen „Überrestaurierung" verantwortlich und schrieb schon 1874, es sei höchste Zeit, „örtliche Wachkomitees" einzurichten, die einem solchen „Verbesserungswahn" Einhalt gebieten sollten. Es ist nicht ohne Ironie, daß es gerade Scott mit seinen Plänen zum Umbau von Tewkesbury war, der Morris auf den Plan rief und so den Anstoß zur Gründung einer „Gesellschaft zum Schutz von alten Gebäuden" gab (Society for the Protection of Ancient Buildings, volkstümlich abgekürzt SPAB). Eine Fahrt durch die Cotswolds und die Veränderungen, die Morris an der schönen kleinen Kirche von Burford beobachtete, waren für ihn ein erstes Alarmzeichen. Dann las er Anfang 1877 den Vorschlag Scotts zum Umbau von Tewkesbury Abbey. Ein Leserbrief, der in der Zeitschrift „Athenaeum" erschien und mit dem er im März 1877 zu einem Treffen Gleichgesinnter in den Ausstellungsräumen der „Firma" einlud, führte schließlich zur Gründung der Gesellschaft, deren erstem Vorstand Carlyle, Ruskin, Burne-Jones und Philip Webb, sowie Morris als Sekretär, angehörten.

Sir George Gilbert Scott war es allerdings auch, der die gesamte Ostwand der Kathedrale von Oxford niederreißen ließ, um sie in einem nachempfundenen normannischen Stil wieder aufzubauen. Wer die Bilder von dem Innenraum der Kirche vor und nach der Restaurierung betrachtet, wird zugeben müssen, daß durch die Restaurierung jede Ähnlichkeit mit dem organisch gewachsenen ursprünglichen Raum beseitigt wurde, ob zum Besseren oder Schlechteren ist eine Frage, die nach dem jeweiligen ästhetischen Standpunkt und Zeitgeschmack unterschiedlich beantwortet worden ist. Stattgefunden hatte da jedenfalls die Verwandlung eines gotischen Innenraums in einen Stil, der pompös wirkt und den es in dieser Ausprägung in der Vergangenheit nie gegeben hatte.

Demgegenüber vertrat Morris nun sehr energisch, bis hin zu handgreiflichen Auseinandersetzungen mit eigensinnigen und seiner Meinung nach unbelehrbaren Gemeindepfarrern, die Auffassung: *„Wir haben kein Recht, in welcher Form auch immer, alte Gebäude anzurühren."* Womit gemeint war: Wir dürfen historische Gebäude nicht lediglich als Rahmen gebrauchen, in dem wir unsere Prestigesucht und unseren Ehrgeiz verwirklichen. „Sie (die alten Bauten) gehören zum Teil

**Erhaltung der Kirchen**

jenen, die sie gebaut haben, zum anderen Teil all den Generationen der Menschheit, die nach uns kommen."[8]

Es war Morris, der sich damit durchsetzte, diese Sätze von Ruskin in das Manifest der SPAB aufzunehmen. Und freilich kann man das, was hier für alte Gebäude gefordert wird, auch auf die natürliche Umwelt des Menschen ausdehnen. Wo dies geschieht, können jene, die eine solche Forderung erheben, sich auf Morris berufen. Denn er sah den Kampf zum Schutz alter Gebäude nur als einen ersten Schritt auf eine neue, ökologisch sensibilisierte Gesellschaft hin an. Er hoffte auf eine Zeit, in der die Schönheit des Alltäglichen jenen Lustgewinn bescheren würde, den sich Menschen vergeblich durch ein Mehr an zivilisatorischem Komfort und Verfügungsgewalt über materielle Dinge zu verschaffen gesucht hatten.

Keinerlei private Gründe, so Morris, könnten die Zerstörung eines schönen alten Gebäudes rechtfertigen, höchstens sehr gewichtige, das Gemeinwohl betreffende. *„Durch die Zerstörung oder Beschädigung alter Gebäude"*, erklärte er, *„zerstören wir die Freude, die Kultur, mit einem Wort, die Menschlichkeit der ungeborenen Generationen."*[9]

Durch die Beschäftigung mit den Methoden und der Ästhetik der Restauration begann Morris immer klarer zu erkennen, welchen wirtschaftlichen und politischen Kräften seiner Epoche man sich widersetzen mußte, sollte es Hoffnung auf Schönheit und lebendige, mit der alltäglichen Arbeit des Menschen verbundene Kunst geben.

Für die eigene „Firma" zog Morris Konsequenzen. Sie nahm von nun an im Fall alter Kirchen keine Aufträge für farbige Glasfenster mehr an, es sei denn, es wurden plausible Gründe für den Austausch der Fenster angeführt.

Morris Einfluß in der SPAB war so stark, daß noch fünfzig Jahre nach deren Gründung der Vorstand fast ausschließlich aus Freunden und Schülern von Webb und Morris bestand. Die Gesellschaft überprüfte in den ersten fünf Jahren ihres Bestehens mehr als hundert Fälle. Sie setzte sich beispielsweise auch nachdrücklich und mit Erfolg für den Erhalt der Kirchen des Architekten Wren ein, gegen dessen Stil Morris persönlich eine starke Abneigung hegte.

Natürlich stießen die Aktivitäten der SPAB auch auf Widerstand. Vielen Pfarrern fiel es schwer, in ihren Kirchen „Dokumente" der Baugeschichte zu sehen, die nicht verändert oder korrigiert werden sollten. Der Dekan von Canterbury erklärte, seine Kathedrale sei nicht dazu da, um an ihr antiquarische Forschungen durchzuführen oder aufstrebenden Architekten ihre Kunst zu lehren. Sie sei ein Haus zum Gebet und zur Verkündung des Wortes Gottes.[10] Nicht ohne Komik, aber doch bezeichnend für nicht wenige Pfarrer, die Kirchen gewissermaßen als ihren persönlichen Besitz ansahen, war der Ausruf des Vikars der Kirche von Burford bei einem Wortwechsel mit Morris: „Diese Kirche gehört mir, mein Herr, und wenn mir so ist, kann ich mich in ihr auf den Kopf stellen."

War die Arbeit der SPAB erfolgreich? Ja und nein. Über 2.500 Kirchen wurden zwischen 1877 und 1885 in England restauriert, 1878 aber hatte es nach Schätzungen der Gesellschaft insgesamt überhaupt nur noch 750 nicht veränderte Kirchen in England gegeben. Die SPAB verhinderte einen verschandelnden Anbau bei Westminster Abbey, die Zerstörung alter Schulgebäude in Eton und einer großen Anzahl von Stadtkirchen in York. Der Abriß von St. Mary at the Hill und St. Mary Le Strand in London unterblieb durch ihre Proteste. Eine Ruhmestat der Gesellschaft war es, daß sie durch eine internationale Kampagne, die sowohl Gladstone als auch Disraeli unterstützten, den Umbau der Westfront von St. Markus in Venedig verhindern konnte. Die SPAB setzte durch, daß in vielen Fällen Fragmente spätmittelalterlicher Kirchen und Abteien gesichert, aber nicht ergänzt oder restauriert wurden. Die kleine Kirche von Ingleham, die heute noch jene die Cotswolds durchstreifenden Kunstliebhaber zusammen mit den Kirchen von Harnhill, Driffield, Ampney und Castel Comb erfreut, ließ Morris aus eigenen Mitteln sichern. Wichtiger vielleicht noch als solche Teilerfolge war, daß mit diesen Aktionen der Anstoß zu einer langsam wirksam werdenden Bewußtseinsveränderung gegeben wurde. Die Vorstellung, daß etwas Altes nicht eo ipso überflüssig sei und dem Fortschritt zu weichen habe, mußte sich erst wieder langsam entwickeln. Gleichzeitig wurde auf den Zusammenhang zwischen Architektur und sozialem Leben hingewiesen. 1882 nahm das Parlament ein von dem liberalen Abgeordneten Sir John Lubbock eingebrachtes Gesetz zum Schutz alter Bauten an. Alle solchen Gebäude wurden nun unter Denkmalschutz gestellt und zu öffentlichem Eigentum erklärt. Morris selbst bestärkte die Auseinandersetzung mit kirchlichen und weltlichen Behörden, die er in seiner Eigenschaft als Sekretär der Gesellschaft zu führen hatte, in der Ansicht, daß die Kunst, die eine Gesellschaft hervorbringt, das Verhältnis der sozialen und wirtschaftlichen Kräfte in ihr widerspiegele. Es ist dies der immer wieder variierte und modifizierte Grundgedanke einer Folge von Vorträgen, die er zwischen 1877 und 1885 hielt, zunächst vor allem mit der Absicht, so Geldmittel für die Arbeit der SPAB zu beschaffen.

Sowohl die Niederschrift wie auch die rednerische Wiedergabe seiner Gedanken fielen Morris nicht leicht. Er war alles andere als ein natürlicher Redner. Aber die Anstrengung, die er für die Vorbereitung und Niederschrift dieser Vorträge aufwendete, zahlte sich aus in einer Vielzahl prägnanter Formulierungen. Wir lernen hier Morris als einen Menschen kennen, der über Probleme, die bis heute wichtig geblieben sind, auf eine eindrucksvoll ungezwungene Art nachdenkt. Die früheste Folge dieser Vorträge trug ursprünglich den Titel „Die dekorativen Künste", ist aber später unter der Bezeichnung „Die geringeren Künste" bekannter geworden. Morris hielt sie im Dezember 1877. Er erklärt, unter dekorativen Künsten verstehe er *„jenen großen Bereich der Kunst, durch den die Menschen aller Zeiten mehr oder minder erfolgreich versucht haben, die bekannten Gegenstände des Alltagslebens zu verschönern"*. Dekoration, heißt es dann weiter, diene zwei Zwecken: sie wolle den Menschen mit den Dingen, die sie ständig benutzten, Vergnügen bereiten und sie solle Menschen bei Dingen, die sie ständig herstellen, Vergnügen empfinden lassen. In der Diskussion über den zweiten Satz verweist Morris auf Ruskins Bemerkung in die „Steine von Venedig", daß Arbeit als Schinderei dann verschwinden werde, wenn die Arbeiter Gelegenheit hätten, all ihre ungenutzten Fähigkeiten einzusetzen.

In der Grundstimmung ist der Vortrag eher düster. Morris wußte sehr wohl, daß man in seiner Epoche weit von diesem Ideal entfernt war, und daß die Ansprüche der Kunst den Ansprüchen des industriellen Wachstums geopfert wurden. Er kommt dann auf seine eigene Erfahrung in der „Firma" zu sprechen und polemisiert gegen einen guten Rat, der, wie er berichtet, ihm häufig gegeben werde: *„Die Leute sagen zu mir oft: Wenn Sie wollen, daß Ihre Kunst erfolgreich ist und gedeiht, müssen Sie sie zu der herrschenden Mode machen: ein Satz, der mich, wie ich zugeben muß, ärgert, denn sie meinen doch wohl damit, daß ich einen von zwei meiner Arbeitstage dazu benutzen solle, um reiche und angeblich einflußreiche Leute davon zu überzeugen, daß etwas, was sie nicht im geringsten kümmert, sie eigentlich doch bekümmern sollte..."*[11]

Kunst und Gesellschaft

HARNHILL

AMPNEY ST. PETER

AMPN

*Skizzen jener kleinen Dorfkirchen in der Umgebung von Kelmscott, die durch das Eingreifen der „Gesellschaft zum Schutz alter Gebäude" und durch Morris' persönliches Engagement vor dem Verfall bewahrt wurden. Sie stammen teilweise noch aus sächsischer und normannischer Zeit.*

AMPNEY ST. MARY

DRIFFIELD

TOM READING /82

189

Denkanstöße

Tatsache war, daß Morris' Design trotz dieser Haltung unter den Ästheten um 1880 zur Mode wurde. Aber das, worum es ihm hier vor allem geht, ist die Notwendigkeit der Kontinuität im Hinblick auf die Qualität. Er wollte nicht gutes Design von wechselndem Geschmack abhängig machen. Den Mitteln einer suggestiven, auf Verkaufsförderung abzielenden Werbung steht Morris höchst mißtrauisch gegenüber. Tatsächlich waren Anzeigen seiner „Firma" ausschließlich auf Information abgestellt und nicht auf Überredung zum Kauf hin angelegt. Morris' Beharren einer unabhängigen Haltung gegenüber Geschmacksveränderungen ist so zu verstehen, daß er nur auf diese Art glaubte, hohe Qualität kontinuierlich gewährleisten zu können. Die Probleme, die sich aus der Reduzierung des Sortiments ergeben, Einschränkung der Wahlmöglichkeiten des Verbrauchers, bleiben unerörtert. Wir können nur durch Aussagen aus anderen Vorträgen mutmaßen, wie Morris in diesem Punkt argumentiert hätte. Wahrscheinlich so: die Bandbreite, also die Vielfalt des Sortiments, diene vorwiegend gar nicht dem Nutzen des Verbrauchers, sondern weitgehend dem der Kunst und Schönheit feindlichen kapitalistischen System der Profitmaximierung.

An solchen Stellen der Vorträge wird eine ihrer Eigenarten deutlich: Sie enthalten weit mehr Denkanstöße, dienen mehr der Beleuchtung besonders kritischer Punkte, als daß sie hieb- und stichfeste Strategien entwickeln. Nicht ohne Problematik ist denn auch Morris' Forderung, die entscheidende Hilfe für die dekorativen Künste müsse von jenen kommen, die in diesem Bereich arbeiten. *„Der Handwerker, der zurückblieb, als sich die Künste vom Handwerk trennten, muß wieder an die Kunst herangeführt werden. Künstler und Handwerker müssen Seite an Seite arbeiten."*[12] Morris räumt ein, daß dem große soziale und wirtschaftliche Schwierigkeiten im Weg stehen. Was er fordert, mag gerade noch möglich sein für kleinere Handwerksbetriebe. Allein die Geschichte der „Firma" kann hier als Beweis dafür gelten, wie schwierig es ist, solche Forderungen in der bestehenden „kapitalistischen" Wirtschaftsordnung zu erfüllen.

Morris fällt dann auch an dieser Stelle nicht viel mehr ein als gegen jene zu wüten, die seiner Meinung nach für die neue Situation verantwortlich sind: die Manufakturisten, d.h. die Fabrikanten, von denen die meisten in ihrem ganzen Leben nicht ein einziges Mal richtige „Hand"-Arbeit (wie das englische Wort „manufacturer" noch verheißt) getan haben und in Wirklichkeit Kapitalisten und Verkäufer sind. Wer die von ihm vorgeschlagenen Ideale verwirklichen will, den verweist Morris auf die beiden großen Ratgeber *Natur* und *Geschichte*. Aber wie sieht die „Natur" eines Stadtmenschen aus? *„Wie kann ich Arbeiter, die in den häßlichen Straßen Londons herumlaufen, dazu veranlassen, sich um Schönheit zu kümmern?"*[13] Wenigstens sei London reich an Museen, fährt er fort, aber die halte man am Sonntag, dem einzigen Tag, an dem die Arbeiter Zeit hätten, sie sich anzusehen, geschlossen. Nur wenn man von London aufs Land fahre, gäbe es manches, was Menschen erfreuen könne.

In der dann folgenden Beschreibung Englands wird seine tiefe persönliche Zuneigung zur englischen Landschaft und die Herausbildung seiner ästhetischen Ideale aus ihr erkennbar. Morris nennt England *„ein kleines Land, viel zu eingeschlossen zwischen den es begrenzenden Meeren, um sich zu Gewaltigem aufblähen zu können..."* Es wird klar, daß er eben diese Begrenztheit und Überschaubarkeit als Vorteil empfand. Er stellt dann eine Verbindung zwischen diesem „unromantischen, ereignislos wirkenden Land" und der Kunst, die es hervorgebracht hat, her. Es ist eine Kunst, *„die nie versuchte, Menschen durch Pomp oder Unechtes zu beein-*

*drucken, die weit eher Gefahr lief, in Gemeinplätze zu verfallen. In ihren besten Werken hatte sie einen Erfindungsgeist, eine Individualität, die großartigere Stile nie übertrafen. Sie gab ihr Bestes sowohl an das Haus der freien Bauern ab, an die einfachen Dorfkirchen, wie an die Paläste der Herren und an die mächtigen Kathedralen. Diese Kunst war nie gemein, wohl aber häufig grob, immer noch schön, natürlich und unaffektiert genug, war eine Kunst der Bauern eher als eine Kunst der Kaufmanns-Prinzen oder Höflinge. Eine Bauernkunst, sagte ich, und sie hing am Leben des Volkes in vielen Teilen dieses Landes, sie stand in Verbindung mit den Bewohnern der Cottages und mit den freien Bauern, als die Adelshäuser schon ‚französisch und fein' wurden. Sie lebte in vielen Mustern des Webstuhls und der Druckstöcke sowie der stickenden Nadel fort, während Pomp aus Übersee alle Natur und alle Freiheit auslöschte und Kunst, besonders in Frankreich, zum bloßen Ausdruck einer erfolgreichen und überschwenglichen Schurkerei wurde, mit der es nach nicht langer Zeit auf dem Weg allen Fleisches bergab und in die Grube ging."*[14]

An kaum einer anderen Stelle seiner Vorträge und theoretischen Arbeiten ist es Morris gelungen, so anschaulich und persönlich auszudrücken, welche Kunst seine Kunst war. Er kommt schließlich zu der für einen „Dekorateur" erstaunlichen Feststellung, daß die meiste dekorative Kunst seiner Zeit keine Kunst sei, weil sie der Nützlichkeit, die jede wahre Kunst *auch* besitzen müsse, ermangele. Londons Häuser, kritisiert er, seien *„verziert mit Tonnen und abermals Tonnen von unerträglichem Kitsch"*, der vorgebe, Kunstwerke irgendwelcher Art darzustellen. Dem setzt er sein Ideal entgegen: Einfachheit. *„Einfachheit des Lebens führt zur Schlichtheit des Geschmacks."* Die Fehlentwicklung, die hier eingetreten sei, hänge zusammen mit der mangelnden Rückbindung des Kunstgeschmacks an das größte Vorbild für Schönheit, die Natur. Aus der Vorstellung, der Mensch sei endgültig Meister und Herrscher über die Natur, erkläre sich auch der Mangel an Fürsorge für die natürliche Umwelt: *„Geld machen? Die schönen Bäume zwischen den Häusern umlegen, die alten, ehrwürdigen Gebäude einreißen, und nur um das Geld, das ein paar Quadratmeter Londoner Dreck einbringen. Die Flüsse verschmutzen, die Sonne verfinstern, die Luft vergiften mit Rauch und Schlimmerem, und keiner fühlt sich verantwortlich. Darauf den Finger zu legen und zu fragen: Ist das alles, was wir vom modernen Handelswesen, dem Kontor, das die Werkstatt vergessen hat, erwarten dürfen?"*[15]

Morris macht den Vorschlag, die von seinen Zeitgenossen so hochgeschätzte Wissenschaft vielleicht einmal nicht nur dazu einzusetzen, Profit zu ermöglichen und abermals Profit, sondern *„Manchester zu helfen, seinen Rauch, und Leeds, seinen überflüssigen schwarzen Farbstoff loszuwerden, ohne daß dieser in die Luft gepafft und in einen Fluß geleitet werden muß"*.[16]

Die Sorge um die Erhaltung der menschlichen Lebensgrundlage wird zentral gesetzt. Solche Stellen sind es, an denen man meinen könnte, Morris habe nicht vor hundert Jahren gelebt, sondern heute.

Am Ende steht das Bekenntnis zu dem Ideal einer gerechten menschlichen Gesellschaft. Morris kennzeichnet dieses Ideal, *„das auf dem Grund all meiner Arbeit in den dekorativen Künsten aufzufinden ist, und das nie aus meinem Denken verschwinden wird"*, als sein wichtigstes und endgültiges Lebensziel.

Es war gerade dieses mutige Bekenntnis zu einem Traum, mit dem Morris in einer Zeit der Fakten und des Profits einen so großen Einfluß auf viele seiner Zeitgenossen ausüben konnte. Morris' Vorträge zielten mit der Zeit auf weit mehr als nur eine Wiederbelebung der mittelalterlichen Traditionen des Handwerks, wenn auch

**Elementare Bedürfnisse**

viele seiner Zuhörer gerade von diesem Stichwort sich anregen ließen und Morris so wesentlichen Einfluß auf die sich in diesen Jahren in England bildenden Gilden und Vereinigungen von Kunsthandwerkern gehabt hat. Über die „Arts & Crafts-Bewegung" und ihre Verbindungen zu Morris berichtet das 14. Kapitel.

Morris' Vorträge wurden immer mehr zu beißenden Angriffen nicht nur gegen die Häßlichkeit bei den Gebrauchsgegenständen seiner Zeit, sondern auch gegen die Gesellschaft, in der er lebte. *„Abgesehen von dem Wunsch, schöne Dinge herzustellen"*, konnte er ausrufen, *„ist die vorherrschende Leidenschaft meines Lebens der Haß auf die moderne Zivilisation."*[17]

Er war sich darüber klar geworden, und das war ein entscheidender Schritt, daß Veränderung durch Kunst nicht genug war: *„Soll denn alles in einem Kontor, auf einem Schlackenhaufen enden..., mit einer Sitzung des Parteivorstands der Liberalen, in der darüber verhandelt wird, wie man den Reichen zu der für sie nötigen Portion Champagner verhilft und den Armen zu einer ihrem Status angemessenen Menge an Margarine, soll die Lust für die Augen für immer aus der Welt verschwinden, soll Homer seinen Platz Huxley* (gemeint ist ein zu Morris' Zeiten bekannter Professor der Naturwissenschaften) *räumen?"*[18]

Nach Ian Bradley liegt der Erweiterung der Reflexionen über die Kunst auf das Gebiet der Gesellschaft folgender Gedanke zugrunde: „In den unterschiedlichen wirtschaftlichen Gegebenheiten findet Morris die Erklärung für die großen Qualitätsunterschiede der Gebrauchsgegenstände des Mittelalters und seiner Zeit. Die Artefakte aus dem Mittelalter waren schön, weil sie von unabhängigen Handwerkern, die in Handelsgilden oder Zünften zusammenarbeiteten, hergestellt worden waren. Die Renaissance und der Aufstieg des Kapitalismus zerstörten das System relativer Freiheit und Kooperation. Sie ersetzten es durch ein anderes, das auf Profitstreben und Lohnabhängigkeit beruhte. Das Verlangen der reichen Kapitalisten nach Luxus und Repräsentation verdrängte gleichzeitig die im Mittelalter vorherrschende Einfachheit und Gediegenheit."

Moderne Kunst sollte nicht so sehr um ihrer selbst willen zurückgewiesen werden, sondern als Ausdruck einer kranken Gesellschaft, die sie hervorbrachte, erklärt Morris: *„Es ist nicht nur, weil diese erbärmlichen Dinge so häßlich, töricht und nutzlos sind, daß ich euch auffordere, sie abzulehnen. Es geht weit mehr noch darum, daß sie die äußeren Symbole jenes Giftes darstellen, das in sie eingegangen ist. Schaut durch sie hindurch und überlegt euch, wodurch sie geprägt worden sind, und ihr werdet nutzlose Arbeit und Mühen erkennen. Erniedrigung ist von Anfang an mit im Spiel gewesen..., und all dies wegen Schund, den in Wirklichkeit niemand braucht."*[19]

Morris hat vielleicht nicht als erster, aber in jedem Fall für eine breite Schicht von Menschen anschaulich auf das Nebeneinander von Verschwendung und Mangel, auf den Glücksspielcharakter des Marktmechanismus im Kapitalismus hingewiesen. Er hat daraus die Aufforderung abgeleitet, das neu zu bestimmen, was ein Mensch tatsächlich zu einem menschenwürdigen Dasein brauche, und darin Schönheit und Kunst als elementare Bedürfnisse mit eingeschlossen.

Hatte er in seiner Jugend erwartet, in der Kunst ein Mittel zur Veränderung einer als unerträglich empfundenen Gesellschaft zu finden, so war ihm durch seine Erfahrungen seither inzwischen klar geworden, daß der Weg zu echter und gültiger Kunst, und somit zu einem dem Menschen zukommenden Anteil an Schönheit, nur über eine Veränderung der Gesellschaftsordnung möglich sei.

Dazu schrieb er in einem Artikel 1885: *„Solange Kunst weiterhin unter dem Ein-*

*fluß jener steht, denen es nur darum zu tun ist, ihren Profit zu machen, ist sie tot und läßt hinter sich nur ein Phantom von Scheinkunst als überflüssigen Sklaven des Kapitalisten zurück... Sozialismus ist die einzige Hoffnung für die Kunst."*[20]

In einer Zeit, in der zwar die in den ersten Sätzen enthaltene Feststellung ihre Richtigkeit nicht verloren hat, aber der reale Sozialismus sich so wenig dazu versteht, seinen Künstlern Meinungsfreiheit und Handlungsspielraum zuzugestehen, muß definiert werden, was Morris unter Sozialismus verstand. Für ihn war dies *„ein Zustand der Gesellschaft, in der es weder Arme noch Reiche gibt, weder Herren noch Untergebene von Herren, weder Müßige noch Überarbeitete, weder hirnkranke Intellektuelle noch herzmüde Handarbeiter; kurz gesagt, ein Zustand, in dem alle Menschen unter gleichen Bedingungen leben und ihre Tätigkeit ohne Verschwendung ausüben und bei vollem Bewußtsein, daß Leid für einen — Leid für alle bedeutet. Eine solche Gesellschaft wäre schließlich die Verwirklichung der im Begriff ‚Commonwealth' eingeschlossenen Bedeutung (annähernd zu übersetzen mit: Gemeinsame Teilhabe am Reichtum der Erde)."*[21]

Somit ist Morris von dem berühmten Satz im „Kommunistischen Manifest", in dem von einer Assoziation gesprochen wird, in der die freie Entwicklung des Einzelnen die Bedingung für die freie Entwicklung aller zu sein habe, gar nicht so weit entfernt. Und somit hat Bernard Shaw, der als junger Mann und Mitglied der Fabian Society mit Morris eng befreundet gewesen ist und zeitweilig sich sogar Hoffnungen darauf machte, sein Schwiegersohn zu werden, wohl so unrecht nicht, wenn er behauptet, Morris habe an der Seite von Marx gegen die ganze Welt gestanden.

Sozialismus-Begriff

*Das große Wohnzimmer in Wightwick Manor, Shropshire. Es wurde zwischen 1887 und 1893 ausgestattet; einer der größten Aufträge, den die „Firma" je erhielt.*

# XI. Im Lager der Sozialisten – utopische Entwürfe

*„Ich glaube nicht daran, daß die Welt durch ein System gerettet werden kann — ich behaupte vielmehr, daß eine Notwendigkeit dazu besteht, Systeme, die korrupt geworden sind und zu nichts mehr führen, anzugreifen: dies ist nach meinem Verständnis der Dinge bei dem gegenwärtigen System von Kapital und Arbeit der Fall. Wie ich in all meinen Vorträgen zum Ausdruck gebracht habe, bin ich allmählich zu der Schlußfolgerung gekommen, daß die Kunst von diesem System gefesselt worden ist und in der Zivilisation aussterben wird . . . Wenn ich nicht reich geboren worden wäre, oder doch zumindestens wohlhabend, hätte ich meine Position als unerträglich empfunden und wäre zu einem bloßen Rebellen geworden gegen das, was mir als ein System der Räuberei und der Ungerechtigkeit erscheint. Nichts wird mir dieses Gefühl austreiben, das, wie ich gern zugebe, für mich zu einer Glaubensgewißheit geworden ist: der Gegensatz von arm und reich ist unerträglich. Er sollte weder von den Reichen noch von den Armen hingenommen werden. Davon überzeugt, scheint es mir, daß es meine Pflicht und Schuldigkeit ist, auf die Zerstörung des Systems hinzuarbeiten, das für mich nur in Unterdrückung und Obstruktion besteht; ein solches System kann nur, so scheint es mir, durch die vereinigte Unzufriedenheit vieler zerstört werden . . .“*

William Morris an C. E. Maurice am 3. Juli 1883[1]

*Kapital und Arbeit. Allegorischer Holzschnitt (1886) von Walter Crane, dem Freund und Schüler von William Morris.*

Die politische Szene gegen Ende des viktorianischen Zeitalters wurde bestimmt durch die Auseinandersetzungen zwischen zwei großen Politikern von sehr unterschiedlichem Temperament und voneinander abweichender Sichtweise der bestehenden gesellschaftlichen Probleme. Der Anglikaner Gladstone führte die Liberale Partei mit einer Mischung von Glauben an eine Wirtschaftsordnung des laissez-faire und an soziale Gerechtigkeit, die sich aus dem individuellen Gewissen ergeben sollte. Sein Gegenspieler war Disraeli, der in seinem Roman „Sybil" 1845 das Schlagwort von den „zwei Nationen" für die Teilung Englands in Arme und Reiche geprägt hatte. Er war auf der Suche nach einem neuen Konservativismus und wollte das Land im Zeichen der Monarchie einen und der Nation im Empire eine neue Zielvorstellung geben. Bei allen Unterschieden in ihren Ansichten hatten beide Politiker, was die Sozialpolitik anging, einiges gemeinsam.

„Wie ich Sozialist wurde"

Sie waren sich beide bewußt, daß die Entwicklung der Industrie große Probleme geschaffen hatte, die die Regierung lösen mußte, und daß es auf entscheidende Schritte in der sozialen Gesetzgebung ankam. Beide stimmten auch darin überein, daß die gesellschaftlichen Grundlagen dabei nicht angetastet werden sollten.

Zu dieser Haltung in den beiden großen politischen Parteien des Landes gab es keine Alternative. 1790 hatte es auch in England Jakobiner gegeben. Um 1840 waren von den Chartisten radikale Töne angeschlagen worden. Beides war lange vorbei. Mit dem wirtschaftlichen Wachstum hatte sich die Vorstellung ausgebreitet, daß man soziale Probleme durch Teilreformen werde immer mehr eindämmen können. In einem zunehmend wohlhabender gewordenen Bürgertum, das von einem starken Fortschrittsglauben erfüllt war, traf man häufig auf die Ansicht, durch die wirtschaftliche Entwicklung würden sich alle sozialen Fragen von selbst lösen.

Die einzigen beiden Männer, die den Kapitalismus radikal in Frage stellten und davon sprachen, daß nur eine Revolution des Proletariats der Ausweg aus allem Übel sei, nämlich Marx und Engels, lebten zwar in England, waren aber, da ihre Schriften in deutscher Sprache abgefaßt wurden, dort kaum bekannt.

Morris' Erfahrungen mit den Liberalen in der Kampagne gegen die Nahostpolitik hatten ihn endgültig davon überzeugt, daß mit Reformismus und durch die bestehenden Parteien die Krise der englischen Industriegesellschaft nicht zu lösen sein werde. Über die Art und Weise, wie er die politische und gesellschaftliche Atmosphäre in den Jahren vor seinem Engagement bei den Sozialisten empfand, gibt es von ihm selbst eine anschauliche Beschreibung. In dem in der Zeitschrift „Justice" 1884 veröffentlichten Aufsatz „Wie ich Sozialist wurde" schreibt er: *„Fast alle intelligenten Leute waren mit der Zivilisation dieses Jahrhunderts recht zufrieden, oder gaben dies wenigstens vor. Noch einmal: Fast alle waren zufrieden und meinten, man müsse eigentlich nicht mehr tun, als besagte Zivilisation von einigen wenigen lächerlichen Überbleibseln eines barbarischen Zeitalters zu befreien. Dies war der Rahmen, verkürzt gesprochen, in dem sich das Denken der Liberalen bewegte, er war gewissermaßen selbstverständlich für den modernen wohlhabenden Mann aus der Mittelklasse, der, was den mechanischen Fortschritt anging, eigentlich keine Wünsche außer dem hatte, daß der Sozialismus ihn doch in Ruhe sein Glück genießen lassen möge. Aber außer diesen Zufriedenen gab es andere, die nicht wirklich zufrieden waren, sondern ein vages Gefühl des Abgestoßenwerdens vom Triumph der Zivilisation empfanden, sich jedoch durch die maßlose Macht des Liberalismus zum Schweigen verurteilt sahen. Schließlich gab es noch einige Leute, die sich in offener Rebellion gegen den Liberalismus befanden — einige wenige, sagen wir,*

**Trittsteine zum Sozialismus**

*eigentlich nämlich nur zwei: Carlyle und Ruskin. Letzterer ... war mein Meister ... und rückschauend kann ich ausrufen: Wie fürchterlich öde wäre die Welt vor zwanzig Jahren gewesen, wenn es Ruskin nicht gegeben hätte! Durch ihn lernte ich, meiner Unzufriedenheit, die, das muß ich sagen, so vage nun wiederum auch nicht war, eine Form zu verleihen. Abgesehen von dem Wunsch, schöne Dinge herzustellen, ist die dominierende Leidenschaft meines Lebens der Haß auf die moderne Zivilisation gewesen und ist es immer noch."*[2]

In eben diesem Aufsatz, dem man anmerkt, daß er gewissermaßen frei assoziierend entstanden ist, was freilich auch seinen Charme ausmacht, beschreibt Morris auch, wie die intellektuelle Annäherung an die Gedankenwelt des Sozialismus sich bei ihm vollzog: *„Ich hatte nicht einmal in Adam Smith reingeschaut oder etwas von Ricardo gehört oder von Karl Marx. Merkwürdigerweise hatte ich aber einiges von Mill gelesen, genauer gesagt, jene posthum veröffentlichten Manuskripte, die in der 'Westminster Review' oder im 'Fortnightly' erschienen waren. In ihnen attackierte er den Sozialismus in seiner Fourier'schen Spielart. In diesen Manuskripten breitete er seine Argumente, soweit er welche hatte, klar und ehrlich aus, und das Ergebnis war, jedenfalls soweit es mich betraf, daß ich davon überzeugt wurde, der Sozialismus werde die notwendige Änderung herbeiführen, und es sei auch möglich, diese noch zu unseren Lebzeiten zustandezubringen. Diese Lektüre gab bei der Entscheidung, mich einer sozialistischen Körperschaft anzuschließen, den Ausschlag."*[3]

Am 13. Januar 1883 trat Morris der kleinen „Democratic Federation" bei, nachdem er sich auf deren Versammlungen im Winter — „Trittsteine zum Sozialismus" nannte er die Erfahrungen auf diesen Versammlungen — davon überzeugt hatte, daß dies eine wirkliche sozialistische Organisation sei. Die Gruppierung — man kann eigentlich nicht von einer Partei sprechen — war erst 1881 gegründet worden. Sie bestand aus sogenannten „Radikalen", worunter man Liberale mit relativ fortschrittlichen sozialen Ansichten zu verstehen hat, aus Chartisten, Handwerkern, die aus Deutschland und Österreich nach England ins Exil gegangen waren, aus Anarchisten und englischen Proletariern.

Jener Mann, der diese unterschiedlich motivierten Leute aus dem Proletariat und der Mittelklasse im Zeichen des Sozialismus zusammengeführt hatte, war H. M. Hyndman. Er war ein reicher Mann aus dem bürgerlichen Mittelstand, damals um die vierzig, mit enormem Selbstvertrauen und einer Vorliebe für Abenteuer. Er hatte sich im Kricket-Sport, als Globetrotter und als Journalist versucht, ehe er 1880 das „Kapital" von Marx las. Seine Bekehrung zum Sozialismus war daraufhin, wie manche Leute fanden, verdächtig rasch vonstatten gegangen. Er hatte zunächst eine Partei von Tory-Radikalen gründen wollen. Der gealterte Disraeli hatte ihm einen Wahlkreis angeboten. Er war als Redner für imperialistische Politik, Kolonien, eine starke Marine und für das Home-Rule-Gesetz für Irland eingetreten. Er schrieb und veröffentlichte dann ein Buch „England for All",[4] in dem er großzügig Ideen von Marx übernahm, ohne deren Herkunft auszuweisen. Er war fest von der Gültigkeit der Marx'schen Theorien überzeugt und erwartete, daß die proletarische Revolution zunächst in England ausbrechen werde.

1883 veröffentlichte die Federation ihr erstes, eindeutig sozialistisches Pamphlet „Socialism made plain". Auf den von Morris besuchten Versammlungen wurden die konkreten Forderungen diskutiert. Dazu gehörten: „Die zwangsweise Errichtung gesunder Wohnungen für alle Menschen, weltliche Schulen und Unterweisung in den technischen Errungenschaften, Gesetze, die den Acht-Stunden-Tag verfügen, kumulative Besteuerung aller Einkommen über dreihundert Pfund, öffentliche Arbeiten für die Arbeitslosen, Überführung der Eisenbahnen in Staatsbesitz, Eignerschaft der Kommunen in der Gas-, Elektrizitäts- und Wasserversorgung, Verstaatlichung von Grund und Boden." Die Situation der relativ kleinen sozialistischen Gruppe in diesen Jahren beschreibt E. P. Thompson so: „Obwohl die Pioniere von 1883 nur in Zehnern und Zwanzigern gezählt werden konnten, gab es darunter Namen, die in der harten Propagandaschlacht der nun folgenden Jahre eine wichtige Rolle spielen sollten. Während Engels davon spricht, daß die Bewegung vor allem unter gebildeten Elementen, die aus dem Bürgertum stammten, an Boden gewinne, stießen eben um diese Zeit doch auch einige außergewöhnlich begabte Arbeiter zu ihr, unter ihnen John Burns und Tom Mann, Harry Quelch, ein Londoner Fleischträger, John Lincoln Mahon, ein junger schottischer Techniker, Robert Banner, ein Buchbinder, Tom Maguir aus Leeds und Tom Barclay aus Leicester, und sie spielten bei der Ausbreitung der Ideen eine wichtige Rolle. Von dieser Zeit an drangen sozialistische Vorstellungen in zunehmendem Maße in eine breite Schicht der britischen Arbeiterklasse ein, so daß man das Jahr 1883 eigentlich als das Geburtsjahr des modernen Sozialismus in England bezeichnen müßte."[5]

Andererseits waren die Arbeiter, die in diesen ersten Jahren vom Sozialismus angezogen wurden, solche, *„die wegen ihrer besonderen Intelligenz oder wegen ihrer Exzentrik und nicht so sehr als einfache Arbeiter sich von uns angezogen fühlten"*, wie sich Morris später erinnerte. *„Wir waren, wie es ein Freund von mir nannte, eine Gesellschaft merkwürdiger Typen."*[6] Es gilt hervorzuheben, daß Morris sich von vornherein in einer revolutionären Gruppe der sozialistischen Bewegung engagierte, in der der Einfluß von Marx und Engels groß war. Hingegen stand er der eher reformerisch gesinnten „Fabian Society", die in den folgenden Jahren viele intellektuelle Persönlichkeiten von Rang, darunter Bernard Shaw und den Schriftsteller H. G. Wells anzog, eher skeptisch gegenüber.

Die Fabian Society, 1884 gegründet, war ein bunt zusammengewürfelter Kreis von gegen die verknöcherte viktorianische Gesellschaftsordnung ankämpfenden Idealisten, Käuzen und Reformern. Fast alle stammten aus dem Bürgertum. Dem Proletariat standen sie eher fern. Bernard Shaw schildert die Gruppe, zu der er kurz nach ihrer Gründung stieß, nicht ohne Ironie so: „Ein einziger älterer Arbeiter war dabei, der sich bereits zur Ruhe gesetzt hatte. Dann gab es zwei psychologische Forscher, Edward Pearse und Frank Podmore, in deren Auftrag ich in einem von Geistern heimgesuchten Haus in Chlapham schlief. Es gab Anarchisten, angeführt von Mr. Wilson, die nichts vom Parlamentarismus wissen wollten. Es gab junge Damen, die nach einem Bräutigam Ausschau hielten, und wenn sie ihr Ziel erreicht hatten, wieder entschwanden. Da war die sehr hübsche Gattin von Bland, Edith Nesbit (in Deutschland bekannt als Kinderbuchautorin), die im „Weekly Dispatch" Verse für eine halbe Guinea schrieb und alle Sitzungen durcheinanderbrachte, indem sie Szenen machte und Ohnmachtsanfälle simulierte. Sie ist als Märchenerzählerin berühmt geworden."[7] Andererseits gehörte auch Sidney Webb, zusammen mit seiner Ehefrau Beatrice Potter den Fabiern an. Das Ehepaar verfaßte gemeinsam grundlegende Werke der neueren englischen Soziologie zur Frage der Armut. Anfang der zwanziger Jahre unseres Jahrhunderts wurde Webb Handelsminister in einer Labourregierung, und 1929 erhob ihn der König sogar in den Adelsstand.

Die Fabian Society war ein Forum des Sozialismus, aber bezeichnend für das Bewußtsein ihrer Mitglieder ist die Äußerung Frank Podmores, der hinsichtlich der

## Die Fabian Society

politischen Strategie erklärt hatte: „Wir müssen den rechten Moment abwarten, so wie es Fabius tat, als er mit Hannibal Krieg führte, auch wenn manche sein Zögern kritisierten. Wenn die Zeit aber ruft, müssen wir hart dreinschlagen, wie Fabius es tat, sonst ist unser Warten sinnlos."[8]

Programmatisch hieß es 1896 in dem „Report on Fabian Policy", sich von der Identifizierung mit einer einzigen Partei distanzierend: „Die Fabian Society will das englische Volk davon überzeugen, daß es einer durch und durch demokratischen Gestaltung seiner Verfassung bedarf und dementsprechend seine Industrie sozialisieren sollte, um den Lebensunterhalt des Volkes gänzlich unabhängig von Privatkapital zu machen. Sie hat keine vorgefaßten Meinungen über die Heiratsfrage, über Religion, Kunst, abstrakte ökonomische Theorien, geschichtliche Evolutionen, soweit sie nicht ihr eigenes Anliegen von praktischer Demokratie und praktischem Sozialismus betreffen. Sie macht all ihren Einfluß und ihre Überredungskunst bei den bestehenden Mächten geltend, ungeachtet dessen, welchen Namen eine Partei trägt oder welche Prinzipien, ob sozialistische oder andere, sie vertritt ... Die Fabian Society preist den Sozialismus nicht als ein Allheilmittel gegen alle Übel der menschlichen Gesellschaft, sondern nur als ein Mittel gegen jene Übel, die durch eine mangelhafte Ordnung der Industrie und eine von Grund auf schlechte Verteilung der Reichtümer bedingt sind."[9]

Eine solche „Offenheit", die sich angesichts der englischen Mentalität auf lange

*Kelmscott House, Hammersmith, das William Morris nach seinem Landhaus in Kelmscott benannte.*

Sicht als kluge Strategie erwies, mußte Morris' Neigung zu Unbedingtheit und Entschiedenheit widerstreben. Morris muß, wie Peter Faulkner schreibt, „gespürt haben, daß die Fabier im Grund ihrer Seele eigentlich progressive Liberale waren und nicht so sehr Sozialisten. Was er aber wollte, war eine soziale Revolution, die die ganze Wesensart der industriellen Gesellschaft verändern würde. Die Suche nach einer Gruppe, die bereit war, auf dieses Hauptziel hinzuarbeiten, war bestimmend für seine politischen Aktivitäten in diesen späten Jahren."[10]

Democratic Federation

Der Eintritt in die „Democratic Federation" war ein einschneidender Schritt in Morris' Leben. Zwei alte Freunde, Webb und Faulkner, folgten ihm auf dem neuen Weg. Aber der größte Teil seiner engeren Freunde und Bekannten reagierte ablehnend oder skeptisch. Selbst Burne-Jones mißbilligte Morris' Entscheidung, was zwar nicht zum Bruch, wohl aber zu einer gewissen Entfremdung zwischen den beiden alten Freunden führte. Auch Jane, vielleicht gerade weil sie selbst aus der Unterschicht stammte und ihr Herkommen lieber verschwiegen sehen wollte, verhielt sich gegenüber Williams politischen Freunden so ablehnend, daß viele bei seinem Tod beschlossen, der Beerdigung fernzubleiben, um Jane nicht zu brüskieren.

Aber auch der Konflikt mit den Genossen in der „Democratic Federation" war von Anfang an schon vorprogrammiert. Bisher hatte Hyndman als Vorsitzender unumstritten schalten und walten können. Jetzt aber saß ein weithin bekannter

*William Morris' Bibliothek im Erdgeschoß von Kelmscott House.*

**Zerstörung der Umwelt**

Dichter mit am Tisch, der einen Lehrstuhl für Literatur in Oxford abgelehnt hatte und, wäre er nicht Sozialist geworden, gute Chancen gehabt hätte, in das prestigeträchtige Amt des Hofdichters berufen zu werden. Bezeichnend ist eine Episode, die sich gleich auf der ersten Versammlung, an der Morris als Mitglied teilnahm, zugetragen haben soll. Diskutiert wurde ein Antrag über menschenwürdige Wohnungen, den Robert Bann, ein Buchbinder aus Schottland, gestellt hatte. Andreas Scheu, ein Emigrant aus Österreich, bekam von ihm einen Zettel zugeschoben, auf dem stand, der dritte Mann rechts von ihm sei William Morris. Scheu sah hin und erkannte einen einfach gekleideten, ernst dreinschauenden Mann. Kurz darauf sollte der Antrag über menschenwürdige Wohnungen für Handwerker verabschiedet werden. Scheu schlug eine Erweiterung des Antrages vor. Er sagte, seiner Meinung nach hätten alle Menschen ein Recht auf eine ordentliche Behausung. Hyndman wollte den Zusatzantrag vom Tisch wischen. Da stand Morris auf und unterstützte Scheu. Der erweiterte Antrag wurde daraufhin einstimmig angenommen.[11]

Morris scheint ursprünglich keine Ambitionen gehabt zu haben, Hyndman vom Posten des Vorsitzenden zu verdrängen. Allerdings wurde er schon im Mai 1883 in den Vorstand gewählt und kommentierte dieses Ereignis mit der Bemerkung: *„Ich gehöre nicht gern zu einer Gruppe, von der ich nicht weiß, was sie tut."*[12]

Zunächst versuchte er etwas gegen seine Lücken in der Kenntnis marxistischer Theorie zu unternehmen. Wie Hyndman las auch er das „Kapital" in der französischen Ausgabe, war von den historischen Passsagen beeindruckt, litt aber „Agonien der Verwirrung im Denken" bei den rein wirtschaftlichen Abschnitten. Wichtig für sein Denken wurden also vor allem die geschichtsphilosophischen Aussagen von Marx und dessen Auffassung von der Rolle des Klassenkampfes als Instrument gesellschaftlicher Veränderung.

Wie Morris' Bewußtsein schließlich aussah, läßt sich vielleicht am besten an jenem Vortrag mit dem Thema „Kunst unter der Plutokratie" erkennen, den er am 14. November 1883 vor dem Russell-Club, einer liberalen Institution in Oxford, hielt. Morris ging von der Frage aus: Welche Hindernisse stehen der Tatsache im Weg, Kunst zu dem werden zu lassen, was sie eigentlich sein sollte, nämlich Trost und Hilfe für alle Menschen im täglichen Leben? Wörtlich fährt er dann fort: *„Wie steht es eigentlich, müssen wir uns in diesem Zusammenhang fragen, mit unserer äußeren Umgebung? Wie werden wir uns vor jenen, die nach uns kommen, über den Umgang mit dieser Erde verantworten können, die uns unsere Vorväter immerhin noch in einem Zustand der Schönheit übergeben haben?"*[13]

Morris definiert dann zwei Kategorien der Kunst. Er spricht von schöner oder intellektueller und von dekorativer Kunst und verweist darauf, daß der intellektuelle Künstler in seinen Leistungen immer dadurch beeinträchtigt werde, daß er diese isoliert von der Allgemeinheit ausführe. Qualitätvolle dekorative Kunst aber habe überhaupt aufgehört zu bestehen.

Noch schlimmer sei die Tatsache zu bewerten, daß die moderne Zivilisation so vieles in der Natur zerstört habe. Morris polemisiert in diesem Vortrag heftig gegen die von ihm als gefährlich empfundene Verschmutzung der Luft und ruft seinen Zuhörern zu: *„Die Luft rein zu halten, die Flüsse sauber, Anstrengungen zu unternehmen, damit die Wiesen und Äcker sich in einem ordentlichen Zustand befinden und vernünftig genutzt werden können, ein Zustand, der es dem friedfertigen Bürger möglich macht, umherzuwandern, wo er will, sofern er dabei keine Gärten und kein Kornfeld zertrampelt, ja sogar hier und da ein Stück Ödland bei der Kultivierung bewußt auszusparen als Erinnerung an die rauheren Kämpfe des Menschen mit der*

## Die Arbeitsfreude

*Natur in früheren Zeiten: das fordere ich. Ist es zuviel verlangt von der Zivilisation, auch auf die Freude des Menschen und auf sein Bedürfnis nach Ruhe Rücksicht zu nehmen, da man doch ihre Kinder zumeist der schweren Aufgabe harter Arbeit aussetzt? Es ist bestimmt kein unbilliges Verlangen. Und doch werdet ihr auch nicht ein bißchen von all dem unter dem gegenwärtigen Gesellschaftssystem bekommen."*[14,] Er kommt auf den Schmutz in der Großstadt und den Vorstädten zu sprechen, den er auch schon auf dem Land sich ausbreiten sieht. Am Beispiel der Veränderungen in Oxford innerhalb von dreißig Jahren veranschaulicht er seinen Zuhörern den Satz: *„Der Brunnen der Kunst wird schon an der Quelle vergiftet."*

Er stellt dann einen Zusammenhang zwischen solchen Beobachtungen und einem wirtschaftlichen System her, als dessen entscheidende Eigenschaft ihm der rücksichtslose Wettbewerb erscheint. In einer vereinfachenden marxistischen Argumentationsweise kennzeichnet er sein Zeitalter als eine Periode des laissez-faire-Wettbewerbs, die ihre Krise aus sich selbst hervortreibe. Sie werde schließlich zu einer sozialistischen Gesellschaftsordnung führen. Die Grundhaltung der „Assoziation" werde die der „Konkurrenz" ablösen. Aus einer solchen neuen Ordnung könne eine neue Kunst erwachsen, in der sich die Freude des Menschen an seiner Arbeit ausdrücke. Er versucht nun näher zu erklären, was unter Freude verstanden sein soll und stellt vier Eigenschaften heraus: das Vergnügen an der Vielfalt; das Bedürfnis des Menschen, die in ihm angelegten kreativen Ambitionen zu verwirklichen; die Verwirklichung seiner sozialen Bedürfnisse; Möglichkeiten, seine körperliche Geschicklichkeit zu beweisen. Keine dieser Freuden sei für den einzelnen Arbeiter in seinem gegenwärtigen Dasein gegeben, vielmehr lebe er in einem Status schlimmer als der eines Sklaven.
Im Gegensatz dazu habe der Handwerker des Mittelalters, obwohl auch er mate-

*Das Kutschenhaus, Anbau von Kelmscott House, in dem Vorträge und Versammlungen der „Sozialistischen Liga" stattfanden.*

**Gesellschaftliche Widersprüche**

rieller Unterdrückung ausgesetzt gewesen sei, sehr wohl Freude empfunden, Freude und Freiheit, die sich in den Kunstwerken dieser Epoche erkennen lasse. Morris verfolgt dann die historische Entwicklung, in deren Verlauf sich eine Veränderung vollzogen hat. Er stellt einen Zusammenhang zwischen der Verschlechterung der Lebensumstände des Arbeiters und der wachsenden Größe wirtschaftlicher Unternehmen her. Die Ursache für eine solche Fehlentwicklung liegt für Morris nicht in der Maschinenarbeit oder im Industrialismus allein. Er räumt ein, daß für jenen Teil von Arbeit, der unangenehm ist, Maschinen durchaus nützlich seien. Der universelle Glaube an die Notwendigkeit von Profit aber habe dazu geführt, daß Maschinen immer nur dazu benutzt würden, um die Produktion zu steigern, nicht aber, um den Menschen harte und unzumutbare Arbeit abzunehmen.

Von marxistischen Vorstellungen ausgehend, gelangt Morris so zur Kritik eines wichtigen Punktes der marxistischen Lehre, der im 20. Jahrhundert dann immer schärfere Kritik auch innerhalb des Marxismus selbst herausgefordert hat. Marx hatte unter dem Motto „Keineswegs Entsagen von Genuß, sondern Entwicklung von power, von Fähigkeiten zur Produktion und daher sowohl die der Fähigkeiten wie die der Mittel des Genusses" (in den „Grundrissen") sich von einer Ausweitung der Produktivkräfte einen Schritt in Richtung auf die Befreiung des Menschen versprochen. Diese Linie war von seinen Nachfolgern, vor allem von Lenin, konsequent fortgesetzt worden. Die leninistische Generation in der Sowjetunion tröstete sich über die bei der raschen Industrialisierung notwendigen Opfer mit dem Gedanken, diese werde zwangsläufig das Reich der Freiheit oder die klassenlose Gesellschaft bringen. Tatsächlich führte die Ausweitung und Differenzierung der Produktivkräfte eben nicht zu einer klassenlosen, sondern zu einer bürokratisch verwalteten staatskapitalistischen Gesellschaft (im Fall der Sowjetunion) und zu einer Überflußgesellschaft (im Fall der Industrienationen der westlichen Welt). Eine fortgeschrittene Technik mit einem breiten Angebot an Komfort befriedigte nicht nur menschliche Bedürfnisse und emanzipierte damit den Menschen. Es entstanden zugleich auch neue Probleme. Herrschaft wurde nicht, wie erhofft, so abgebaut, sondern neue Formen von Herrschaft entwickelten sich gerade auf diese Weise.

Sich nun wieder dem kapitalistischen System zuwendend, verweist Morris auf dessen Tendenz zur Verschwendung bei aller scheinbaren Disziplin; ein Punkt, über den er sich auch später immer wieder besonders ereifert, wahrscheinlich, weil er mit dieser Tendenz eine um sich greifende Zerstörung der Natur Hand in Hand gehen sah. Seine Kapitalismus-Kritik endet in der Frage: Wie kann ein System, das so stark ist, je zerstört werden? Recht vulgär-marxistisch argumentierend, verweist er auf die sich zuspitzenden inneren Widersprüche, auf die Tatsache, daß die Ausmaße des Systems auch eine immer größere Zahl von Arbeitern notwendig machen, die sich schließlich in ihrer Unzufriedenheit gegen die bestehende Ordnung auflehnen würden. Die Leute, die sich wünschen, daß es in England nie dazu kommen werde, tadelt er, da ihre Hoffnung die Entwürdigung anderer zur Voraussetzung habe. Jene Kräfte des Mittelstandes aber, die für eine bessere Zukunft und eine Erneuerung der Künste eintreten, werden aufgefordert, mit dem „rekonstruktiven Sozialismus", wie sie die „Democratic Federation" verkörpere, gemeinsame Sache zu machen. Gebildete Menschen, die in der Lage seien, selbständig zu urteilen und die Situation zu analysieren, trügen eine Verantwortung, in diesem Sinn zu handeln. Sie sollen ihren klassenbedingten Wünschen entsagen und sich mit den

Arbeitern vereinigen. Morris' Argumentationsmechanismus ist in diesem Vortrag noch recht formalistisch-naiv.

In späteren Vorträgen — beispielsweise in „Wie wir leben und wie wir leben könnten", „Die Schönheit des Lebens" und „Die Ziele der Kunst" werden die hier schon angeschlagenen Themen vertieft und die Überlegungen differenzieren sich, aber das Feld seines Denkens ist hier schon abgesteckt.

Am deutlichsten drückte sich seine damalige politische Überzeugung in dem Satz aus: *„Kommerzialismus und freier Wettbewerb haben Wind gesät. Daraus wird ein Wirbelsturm erwachsen. Der Kapitalismus hat das Proletariat aus eigenem Interesse geschaffen, und seine Schöpfung wird und muß ihn zerstören. Keine andere Macht kann es tun..."*[15]

Diese eindeutig sozialistischen Schlußfolgerungen, aus denen der Glaubenseifer des eben Bekehrten spricht, lösten eine heftige Kontroverse aus. Der Dekan des University-College protestierte, und in einem Leserbrief in der „Times" wurde Morris der gute Rat gegeben, die edle Kunst aus dem schmutzigen Streit der Politik herauszuhalten.

Von Anfang an scheint Morris davon überzeugt gewesen zu sein, daß der Zusammenbruch der bürgerlichen Gesellschaftsordnung so bald wohl nicht kommen werde. Allein schon die relative Schwäche der „Democratic Federation" machte eine „Wende" unwahrscheinlich. Dementsprechend plädierte er dafür, zunächst müsse umfassend Bildungs- und Aufklärungsarbeit geleistet werden, und in diese Aufgabe stürzte er sich mit dem ihm eigenen Elan. Gesprächsweise soll er einmal erklärt haben, wenn es bei der Revolution schon nicht gewaltfrei abgehen werde, so sei es gut, wenn die Gewalt nur von gebildeten Arbeitern ausgehe, die dann bestimmt vernünftig und einsichtig genug sein würden, um die schlimmsten Exzesse zu vermeiden.

Am 18. März 1883 nahm er an dem Begräbnis von Karl Marx teil. An Jane berichtete er darüber in einem Brief: *„Ich wollte erst gar nicht hin, aber dann habe ich es nicht bedauert. Ich trottete den ganzen Weg von der Tottenham Court Road zum Friedhof in Highgate ... mit einem roten Bändchen im Knopfloch und hinter den verschiedenen Bannern und einer schlechten Kapelle her, die zu Ehren von Karl Marx und der Commune aufspielte. Die Sache sah nicht so absurd aus, wie es sich jetzt anhört, wir waren nämlich eine gehörige Zahl, ich würde meinen, daß es mehr als tausend gewesen sind, dazu noch eine Menge Schaulustige, am Ende könnten es zwei-, dreitausend gewesen sein. Natürlich ließen sie uns nicht auf den Friedhof und beehrten uns mit einer schweren Polizeibewachung. Also versammelten wir uns an einem unerfreulichen Fleck Ödland nahebei. Die Internationale wurde gesungen und Reden gehalten. Es kam zu einem schwachen Versuch der Greifer, unsere Versammlung aufzulösen, dem sich unsere Leute widersetzten, wobei Mr. Williams seinen Hut verlor. Danach marschierten wir triumphierend davon, mit einer Polizeieskorte rechts und links, wie bei einer königlichen Prozession. Mr. Sanderson schloß sich uns auf dem Friedhof an, und wir gingen alle zusammen mit Hyndman heim, völlig ausgehöhlt und fertig."*[16]

Morris war mit dabei, als im Januar 1884 die erste sozialistische Wochenzeitschrift, die „Justice", gegründet wurde. Er verkaufte sie selbst an der Straßenecke, schrieb jeden Monat ein bis zwei Artikel und kam für das zunächst unvermeidliche Defizit auf. Er reiste im Land umher und hielt Vorträge in Birmingham, Manchester, Edinburgh und Yorkshire. Er sprach auf den ersten regelmäßigen Versammlungen unter freiem Himmel.

Social Democratic Federation

In dieser Zeit wuchs die Zahl der Mitglieder in der „Federation" unerwartet rasch. Anfang 1884 fuhren zwei Mitglieder der „Federation", Jack William, ein Dockarbeiter, der in einem Arbeitshaus aufgewachsen war, und John MacDonald, ein schottischer Schneider, während eines Streiks der Baumwollspinner nach Lancashire, und es gelang der „Federation", in dieser wichtigen Industrieregion Fuß zu fassen. Auf der Jahreskonferenz 1884 wurde ein Basisprogramm angenommen und beschlossen, sich hinfort „Social Democratic Federation" (Sozialdemokratische Föderation) zu nennen.

In der Woche dieser Konferenz schrieb Morris in „Justice", es breite sich zweifellos Hoffnung aus, *„und zwar so rasch, wie das einige von uns bis vor kurzem nicht für möglich gehalten hätten."* Aber eben diese Erfolge führten nun auch dazu, daß es zwischen Morris und Hyndman zu Meinungsverschiedenheiten über den Kurs der Gruppe kam.

Hyndman wollte möglichst rasch die „Social Democratic Federation" zu einer Par-

*„Das Irdische Paradox",* eine auf das lyrische Hauptwerk von William Morris anspielende politische Karikatur aus dem Jahr 1886.

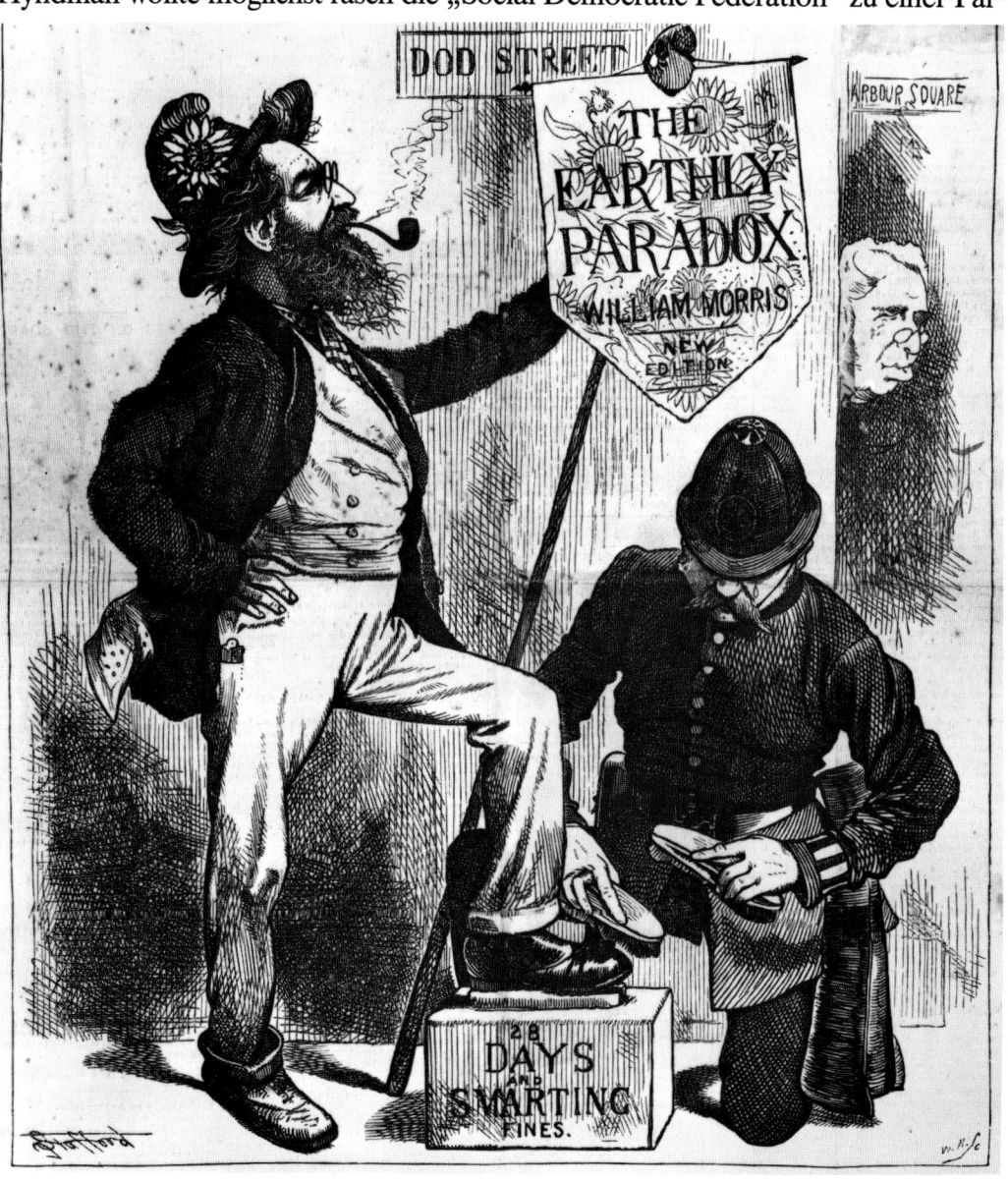

tei machen, die in der Lage war, sich an einer Wahl zu beteiligen und Sitze im Unterhaus zu erringen. Morris hingegen beharrte darauf, den Schwerpunkt auf die Bildungsarbeit zu legen. Er sah die Notwendigkeit einer Partei-Plattform wohl ein, aber er hatte seine Bedenken, ob es sich lohne, für Teilzugeständnisse sich von den Grundsätzen zu entfernen.

Wenn Morris Zeit seines Lebens dem Parlamentarismus ablehnend gegenüberstand, so spielten dabei gewiß nicht nur rationale Gründe eine Rolle. Entschieden waren dabei auch sein anarchistisches Temperament und ein tiefsitzendes Mißtrauen gegen „die da oben", also gegen das Establishment, wozu in seinen Augen auch die Parlamentarier gehörten, mit im Spiel. Der Konflikt zwischen Morris und Hyndman war mehr bedingt durch die unterschiedlichen Temperamente und Neigungen der beiden Männer als durch politische Meinungsverschiedenheiten, die jedenfalls zu diesem Zeitpunkt so gravierend nicht waren.

Morris stichelte auf den Sitzungen gegen Kompromisse und taktische Manöver. *„Politik zu machen und nicht genau zu sagen, was man denkt, ist eine Viecherei ... ich gebe die Hoffnung nicht auf, noch zu meinen Lebzeiten eine sozialistische Partei zu erleben, die mehr ist als eine Versammlung von Theoretikern, die sich in einer Privatwohnung die Köpfe heiß reden."*[17] Morris wollte die mit einem Wahlkampf verbundenen Risiken so lange wie möglich vermeiden. Hyndman liebte politische Winkelzüge und wollte in der Szene der etablierten politischen Parteien, aus der er gekommen war, eine Rolle spielen.

Die Konferenz des Jahres 1884 hatte sich dafür ausgesprochen, daß sich die Mitglieder des Vorstandes im Amt des geschäftsführenden Vorsitzenden in einem bestimmten Turnus abwechseln sollten. Aber Hyndman fiel es schwer, als Gleicher unter Gleichen zu arbeiten. Er versuchte, seine Ansichten nun von der Position des Herausgebers der Zeitschrift „Justice" her und über das Parteisekretariat durchzusetzen. Als er Kontrolle über den Inhalt der Zeitung ausüben wollte, die ja überhaupt nur durch Morris' finanzielle Unterstützung lebensfähig war, widersetzte sich Morris. Im Vorstand bildeten sich zwei einander bekämpfende Gruppen. Ob Morris wollte oder nicht, allein schon durch seine Prominenz sah er sich in die Rolle des Rädelsführers gedrängt. Schließlich war er selbst davon überzeugt, daß Hyndman ein Chauvinist und Politiker alten Stils sei und aus seiner Haut nicht heraus könne. Zwist dieser Art empfand Morris als Energieverschwendung. Wahrscheinlich wollte er ihn auch deswegen möglichst rasch hinter sich bringen. Nachdem er sich in dieser Frage mit Friedrich Engels beraten hatte, zu dem über Eleanor Marx und ihren Lebensgefährten, den Freidenker und Wissenschaftler Edward Aveling, eine Verbindung bestand, verließ Morris im Dezember 1884 mit der Mehrzahl der Vorstandsmitglieder die „Social Democratic Federation" und gründete eine neue Gruppierung, die „Socialistic League" („Sozialistische Liga"). Durch die Hast, mit der er die Trennung vollzog, gaben er und seine Parteigänger vieles von der Position der Stärke preis, in der sie sich bis dahin befunden hatten. Gewiß ermangelte es Hyndman an bestimmten Eigenschaften, die zur Führung einer politischen Partei unabdingbar sind. Er war ein schlechter Stratege, ständig mit anderen im Streit, nicht nur mit Morris, auch schon mit Marx und Engels und später mit den wichtigsten seiner Mitarbeiter. Er verachtete die Gewerkschaftsführer und polemisierte gegen das Frauenstimmrecht. Er war und blieb ein Antisemit und ein Deutschenhasser. Er unterstützte die reaktionären Unionisten in Ulster und trat für eine Intervention der Alliierten während der Oktober-Revolution gegen die Bolschewisten ein. Aber trotz allem war er ein entschlossener Mann, dessen Vertrauen und

**Probleme der inneren Führung**

*William Morris und die Mitglieder des Ortsvereins Hammersmith der „Sozialistischen Liga".*

Autorität bewirkten, daß er in der Arbeiterschaft einen starken Anhang behielt. Die „Social Democratic Federation" spielte zumindest bis 1900 weiterhin eine nicht unwichtige Rolle in der sozialistischen Bewegung Englands. Sie hatte schließlich über zehntausend Mitglieder und trug entscheidend zur Entstehung der Labour Party bei.

Morris hatte die Entschlossenheit Hyndmans und seiner Anhänger unterschätzt. Vor der Spaltung unternahm er keinen Versuch, die Basis zu informieren. Der ausziehende Teil des Vorstandes besaß nicht einmal eine vollständige Liste der Ortsgruppen und Sekretariate. Infolgedessen war Hyndman in der besseren Position. Zwei Drittel der insgesamt damals etwa fünfhundert Mitglieder und die besten Organisatoren wie Burnt, William und Chapman hielten ihm die Treue. Was aber vielleicht am schwersten zählte, war, daß die Ausgetretenen untereinander keinen einheitlichen Standpunkt vertraten.

1885 zeichneten sich die Schwierigkeiten in der „Sozialistischen Liga" durch die unterschiedlichen Auffassungen in der Frage einer Wahlbeteiligung noch nicht so klar ab. Außerdem hatte sich die „Social Democratic Federation" in diesem Jahr dadurch diskreditiert, daß sie Geldmittel von den Konservativen angenommen hatte. Aber auch schon jetzt gab es in der Führungsgruppe der „Sozialistischen Liga" stark divergierende Ansichten.

Da waren Männer wie Joseph Lane, ein Fuhrmann aus dem East End, der eigentlich mehr anarchistisch als sozialistisch dachte und eine starke Abneigung gegen zentrale Autorität und politische Disziplin hatte. Ihm gleichgesinnt waren auch Charles Mowbary, ein Londoner Schneider, Sam Mainwaring, ein Techniker, Frank Kitz, der rebellische Sohn eines deutschen Emigranten, den Morris in seiner „Firma" als Färber angestellt hatte. Ihnen stand die Gruppe der Intellektuellen gegenüber, Leute, die an den Programmpunkten der „Social Democratic Federation" nichts auszusetzen gehabt hatten, denen lediglich Hyndman nicht genehm gewesen war. Zu ihnen waren zu rechnen: John Mahon, der Sekretär der Liga, Thomas Binning, ein Londoner Komponist, Tom Maguire aus Leeds, Ernest Beford Bax, ein eleganter Philosoph und Musiker, die Marx-Tochter Eleanor und ihr Lebensgefährte Edward Aveling, dem seine skrupellosen Scheckreitereien und amourösen Eskapaden zum Verhängnis wurden. Sie führten dazu, daß Eleanor und er sich gemeinsam das Leben nahmen. Zu dieser Zeit war das Paar recht einflußreich. Über Aveling und Bax liefen die Kontakte zu Engels, dessen Abneigung gegen Hyndman dazu führte, daß er sich wünschte, die „Sozialistische Liga" möge sich zu einer echten Alternative zur „Social Democratic Federation" entwickeln. Engels, wie zuvor auch Marx, ewig verärgert und enttäuscht über die Harmlosigkeit der englischen Sozialisten, scheint die „Sozialistische Liga" vor allem aus taktischen Gründen oder, locker gesprochen, als das kleinere Übel, unterstützt zu haben. Ansonsten klingen seine Urteile über Morris nicht gerade schmeichelhaft. In einem Brief aus dem März des Jahres 1886 spricht er von Morris und Bax als von „nos deux bébés en politique" und in einem Brief an die Marx-Tochter Laura vom September des gleichen Jahres bezeichnete er Morris als einen „settled sentimental socialist", einen gestandenen Gefühlssozialisten.[18]

„Gefühlssozialist"

Natürlich hatten von Anfang an Parteigänger der Sozialisten Anstoß an Morris' Tätigkeit als „Unternehmer" genommen. Bei seinem Eintritt in die „Democratic Federation" hatte es nicht ohne Tadel geheißen: „Wir alle wissen von ihm, daß er ein Geschäft mit sehr teuren Waren in der Oxford Street betreibt, wo Möbel ästhetischer Art verkauft werden und er Häuser (reicher Leute) in ungewöhnlichen Farben dekoriert." Zwar hatte selbst Hyndman zugeben müssen, daß Morris willig war, ein volles Maß an dem unerfreulichen Teil der öffentlichen Arbeiten zu übernehmen, und „es ihm sehr ernst ist, sich auf dieselbe Ebene mit dem Fußvolk der Organisation zu stellen." Aber ein Stück Widerspruch blieb bestehen.

Morris selbst war sich der Diskrepanz zwischen dem, was er predigte und dem, was er als Inhaber der „Firma" praktizierte, durchaus bewußt. Wir wissen aus einem Brief, daß er einmal mit dem Gedanken spielte, die „Firma" zu verkaufen und von einem wöchentlichen Gehalt, das die Lohnsumme eines Arbeiters nicht hätte übersteigen sollen, zu leben. Auch der Plan, die „Firma" unter Mitbeteiligung der Arbeiter in eine Genossenschaft umzuwandeln, ist von ihm erwogen worden. Er entschied sich schließlich dagegen, und zwar mit dem Argument, daß eine Beteiligung die Arbeiter nur in kleine Kapitalisten verwandeln werde, und daß der Gewinn von Morris & Co. zu gering sei, um in viele gleiche Teile gestückelt zu werden. Ziemlich fragwürdige Argumente. Er sagte zu Georgiana Burne-Jones: *„Ich bin kein Kapitalist. Ich hänge wie alle arbeitenden Menschen von dieser Klasse ab."*[19] Er war sich auch bewußt, daß, während er in seinen Vorträgen eine Kunst für alle Menschen forderte, er mit den Produkten der „Firma" nur wenige Reiche versorgte.

In den 80er und 90er Jahren, während ihr Inhaber die besitzende Klasse und das kapitalistische System wütend angriff, dekorierte Morris & Co. die Häuser der Aristokratie und der „upper middle-class" wie Clouds in Wiltshire, das Philip Webb, selbst auch Sozialist, für Percy Wyndham entwarf, oder Wightwick Manor in Shropshire, das Edward Ould für Theodore Mander, einen erfolgreichen Farbenfabrikanten, baute. Das Problem, daß seine Waren viel zu teuer waren, um auch für den Arbeiter erschwinglich zu sein, hat Morris nie zu lösen versucht. Der einzige Vorschlag, der in diesem Zusammenhang von ihm bekannt ist, fiel in einem

*207*

„Commonweal"

Interview mit dem „Daily Chronicle" 1893[20], in dem er erklärte, in einem sozialistischen Staat würden die teueren, von der „Firma" hergestellten Wandbehänge öffentlicher Besitz werden und die Wände der Rathäuser zur Freude aller schmücken, ein einigermaßen naiver Vorschlag, der dem Kernproblem ausweicht. Es kann keinen Zweifel geben, die Schönheit wollte Morris dem Sozialismus nicht opfern. Also mußte er danach trachten, wie andersherum daraus ein Schuh wurde.

Nach Gründung der „Sozialistischen Liga" blieb er seinen schon in der „Federation" vertretenen Grundsätzen treu: *„Mein Glaube ist es, daß die alte Ordnung nur durch Gewalt umgestoßen werden kann, und aus diesem Grund ist es um so wichtiger, daß die Revolution keine törichte, sondern eine gebildete Revolution ist. Was ich jetzt aufbauen möchte, ist eine Körperschaft von hochherzigen, kompetenten Männern, die als Instrukteure der Massen und als deren Führer dienen müssen."*[21]

„Erziehung zur Revolution", so lautete die Parole, die mit drei Worten ausdrückt, welchen Kurs die Liga steuern sollte. Der Vorstand machte sich diese Ansicht von Morris zu eigen, als er in seiner ersten Verlautbarung erklärte, man habe keine andere Funktion, als die Menschen in den Prinzipien des Sozialismus zu unterweisen, damit *„wenn die Krise uns einst zum Handeln zwingt, wir in der Lage sein werden, die uns angemessenen Plätze einzunehmen."*[22]

Die „Sozialistische Liga" betrieb eine Politik der konsequenten Nichtbeteiligung an Wahlen in einer bürgerlichen Gesellschaft. Ihre Mitglieder forderte sie bei Parlamentswahlen zur Stimmenthaltung auf. Im Februar 1885 begann die „Sozialistische Liga" mit der Herausgabe der Wochenzeitschrift „Commonweal" mit Morris als Redakteur und Herausgeber. Im Juli desselben Jahres erschien ein „Manifest", das Morris zusammen mit Belfort Bax entworfen hatte. Es begann mit dem Satz: „Wir treten vor Sie als eine Körperschaft, die die Prinzipien des revolutionären internationalen Sozialismus vertritt, was bedeutet: Wir suchen eine Veränderung der gesellschaftlichen Grundlagen, eine Veränderung, die die Unterschiede zwischen Klassen und Nationalitäten aufheben würde..." Damit war Morris zum Exponenten eines revolutionären Kommunismus in England geworden. In den programmatischen Aussagen des Papiers wurde eine Zeit beschworen, in der die Tauschgesellschaft völlig aufgehört hatte zu bestehen, „wie sie ja auch in jenem pri-

*Arbeitslose in den Straßen von London, Winter 1886.*

mitiven Kommunismus nicht bestanden hatte, der unserer Zivilisation vorausging". Morris glaubte jetzt, daß der Tag, an dem eine solche Gesellschaft verwirklicht werden würde, nicht mehr weit sei. Im Oktober 1885 schrieb er an Georgiana: *„Man muß hoffen, und Hoffnung sehe ich nur in einer Richtung, auf dem Wege zur Revolution, alles andere ist vorbei. Jetzt endlich, da die Korruption der Gesellschaft vollständig zu sein scheint, taucht eine definitive Konzeption einer neuen Ordnung auf."*[23] Ian Bradley berichtet weiter:

Revolutionäre Agitation

„Tatsächlich schien in diesen Jahren England einer Revolution weit näher als in den Tagen der Chartisten. Eine wirtschaftliche Rezession folgte auf Jahre des Booms. Sie brachte Arbeitslosigkeit und drückende Not. Unzufriedene Arbeiter gingen in London auf die Straße, nur zu bereit, auf die sozialistischen Agitatoren im Hyde-Park zu hören. Am 20. September 1885 sah sich die Polizei in London von einer Menge, die auf siebentausend Menschen geschätzt wurde, bedroht. Sie verhaftete sechs sozialistische Sprecher wegen Obstruktion an der Straßenecke Dodd Street und Burdett Road, wo die ‚Social Democratic Federation' seit einigen Monaten Versammlungen im Freien abhielt. Bei der Gerichtsverhandlung gegen die sechs Festgenommenen, denen zwei Jahre Zwangsarbeit drohten, war auch Morris im Saal. Es kam zu einem Tumult. Morris wurde angeklagt, weil er angeblich einem Polizisten dabei den Helm zerbrochen haben sollte. Der Richter erkannte auf Freispruch. Es hatte wohl Eindruck gemacht, daß Morris auf die Frage nach seinen Personalien antwortete: ‚Ich bin ein Künstler und Literat, ziemlich bekannt in ganz Europa, glaube ich.'"

Die Demonstrationen hielten das ganze Jahr 1886 hindurch an. Im Februar hatte die „Sozialdemokratische Föderation" zu einem großen Treffen am Trafalgar Square aufgerufen. Eine aufgebrachte Menge zog durch das Westend, zertrümmerte die Scheiben bekannter Klubs und plünderte Geschäfte. Die Schaufensterscheiben der Ausstellungsräume von Morris & Co. wären wohl auch zu Bruch gegangen, hätten nicht Angestellte sie durch Rolläden geschützt. Die Polizei verhaftete bei den folgenden Versammlungen unter freiem Himmel zahlreiche Sozialisten, für die Morris die Kaution zahlte, damit sie bis zur Gerichtsverhandlung wieder auf freien Fuß gesetzt wurden.

*Demonstranten ziehen nach einer Veranstaltung der Sozialisten im Februar 1886 durch den Londoner Westen und zerschlagen die Schaufensterscheiben der Geschäfte.*

**Blutiger Sonntag**

Seine privilegierte Behandlung wurde wieder einmal deutlich, als ihn im Juni 1886 ein Gericht wegen Teilnahme an einer verbotenen Demonstration nur zu einer Buße von einem Shilling verurteilte, während seine Mitangeklagten zwei Monate Gefängnis erhielten. Eine Karikatur erschien in der Zeitung, die ihn mit einem Banner mit der Aufschrift „Irdisches Paradies" zeigt. Vor ihm kniet ein Polizist, der ihm die Schuhe putzt.

Auf dem Parteitag im Mai 1887 setzte er sich gerade noch mit seiner Meinung gegenüber einer Gruppe durch, die nun auch in der „Sozialistischen Liga" für die Beteiligung an den Parlamentswahlen eintrat. Allerdings hatte er dazu mit seinem Austritt aus der „Liga" drohen müssen, die in diesem Fall des Zuschusses von vier Pfund im Monat, den er zu den Druckkosten der Zeitschrift zahlte, verlustig gegangen wäre. Die Auflage von „Commonweal" lag in diesem Jahr bei etwa achthundert Exemplaren, und die „Sozialistische Liga" hatte an die siebenhundert Mitglieder.

Im Kutschenhaus in Hammersmith wurden nun regelmäßig politische und kulturelle Vorträge gehalten, Bildungsarbeit, bei der gar nicht so selten auch Mitglieder der „Fabian Society" zu Wort kamen. Es ging voran — nur die Revolution wollte nicht kommen. Vielmehr stellte sich bei einer Massendemonstration der von Morris zur Verteidigung des Rechts auf freie Meinungsäußerung ins Leben gerufenen „Law and Liberty"-Liga nun heraus, wie stark die Kräfte des kapitalistischen Staates noch waren. Die Ereignisse gingen unter der Bezeichnung „Blutiger Sonntag" in die politische Geschichte Englands ein.

Von der sprichwörtlichen englischen Fairneß und Nüchternheit war an diesem Tag in den Straßen der Londoner City nicht viel zu merken. Die allgemeine Revolutionsfurcht übertrug sich auch auf die Polizisten und ließ diese ungewöhnlich hart reagieren. Es ging ihnen dabei nicht anders als vielen Bürgern. Morris befand sich am „Blutigen Sonntag" in einer Marschkolonne von ca. fünftausend Menschen, die noch eine Viertelmeile von ihrem Ziel, dem Trafalgar Square, entfernt, beim Einzug in die St. Martin's Lane von Ordnungskräften zu Fuß und zu Pferde angegriffen wurden. *„Innerhalb von ein paar Minuten"*, schrieb Morris in seinem Artikel im „Commonweal", *„war alles vorbei. Unsere Kameraden kämpften tapfer, aber niemand hatte es ihnen beigebracht, wie man innehält und aus einer Marschkolonne heraus eine Linie bildet oder zur Front weitermarschiert. Jene, die sich vorn befanden, wandten sich um und riefen ihren Hinterleuten zu, sie sollten nicht wegrennen, sondern aufrücken, sobald sich dazu Gelegenheit biete. Die Polizei drosch rechts und links, wie sich das eben für Soldaten gehörte, die den Feind angreifen. Ihre Banner und Fahnen wurden den Demonstranten von der Polizei entrissen. Die Polizisten trampelten voller Erregung darauf herum. Den Mitgliedern der Blaskapellen nahmen sie ihre Instrumente ab. Alles, was übrig blieb, war eine hilflose Gruppe, die sich zum Trafalgar Square weiterschleppte. Ich muß gestehen, ich war erstaunt über die Mühelosigkeit und Raschheit, mit der die militärische Organisation den Sieg davontrug."*[23a]

Morris hatte sich im Zentrum des Polizeiangriffs befunden. Er marschierte zunächst neben Shaw, aber als er merkte, daß etwas vor sich ging, hatte er sich zur Spitze durchgedrängt und dort die schlimmsten Prügelszenen miterlebt.

Die anderen Marschsäulen der Demonstranten waren womöglich mit noch größerer Brutalität auseinandergetrieben worden. Es hatte drei Tote gegeben, 200 Menschen mußten in Krankenhäusern behandelt werden. Die tatsächliche Zahl der Verletzten lag noch wesentlich höher. 75 Menschen waren vorübergehend festgenommen worden. In den Polizeigefängnissen wurden die Inhaftierten nachts von dem Hurra-Gebrüll und den „Rule Britannia"-Gesängen der feiernden Polizisten wachgehalten.

Die „Times" bekundete am nächsten Morgen Genugtuung über den wenngleich blutigen Sieg von Recht und Ordnung. Es war vom Abschaum der Menschheit aus den Slums die Rede, Leuten, denen es um nichts anderes gegangen sei als Unruhe zu stiften und zu plündern. Noch in der Ausgabe des übernächsten Tages, des 15. Novembers, wird berichtet, daß „große Freude in ganz London" herrsche, „vor allem aber im Westend". Die beiden großen Parteien übten kaum Kritik an dem Vorgehen der Polizei. Offenbar bestand im Bürgertum weitgehend darüber Konsens, daß ein Exempel hatte statuiert werden müssen. Wenn es etwas drastisch ausgefallen war — auch gut. Jetzt konnte man aufatmen. Morris kommentierte im „Commonweal" sarkastisch: *„Sir Charles Warren (der Polizeipräsident) hat uns eine Lektion in Straßenkampf erteilt."* Es ist interessant, welche Folgerungen Bernard Shaw, der Seite an Seite mit Morris im Demonstrationszug mitgegangen war, aus diesen Erlebnissen zog. In seinen berühmten „Fabian Essays", die er im September 1888 verfaßte, bekundete er zwar seine Sympathie für jene Enthusiasten (Morris!), die nun immer noch entschlossen sind, „die neue Gesellschaft mit einem Streich herzustellen". Der Kurs, den er vorhabe einzuschlagen, schreibt er weiter, sehe allerdings anders aus, weniger heroisch. „Armeen des Lichts", als welche sich für die revolutionären Sozialisten die Arbeiterschaft darstelle, seien angesichts „der Zivilisation des 19. Jahrhunderts ebenso selten wie Trauben auf einem Dornenfeld". Shaw war, was die Selbständigkeit und die revolutionären Anstrengungen des Proletariats betraf, von jeher skeptisch gewesen. Er sah die Arbeiter im großen und ganzen so korrumpiert und demoralisiert, wie er sie später in seinem Stück „Major Barbara" dargestellt hat. Der „Blutige Sonntag" brachte für ihn nur eine Bestätigung.[24]

Anders bei Morris. Es war zu Anfang seines politischen Engagements durchaus nicht jemand gewesen, der zum Aktionismus neigte und darauf gedrängt hatte, man solle rasch losschlagen. Mit den Erfolgen der sozialistischen Gruppen aber war die Hoffnung in ihm gewachsen, er könne vielleicht die „große Veränderung" noch erleben. Der „Blutige Sonntag" wirkte auf ihn als Schock. Er bewies ihm nicht nur die Ohnmacht der Demonstrierenden, sondern zeigte ihm auch das wahre Gesicht der Reaktion, *„die Komplizenschaft der bürgerlichen Presse, den Verrat der professionellen Verteidiger der Freiheit im Parlament und im öffentlichen Leben"*. In diesen Jahren war ihm manches klar geworden. Es bedurfte nicht nur einer schlagkräftigen Organisation, sondern auch entschieden der Zunahme an revolutionärem Bewußtsein. Es bedurfte einer sozialistischen Theorie, die Fehler, Opportunismus und persönliches Gezänk überdauern konnte. Er war desillusioniert, aber das bewirkte bei ihm keine Resignation. Wenn er durch Beobachtung und Reflexion zu einem Resultat in der Sache kam, war er in seinen Meinungen fest und unnachgiebig. Noch im Jahr vor seinem Tod zeigte er sich davon überzeugt, daß früher oder später der Moment einer revolutionären Konfrontation kommen werde.

Im Hinblick auf das Ziel einer klassenlosen Gesellschaft kalkulierte er mißglückende Anläufe, Rückschläge, falsche Propheten und dergleichen mit ein. Die Revolution würde kommen und danach der Kommunismus, davon blieb er überzeugt. Nicht sein Gefühl bestärkte ihn in diesem Standpunkt, sondern sein kritischer Verstand. Aber er begriff nun auch, daß man in diesem Zusammenhang in

Utopie der neuen Gesellschaft

**Fellowship und Anarchismus**

viel größeren Zeiträumen, in Jahrhunderten und nicht in Jahrzehnten denken mußte.

Das Schlußgespräch in „Ein Traum von John Ball" drückt diesen neuen Sinn für die Zeitabläufe solcher Prozesse deutlich aus. Es ist ein Dialog über Jahrhunderte hin. Man muß sich auch klar sein, daß für Morris, wenn er von „Kommunismus" spricht, dieses Wort eine höchst persönliche, von unserem heutigen Sinnverständnis sich unterscheidende Bedeutung hat. Ein Grundwert des Morris'schen Kommunismus ist „Fellowship". Ein schwierig zu übersetzendes Wort, das weder mit Gemeinsinn, noch mit Kameradschaft noch mit Brüderlichkeit oder Nächstenliebe und Solidarität genau zu fassen ist. Es beschreibt vielmehr eine Verhaltensweise, die sich aus dem gemeinsamen Schicksal der Angehörigen der Spezies „Mensch", aus deren Bedürfnissen und Gefährdungen ergibt. Genau aus dem Bedürfnis nach solcher „Fellowship" hat Zeit seines Lebens Morris versucht, mit anderen etwas zu tun, mit ihnen Lebensformen auszuprobieren. Er war, was diesen Wert betrifft, sehr anspruchsvoll und wird ihn wohl nie vollkommen in einer Gruppe verwirklicht gefunden haben, weshalb sich seine Suche immer weiter fortsetzte und erst mit seinem Tod endete.

Dies war die Zeit der Enttäuschungen, wenngleich keine davon, wie später häufig behauptet worden ist, seine Grundüberzeugungen zu erschüttern vermochte. Nach der vierten Jahreskonferenz der „Sozialistischen Liga" kam es zur Abspaltung der Bloomsbury-Sektion, zu der Edward Aveling und Eleanor Marx und jene Londoner Mitglieder gehörten, die für einen parlamentarischen Kurs eintraten. Fast gleichzeitig machten die Anarchisten von sich reden. Es waren offenbar drei Ereignisse, die dazu führten, daß Teile der „Liga" anarchistisch beeinflußt wurden.

1866 war Fürst Kropotkin nach England gekommen. „Das Leben dieses bemerkenswerten Mannes ist in sich selbst eine Prophezeiung für eine neue und edlere Zivilisation", hieß es in einem Handzettel des Glasgower Zweiges der „Sozialistischen Liga", und weiter: „Prinz Kropotkin ist herniedergestiegen von seinem Platz neben dem kaiserlichen Thron, um mit den Armen und Unterdrückten zu fraternisieren. Er hat Gefangenschaft und Todesgefahr auf sich genommen, um der Sache des Volkes zu dienen. Er kam nach Westeuropa, um sich dem Kampf der Arbeiter anzuschließen. 1882 wurde er in ein französisches Gefängnis geworfen. In der Haft beschäftigte sich der Fürst mit der Abfassung wissenschaftlicher und literarischer Aufsätze. Seine wissenschaftlichen und literarischen Aktivitäten sind ebenso bemerkenswert wie seine Sympathien für die Armen."[25] Der Romantizismus, der von dieser Person ausging, wurde durch liebenswürdige Umgangsformen und einen hochherzigen Idealismus noch gefördert. Für die Linken in der Partei, die nach revolutionären Taten verlangten, verband sich mit diesem Namen die Vorstellung von einem Wissenschaftler und Abenteurer. Er galt als „Apostel des Revolutionären Sozialismus" und übte vor allem auf die Jungen in der Partei große Anziehungskraft aus. Kropotkin war mehrmals zu Vorträgen im Kutscherhaus in Hammersmith zu Gast.

Noch mehr Sympathien brachte der anarchistischen Sache der Justizmord, dem am Vorabend des „Blutigen Sonntags" in London zwei Anarchisten in Chicago zum Opfer gefallen waren. Auch Morris hatte in dieser Tat den Geist einer *„kalten, herzlosen und gleichgültigen Grausamkeit walten sehen, der eine der auffälligsten Eigenschaften des amerikanischen Kommerzialismus ist."*[26] Das edle Verhalten der Opfer von Chicago brachte nicht wenige Mitglieder der „Sozialistischen Liga" dazu, Respekt für die Sache des Anarchismus, aber plötzlich auch Sympathien für seine Methoden des politischen Terrors, der Gegengewalt zur bürgerlichen Gewalt, zu empfinden. Solche Sympathien erhielten abermals Auftrieb, als im November 1888 die bildschöne Witwe Lucy Parson, eine Amerikanerin mit indianischem Blut, auf Versammlungen in London, Edinburgh, Glasgow, Ipswich und Norwich sprach.

Bei der Vierten Jahreskonferenz der Liga hatte sich Morris mit seinem Antiparlamentarismus gegen die Bloomsbury-Gruppe mit Hilfe der Anarchisten durchgesetzt, die ihm allerdings schon bald unheimlich wurden. Im Juli 1889 nahm er an der II. Internationale der Arbeiter in Paris teil. Er war von einem internationalen Komitee dazu aufgefordert worden, einen Bericht über die Lage des Sozialismus in England zu geben, ein Hinweis darauf, daß Morris zu dieser Zeit zumindest als „Kopf" des Sozialismus in England galt. Auch hier erwarteten ihn Enttäuschungen. Der Kongreß verzettelte sich in Fraktionsgezänk und brachte die längste Zeit mit der Diskussion über einen Antrag zu, ob man sich mit einem anderen Kongreß, den französische Publizisten, die für den parlamentarischen Weg eintraten, mit starker Unterstützung durch Hyndmann einberufen hatten, vereinigen sollte oder nicht. Ian Bradley stellt die weitere Entwicklung wie folgt dar:

„Unterdessen war die ‚Sozialistische Liga' in die Hände der Anarchisten geraten. 1890 unterlag Morris bei der Auseinandersetzung mit der anarchistischen Gruppe in der ‚Liga', die ihn als Herausgeber der Zeitschrift ‚Commonweal' absetzte und nun Frank Kitz und D. J. Nicoll auf diesen Posten berief. In den ersten Leitartikeln unter der neuen Herausgeberschaft wurden sofort sehr radikale Töne angeschlagen. Vom bewaffneten Aufstand in ganz Europa und Terroranschlägen mit Dynamit war die Rede. Auch im Vorstand war es den Anarchisten gelungen, Webb und Morris völlig zu isolieren. Im November 1890 verließ Morris zum zweiten Mal eine Partei. Mit 120 Mitgliedern trat er aus der ‚Sozialistischen Liga' aus und gründete mit dieser Gruppe ihm treu ergebener Leute im November 1890 ‚The Hammersmith Socialist Society' (‚Sozialistische Gesellschaft von Hammersmith'), deren Manifest den parlamentarischen Sozialismus, aber auch den Anarchismus verurteilte und es zu ihrem ausschließlichen Ziel erklärte, die Prinzipien des Sozialismus durch Vorträge, Straßenversammlungen und Publikationen auszubreiten." Wenn sich Morris in den letzten sechs Jahren seines Lebens nicht mit der gleichen Intensität der Tagespolitik widmete wie in den früheren Jahren, so spielte dabei sein schlechter Gesundheitszustand weit eher eine Rolle als etwa Resignation.

Hingegen wurden nun die Veranstaltungen im Kutschenhaus zu einer Attraktion, die von vielen Künstlern, fortschrittlichen Frauen und Männern aus dem Bürgertum und freien Geistern besucht wurden, und die Einfluß ausübten. Beispielsweise auf Oscar Wilde, von dem Morris nicht viel hielt. Als dieser dann aber, angeregt von den Vorträgen am Sonntagabend in Hammersmith, 1891 seinen berühmten Essay „Die Seele des Menschen unter dem Sozialismus" veröffentlichte, war Morris bereit, das, was er als übertriebenen Ästhetizismus bei Wilde empfand, etwas milder zu beurteilen.

Mit dem jungen Yeats, der seinerseits wenig Sympathie für Morris' sozialistische Neigungen aufbrachte, kam es zu einer engen Freundschaft, die damit begann, daß Morris Yeats auf der Straße ansprach und zu ihm sagte: „Sie schreiben meine Art von Gedichten!" — „Er hätte sich wohl", erinnert sich Yeats, „zu diesem Thema auch noch weiter ausgelassen, wäre nicht eben da sein Blick auf einen der neuen verzierten Laternenpfähle aus Gußeisen gefallen — ein Gegenstand, der ihn sofort zu sehr heftigen Reaktionen veranlaßte."[27]

„The Hammersmith Socialist Society"

*213*

Intellektuelle und Arbeiter

Im Kutschenhaus gab es auch häufig „Kunst-Abende", auf denen Morris und Aveling Gedichte lasen, Sketches aufgeführt wurden oder Bernard Shaw vierhändig mit Annie Besant Klavier spielte. Morris' „Chants for Socialists" waren vertont worden und wurden von einem Chor, der aus Mitgliedern der „Hammersmith Branch" bestand, unter Leitung von Morris' Nachbar, Gustav Holst, vorgetragen. Morris versuchte nun, wenn auch mit zweifelhaftem Ergebnis, die zerstrittenen Gruppen der sozialistischen Bewegung in England zu einer großen politischen Partei zusammenführen. So organisierte er 1893 eine Teegesellschaft, bei der Mitglieder seiner Sektion Hammersmith, der „Federation" und der „Fabian Society" zusammentrafen. Die drei Gruppen einigten sich auch auf ein Programm, das allerdings kaum viel mehr als eine Auflistung von Gemeinplätzen war.

Er sah schließlich ein, daß der Lauf der Entwicklung nicht den Weg nahm, den er erwartet hatte. Es geschah durch die Wahl von Kandidaten der „Labour Party" und durch die wachsende Bedeutung der Gewerkschaftsbewegung, daß die englische Arbeiterschaft an politischem und wirtschaftlichem Einfluß gewann. Dies zu beobachten, sich damit abzufinden, ohne zu resignieren, muß nicht immer leicht gewesen sein. Als Sidney Webb im Oktober 1895 in der „Sozialistischen Gesellschaft von Hammersmith" einen Vortrag gehalten hatte, sagte Morris zu ihm: *„Die Welt tut uns augenblicklich nicht den Gefallen, sich so zu verhalten wie wir es wollen. Aber das heißt nicht, daß es auch am Ende so sein wird."*[28]

In den letzten Jahren vollzog er eine gewisse Wiederannäherung an die „Social Democratic Federation", deren Parlamentskandidaten er sogar mitunter durch Reden unterstützte. Wenn schon Parlamentarismus, so war sein Konzept: eine starke Partei, die Abgeordneten im Unterhaus unter strenger Kontrolle der Partei. *„Solch eine Gruppe von Abgeordneten würde Konzessionen um Konzessionen gewinnen, bis die Krise erreicht ist."*[29] Wichtig ist, daß die konstitutionelle Maschinerie für ihn nichts Heiliges an sich hatte, und daß er es durchaus nicht als undemokratisch ansah, auch politische Ziele mit außerparlamentarischen Gruppen durchzusetzen.

Wenn beispielsweise Ian Bradley an Morris kritisiert, er habe stets Schwierigkeiten gehabt, Kontakt mit gewöhnlichen Arbeitern herzustellen und diese seien gegenüber seinen hochfliegenden Vorstellungen von Kunst und Gesellschaft rat- und verständnislos geblieben, so ist dies eine Stimme. Eine andere ist die eines politischen Journalisten, der berichtet, er habe während der großen Streiks und in Zeiten bitterster Armut während der dreißiger Jahre unseres Jahrhunderts in den Wohnungen englischer Industriearbeiter, wenn schon alle Möbel versetzt gewesen seien, Ausgaben von Morris' „John Ball" und „Kunde von Nirgendwo" liegen sehen. Morris' Gedächtnis sei im Herzen dieser Leute durch diese Bücher, oft die einzigen Druckschriften in einem Arbeiterhaushalt, lebendig gewesen. Es muß bei diesen Geschichten, will man nicht in ein Labyrinth von Mißverständnissen geraten, nachdrücklich betont werden, daß es sich um Träume handelt, nicht um, und dies bezieht sich vor allem auf „Kunde von Nirgendwo", eine Prognose mit Realitätswert.

Bewußt hat sich Morris in „Kunde von Nirgendwo" seinen höchst persönlichen Träumen von einem glücklichen Leben überlassen. Wahrscheinlich war es nur so möglich, der Schönheit darin jenen Platz einzuräumen, den sie nach Morris' Meinung im menschlichen Leben einnehmen sollte, aber nicht einnimmt. Gerade weil Morris sich den Teufel um eine gewisse Wahrscheinlichkeit schert, bestätigt er in seinem Leser das Gefühl, daß es etwas, was es nicht gibt und wonach es ihn aber

"Ein Traum von John Ball"

verlangt, geben sollte, geben müßte. Er bestärkt im Leser den Sinn für Utopie und damit ein wichtiges Potential menschlicher Emanzipation.

„Ein Traum von John Ball" — eine deutsche Übersetzung erschien um die Jahrhundertwende in der Gesellschaftsdruckerei der Brüder Hollinek in Wien oder Prag — ist eine Erzählung von etwa 130 Seiten. Morris druckte den Text zunächst in Fortsetzungen in den Jahren 1886/87 in der Zeitschrift „Commonweal" ab. Indem er eine Episode aus der englischen Bauernrevolte des Jahres 1381 wählt, ergibt sich für ihn die Möglichkeit, noch einmal jene Elemente von Brüderlichkeit und kommunalem Miteinanderleben in der mittelalterlichen Welt zu verherrlichen, die durch die feudalistische Unterdrückung zerstört worden sind.

Man kann der Ansicht zuneigen, die höchst komplexen sozialen und wirtschaftlichen Probleme, die zu dem Aufstand des John Ball führten, seien stark vereinfacht. Das hätte Geltung, wenn es Morris vor allem darum gegangen wäre, eine literarisierte Chronik zu schreiben. Es handelt sich aber um einen Traum, eine Traumparabel, nicht um einen historischen Roman. Im Traum leuchtet auf, was Morris an der mittelalterlichen Welt schön findet, was er an deren Werten für den Menschen schlechthin als notwendig ansieht. Aber die Geschichte ist daneben auch noch ein geschichtsphilosophischer Diskurs. Er wird geführt in jenen Schlußkapiteln, in denen sich der Träumer und John Ball in einer Kirche gegenübersitzen und über „Dinge" reden, „die das Wesen dieser Welt und dieses Menschenvolkes und dieses Landes betreffen, in dem sie wohnen". Der Träumer berichtet John Ball, was der Menschheit in den fünf Jahrhunderten, die auf den Bauernaufstand folgten, geschehen ist, während der Mensch des Mittelalters sich die Welt des Bürgertums vorzustellen versucht. Es ist kein Zufall, daß Morris gerade zu der Zeit, als er „Ein Traum von John Ball" schrieb, mit Engels über Geschichtsphilosophie und Dialektik diskutiert hat. Verständnis für geschichtliche Dialektik beweist der Satz: *„Ich grübelte ... darüber nach, wie Menschen kämpfen und die Schlacht verlieren, und wie jenes Ziel, um das sie gekämpft haben, trotz ihrer Niederlage erreicht wird; und wenn es kommt, stellt es sich nicht als das heraus, was sie sich vorgestellt hatten, und wieder müssen andere Männer für das, um was sie kämpfen und was nun einen anderen Namen hat, antreten."*[30]

Den Geschichtsprozeß so zu betrachten, heißt für Morris und den Träumer — denn beide sind identisch — *nicht* in völligen Pessimismus zu verfallen. Es geht nur um die Aufhebung jenes allzu optimistischen Fortschrittsglaubens, der ja nicht nur die bürgerliche Welt, sondern auch die Sozialisten damals beherrschte. Dies wird durch entsprechende Gesprächsfiguren auf poetische Weise vorgeführt. Am Ende steht die Hoffnung: *„... einmal wird man die Klagen der Armen nicht mehr anhören wie eine nicht so besonders traurige Geschichte, sondern wie eine Vernichtungsdrohung. Dann sollen jene Dinge, die dir als Torheit erscheinen* (das Profitsystem und die Elendsquartiere der Arbeiter, von denen der Träumer dem John Ball berichtet hat), *aber den Menschen zwischen dir und mir als eitel Weisheit und als Bürgschaft für den ewigen Bestand ihrer Gesellschaftsordnung, wieder als Irrtum erkennbar werden. Es wird auch dann noch viele Schwierigkeiten geben."* Nur zu deutlich umschreiben die folgenden Sätze all jene politischen Probleme, die Morris selbst kennengelernt hat, beispielsweise: *„Oft wird die Verzweiflung der Tapferen nur zu bitter sein; wir werden Rückschritte und Zweifel erleben, und es wird zu Streit zwischen Freunden und Gefährten kommen, die im Tumult nicht Zeit finden, sich miteinander zu verständigen... Aber am Ende wird all das dazu beitragen, daß eine humane Welt entsteht, daß deine Meinung über Torheit und die unsrige eins werden*

*Der Prediger John Ball erhebt sich gegen die Oberschicht: „Als Adam grub und Eva spann / wer war da der Edelmann?" Holzschnitt von Edward Burne-Jones aus der Kelmscott-Ausgabe 1892, gedruckt in 300 Exemplaren.*

"Kunde von Nirgendwo"

*und deine Hoffnung unsere Hoffnung ist... und dann... wird der Tag gekommen sein.*"[31]

Die Revolution als Aufhebung der Kategorie Zeit. Oder anders ausgedrückt: die Aufhebung dieses narrenden Prozesses, den man Geschichte nennt, in der Gesellschaft nach der Revolution, das ist die Hoffnung, mit der dieser Traum von John Ball endet.

Auch „Kunde von Nirgendwo" erschien zunächst (1890) in „Commonweal" als Fortsetzungsroman. Die Handlung ist rasch skizziert: Der Ich-Erzähler William Guest kehrt von einer politischen Diskussion in sein Haus in Hammersmith zurück und erwacht am nächsten Tag in einer völlig veränderten Welt in der Zukunft. Der Ort ist derselbe, aber es hat inzwischen die Revolution stattgefunden. Guest hält sich zuerst in einem Gästehaus in Hammersmith auf, in dem sich eine Tafel findet, die an den Versammlungsraum der „Sozialistischen Gesellschaft Hammersmith" erinnert. Dann bereist er mit einem freundlichen Führer das Stadtgebiet von London. Er kommt zu dem alten Hammond, einem Historiker, von dem er hört, wie der Umsturz und die Veränderung der Gesellschaft vonstatten gegangen sind. Im Schlußteil endlich fährt er mit Robert, dessen Frau Clara und der gescheiten und lebhaften Ellen die Themse aufwärts und mischt sich nahe einem Haus, das eindeutig Kelmscott Manor ist, unter die Erntearbeiter, um dann wieder in das häßliche Hammersmith zurückzukehren, wo der Traum begonnen hatte.

Man weiß, daß Morris die Geschichte als eine Antwort auf Edward Bellamys „Looking backward" geschrieben hat. Bellamy zeichnete in seinem Buch eine Superindustrienation, die vom Großen Trust regiert und von einer gut funktionierenden Bürokratie verwaltet wird. Genau dies schien Morris ein Alptraum. Er hingegen gerät aus der viktorianischen Gesellschaft in eine solche, in der die Menschen sich mit „Nachbar" anreden und als Freie und Gleiche miteinander umgehen. Auch die Frauen sind weitgehend von den Zwängen viktorianischer Konvention befreit. Die Tätigkeit des Holzschnitzens wird in einer Gruppe von Leuten, die Guest in Oxfordshire trifft, von einer Frau ausgeübt, die in diesem Kreis eine führende Rolle spielt, was von den Männern selbstverständlich anerkannt wird. Die Mode entspricht ihrem aktiven Leben. Es ist eine Gesellschaft, in der es Zärtlichkeit zwischen den Menschen gibt, die selbst bei der Arbeit spürbar wird. Es ist eine Gesellschaft, in der England in einen großen Garten zurückverwandelt worden ist. Die Notwendigkeit des Menschen, technische Eingriffe vorzunehmen, und das Verlangen, der Schönheit der Natur ihr Recht zu lassen, sind vernünftig gegeneinander ausgewogen. All das hat zu einem Bewußtsein geführt, dessen höchste Werte die alltäglichen Erfahrungen des Lebens sind. Hammond drückt es so aus: *„Der Geist der neuen Tage, unserer Tage, ist die Freude am Leben der Welt, eine intensive und überschwengliche Liebe für die Haut und die Oberfläche der Erde, auf der der Mensch lebt, etwa so wie ein Liebhaber das schöne Fleisch einer Frau liebt."*[32]

Dies, so erklärt er, habe zur Wiedergeburt der Kunst als Befriedigung des menschlichen Wunsches, am Lebensprozeß teilzuhaben, geführt. Die Umwelt des Menschen ist wieder schön. Das bewußte Leben mit dem Rhythmus der Jahreszeiten ist in dieser Gesellschaft wieder wichtig geworden. Überall sieht man Gärten, die Themse hat wieder natürliche Ufer, und die häßlichen Eisenbahnlinien, die im 19. Jahrhundert an ihr entlangführten, sind verschwunden. Eine Vielzahl von Vögeln beobachtet Guest. Die einfachen Leute, mit denen der Reisende spricht, haben alle ein waches Interesse *„an all den kleinen Dingen des Lebens, am Wetter, der Heuernte, dem zuletzt gebauten Haus, dem Überfluß oder Mangel an dieser* *oder jener Vogelart und so fort. Man redet darüber nicht in einfältiger oder konventioneller Weise, sondern mit ausgesprochenem Interesse. Weiterhin stellte ich fest, daß die Frauen viel mehr über diese Dinge wußten als die Männer."*[33]

„Kunde von Nirgendwo"

Was hier vorgeführt wird, ist die Wiederentdeckung der „Künste des Alltags", die diese Gesellschaft attraktiv machen. Vom *„Brot"* wird erzählt, *„vom großen, ziemlich festen, dunklen, vom süß-schmeckenden Bauernbrot, das mir am besten schmeckte, bis hin zu dünnen Stangenbroten aus Weizenmehl, wie ich sie zuvor nur einmal in Turin gegessen hatte".*[34]

Was die gesellschaftlichen Einrichtungen angeht, so ist das Land im Nirgendwo der Zukunft das genaue Gegenstück zum England des 19. Jahrhunderts: es gibt kein Parlament, keine Gerichte, keine Gefängnisse, kein Gesetz, keine Bildung im formalen Sinn, keine Religion, kein Geld, keine Eisenbahnen, wenig Vorliebe für Maschinen, keine Städte, wenig Neigung, Dinge theoretisch zu betrachten. Die Ehe ist zu einer offenen Institution geworden.

All dies hat nun manchen Leser zu der Vorstellung verleitet, die „Kunde von Nirgendwo" sei der Versuch, ein geschlossenes Gesellschaftsmodell zu schaffen, man könne das Buch als einen Katalog Morris' für eine sozialistische Zukunft betrachten. Liest man das Buch so, muß man es unmöglich, ja geradezu kindisch finden. Man kann sofort nachweisen, daß etliche, für eine solche Gesellschaft grundsätzliche Probleme, beispielsweise das Energieproblem, unzureichend problematisiert sind. Es aber nicht so zu lesen und so zu verstehen, dazu fordert eine Eigenart in der Erzählhaltung nur zu deutlich auf. Nie verläßt nämlich Guest ganz die Erinne-

*Auf der Londoner Weltausstellung, 1862, trafen sich Arbeiter aus England und Frankreich zur Gründung der Ersten Internationale.*

Wirklichkeit und Utopie

rung an die Welt, aus der er offenbar nur kurz ausgestiegen ist, und in die er, sehr zu seinem Verdruß, wieder zurück muß. Und ständig wird damit noch einmal, hier aber in erzählerischer Form, an die Überschrift eines Aufsatzes von Morris erinnert: „Wie wir leben und wie wir leben könnten". „Kunde von Nirgendwo" ist ein großes Spiel um dieses Thema, ein Spiel freilich auch, in dem es Morris möglich wird, seine geheimsten Wünsche Wirklichkeit werden zu lassen. Am deutlichsten erkennt man dies vielleicht daran, daß die neue Gesellschaft England in eine große schöne Park- und Gartenlandschaft verwandelt hat, daß das Problem der Hand- und Kopfarbeit gelöst ist und die Schönheit den Alltag durchdrungen hat.

Sehr genau kennzeichnet E. P. Thompson die Eigenart dieses Buches, wenn er schreibt: „In ‚Kunde von Nirgendwo' erlaubt uns Morris nie für lange, die Spannung, die zwischen Wirklichkeit und Ideal besteht, zu vergessen. Dies ist die Rolle, die er für sich selbst als Erzähler vorsieht. Während wir London besuchen, die Gespräche mit dem alten Hammond anhören, die Personen Probleme der Moral diskutieren hören, tauchen wir nie in einen Traum zurück... wir sind vielmehr unbequem hellwach. Wir werden veranlaßt, unsere eigene Gesellschaft, unsere eigenen Werte, unser Leben zu befragen. Deswegen nimmt die Geschichte unser Gefühl gefangen. Wir können uns nicht als Zuschauer zurücklehnen und auf ein schönes Nirgendland schauen. Immer sind wir uns Morris' kritisch gehobener Braue bewußt, seinem Gefühl, nicht Teil der Szene zu sein, durch die er sich bewegt. Er ist die Verbindung zwischen unserer Erfahrung und der Zukunft."[35]

Und so stellt denn dieses Buch, besser als jedes theoretische Traktat es könnte, die Kardinalfrage, die Morris so sehr beschäftigt hat und die ihn aktuell bedeutsam macht: Wie sollen wir leben, wenn wir glücklich sein wollen? Er zerlegt diese große Frage in Hunderte von konkreten Einzelfragen, in denen sich zu entscheiden das Buch auffordert. Indem wir uns mit William Guest identifizieren, werden diese Fragen persönlich, beziehen sich auf unseren Alltag, machen uns eigene Wünsche bewußt und werden damit unabweisbar. Man kann sagen, daß Morris mit „Kunde von Nirgendwo" sein Handbuch der Ethik geschaffen hat, daß er hier seine Auflehnung gegen die Moral seiner Zeit mit zu Protokoll gibt. Es ist ein Buch, das für jede Zeit und jede Gesellschaft einen Gradmesser des Glücks liefert, und es bedarf keiner prophetischen Begabung, um vorherzusagen, daß es in der Diskussion um eine neue Bestimmung menschlicher und gesellschaftlicher Grundwerte, die längst ansteht, auch in Zukunft noch eine Rolle spielen wird.

*Rechte Seite:*
*Die Werkstätten der Firma Morris & Co. in Merton Abbey.*

# XII. Merton Abbey: die ideale Werkstatt und ein Anflug von Nutzlosigkeit

*„Manchmal erscheint mir mein Schicksal seltsam. Verstehst Du, ich arbeite recht hart und alles in allem auch mit Vergnügen. Ich will kein süßes Leben, noch weniger will ich Lob. Und während ich arbeite, bin ich mir über das Ziel im klaren, und doch weiß ich, daß die Sache, der ich mich verschrieben habe, dem Untergang geweiht ist. Wenigstens scheint es mir so. Ich meine, daß Kunst erst einmal untergehen muß, ehe sie wieder auferstehen wird. Ich weiß nicht, ob Dir klar wird, wie ich das meine, aber es kommt mir manchmal seltsam vor, daß ein Mensch mit Energie, ja sogar auch mit Vergnügen und Enthusiasmus arbeitet, und daß dies alles keinem anderen Zweck dient, als sich selbst ein Vergnügen zu bereiten..."*

*William Morris an Georgiana Burne-Jones, Januar 1882*[1]

**Rossettis Tod**

Es gab Menschen, sogar enge Freunde, die William Morris' Engagement in den Reihen der Sozialisten nie begriffen... die meinten, er möge kein guter Lyriker sein, aber seine Gedichte seien immer noch um vieles besser als seine kommunistischen Kampflieder. Sie übersahen jene Unzufriedenheit, die sich in dem voranstehenden Brief andeutet. Sein Gefühl des Ungenügens, das er darüber empfand, mit keinem anderen Zweck zu arbeiten, als sich selbst ein Vergnügen zu bereiten. Hier tritt wieder einmal zutage, wie dringlich Morris' Bedürfnis nach Gemeinschaft, nach einem Sinn, der mit einer Tätigkeit für andere verbunden ist, ausgeprägt war. Übersehen wird leicht, daß Morris einen solchen Sinn in seiner Ehe wahrscheinlich nie fand, auch nicht, nachdem er mit Rossetti gebrochen hatte. Jane fuhr fort, Gabriel zu besuchen. Rossetti hatte Hall Caine noch kurz vor seinem Tod am 9. April 1882 erklärt, Jane sei die einzige große Liebe seines Lebens gewesen. Nach den Erfahrungen dieses Nachtgesprächs stand in Caines Augen Rossetti als ein Mann da, der sich in allen Ehren und im guten Glauben mit einer Frau verlobte, sich dann aber in eine andere verliebte, die erste aber aus einem falschen Verständnis von Loyalität und auch Furcht, sie zu verletzen, heiratete, statt ihr zu sagen, „was, wenn sein Wille stärker, sein Gemüt belastbarer gewesen wäre, selbst noch an der Schwelle der Kirchentür hätte gesagt werden müssen".[2]

Nach Rossettis Tod schrieb Morris an Scott, sein Tod hinterlasse ein Loch in dieser Welt. *„Er war sehr freundlich zu mir, als ich ein junger Mann war. Er hatte einige Eigenschaften eines Genies, tatsächlich die meisten. Was für ein großer Mann wäre er gewesen ohne seine arrogante Menschenfeindschaft, durch die er sein Werk verdarb und die ihn vor der Zeit ins Grab brachte. Jene Spur von Menschlichkeit, die aus jemandem, der aus dem Volke stammt, einen großen Mann macht, ohne daß er sich zum Herrscher über das Volk erhebt, fehlte ihm. Dadurch verlor er all seine Freude am Leben, die ihn lebendig erhalten, seine Arbeit ihm und uns versüßt hätte."*[3] In Kurzfassung, und vielleicht sogar etwas ehrlicher, drückte er es gegenüber einem anderen Bekannten später einmal so aus: *„Manchmal war Rossetti ein Engel, manchmal ein verdammter Schurke."*

Rossettis Nachfolger in Janes Gunst wurde der Dichter, Politiker und Weltenbummler Wilfred Scawen Blunt, den sie in Worth Castle/Cumberland 1883 kennengelernt hatte. Beide waren gleichaltrig. Blunt war einer jener exzentrischen Männer, an denen das England des 19. Jahrhunderts nicht gerade arm ist. Blunt schrieb Gedichte. Er hatte gefährliche Reisen in Arabien unternommen, war mit der Enkeltochter Byrons verheiratet und hatte die imperialistische Politik der Engländer in Ägypten und im Sudan heftig kritisiert. Für die Unabhängigkeit Irlands hat er geworben und wurde schließlich durch seine rückhaltlos offenen Gesellschaftstagebücher berühmt, in denen er sich auch sehr unverblümt über seine Affäre mit Jane ausspricht.

Wann die Liebesaffäre mit Jane begann und wie lange sie dauerte, ist nicht genau zu klären. Bemerkenswert ist, daß Blunt auch mit Morris befreundet war, ja, diesen in gewissem Sinn bewunderte. Blunts Tagebucheintragungen, Kelmscott Manor sei ein romantisches, aber höchst unkomfortables Haus, und die nicht mit Teppichen ausgelegten Fußböden knarrten entsetzlich, sprechen für sich. Wörtlich heißt es in seinen Tagebüchern weiter: „Für mich sind mitternächtliche Gefahren immer verlockend gewesen. Rossetti ist ständig gegenwärtig, denn es war hier, daß sie vor vierzehn Jahren eine Zeit der Liebe verbrachten. Ich kam, um mich als sein Bewunderer und Nachfolger zu erweisen."[4]

Blunt gegenüber scheint sich Jane ziemlich rückhaltlos ausgesprochen zu haben.

Außerdem war er ein guter Beobachter. Eine Tagebucheintragung aus dem Sommer 1889 lautet: „Als junger Mann hatte er (William) aus Liebe geheiratet, und seine Frau hat ihn nicht geliebt. Er hatte ein starkes leidenschaftliches Herz und konzentrierte seine familiären Empfindungen auf seine beiden Kinder. May, die jüngere Tochter, ist gerade eine sinnlose Verlobung mit einem wertlosen jungen Sozialisten (Halliday Sparling, den sie später auch heiratete, um sich aber sehr bald wieder von ihm zu trennen) eingegangen. Sie war nicht einmal in ihn verliebt. Die ältere Tochter, die als Kind wegen ihrer intellektuellen Fähigkeiten sein ganzer Stolz war, überanstrengte sich geistig und bekam epileptische Anfälle. Ich wurde einmal Zeuge eines schlimmen Anfalls. Als ich mit Jenny und ihrer Mutter im Wohnzimmer in Hammersmith beim Tee saß, kippte das Mädchen plötzlich nach hinten über, ihr Kopf schlug gegen das Holz des bekannten herrlichen Schrankes, den Morris und Rossetti in ihrer Jugend bemalt haben... es war ergreifend, Morris' beschützende Wachsamkeit gegenüber dem armen, fast geisteskranken Mädchen mitzuerleben, dem er seine häusliche Liebe hauptsächlich zuwandte. Seiner Frau gegenüber verhielt er sich gleichförmig freundlich, aber ohne Zärtlichkeit, er behandelte sie mit einer gewissen Distanz. Sie war eine liebenswerte und edel gesinnte Frau, aber er hatte nie ihr Herz berühren können. Aufmerksam war er. Was zwischen Rossetti und ihr vorgefallen war, wußte er und hatte es vergeben. Aber er hatte es nicht vergessen. Ich glaube, daß er auch mich manchmal verdächtigte, wenngleich ihre Vertraulichkeit mit mir nicht sehr deutlich war. Mehr als einmal, nachdem er uns allein gelassen hatte, kam er plötzlich unter irgendeinem Vorwand in das Zimmer zurück, in dem wir saßen, trat laut auf, als schäme er sich eines Verdachtes, den er nicht unterdrücken konnte. Da er nichts fand, war er zu großzügig — mir gegenüber oder gegenüber seiner Frau —, um den Gedanken von Eifersucht nicht beiseitezuschieben. Dabei hätte er sehr wohl Grund dazu gehabt."[5]

Die Tagebucheintragungen von Blunt, die uns das Verhältnis zwischen William und Jane deutlicher werden lassen, sind erst seit ein paar Jahren bekannt. Sie belegen, daß die Beziehung zwischen den Ehepartnern auch nach Rossettis Tod eher kühl und zurückhaltend geblieben ist. Möglich, daß eine gewisse Übereinkunft, vielleicht auch stillschweigend, getroffen worden war. Eine Scheidung lag im Bereich der Möglichkeiten, aber ein solcher Schritt hatte gesellschaftliche Konsequenzen.

Fest steht, daß das Zusammenleben der vierköpfigen Familie wohl immer mit beträchtlichen psychologischen Spannungen belastet war, auch wenn diese nicht offen zum Ausbruch kamen. Morris' Ausweg aus dieser Misere war unter anderem die Flucht in seine Arbeit „an vielen Fronten und in vielen Bereichen", wie einer seiner Biographen seine zahlreichen Interessengebiete umschreibt.

Die Versuche, sein Verhältnis zu Jane dadurch zu verbessern, daß er sie in Briefen an seinen Erfahrungen und Erlebnissen teilhaben ließ, scheinen wenig erfolgreich gewesen zu sein. Bezeichnend, daß Morris' Briefe an Jane meist nur äußere Ereignisse reihen, während seine Briefe an Georgiana Dokumente seiner Stimmungen, Zweifel, Freuden und Überlegungen sind.

Die Ausweitung der Aufträge und des Sortiments der „Firma" hatte eine Trennung von Verkaufsräumen und Werkstätten notwendig gemacht. 1877 war das Geschäft in der eleganten Oxford Street eröffnet worden. Schwieriger fiel es, geeignete Gebäude für die Werkstätten zu finden, zumal Morris beabsichtigte, möglichst viele Fertigungsvorgänge selbst durchzuführen, nachdem er Erfahrungen im

**Merton Abbey**

Färben und Weben gesammelt hatte. Zunächst hatte er eine alte Seidenweberei in Blockney nahe Chipping Campden in den Cotswolds in Aussicht genommen. Aber diese Gebäude lagen hundert Meilen von London und selbst noch 25 Meilen über Land von Kelmscott entfernt.

Die weitere Suche führte Morris im Februar 1881 in eine alte Druckerei nach Merton Abbey, sieben Meilen von Charing Cross. Die Abtei war von Heinrich VIII. als Wohnsitz benutzt worden, als er sich in der Nähe ein Schloß bauen ließ. In ihr hatten später hugenottische Flüchtlinge eine Seidendruckerei betrieben. Jetzt bestand das Anwesen aus einer Gruppe alter Holzschuppen mit roten Ziegeldächern am Ufer der Wandle, eines klaren, schönen Baches, der eine Wassermühle antrieb. Zu dem Anwesen gehörten noch sieben Meilen Land mit Obstbäumen und ein großer Gemüsegarten. Die Verbindung von Hammersmith nach Merton war etwas kompliziert, weshalb Morris die Gewohnheit entwickelte, in der Werkstatt zu übernachten. Im übrigen war Merton eine ideale Werkstatt, und nachdem Morris durchgesetzt hatte, daß er dort auch noch Öfen zum Glas- und Kachelbrennen aufstellen durfte, unterschrieb er den Vertrag am 7. Juni 1881.

Die Aufträge für Glasfenster gingen in diesen Jahren zurück, weil sich die „Firma" weigerte, an den bewußten Sanierungsmaßnahmen teilzunehmen. Hingegen machte sich Morris sofort mit großem Eifer an das Entwerfen und Drucken neuer Chintzstoffe. Er besaß in Merton einen Indigokessel und ließ alle Färbearbeiten in eigener Werkstatt ausführen. Zwischendurch machte ihm wieder ein Gichtanfall zu schaffen, aber selbst dann arbeitete er an den Stoffmustern weiter.

So liebenswerte Muster wie der „Erdbeerdieb", „Vogel und Anemone" und der witzige Entwurf „Bruder Kaninchen" entstanden in diesen Jahren, gefolgt 1883 von der Musterserie, die nach englischen Flüssen benannt ist. Morris' Errungenschaften als Stoffentwerfer würdigend, schreibt Peter Floud: „Ihre kontrollierten Farben, die Kombination von Zartheit und Kühnheit in der Zeichnung der Blumen und die reiche und meisterhafte Ausarbeitung der Muster schienen wie ein frischer Lufthauch für eine Generation, die die Klischees der gewöhnlichen Ausstatter satt hatte. Schon Anfang der 80er Jahre des 19. Jahrhunderts waren ‚Morris-Chintzstoffe' in England und in den USA ein fester Begriff geworden. So groß war sein Ruf, daß es viele Familien in der Spätzeit des Viktorianismus gab, die es sich zur Ehre anrechneten, nur noch Tapeten und Stoffe von Morris in ihren Wohnungen zu haben."[6]

Über die Arbeitsbedingungen in Merton Abbey und über Morris' Fähigkeit, sobald er aus London herauskam, sich dort für seine künstlerische und handwerkliche Arbeit zu entspannen, berichtet George Wardle, dem Morris mehr und mehr die eigentliche Betriebsführung überließ: „Es gibt gar nichts weiter zu sagen, als daß es einfach herrlich dort draußen war. Wir hatten ein geräumiges Erdgeschoß mit gutem Licht für die Teppichwebstühle und darüber die Werkstätte für die Blockdrucker. Das war ein weiterer Vorteil: Wir begannen dort draußen damit, selbst Chintzstoffe zu bedrucken. Wir hatten ein Färberhaus, wie man es dazu haben sollte, und die notwendigen Räume für das ‚Altern'. Wir färbten in einer anderen Werkstätte Seide und Wolle, und es gab einen Blaukessel. Das Wasser war sauber. Licht und Luft in Hülle und Fülle. Die Glasmaler hatten ein Atelier und Mr. Morris hatte eines... er kam zwei- bis dreimal die Woche herüber in dieser Zeit. Wenn man sein nervöses Temperament bedenkt und wenn man weiß, daß er Bahnfahrten nicht ausstehen konnte... ist es erwähnenswert, daß er draußen nie Anzeichen von Erregung erkennen ließ. Das letzte Stück der Reise durch die Felder wirkte beruhigend auf ihn, der Weg von der Station durch den Garten der Abtei und die Aussicht auf eine erfreuliche Arbeit stellten sein seelisches Gleichgewicht wieder her, bis er zu uns kam. Aber es blieb doch ein gewisser Impetus. Es war, als wolle er zwanzig Meilen in der Stunde laufen und meine, jeder könne dabei mit ihm Schritt halten. Das erste, was er tat, wenn er in Merton ankam, war, die Aufträge mit uns durchzusprechen und zu überprüfen, ob alles nach Plan laufe. Dann stellte er sich an seine Staffelei. Er arbeitete meistens an einem Entwurf, manchmal auch an zweien gleichzeitig."[7]

Das Arbeiten auf dem Lande

Wenn Morris nach Hammersmith zurückfuhr, hatte er oft einen großen Strauß Wiesenblumen bei sich; für die Geschäftsleute, die mit der Untergrundbahn aus dem Büro heimfuhren, offenbar ein verblüffender Anblick.

In den ersten Jahren in Merton wurden auch mehrere Wandbehänge gewebt. Der eine stellte ein Gewächshaus mit Vögeln dar und war für das Haus von George Howard bestimmt. J. H. Dearle, der zu diesem Zeitpunkt in der „Firma" ausgebildet wurde, arbeitete an einem Hochrahmen an der „Gänsemagd" nach einem Entwurf von Walter Crane. Darauf folgten die Wandbehänge „Flora" und „Pomona". Zu letzterem schrieb Morris ein Gedicht, das etwas über seine sich ins Mythische steigernde Naturbegeisterung verrät:

> I am the ancient Apple Queen.
> As once I was so am I now.
> For evermore a hope unseen
> Betwixt the blossom and the bough.
>
> Ah where's the river hidden Gold!
> And where the windy grave of Troy?

*Webstühle in den Werkstätten von Morris & Co. in Merton Abbey.*

Luft und Licht

> Yet come I as I came of old
> From out the heart of Summer's joy.[8]

(Ich bin die uralte Apfelkönigin. / Wie einst ich war, so bin ich jetzt. / Für immer eine unsichtbare Hoffnung / zwischen der Blüte und dem Zweig. / Ach, wo liegt des Flusses Gold vergraben! / Und wo ist Trojas windverwehtes Grab? / Doch ich kehr wieder Jahr um Jahr. / Und Sommerwärme gibt mir die Gestalt.)

Merton Abbey muß Morris' Ideal einer Werkstatt für kunsthandwerkliches Tun sehr nahe gekommen sein. Auch in dem Gedicht von der Apfelkönigin drückt sich etwas von seinem Glück aus, selbst wenn es scheinbar etwas ganz anderes zum Thema hat.

Das Zusammentreffen von Naturschönheit, geschichtsträchtigen Gebäuden und einer Arbeit, bei der schöne Dinge entstehen: Ingredienzen, die für ihn Glück ausmachten: hier waren sie beisammen. Das scheinen auch neugierige Besucher gespürt zu haben, die zu der Werkstatt gepilgert kamen. So schreibt die amerikanische Lyrikerin Emma Lazarus, die sich im Juli 1886 in Merton Abbey umsah: „In dem ersten Schuppen, den wir betraten, standen große Kessel mit einer Farbbrühe, in die zu unserem Vergnügen einige Stränge ungebleichter Wolle hineingetaucht wurden. Als man sie tropfend wieder herauszog, hatten sie eine seegrüne Farbe, aber nachdem sie ein paar Minuten der Luft ausgesetzt waren, verwandelte sich diese in ein wolkiges Blau. Gewissenhafte Ordnung herrschte überall. Angenehme Gerüche von getrockneten Kräutern stiegen aus den Naturfarben auf. Sie vermischten sich mit den Gerüchen von Gras, Blumen und Sommerwärme, die durch die offenen Türen hereindrangen. Nirgends hatte man das Gefühl, eingesperrt zu sein, wie es einen sonst in einer Fabrik überfällt. Es gab viel Luft und Licht, selbst in dem Raum, in dem am intensivsten gearbeitet wurde, und der von dem ständigen Geräusch der Webstühle erfüllt war, über die gebeugt die Handwerker saßen, während das liebliche Spiel der Farben und die Schönheit der Muster, die sie hervorbrachten, ihrer Arbeit den Charakter bloßer mechanischer Schinderei nahm, der sonst das ärgste Kennzeichen von Fabrikarbeit darstellt."[9]

Und in einem nicht namentlich gezeichneten Aufsatz im „Spectator" im November 1883, in dem ein Journalist unter der Überschrift „On the Wandle" über die Werkstätten der Firma Morris und einer Töpferei in deren Nachbarschaft berichtet, heißt es: „Was ist nun das wahre Geheimnis der erfrischenden Atmosphäre in den Werkstätten von William Morris und William de Morgan? Worin liegt der immense Unterschied in der Wirkung ihrer Arbeiten auf uns, verglichen mit den gewöhnlichen Fabrikerzeugnissen bei Glas- und Töpferwaren? Der Genius des Einfallsreichtums und die Liebe zur Schönheit sind die beherrschenden Prinzipien, nicht das Geldeinnehmen."[10]

Wurde damit nicht Morris bestätigt, genau das erreicht zu haben, was er sich als Ziel gesteckt hatte? Innerhalb des ja nicht mehr so engen Rahmens seiner „Firma" — gewiß. Gewiß auch insofern, als diese „Firma" und ihr Musterzeichner sich mit ihren Vorstellungen, was eine schöne Tapete und ein schöner Stoff seien, weitgehend durchgesetzt hatten. Aber war das genug? In Merton Abbey schuf Morris Muster der Schönheit. Aber es drangen andere Bilder in sein Bewußtsein ein als nur jene, die er beim Gang durch den Garten und in seinen Werkstätten dort draußen in sich aufnahm.

Es waren dies auch die Jahre, in denen Morris auf seinen Vortrags- und Agitationsreisen viel herumkam. Er lernte dabei die meisten Industrie- und Großstädte Englands sehr genau kennen. Er kam in direkten Kontakt mit dem Proletariat. Der

Schmutz, das Elend, die Häßlichkeit der Industriestädte, der Skandal, daß ein ganzes Stadtviertel von London in ein riesiges Bordell umgewandelt wurde, in das man die Kinder der Armen hineintrieb, damit die ehrbaren Bürger heimlich ihren Lastern frönen konnten: all das wird ihm so wenig entgangen sein wie es dem französischen Schriftsteller Taine oder wie es Dostojewski entgangen ist, der sich tief erschrocken zeigte über die „Nächte in Haymarket, wo sich die Prostituierten zu Tausenden versammelten und Mütter ihre kleinen Töchter verkauften". „Das Bild der Unzucht in diesem Land", schrieb Taine, „verweist auf Entwürdigung und Elend."[11]

Die Kehrseite der viktorianischen Wohlstandsgesellschaft hat Gustave Doré in seiner Bildreportage „London — eine Pilgerfahrt"[12] mit gnadenlosem Realismus festgehalten. Sie ist auch aus den Romanen von Charles Dickens und anderer zeitgenössischer Autoren rekonstruierbar. Sie ist auch in den Vorträgen, die Morris in jenen Jahren hielt, immer gegenwärtig. Spürbar noch im Rhythmus der Sätze, die Erregung, die Empörung über diese Bilderflut sozialen Elends, die Morris in sich aufnahm.

Es war um diese Zeit, daß er die Bilder seiner Freunde aus den Reihen der Präraffaeliten mit anderen Augen zu sehen begann. Plötzlich konnte er kritisch erklären, es ermangele vielen an einer *„allgemeinen Sympathie für die einfachen Leute"*.[13] Es war in diesen Jahren, daß er begann, von Kunst auch moralische Qualitäten zu verlangen, daß er schrieb „Vagheit, Menschenverachtung und (politische) Feigheit" eines Künstlers müßten für sein Werk tödliche Folgen haben.

In dem diesem Kapitel vorangestellten Brief Morris' an Georgiana erleben wir ihn als einen Menschen, der Skrupel hat, ob er nicht, wenn er bei seinem Kunst-Handwerk nach dem Prinzip des individuellen Lustgewinns verfährt, anderen Menschen etwas schuldig bleibe. Muß Kunst nicht für viele, für alle zugänglich sein? Muß nicht diese Absicht schon beim Schaffensprozeß mit bedacht werden? Waren nicht die schönen Tapeten und Stoffe, die er entwarf, einfärbte, webte, geradezu eine Verhöhnung jenes Heeres von Armen und Proletariern, das die Mehrzahl der englischen Bevölkerung ausmachte? Die Zweifel an seiner Kunst, am Schicksal der

Das Elend der Städte

*Aufzeichnung der Firma Morris & Co. über ihre Tapetendrucke. Die gleichen Muster werden heute von der Firma Sanderson in London vertrieben.*

## Ein Widerschein von Freiheit

Kunst müssen dann am heftigsten geworden sein, als die Hoffnung auf die große Veränderung immer mehr dahinzuschwinden begann. Und die Zweifel trieben ihn, über das Schicksal des Menschen und der Kunst als notwendigen Bestandteil menschenwürdigen Daseins nachzudenken. Mit seinen gleichzeitigen Erfahrungen in der Welt seiner Werkstatt und der Welt der Armen und Entrechteten wird der Zusammenhang zwischen Kunst und Politik für ihn unaufhebbar. In dem Vortrag „Die Ziele der Kunst", der in den Zyklus „Zeichen der Veränderung" gehört, den er 1886 gehalten hat, erwägt er Alternativen: Was, so fragt er, würde geschehen, wenn die Revolution nicht käme oder nicht erfolgreich verliefe? Könnte es dann noch eine Hoffnung geben?

In diesem Fall stellt er sich die Entwicklung so vor: *„Die Menschen könnten... es lernen, nach einem gesunden Animalismus hin zu streben, sich in Wilde verwandeln, von Wilden in Barbaren und so weiter, und tausend Jahre später beginnt der Mensch vielleicht wieder mit jenen Künsten, die wir verloren haben, beginnt mit Schnitzen, mit Flechtwerk wie die Neuseeländer, beginnt damit, Tierformen in gebleichte Knochenblätter zu ritzen wie der prähistorische Mensch."*[14]

Dies ist die Möglichkeit der Regression, die nicht ausgeschlossen wird, wenngleich die Hoffnung von Morris der Alternative gilt, dem humanen Fortschritt. Dann, so hofft er, werde dies geschehen: *„Die Menschen werden herausfinden, daß die Menschen unserer Tage falsch handelten, als sie als erstes ihre Bedürfnisse vervielfältigten. Sie werden erkennen lernen, daß diese Art von Arbeitsteilung nur eine neue und willkürliche Form von arroganter Ignoranz ist... sie werden entdecken oder wiederentdecken, daß das wahre Glück in einem echten Interesse an allen Einzelheiten des täglichen Lebens besteht und eben daraus, daß aus ihnen eine Kunst gemacht wird."*[15]

Das Auseinanderklaffen der Sphären der Kunst und der zur Existenzerhaltung notwendigen Arbeit soll überwunden werden, indem die Kunst ins Alltägliche zurückgeholt wird, im Alltäglichen sich Kunst ereignet. Aber wenn man Kunst so ihrer Überhöhung beraubt, geht das ihr Spezifische dann nicht verloren, hört sie dann nicht überhaupt auf, Kunst zu sein? Morris war offenbar nicht dieser Ansicht. Er sieht, darauf verweisen auch andere Sätze, eine allzu starke Verfeinerung und Komplexität von Kunst als zivilisatorische Fehlentwicklung an, die nur durch falsche Werte entstanden sei. Er wendet sich gegen überfeinerte Kunst, weil ihre Herstellung und Aneignung Privilegien voraussetzt. Andererseits hält er das Bedürfnis nach Schönheit, das sich in der Natur und durch Kunst verwirklicht, und bei dem freilich auch Grade der Intensität nicht zu übersehen sind, für einen Elementartrieb des Menschen.

Es bleiben Widersprüche! Wenn das Bedürfnis nach Schönheit so elementar und bei allen Menschen als starke Anlage, ja als Trieb vorhanden ist, warum bricht es sich dann nicht überall Bahn? Warum wird es nicht zu einem Sprengsatz gegen die versklavende Macht des Profits? Und hat damit nicht auch Differenzierung von Kunst, wie sie Morris selbst auch betrieben hat (was anderes sind seine Tapeten- und Stoffmuster als bis zur höchsten Verfeinerung getriebene Produkte dekorativer Kunst!) ihre Berechtigung?

Morris würde vielleicht geantwortet haben, es sei schon viel gewonnen, wenn die zu seiner Zeit so ausgeprägte Trennungswand zwischen intellektueller und dekorativer Kunst fallen würde. Er hat viel dazu getan, sie niederzureißen, und auf seinen Produkten liegt ein Widerschein von Freiheit.

# XIII. Kelmscott-Press – Druckkunst und Phantasien

*„Wenn man mich fragen würde, welches für mich die wichtigsten Schöpfungen der Kunst sind, welches der Gegenstand wäre, nach dem es mich am meisten verlangt, so würde ich antworten: ein schönes Haus. Und fragte man mich weiter, wonach es mich dann noch verlangt, so würde ich antworten: ein schönes Buch.*
*Sich selbstbewußt des Besitzes schöner Häuser und schöner Bücher als eines dem Menschen angemessenen Komforts zu erfreuen, scheint mir ein erstrebenswertes Ziel, das zu erreichen sich alle Gesellschaften menschlicher Wesen bemühen sollten."*
William Morris, Einige Gedanken über illuminierte Manuskripte des Mittelalters [1]

*„Unter einem Typographen verstehe ich einen Menschen, der nach eigenem Urteil und genauer Überlegung all die handwerklichen und physikalischen Operationen ausführen kann, die mit der Typographie im Zusammenhang stehen oder der in der Lage ist, andere zu solcher Tätigkeit anzuleiten."*
Joseph Moxton, 1683 [2]

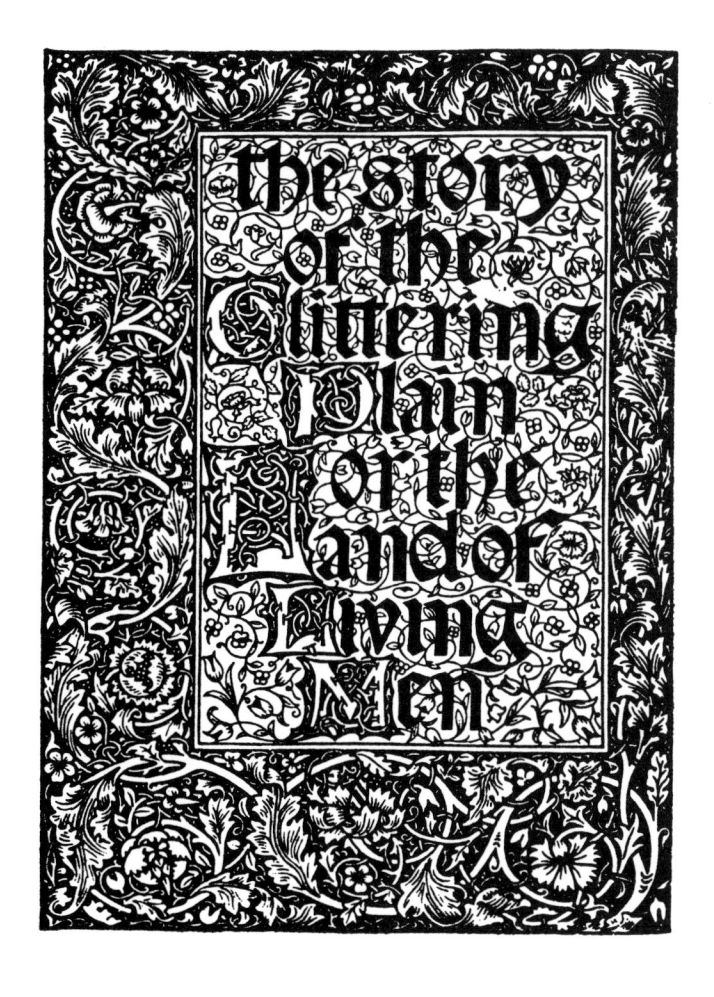

**Vom Genuß zur Gestaltung**

*„Ich wünschte, ich wäre schon vom Mutterleib an ein Drucker gewesen!"* soll William Morris ausgerufen haben, nachdem das erste Buch der Kelmscott Press gedruckt vorlag. Morris wurde Mitte fünfzig, ehe er sich aktiv in dem Handwerk betätigte, das ihn so begeisterte und mit dem sich sein Name in Deutschland vor allem verbindet.

Bücher, Handschriften, Fragen der Buchillustration und Buchausstattung haben ihn sein ganzes Leben lang beschäftigt. Auf der Internatsschule in Marlborough lernte er den Wert einer umfangreichen und nicht nur zeitgenössische Werke enthaltenden Bibliothek schätzen. In Oxford lag eine der schönsten Bibliotheken der Welt, die Bodleian Library, nur ein paar Schritte von seinem College entfernt. Er hat viele Stunden über den Schätzen ihrer Handschriftensammlung und über Bänden aus den frühen Tagen der Buchdruckerkunst zugebracht. Hier entwickelte sich seine Vorliebe für mittelalterliche Buchgestaltung und mittelalterliche Schriften, die er Zeit seines Lebens nicht aufgab. Einem Freund gegenüber soll er zu dieser Zeit einmal erklärt haben, er persönlich gäbe gern alle Gemälde der National Gallery für die mittelalterlichen Handschriften im Britischen Museum in London her. Keine schlechte Wahl, wie jeder zugeben wird, der sich in beiden Sammlungen auch nur einigermaßen auskennt.

In den Tagen der Gründung des „Oxford and Cambridge Magazine" nahm Morris Kontakt mit der seit 1789 bestehenden Chiswick Press auf. In einer Zeit des Niedergangs der Druckkunst in England, der mit den Auswirkungen der ersten Industriellen Revolution zusammenhing, hatte die Chiswick Press mit dem jüngeren Whittingham und ihrem Verleger William Pickering auf typographische Qualität ihrer Drucke Wert gelegt. Mit der Wiederverwendung einer in Vergessenheit geratenen Schrift, der „Caslon" — benannt nach einem Schriftschneider aus dem 18. Jahrhundert —, wurde hier an eine vergangene Blütezeit englischer Typographie angeknüpft. Mit der Chiswick Press als Verlag arbeitete Morris bei der Veröffentlichung seiner eigenen Werke häufig zusammen. Beispielsweise erschien dort 1858 „The Defence of Guenevere" und 1867 „The Life and Death of Jason". Der Leser erinnert sich vielleicht auch an Pläne zu illustrierten Ausgaben von „Earthly Love" und „Love is enough". Edward Burne-Jones hatte schon eine große Anzahl von Illustrationen geschaffen, als der Plan als zu teuer fallengelassen wurde.

Seit 1856 hatte sich Morris auch kalligraphisch betätigt. Nur wenige seiner frühesten Versuche sind erhalten geblieben. Ihr Stil aber ist durch und durch gotisch, orientiert an den spätmittelalterlichen Manuskripten in der Bodleian Library mit ihren kolorierten Randzeichnungen, den kantigen Buchstaben und den reichen Initialen, von denen Rossetti erklärte, nichts Modernes, das er kenne, könne sich mit ihnen messen. Morris hatte dann aber bald andere Interessen, erst 1869 wandte er sich wieder illustrierten Handschriften zu, diesmal in einem veränderten Stil. All die von ihm selbst gestalteten Manuskripte stammen aus den nachfolgenden sechs Jahren. Er benutzte nun eine leichter lesbare Antiquaschrift. Auch in den Illustrationen dieser Manuskripte setzte er sich jetzt von seinen mittelalterlichen Vorbildern ab.

Die bekannteste Arbeit dieser Epoche ist zweifellos „A Book of Verse", eine Anthologie seiner eigenen Gedichte, die er für Georgiana Burne-Jones 1870 abschrieb und in deren Auswahl sich die Ängste und Hoffnungen dieser kritischen Jahre deutlich spiegeln. Hier sieht Morris zum ersten Mal den von ihm schon häufig geäußerten Wunsch nach einem Buch, das durch das Zusammenspiel von Schrift und Illustrationen schön wirkt, erfüllt. Der Buchschmuck ist eine Gemein-

*Seite 227:
Innentitel zu William Morris „The Story of the Glittering Plain" — das erste Buch der Kelmscott Press 1891, aufgelegt in 200 Exemplaren.*

schaftsarbeit. Die Miniaturen, mit Wasserfarben ausgeführt, stammen von Edward Burne-Jones und Fairfax Murray. Unter ihnen findet sich ein Kopf von Morris mit rotem Bart und ein Porträt von Morris und Jane, umgeben von weißen Blüten. Die farbigen Initialen entwarf George Wardle, der auch einige Ornamente beisteuerte. In ihrer Mehrzahl sind die Ornamente aber von Morris entworfen, und mit ihren ineinandergreifenden Mustern wirken sie wie Vorläufer jener Muster, die bei seinen Tapetenentwürfen aus dieser Zeit eine neue Stilepoche einleiteten.

Die beiden nächsten kalligraphischen Arbeiten sind dann die Abschriften zweier isländischer Sagas, „The Story of the Dwellers at Eyr" und „Sigurd of the Volsungs", die wahrscheinlich 1871 entstanden. Und schließlich schrieb Morris den „Omar Khayyám" ab, illustriert mit Miniaturen und wiederum als Geschenk für Georgiana Burne-Jones bestimmt. Für diese Arbeit benutzte er zum ersten Mal ein in Rom gekauftes Pergament. Er hatte auch mit den Farben experimentiert und sich nach Studien alter Manuskripte im Britischen Museum eine Mischung aus Honig und Eiweiß als Bindemittel hergestellt. Wir sehen, wie ihn auch hier, ganz ähnlich wie beim Stoffärben, alte Handwerkstechniken ungemein interessierten und er mit ihrer Hilfe Qualitätsverbesserungen zu erreichen versuchte. Als letzte kalligraphische Arbeit entstand dann 1874 die „Oden des Horaz". Hier sind die Einflüsse durch das Studium romanischer und aus der Renaissance stammender Manuskripte deutlich zu erkennen.

Zu der Zeit, als Morris sich für illustrierte Handschriften besonders interessierte und sich als Kalligraph betätigte, wandte er sein Augenmerk auch auf die Gestaltung von Bucheinbänden. Während er sich in Oxford noch seine Bücher in weißes Pergament mit schweren Messingschließen binden ließ, kamen ihm später solche Einbände zu protzig und vulgär vor, und er tendierte zu einfacheren Lösungen. Die Anregungen dazu kamen von einigen Entwürfen Rossettis nach 1860, mit sparsamen und asymmetrischen Verzierungen, bei denen japanische Vorbilder eine Rolle gespielt haben dürften.

Das Omar-Khayyám-Manuskript hat dessenungeachtet einen eher prunkvollen Einband aus rotem Leinen mit Ornamenten aus goldenen Gänseblümchen und Disteln. Noch prächtiger wirkt der von Morris selbst entworfene Einband zu „Love is enough" (1873) aus grünem Leinen, bei dem der Titel in Ranken aus goldenen Weinblättern steht.

Andererseits äußerte Morris 1885 gegenüber T. J. Cobden-Sanderson, dem späteren Gründer der Dove Press — der zunächst Rechtsanwalt gewesen war und sich als Buchbinder in der Nachbarschaft von Morris' Haus in Hammersmith niedergelassen hatte —, Buchbinden sei keine angewandte Kunst, Einbände sollten eine gewisse „Grobheit" (im Sinne der Ruskin'schen Kategorie) haben. Man müsse sich überlegen, ob es nicht angebracht sei, zum Binden der Bücher eine Maschine zu erfinden.

Der Anstoß zu der späten intensiven und aktiven Beschäftigung mit der Buchgestaltung ergab sich vor allem durch die Freundschaft und die Gespräche mit Emery Walker, seit 1883 Sekretär der damals vierzig Mitglieder zählenden Sektion Hammersmith der „Democratic Federation". Walker war 1851 als der älteste Sohn eines Kutschenbauers aus Norfolk geboren worden. Da der Vater erblindete, hatte der junge Emery mit dreizehn Jahren die Schule verlassen und mit zum Unterhalt der Familie beitragen müssen. Er machte dann die Bekanntschaft von Henry Dawson, einem menschenfreundlichen Landschaftsmaler, der in der Sonntagsschule in Hammersmith, die Walker besuchte, unterrichtete. Dawsons ältester Sohn grün-

Kalligraphische Arbeiten

Emery Walker

dete 1872 die „Typographic Etching Company". Ein Jahr später trat Walker in diese Firma ein. Mit 21 Jahren besaß er nicht nur praktische Erfahrungen im Setzen und Drucken, sondern kannte sich auch in den neueren Reproduktionstechniken gut aus.

„Die Typographic Etching Company", so berichtet Joseph Dunlap, „wurde von Männern geleitet, die im Herzen Künstler waren und sich rühmen konnten, die einzige Firma in ganz London zu betreiben, die in der Lage war, ihren Kunden Strichklischees, Autotypien und Druckstöcke für Kupfertiefdruck anzubieten. Nachdem Walker zwei Jahre bei dieser Firma tätig gewesen war, heiratete er und zog zu Weihnachten 1879 mit Frau und Tochter in ein schönes Haus an der Hammersmith Terrace. 1883, ein Jahr, ehe er mit Morris bekannt wurde, verließ Walker die Typographic Etching Company und trat in die Firma seines Schwagers ein. Drei Jahre später aber kehrte er ins graphische Gewerbe zurück. Er gründete 1886 mit einem Partner die Firma Walker & Boutal, Automatic and Photographic Engravers, mit einem Büro in der Nähe der Fleet Street und einer Werkstatt im Sussex House in Hammersmith."[3]

Nicht nur in der Vereinigung der Sozialisten sahen sich Morris und Walker. Für letzteren führte der Weg von seinem Wohnhaus zur Werkstatt an Kelmscott House vorbei. Regelmäßig schaute er so bei Morris herein. Für Morris scheint Walker

*Porträt von Emery Walker, der William Morris in allen typographischen Fragen beriet.*

eine unerschöpfliche Quelle zur Ergänzung seines typographischen und drucktechnischen Wissens gewesen zu sein. Er erklärte später einmal, einem Tag in Hammersmith, an dem Walker ihn nicht besucht habe, fehle etwas Wichtiges.

1888 war die „Arts & Crafts Exhibition Society" gegründet worden (mehr darüber im folgenden Kapitel). Die erste Ausstellung sollte auf Vorschlag von Cobden-Sanderson von einer Folge von Vorträgen über die verschiedenen angewandten Künste begleitet werden. Er selbst hielt einen Vortrag über Buchbinden, Morris sprach über Tapisserien und Teppiche. Walker wurde dazu gewonnen, über das Druckwesen zu referieren.

Trotz seines großen handwerklichen Könnens willigte Walker nur zögernd ein. Er hatte mit Vorträgen keine Erfahrung, war scheu und nervös. Genau deswegen entschied er sich auch, nicht allein auf seine Rednergabe zu vertrauen, sondern eine technische Einrichtung seiner Firma miteinzusetzen, einen Apparat zum Vorführen von Diapositiven. Ein Lichtbildervortrag dieser Art war damals noch etwas Ungewöhnliches, und allein diese technische Neuerung verhalf dem Vortrag zu beträchtlicher Beachtung. Oscar Wilde äußerte sich in einer Besprechung in der „Pall Mall Gazette" außerordentlich anerkennend. Er schrieb: „Eine Serie der interessantesten Beispiele alter Bücher und Manuskripte wurde gezeigt und mit Hilfe einer Laterna magica auf eine Leinwand geworfen. Mr. Walkers Erklärungen waren so klar und einfach wie seine Vorschläge bewunderungswürdig sind."[4] Viele dieser alten Manuskripte und Bücher, die gezeigt wurden, kannte Morris nicht nur, sie gehörten ihm. Er hatte die Originale seinem Freund Walker ausgeliehen, damit dieser sie für seinen Vortrag fotografieren konnte.

Die Vergrößerungen der Schriften aus dem 15. Jahrhundert, wie sie zur Begleitung des Vortrags auf einer improvisierten Leinwand erschienen, machten nun auf Morris einen völlig anderen Eindruck als in den Büchern selbst. Erst durch die Vergrößerungen, die Walker hergestellt hatte, wurde Morris die Schönheit in den Proportionen der alten Schriften recht bewußt. Auf dem Heimweg vom Vortrag noch soll er nach Angaben seiner Tochter May gesagt haben: *„Kommen Sie, Walker, lassen Sie uns eine neue Schrift entwerfen!"*

Die Gründung der Kelmscott Press, zu der Morris zwei Jahre später (und nur sechs Jahre vor seinem Tode) kam, ist ganz wesentlich auf die gemeinsame Arbeit an dieser Schrift, der sog. „Golden Type", zurückzuführen.

Als erfahrener Entwerfer traute sich Morris zu, auch mit den Werkzeugen eines Schriftschneiders umzugehen. Aber Vergrößerungen seiner ersten Versuche, die Walker anfertigte, zeigten ihm sehr rasch seine Fehler. Also vermittelte Walker über den Schriftschneider Frederick Tarrant, den er aus seiner Zeit bei der Typographic Etching Company her kannte, dessen Schüler Edward Prince (1846–1923), der nicht nur Morris' Entwürfe mit größter Sorgfalt ausführte, sondern auch später für andere Privatpressen in England und auf dem Kontinent tätig war.

Es war ein Glücksfall, daß Morris mit Walker einen Mann großer technischer Erfahrung zur Seite hatte, dem es gelang, in einer Zeit, als die Buchkunst in England weitgehend darniederlag, Verbindungen zu Handwerkern herzustellen, die in der Lage waren, Qualitätsarbeit zu leisten. Wie Morris war auch Walker ein ausgesprochener „Büchernarr". Für einen Mann, der aus einfachen Verhältnissen stammte, besaß er ein erstaunliches Buchwissen. Schon als Junge hatte er die Ramschkästen vor den Buchhandlungen durchstöbert und jeweils für die Penny-Beträge, die er besaß, Bücher gekauft. Als er dreizehn war, war ihm ein Werk über die Geschichte der Buchdruckerkunst in die Hand gefallen, aus dem er einiges

Faszination der alten Schriften

Der Berater

über die frühen Drucktechniken erfuhr und die Namen bedeutender Drucker kennenlernte. Später dann studierte er aus eigenem Antrieb die Manuskript- und Buchschätze des Britischen Museums, lernte zeichnen und bildete durch seine Arbeit im Reproduktionsbetrieb seine Kenntnisse auf dem Gebiet der Buchillustration aus. Schließlich besaß Walker auch kaufmännische Erfahrungen. Er kannte sich mit den Produktionskosten für Bücher aus, vor denen Morris zunächst zurückgeschreckt war, nicht zuletzt, weil er in der Zeit zwischen dem Vortrag von Walker in der New Gallery 1888 und 1890 immer noch das sozialistische Blatt „The Commonweal" mit mehreren hundert Pfund im Jahr bezuschußte. „Walker war in der Lage, detaillierte Schätzungen abzugeben und Morris zu beweisen, daß es ihm durchaus möglich sein werde, ein ‚anständig aussehendes' Buch in einer Auflage herzustellen, die hinreiche, um die Exemplare unter wenige ausgewählte Freunde zu verschenken."[5]

Schöne alte Drucke hatte Morris Zeit seines Lebens gekauft. Jetzt sollte an die Stelle dieser Leidenschaft eine andere treten: selbst schöne Bücher herzustellen. Ende Dezember 1889 waren seine Vorbereitungen soweit gediehen, daß er Walker aufforderte, sein Partner bei einer neu zu gründenden Presse zu werden. Daß Morris sich gerade zu diesem Zeitpunkt endgültig zu eigenen Aktivitäten im Bereich der Druck- und Buchkunst entschloß, könnte damit zusammenhängen, daß er eben in jenen Wochen aus der Redaktion von „Commonweal" herausgedrängt worden war. Walker lehnte eine Partnerschaft ab, und zwar offenbar deswegen, weil er nicht der „formale Partner eines kreativen Genies" sein wollte. Vielleicht haben darüber hinaus finanzielle Erwägungen bei ihm eine Rolle gespielt. Wenn er auch im juristischen Sinn der Kelmscott Press nicht angehörte, so war doch sein Einfluß entscheidend. Es wurde, wie Sidney Cockerell, der spätere Geschäftsführer der Presse, berichtet, kein wichtiger Schritt ohne seinen Rat und seine Zustimmung unternommen.

*Beim Druck des Kelmscott-Chaucer.*

Um Morris' Leistung als Buchkünstler und den Vorbildcharakter der Kelmscott Press angemessen würdigen zu können, muß man sich die Situation des Druckwesens in England Mitte des 19. Jahrhunderts wenigstens skizzenhaft vergegenwärtigen. Sie wird von Schmidt-Künsemüller wie folgt geschildert: „Nach dem bedeutenden Aufschwung, den im 18. Jahrhundert die Druckkunst in England durch solch markante Erscheinungen wie William Caslon, John Baskerville und William Bulmer genommen hatte, war ein langsam fortschreitender Verfall eingetreten... die Drucker des 19. Jahrhunderts ignorierten die typographischen Schönheitsgesetze der Vergangenheit. Erhöhtes Tempo und steigender Umfang der Erzeugung auf Kosten der Qualität, wachsende Konkurrenz und nicht zuletzt der allgemeine Niedergang des Geschmacks wirkten sich verhängnisvoll auf die Buchgestaltung aus. Auch die Einführung der Setz- und Druckmaschine, die die Produktion vervielfältigten, hatten der Kunst des Buches geschadet. Schlechtes Papier, minderwertige Schriften, nachlässige Satztechnik und geschmacklose Einbände waren die unausweichliche Folge. Die Tradition der gediegenen Handwerksleistung brach ab; sie konnte sich allein in den kleinen Handpressen erhalten, die seit dem Beispiel von Horace Walpole ein charakteristisches Merkmal des englischen Buchgewerbes geworden sind. Von ihnen her nahm die Erneuerung der Buchkunst in der zweiten Hälfte des 19. Jahrhunderts ihren Ausgang."[6]

**Prinzipien der Schriftgestaltung**

In einem Aufsatz, der 1893 in der Jahresschrift der „Arts & Crafts Exhibition Society" erschien, haben Morris und Walker einige jener Grundsätze niedergelegt, die ihnen für eine Reform des Druckwesens und der Buchgestaltung wichtig erschienen. Sie schreiben: *„Um ein paar Worte über die Prinzipien der Gestaltung in der Typographie zu sagen: es ist klar, daß Lesbarkeit vor allem in der Form der Buchstaben anzustreben ist. Dies wird am besten dadurch erreicht, daß man unsinnige Schwellungen und spitzes Hervortreten von Buchstabenteilen vermeidet und sorgfältig auf die Reinheit der Linie achtet. Selbst die Caslon zeigt, wenn man sie vergrößert, in dieser Hinsicht einige beträchtliche Mängel: Die Enden vieler Buchstaben, beispielsweise die von ‚t' und ‚e', sind in einer vulgären und sinnlosen Art verbogen, statt wie bei den Buchstaben von (Nicolas) Jenson in einem scharfen und klaren Strich zu enden. Es gibt eine Verdickung in den oberen Enden von Kleinbuchstaben, so bei ‚c', bei ‚a' und bei anderen. Eine häßliche tropfenförmige Schwellung entstellt ihre Form. Kurz gesagt: Obwohl die dem Nützlichkeitsprinzip folgende Praxis vorgibt, das Ornament zu meiden, orientiert sie sich an einem närrischen weil falsch verstandenen Hängen am Althergebrachten, abgeleitet von dem, was einmal Ornament war, jedoch keineswegs nützlich ist. (...) Bei keinen Zeichen ist der Unterschied zwischen häßlicher und vulgärer Unlesbarkeit in der modernen Schrift und guter Lesbarkeit und Eleganz bei der alten Schrift deutlicher als bei den arabischen Ziffern. In der alten Schrift hat jede Ziffer ihre entschiedene Individualität und kann mit keiner anderen verwechselt werden. Beim Lesen der modernen Ziffern muß der Leser sich anstrengen, ehe er sicher ist, ob er eine 5, eine 8 oder eine 3 vor sich hat, wenn der Druck nicht ganz hervorragend ausgeführt wurde. Das ist sehr unangenehm, wenn man in Eile ist und in Bardshaw's Führer etwas sucht.
Einer der Unterschiede zwischen schönen Schriften und ausschließlich nach dem Nützlichkeitsprinzip gestalteten ist wahrscheinlich aus einer falschen Vorstellung wirtschaftlicher Notwendigkeit entstanden: gemeint ist die enge Zeichnung der heutigen Buchstaben. Die meisten der Buchstaben von Jenson sind in einem Quadrat stehend gezeichnet. Die modernen Buchstaben hingegen sind um ein Drittel zusammengeschoben. Das spart Platz, schränkt aber die Schönheit des Satzbildes*

*Eins von dreizehn Exemplaren der Vorzugsausgabe des Kelmscott-Chaucer, in Schweinsleder und mit silbernen Schließen. Die Ornamente entwarf William Morris.*

*beträchtlich ein. Es ist auch kein wirklicher Gewinn, da der heutige Drucker ungewöhnlich weite Zeilenzwischenräume läßt, die durch das Zusammendrücken der einzelnen Buchstaben notwendig erscheinen. Kommerzialismus erzwingt auch wieder die Verwendung einer im Hinblick auf ihre angenehme Lesbarkeit zu kleinen Schrift. Die Schriftgröße, die man als „Long Primer" (etwa 10 Punkt im Didotsystem) bezeichnet, sollte die kleinste Größe sein, die man für ein Buch, das gelesen werden soll, verwendet. Auch könnten hier, wenn die Praktik des „Durchschießens" eingeschränkt würde, größere Schriftgrade verwendet werden, ohne daß sich die Kosten für das Buch erhöhten.*

Sinn für Proportionen

*Wichtig für die Wirkung eines schönen Druckes ist die Größe der Zwischenräume von Wort zu Wort. Bei einem guten Druck sollten die Zwischenräume so gleichmäßig wie möglich sein (völlig gleichmäßig ist unmöglich, außer in Gedichtzeilen). Moderne Setzer wissen das, aber praktiziert wird es nur in den besten Betrieben. Einen anderen Punkt beachtet man fast nie: Er liegt in der Tendenz zur Bildung von häßlichen weißen Schlangenlinien oder ‚Flüssen' auf der Seite, ein Makel, der bei Sorgfalt und Bedachtsamkeit weitgehend vermieden werden kann. Wünschenswert sind Fugen wie bei den Backsteinen einer Mauer.*

*Generelle Gediegenheit beim Druckbild einer Seite sollte angestrebt werden. Die Setzer übertreiben heute das ‚Weiß' der Wortzwischenräume, ein Fehler, der ihnen von der charakterlosen Art der Buchstaben aufgezwungen wird. Sind diese aber klar und sorgfältig gezeichnet und hat jeder Buchstabe seine vollkommene individuelle Form, können die Wörter viel dichter aneinander gesetzt werden ohne Verlust an Deutlichkeit. (...) Soll das Buch ein befriedigendes Aussehen haben, ist der Stand der Seite auf dem Papier genau zu beachten. Hier steht wieder einmal die fast immer angewandte moderne Praxis im Gegensatz zum natürlichen Sinn für Proportionen. Seit der Zeit, in der das Buch seine gegenwärtige Form annahm, bis zum Ende des 16. Jahrhunderts wurde die Seite so auf das Papier gesetzt, daß mehr Raum unten und am äußeren Rand blieb als oben und am inneren Rand. Es wurde also der Eindruck des aufgeschlagenen Buches mit zwei sich gegenüberliegenden Seiten als Ausgangspunkt genommen. Der heutige Setzer betrachtet, entgegen dem, was ihm seine Augen sagen müßten, die einzelne Seite als Einheit und stellt die Seite auf die Mitte des Papiers — das ist falsch. In vielen Fällen wird dieses Prinzip sogar nur nominell befolgt, denn wenn eine Überschrift erscheint, wird diese mit einbezogen. Das Ergebnis, wie es sich dem Auge darbietet, besteht darin, daß der untere Rand schmaler wirkt als der obere, und daß bei so gestalteten Seiten der Eindruck entsteht, als wollte die Schrift vom Papier fallen.*

*Auch über das Papier, auf dem gedruckt wird, muß hier ein Wort gesagt werden. Obwohl es heute einige sehr gute Papiere gibt, werden diese nur für sehr teure Bücher benutzt, wenngleich gutes Papier die Preise — abgesehen die von ganz billigen Büchern — kaum ansteigen lassen würde. Das Papier für gewöhnliche Bücher ist ungewöhnlich schlecht, auch in unserem Land, aber es wird noch übertroffen durch jenes, das man in Amerika verwendet. Dieses ist unvorstellbar schlecht. Es gibt keinen Grund, warum durchschnittliches Papier nicht besser sein könnte, ohne mit den Preisen heraufzugehen. Jede Verbesserung müßte allerdings damit anfangen, daß sich billige Waren offen als solche zu erkennen geben, das heißt, bei Papieren sollten nicht an der Reißfestigkeit Abstriche gemacht werden, nur damit sie eine weiche und weiße Oberfläche erhalten, die ein Indiz für die Feinheit des Materials sein müßte, das für eine Herstellungsart verwendet wird, bei der die Kosten ruhig höher sein dürfen. Eine Ursache für die Mißstände bei der Papierauswahl ist die*

**Das buchästhetische Programm**

*Angewohnheit der Verleger, einen dünnen Band durch Verwendung von Papier, das fast die Dicke von Karton hat, aufzublähen; eine Praktik, mit der man niemanden täuschen kann und die nur dazu führt, daß es unerfreulich ist, ein solches Buch zu lesen. Kurz gesagt: ein kleines Buch sollte auf Papier gedruckt werden, das dünn ist, ohne durchsichtig zu sein. Das Papier, das zum Druck der reich illuminierten französischen Gebetsbücher zu Beginn des 16. Jahrhunderts benutzt wurde, ist in dieser Beziehung vorbildlich. Es ist dünn, widerstandsfähig und opak. Man darf aber die Tatsache nicht verschweigen, daß mit Maschinen hergestelltes Papier niemals eine so gute Struktur haben kann wie handgeschöpftes."*

Ihre kleine Ästhetik der Buchkunst fassen William Morris und Emery Walker in den Sätzen zusammen: *„Eine wohlgeformte Schrift, angemessene Zwischenräume zwischen Worten und Zeilen, richtige Stellung des Schriftblocks auf dem Papier sind die Voraussetzungen dafür, daß Bücher wenigstens ordentlich aussehen. Wenn zu diesen Elementen noch wirklich schöne Ornamente und Bilder treten, so würden gedruckte Bücher dazu beitragen, für die von unserer Gesellschaft vertretene Vorstellung zu werben, daß ein nützlicher Gegenstand auch ein künstlerischer Gegenstand sein kann, sofern wir uns nur darum bemühen."*[7]

Man kann davon ausgehen, daß dieser Aufsatz in etwa jene Forderungen zusammenfaßt, die sich auf den Spaziergängen und bei den Besuchen von Walker in Kelmscott House in Gesprächen zwischen Walker und Morris als Programm herausbildeten. Ihn im Original dem Leser vorzustellen, schien nicht zuletzt auch deswegen notwendig, weil sich so der Eifer und Enthusiasmus mitteilt, der die beiden Männer beseelte. Zu den verschiedenen Punkten müssen nun aber auch einige teils erklärende, teils kritische Anmerkungen gemacht werden.

Der Grund für die Polemik gegen die Zeichnung der Caslon gleich zu Beginn des Artikels ist in Morris' und Walkers persönlichem Geschmack zu suchen, die hier als ästhetischen Mangel beschreiben, was ihrem Ideal nicht entspricht. Was über die leichte Verwechselbarkeit der einzelnen Ziffern gesagt wird, trifft vor allem auf die klassizistischen Schriftcharaktere zu. Daß Morris und Walker Buchstaben, die in einem gedachten Quadrat gezeichnet sind, größere Schönheit zumessen als solchen in einem Rechteck, ist wieder rein subjektiv. Die sehr großen Zeilenzwischenräume, die man damals machte, haben ihre Ursache gewiß nicht, wie hier vermutet wird, in der Engführung der Schriften dieser Zeit. Zu große Zeilenzwischenräume beeinträchtigen die Lesbarkeit übrigens ebenso wie die von Morris postulierte und später auch praktizierte konsequente Engzeiligkeit. Die in dem Aufsatz erwähnten „Schlangenlinien" oder „Flüsse" in den Seiten entstehen durch zu große Wortzwischenräume. Wenn diese in mehreren aufeinanderfolgenden Seiten übereinander oder nur wenig gegeneinander versetzt auftreten, wird die gleichmäßige Grauwirkung der Seite durch weiße Löcher gestört, die wie herablaufende Tränen wirken. Zu große Wortzwischenräume waren tatsächlich eine zu dieser Zeit verbreitete Unsitte, die ihren Grund nicht zuletzt darin hatte, daß die Setzer nach der Zahl der gesetzten Zeilen bezahlt wurden.

Die Gediegenheit (im engl. Original: solidity) des in Anlehnung an mittelalterliche Drucke möglichst schweren geschlossenen Schriftblocks einer Seite ist bei Morris Ideal und vorrangiges Gestaltungsprinzip. Damit stand er im absoluten Gegensatz zur typographischen Praxis seiner Zeit. Dieses Ideal hat er in vielen seiner Drucke so konsequent verwirklicht, daß dies mitunter auf Kosten der ebenfalls von ihm postulierten guten Lesbarkeit ging.

# HERE BEGINNETH THE TALES OF CANTERBURY AND FIRST THE PROLOGUE THEREOF

**W**hat Aprille with hise shoures soote
The droghte of March hath perced to the roote,
And bathed every veyne in swich licour
Of which vertu engendred is the flour;
Whan Zephirus eek with his swete breeth
Inspired hath in every holt and heeth
The tendre croppes, and the yong sonne
Hath in the Ram his halfe cours yronne,
And smale foweles maken melodye
That slepen al the night with open eye,
So priketh hem Nature in hir corages,
Thanne longen folk to goon on pilgrimages,
And palmeres for to seken straunge strondes,
To ferne halwes, kowthe in sondry londes;
And specially, from every shires ende
Of Engelond, to Caunterbury they wende
The hooly blisful martir for to seke
That hem hath holpen whan that they were seeke.

**B**ifil that in that seson on a day,
In Southwerk at the Tabard as I lay,
Redy to wenden on my pilgrymage
To Caunterbury with ful devout corage,
At nyght were come in/to that hostelrse
Wel nyne and twenty in a compaignye,
Of sondry folk, by aventure y/falle

*Eine Seite aus dem Kelmscott-Chaucer, Prolog zu den „Canterbury Tales".*

**Prototypen**

In die Praxis umgesetzt wurden nun Morris' und Walkers buchkünstlerische Forderungen zum ersten Mal bei der Herstellung der Buchausgabe von „The House of Wolfings" in der Chiswick Press. Es wurde nicht nur in einer besonderen — nicht von Morris entworfenen — Schrift gedruckt, die einer alten Basler Schrift nachgestaltet war. Es wurden dabei auch jene von Morris und Walker in ihrem Aufsatz aufgestellten Regeln im Hinblick auf Zwischenräume zwischen Buchstaben und Zeilen und über die Proportionen der Ränder beachtet. Als die Chiswick-Press-Ausgabe von „The House of Wolfings" im November 1889 erschien, erklärte Morris diese schlichtweg zum schönsten Buch, das in England seit dem 17. Jahrhundert entstanden sei. Neben der Normalausgabe wurde eine Vorzugsausgabe von 250 Exemplaren auf besonderem Qualitätspapier (Whatman) gedruckt. Von diesem blieb ein kleiner Vorrat übrig, der später für 75 Exemplare einer Übersetzung der „Gunnlaug-Saga" verwendet wurde. Dafür hatte man eine besonders kräftige Schrift verwendet, die aus einer der Schriften von Caxton abgeleitet war, für den Morris nicht zuletzt deswegen große Sympathien empfand, weil er es ja gewesen war, der Malorys „Morte Darthur" veröffentlicht hatte. William Caxton, geboren 1420, war Mitglied der „Merchant Adventurers" in Brügge gewesen und hatte seine Presse an der Red Pale in Westminster 1476 errichtet. Wie das Werkverzeichnis der Kelmscott Press beweist, hat Morris später mehrere Bücher Caxtons nachgedruckt, weil sie ihm von ihrem Inhalt her als erinnerungswürdig erschienen. Mit Caxton — der aus jenem Jahrhundert stammte, das einen van Eyck und einen Memling hervorbrachte, in dem das King's College in Cambridge entstand, in dem das Englische aufhörte, literarisch eine Sprache zweiten Ranges zu sein und Gutenberg seine Erfindung machte — dürfte sich Morris in seinem kulturellen Bewußtsein als eng verwandt empfunden haben. Auch Caxton — er auf der Schwelle zur Neuzeit — wollte gewisse künstlerische Errungenschaften des Mittelalters vor dem Untergang retten. Wie Morris war Caxton ein Mann mit einem sehr breiten Spektrum von Interessen. Wie die Vorworte zu seinen Editionen beweisen, beschäftigte er sich mit Lyrik, Abenteuergeschichten, Historie, Bildungswesen, Religion, Folklore und Philologie. Schließlich imponierte es Morris wohl auch, daß Caxton als erfolgreicher Kaufmann sich auf das zu seiner Zeit noch risikoreiche Gebiet des Buchdrucks gewagt hatte.

Schon berichtet worden ist, wie in eben diesem Winter 1889/90 Morris dazu gekommen war, sich an Schriftentwürfen zu versuchen und sich schließlich zur Gründung einer Privatpresse entschlossen hatte; „einer Presse", um sich einer Definition von Kurt Georg Schauer zu bedienen, die „im buchkünstlerischen Sinn", eine Werkstatt ist, „in der auf einer Handpresse gedruckt wird", eine Presse, die aber zugleich auch eine „geistige Produktionsstätte" darstellt, in der Texte gefunden, erwogen und redaktionell zubereitet werden.

Morris kaufte in dieser Zeit systematisch alte Drucke, und dies jetzt eben nicht mehr allein aus Liebhaberei und Sammelleidenschaft, sondern um an ihnen Typographie und Druckergebnisse zu studieren. Unter den ersten Bänden, die er zu diesem Zweck erworben hatte, befand sich ein Exemplar der „Geschichte von Florenz" des Leonard von Arezzo, gedruckt bei der Offizin Jacobus Rubens 1476 in Venedig in einer Antiqua ähnlich der des zeitweilig ebenfalls in Venedig tätigen Nicolas Jenson, aus dessen „Plinius" sich Morris von Walker einige Seiten vergrößern ließ. Die von Morris entworfene und von Edward Prince geschnittene Schrift erhielt nach dem ersten Buch, zu dessen Druck man sie verwendete, nämlich der „Legenda aurea" des Jacobus de Voragine, den Namen „Golden Type".

**Beginn der Kelmscott Press**

Am 12. Januar 1891 mietete Morris ein Cottage in der Upper Mall Nr. 16 in Hammersmith und stellte einen im Ruhestand lebenden Meister, Mr. William Bowden, als Schriftsetzer und Drucker an. Das war der Beginn der Kelmscott Press. Die Ziele, von denen er sich bei der Gründung leiten ließ, umreißt er 1895 so: *„Ich begann mit dem Drucken von Büchern in der Hoffnung, etwas hervorzubringen, das den Anspruch darauf erheben kann, schön genannt zu werden, während es gleichzeitig weder die Augen ermüden, noch den Intellekt des Lesers durch die Exzentrik der Formgebung bei den Buchstaben belasten sollte."*[8] Als ästhetische Voraussetzung zur Erreichung eines solchen Ziels stellte er noch einmal jene Regeln heraus, die uns schon aus dem von ihm in Zusammenarbeit mit Walker verfaßten Aufsatz bekannt sind.

Durch die schwere Krankheit von Morris, einen Erholungsurlaub und seine Frankreichreise im Sommer des Gründungsjahres ging es zunächst mit den Arbeiten nur langsam voran. Aber im Herbst 1891 entwarf dann Morris eine zweite Schrift. In ihr wurden zunächst 26 Zeilen aus Chaucers „Canterbury Tales" und 16 Zeilen aus „Sigurd the Völsung" abgesetzt und als Proben gedruckt. In den letzten Tagen des Jahres 1891 wurde das gesamte, für ein Buch größeren Umfangs nötige Blei von der Gießerei angeliefert. Morris hat selbst beschrieben, wie er nach der Arbeit mit der „Golden Type" das Bedürfnis verspürte, noch eine andere Schrift verwenden zu können: *„Bei ihrem Entwurf stellte ich mir die Aufgabe, die gotische Schrift von dem gegen sie häufig vorgebrachten Vorwurf der Unleserlichkeit zu befreien. Ich spürte, daß dieser Einwand gegenüber den Schriften aus den beiden ersten Jahrzehnten der Druckkunst nicht galt, daß Schoeffer in Mainz, Mentelin in Straßburg und Günther Zainer in Augsburg die angesetzten feinen Striche an den Enden und ungute Zusammendrängungen, die man einigen späteren Druckern vorhalten könnte, vermieden hatten..."*[9] Seine zweite Schrift nannte Morris „Troy" (Troja). Eine dritte Schrift der Kelmscott Press hieß „Chaucer". Sie unterschied sich von der „Troy" nur durch die Größe. Sie wurde wiederum von Prince nach Entwürfen von Morris geschnitten und zum ersten Mal zum Satz der Anmerkungen von „The Recuyell of the Hystories of Troye" verwendet. Entwürfe zu einer vierten Schrift wurden von Morris im Juni 1892 in Angriff genommen, aber nie zu Ende gebracht.

Bei der Wahl bzw. dem Entwurf der Schriften für die Bücher der Kelmscott Press ließ sich Morris weitgehend von seiner Vorliebe für das Mittelalter leiten, verständlich aus seiner Sicht, weil er der Meinung war, daß nur dort Handwerker Schönheit hervorgebracht hätten. Er knüpfte nicht bei jenen Männern an, die im England des 18. Jahrhunderts gute Schriften entwickelt hatten, sondern griff auf Schriften aus den Jahrzehnten kurz nach der Erfindung der Buchdruckerkunst zurück. Dieser Rückgriff auf Schriften und Prinzipien aus den Anfängen der Buchdruckerkunst wirkte auf Morris' Zeitgenossen zunächst einmal befremdend; dies war es aber auch, was die Aufmerksamkeit auf die Bücher der Kelmscott Press lenkte. Morris' Vorliebe für das Kalligraphische war ein weiterer Zug, der ihn seine Vorbilder in ferner Vergangenheit suchen ließ.

Der dilettantische Zug in manchem seiner Urteile —Dilettant hier verstanden als jemand, der etwas aus Freude und Begeisterung tut, aber kein erfahrener Fachmann ist — läßt sich nicht übersehen. Gewiß war er besten Willens, nach der Schönheit gute Lesbarkeit als das oberste Ziel bei der Schrift- und Buchgestaltung anzustreben. Er scheint sich aber über die recht komplexen Zusammenhänge, die dabei bedacht sein wollen, nicht immer voll und ganz klar gewesen zu sein. Krite-

Schrift und Papier

rien guter Lesbarkeit sind die Klarheit, Größe und Proportionen der Buchstaben sowie die Abstände zwischen Worten und Zeilen und auch die Stellung des Schriftblocks auf der Seite. Dabei kommt es ganz wesentlich auf die richtige Kombination dieser Faktoren an, die einzeln von Morris durchaus erkannt wurden; bei seinen Drucken hat er die Lesbarkeit aber dann häufig doch seinem Ideal des schweren geschlossenen Textblocks untergeordnet. Auf ein anderes Kriterium guter Lesbarkeit, das von Morris offenbar ganz übersehen wurde, weist Joseph Dunlap hin, wenn er schreibt: „Eine grundsätzliche Wahrheit ist, daß am leichtesten solche Schrifttypen zu lesen sind, die wir häufig sehen. Indem sich Morris an die Aufgabe machte, die gotische Schrift von dem Vorwurf ihrer Unlesbarkeit zu befreien, der so oft gegen sie erhoben wurde, übersah er die Tatsache, daß gotische Buchstabenformen in den längeren Texten seiner Zeit höchst selten vorzukommen pflegten. Er mochte die gotischen Buchstaben noch so schön und geschickt abändern, sie blieben einfach deshalb, weil sie ungewöhnlich waren, schwerer lesbar als die Buchstaben einer Antiquaschrift."[10] Daß Morris mit der Troy dann doch eine relativ gut lesbare Gotische Schrift schuf, hat seinen Grund darin, daß seine Vorbilder dabei gotische Schriften waren, die offenere Formen aufwiesen und keine so strenge Reihung wie die gotischen Missalschriften, die die Vorbilder für die ‚gotischen' Charaktere seiner Zeit abgaben.

Morris handelte also in einigen Punkten dem von ihm selbst verkündeten Hauptziel der guten Lesbarkeit eines Buches zuwider. Wie läßt sich aber dann die große Achtung erklären, die Morris und die Bücher der Kelmscott Press als Vorbilder für eine moderne Buchkunst bis heute genießen? Oder noch schärfer gefragt: Ist dieser Ruf überhaupt berechtigt? Ehe wir diese Frage beantworten, scheint es wichtig, sich jenen Details zuzuwenden, die für den Gesamteindruck eines Buches eine Rolle spielen. Es wird sich dann herausstellen, daß jedes einzelne im Hinblick auf Qualität und Wirkung von Morris sorgfältig durchdacht wurde und daß er versuchte, sie alle mit Blick auf den Gesamteindruck unter Kontrolle zu bringen.

Ein wichtiges Element ist neben der Schrift das Papier. Für Morris war es eine Selbstverständlichkeit, daß das Papier handgeschöpft sein sollte. Er erklärte, es heiße am falschen Ort zu sparen, wenn man durch schlechtere Papierqualität den Preis des Buches zu senken versuche. Das von ihm verwendete Papier sollte völlig aus Leinen hergestellt sein, ohne jene Zusätze von Baumwolle, wie sie damals bei handgeschöpften Papieren üblich waren. Der Schöpfrahmen sollte so konstruiert sein, daß dessen Drähte später nicht als zu starke Rippen in Erscheinung traten. Zum Vorbild nahm er sich ein Papier, daß eine Papiermühle in Bologna im Jahre 1473 hergestellt hatte.

Begleitet von Walker, suchte er die Batchelor's Papiermühle nahe Ashford in Kent auf und traf dort in Joseph Batchelor auf einen Enthusiasten, der bereit war, sich ihm als Mentor zur Verfügung zu stellen und ihn in der Technik der Papierherstellung zu unterweisen. Morris schöpfte zwei Blatt mit eigener Hand. Als er aber feststellte, daß er sich auf Batchelors Herstellungsmethoden und Papierqualität — er verwendete für seine Papiere alte Oberhemden von Bauern — verlassen konnte, überließ er diesem die weiteren Experimente. Er war mit den Ergebnissen zufrieden und benutzte von da an ausschließlich Papiere aus dieser Werkstatt. Jedes Blatt trug als Wasserzeichen eine Schlüsselblume zwischen den Initialen W.M. Es hatte gewöhnlich das Format 24 x 15,5 cm. Für den „Chaucer", der in jeder Beziehung in der Produktion der Kelmscott Press eine Besonderheit darstellte, wurde ein etwas auftragenderes und größeres Papier verwandt. Es zeigte als Wasserzeichen einen Barsch mit Schaum vor dem Maul. Eine dritte Papiersorte — Wasserzeichen Apfel mit Initialen — wurde zum Druck von „Das irdische Paradies", „The Floure and the Leafe" und „The Story of Sigurd the Völsung" verwendet.

Einige Sonderexemplare druckte Morris, damit der Tradition Gutenbergs bei der 42zeiligen Bibel folgend, auf Pergament. Es wurde zunächst aus Rom bezogen, wo durch den ständigen Bedarf des Vatikans die Qualität von aus Lammhäuten hergestelltem Material besonders gut war. Eben durch den starken Bedarf am Ort kam es aber häufig zu Lieferschwierigkeiten. Morris trat dann in Verbindung mit der Firma Band in Brentford in Middlesex, die sowohl Pergament für Einbände wie auch für Trommeln und Banjos herstellte. Nach einigen Versuchen fand Band heraus, daß sich die Häute von sechs Wochen alten Kälbern für den Druck besonders gut eigneten. Sie waren besonders dünn, hatten eine feine Oberflächenstruktur und mußten nicht mit Bleiweiß behandelt werden, wie das sonst üblich war. Pergament war ungewöhnlich teuer, aber darauf nahm Morris keine Rücksicht, da er mit diesem Material voll und ganz zufrieden war.

Ähnliche Sorgfalt verwandte Morris auf seine schwarze Druckfarbe. Er war nach seinen Erfahrungen beim Stoffärben auf Schwierigkeiten vorbereitet, aber diese stellten sich dann als noch größer heraus als er erwartet hatte. Er sprach oft davon, sich seine eigene Druckfarbe herzustellen. Aber dazu kam es nicht. Die schwarzen Druckfarben, die in England und Amerika erhältlich waren, hatten alle rote oder blaue Untertöne, während es ihm auf ein fettig glänzendes Schwarz ankam. Die Hersteller reagierten auf seine Wünsche und Vorhaltungen mit Achselzucken und dem Hinweis, was für ihre anderen Kunden gut genug sei, müsse auch Morris zufriedenstellen. Er konnte aber in solchen Qualitätsfragen von größter Hartnäckigkeit sein. Schließlich erinnerte sich Walker daran, früher von Jaenecke in Hannover eine hervorragende schwarze Druckfarbe bezogen zu haben, die über Monate hin unter dem Einfluß von Tageslicht nicht ausbleichte und auch keine unerwünschten Untertöne gezeigt hatte. Aber auch da gab es einen Haken. Die Farbe war ungewöhnlich fest und ließ sich nur unter Schwierigkeiten aufbringen. Dies führte dazu, daß es unter den Druckern der Presse — es waren nun schon mehrere Angestellte, und man war in eine geräumigere Werkstatt umgezogen — fast zu einem Streik kam. Da eine größere Anzahl von Büchern zum Druck anstanden, gab Morris schließlich nach und gestattete die Verwendung englischer Druckfarbe. Die Resultate waren aber seiner Meinung nach unbefriedigend, so daß er schließlich drohte, er werde die Presse schließen, wenn sich die Drucker der Verwendung von Farbe aus Hannover weiter widersetzten. Da Morris all seine Angestellten ungewöhnlich gut bezahlte, gaben sie schließlich nach. Die Zahl der täglich ausgedruckten Bogen sank nun allerdings rapide, und als Entschuldigung wurde immer angeführt, das liege eben an der so schwierig zu handhabenden Druckfarbe.

Es war Morris' Meinung, daß zu einem schönen Buch üppiger Buchschmuck gehöre. Erst in der nach Morris' Tod von Emery Walker und T. J. Codben-Sanderson gegründeten Dove Press wurde versucht, den Gegenbeweis zu dieser These anzutreten. Auch Morris war sich bewußt, daß es viele Bücher aus dem von ihm so bewunderten 15. Jahrhundert gab, die allein durch die Kraft ihrer Typographie schön waren, und es gibt einen Satz von ihm, in dem er einräumt, es könne gelingen, auch in einem Buch ohne Illustrationen und Ornamente den Eindruck von Schönheit zu erzielen. Aber seine Stärke lag schließlich in der Gestaltung von

Wasserzeichen, Druckfarben

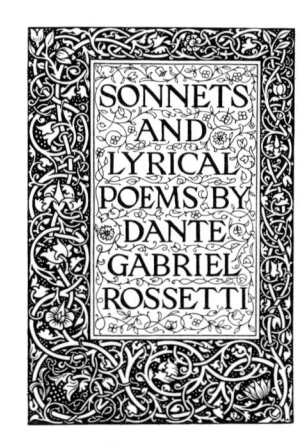

*Von William Morris gestaltete Titelseite zu Rossettis „Sonnets and Lyrical Poems", 1894 in 310 Exemplaren in der Kelmscott Press gedruckt.*

## Die Gestalter Morris und Burne-Jones

Ornamenten, und so war es nur verständlich, daß er diese Fähigkeit auch bei der Buchgestaltung einsetzen wollte.

Die Zuordnung der zahlreichen Bordüren und Initialen der Kelmscott Press hat sich zu einer Art von Spezialwissenschaft entwickelt. Wir begnügen uns mit dem Hinweis, daß Morris sich vorwiegend von Ornamenten in italienischen Manuskripten aus dem 15. Jahrhundert inspirieren ließ, aber auch von den gotischen Säulenkapitellen, wie er sie beispielsweise während seiner Frankreichreise im Jahre 1891 bei einem Besuch in Beauvais aufmerksam studiert hatte. Die Gesamtzahl aller Initialen, die von der Kelmscott Press verwendet wurden, beläuft sich auf 148 in den verschiedensten Größen. Allein vom Buchstaben „T" gibt es nicht weniger als 34 Varianten. Die meisten Titelblätter, Bordüren und Initialen hat Morris selbst entworfen. Es war eine Arbeit, die er ausgesprochen gern tat. Lethaby, der ihm einmal dabei zusah, beschreibt „wie die Formen in die Länge gezogen, gebogen, die Ecken und Kanten abgerundet wurden und zwar unter sichtlichem Vergnügen. Sie wurden an ihren Platz gerückt, als sei das nicht Arbeit, vielmehr mit jener Leichtigkeit, mit der eine Hand über das Fell einer Katze fährt. (...) Ich war beeindruckt von dem sinnlichen Genuß, den er (Morris) dabei offenbar empfand, und er pflegte zu sagen, alle gut ausgeführte Entwurfsarbeit müsse man im Bauch spüren."[11] Morris hat in den sechs Jahren, in denen er in der Presse mitarbeitete, allein 644 Titelseiten, Bordüren, Initialen und Marginal-Ornamente entworfen. Größere Illustrationen kamen von Walter Crane, Edward Burne-Jones und A. J. Gaskin. Vor allem Burne-Jones wurde von Morris als Illustrator besonders geschätzt. Er bezeichnete die Bilder des Freundes als „den harmonischsten Schmuck, der sich für ein gedrucktes Buch denken läßt".

Unter den 13 Büchern, die Burne-Jones für die Kelmscott Press illustrierte, nimmt der Band mit den Werken Chaucers eine besondere Stellung ein. Der Text läuft zweispaltig und wurde in Schwarz und Rot gedruckt. Für die Überschriften der längeren Gedichte wurde die „Troy" verwendet. Dreizehn Exemplare wurden auf Pergament gedruckt, 425 auf Papier. Burne-Jones hat für den „Kelmscott-Chaucer" nicht nur 87 Illustrationen, 18 verschiedene Einrahmungen und 26 große Initialen beigesteuert, er schuf in diesem Fall sogar noch den Entwurf für den Einband aus über Eichenbrettern gespannter weißer Schweinshaut. Die Bindearbeiten, ausgeführt von Cobden-Sanderson, begannen für 48 Exemplare 1896 und waren erst einige Jahre nach Morris' Tod beendet. Burne-Jones hat für diese Meisterleistung der Kelmscott-Presse eine treffende Bezeichnung geprägt. Er nannte den „Chaucer" wegen seines dekorativen Reichtums eine „Kathedrale im Taschenformat"[12]. Man könnte dieses Buch auch als ein Denkmal in Buchform bezeichnen, das zwei alte Freunde einem ihrer Lieblingsdichter, dem „Sommerpoeten", errichtet haben. An den „Kelmscott-Chaucer" darf man nicht beckmesserisch mit normalerweise für in der Buchkunst geltende Regeln herangehen. Andererseits läßt sich an ihm vielleicht am besten verdeutlichen, warum von Morris als Typograph und von den Büchern seiner Kelmscott Press ein so starker Einfluß auf die Entwicklung der modernen Buchkunst ausgingen.

Paradoxerweise spiegelten die Bände der Kelmscott Press eben gerade alles andere als einen Zeitstil. Ihre Schriften waren nicht eigentlich zukunfts-, sondern eher vergangenheitsorientiert, nicht anders verhält es sich mit den Ornamenten und Illustrationen. Es hieße auch die Eigenart der Kelmscott Press völlig zu verkennen, meinte man, hier seien in einer Privatpresse bewußt Vorbilder der Buchgestaltung versucht worden, mit dem Ziel, so auch die Buchausstattung der kommerziellen

*Rechte Seite: Probeseite aus „Love is Enough" mit Randzeichnungen und handschriftlichen Verbesserungen von William Morris. Diese Romanze, von Morris Herbst 1871 begonnen, wurde erstmals 1873 bei Ellis & White in London gedruckt und erschien in einer Auflage von 300 Exemplaren als eines der letzten Bücher der Kelmscott Press.*

## LOVE IS ENOUGH.

### THE MUSIC.

LOVE is enough: though the world be a-waning,
And the woods have no voice but the voice of complaining;
  Though the sky be too dark for dim eyes to discover
  The gold-cups and daisies fair blooming thereunder,
  Though the hills be held shadows, and the sea a dark wonder,
And this day draw a veil over all deeds passed over,
Yet their hands shall not tremble, their feet shall not falter;
The void shall not weary, the fear shall not alter
These lips and these eyes of the loved and the lover.

### THE EMPEROR.

The spears flashed by me, and the swords swept round,
And in war's hopeless tangle was I bound,
But straw and stubble were the cold points found,
For still thy hands led down the weary way.

### THE EMPRESS.

Through hall and street they led me as a queen,
They looked to see me proud and cold of mien,
I heeded not though all my tears were seen,
For still I dreamed of thee throughout the day.

## „Des Endergebnisses immer bewußt"

Verlage zu beeinflussen und zu reformieren. Morris rechnete seine Arbeit in der Presse unter seine „amusements", seine „Freizeitvergnügen". E. P. Thompson spricht in Zusammenhang mit der Kelmscott Press von „creative relaxation". Der kommerzielle Gesichtspunkt spielte für Morris in der Kelmscott Press, nachdem er sich einmal zur Gründung entschlossen hatte, überhaupt keine Rolle. „*Verstehst Du*", schrieb er im August 1894 an Philip Webb, „*ich mache diese Bücher hauptsächlich für Dich und ein paar andere.*"[13] Erst durch die Ausweitung der Produktion — 53 Titel in der relativ kurzen Zeit des Bestehens zwischen 1891 und 1898; für eine Privatpresse eine ungewöhnlich hohe Zahl von Büchern! — und durch die damit verbundene Steigerung der Kosten gewöhnte sich Morris allmählich an die Vorstellung, daß ein Teil des aufgewendeten Geldes vielleicht durch Verkäufe auf einem begrenzten Markt der Liebhaber wieder hereingeholt werden könne.

Warum also dann der Einfluß, die Nachwirkung? Colin Franklin erklärt es in seinem Buch „The Privat Presses" so: „Morris entwickelte, was ihm gefiel. Seine persönliche Wahl führte ihn zur gotischen Type. Das hatte zuvor niemand in England getan. Er kümmerte sich ganz einfach nicht um eine Tendenz im Geschmack der Öffentlichkeit. Er kam ohne Marktforschung aus. Die zwanzig Exemplare von ‚The Glittering Plain' (gemeint ist die Vorzugsausgabe) wurden gedruckt, um unter Morris' persönliche Freunde verteilt zu werden. Der Gedanke, Exemplare zum Verkauf anzubieten, lag noch fern, erzählt Sparling. Wenn seine Prosa-Romanzen eine Art Wanderung durch Welten sind, in denen es so aussah, wie er es sich wünschte, so mag er sein Drucker-Abenteuer ganz ähnlich betrachtet haben. Stärke im Sinne von Eigenständigkeit war dafür charakteristisch, die ehrliche Kraft, die von Morris' Arbeitstisch ausging, den Philip Webb entworfen hatte. In der Druckersprache bedeutet das: ‚schwere Lettern gut eingefärbt', im Gegensatz zu den leichten und oft eleganten Buchstaben, die gemeinhin den Druckern zur Verfügung standen. Und dies geschah am besten mit einer Handpresse, auf der jedes Blatt mit geübtem Druck und der rechten Pause für die Einwirkung der Farbe, eine kräftige Schwärze enthielt, gerade so wie das zu Gutenbergs Zeiten der Fall gewesen war. Keine Maschine hätte das fertigbringen können."[14]

Franklin berichtet anschaulich von den Besonderheiten der Kelmscott Press. Seine Darstellung bedarf aber noch einer Ergänzung. Es war der störrische Eigensinn im Detail, die Unabhängigkeit von den Erfordernissen des Marktes und von Zeitmoden, verbunden mit einer intuitiven Geschmackssicherheit bei Morris, die den Büchern aus seiner Presse jene Aura von Schönheit gibt, die bis heute die Kenner begeistert und die sich auch dem Laien mitteilt. Mochten die Stilmittel aus der Vergangenheit stammen, für die Gegenwart wenig und für die Zukunft vielleicht schon gar nicht mehr taugen: Die Erinnerung daran, daß ein Buch ein Gesamtkunstwerk sein kann, wenn dem literarischen Inhalt die Anwendung von künstlerischen Prinzipien auf die äußere Gestalt entspricht, war die Botschaft, die viele sahen, aufgriffen und weiterentwickelten. Joseph Dunlap beschreibt dieses Phänomen so: „Die nahezu marterhaften Methoden, typographische Genauigkeit und Harmonie zu erzielen, wären gefährdet gewesen, hätte sie nicht ein klardenkendes und empfindlich reagierendes Genie kontrolliert. Morris war hervorragend dazu qualifiziert, die diversen Talente der von ihm ausgewählten Künstler und Handwerker zu mobilisieren, weil er sich des Endergebnisses immer bewußt blieb. Als eifriger Leser und profilierter Schriftsteller war es ihm im Kern seines Wesens darum zu tun, Bücher herzustellen, die zu lesen und anzusehen Freude macht."[15]

Das Wort „Freude" im vorstehenden Text verlockt zu einer noch etwas genaueren

Interpretation. Die strahlende Freude, die bei der Arbeit an den Dingen in sie eingegangen ist, geht von den Dingen selbst wieder aus. Dies gilt nicht nur für die Bücher, sondern natürlich auch für die Tapeten, Stoffmuster und Möbel. Die geschaffen Dinge sind somit Verkörperung und Beweis der theoretischen Überlegungen zum Thema Arbeit und Kunst, in denen ja genau das gefordert wird. Und es war die von Dunlap angesprochene gestalterische Konsequenz, die Morris die Bewunderung vieler Typographen bis weit ins 20. Jahrhundert hinein eingebracht hat. Man kann sagen, daß er damit die Typographie in den Kreis der angewandten Künste zurückgeholt hat. Die gleiche Konsequenz, mit der er sein am Mittelalter orientiertes Ideal verwirklichte, ist aber auch die Ursache dafür, daß die Typographie sich auf dem von Morris eingeschlagenen Weg nicht weiterentwickeln konnte. Sie mußte sich, abweichend vom Prinzip der schweren geschlossenen Seite, also enger Zeilenabstände und einem weitgehenden Verzicht auf Gliederung des Textes durch Absätze, wieder auf ihre dem Textverständnis dienende Funktion besinnen. Man hat oft Verwunderung darüber bekundet, daß Morris mit seiner letzten handwerklichen Beschäftigung nur höchst individuellen ästhetischen Vorlieben frönte. Man hat seine Beschäftigung mit der Kelmscott Press als eine Tätigkeit im Elfenbeinturm sehen wollen und sie in Gegensatz zu seiner langjährigen politischen Tätigkeit gestellt. Eine solche Betrachtungsweise erscheint denn doch etwas kurzsichtig. Zumindest bieten sich auch für eine andere Deutung zahlreiche überzeugende Indizien.

Gehen wir davon aus, daß Morris in seinen letzten Jahren davon überzeugt war, daß sich zu seinen Lebzeiten eine grundlegende gesellschaftliche Veränderung nicht mehr ereignen werde. Herbeiführen ließen sich — so die Erfahrung seines Lebens — Veränderungen in einer bürgerlichen Gesellschaft aber in dem vom Individuum beeinflußbaren und kontrollierbaren Bereich. Indem er also am Ende seines Lebens Bücher herstellte, auf deren Qualität die gesellschaftlichen Zustände und das Marktgeschehen nur sehr bedingt einwirkten, zeigte er exemplarisch auch, welche Qualität Produkte haben konnten, wenn Arbeit sich nicht mehr unter dem Vorzeichen unmenschliche Auswirkungen in Kauf nehmender Gewinnmaximierung vollzieht, sondern sich in ihr das Bedürfnis des Menschen nach Schönheit verwirklichen kann.

Es ist zuvor erwähnt worden, daß sich eine Presse nicht nur durch handwerkliche Tätigkeit definiert. Vielmehr bestimmt sich ihre Eigenart auch entscheidend durch die von ihrem Gründer oder Inhaber zum Druck ausgewählten Texte.
Betrachtet man die in der Kelmscott Press in acht Jahren erschienenen insgesamt 53 Titel, so spiegelt sich in ihnen zunächst einmal Morris' Vorliebe für das Mittelalter durch die Ausgaben der „Golden Legend", der „Recuyell of the Hystories of Troye", Caxtons „History of Reynard the Foxe" oder dessen Übersetzung „The Order of Chivalry", „Syr Perecyvelle of Gales", Morris' Essay über „Gothic Architecture" und den Kelmscott-Chaucer. Eine zweite große Gruppe von Büchern zeigt, welche Lyriker Morris vor allen anderen wichtig waren, nämlich Shakespeare, Herrick, Shelley, Keats, Tennyson, Coleridge und Rossetti.
Einen breiten Raum in der Produktion der Kelmscott Press nehmen schließlich jene Prosa-Romanzen ein, die bei Morris gegen Ende seines Lebens an die Stelle der lyrischen Produktion seiner Jugendjahre getreten sind. Er wird mit ihnen, zusammen mit George MacDonald (dem Vater von Georgiana), zum Begründer eines Genres, das man seither „high fantasy" genannt hat und das die Herausgeber

Verändern durch Gestalten

*245*

**High Fantasy** einer modernen Anthologie dieser Gattung wie folgt definieren: „High fantasy besteht aus auf Märchen und Mythen basierenden Geschichten... eine Anzahl von Eigenarten müssen zusammenkommen, damit man von High Fantasy reden kann. Der Schauplatz ist immer eine Anderswelt, ob es sich nun um Mittelerde oder Broceliande handelt, um den heiligen Wald von Ashtaroth oder die Hütte des Schicksals. Die Charaktere in Werken von High Fantasy umfassen eine eindrucksvolle Anzahl imponierender Figuren, die mit ihren magischen und übernatürlichen Kräften Wunder und Angst bzw. beides hervorrufen: Elfenkönige, Zauberer, Einhörner und Halbgötter. High Fantasy beschäftigt sich mit klar erkennbaren archetypischen Themen und Motiven wie Initiation, Tod und Wiedergeburt und sehr häufig mit dem Mut und den individuellen Antrieben, die zum Aufbruch des Helden zu einer im Zeichen der Sinnsuche stehenden Queste stehen. Durch Handlungsrahmen, Charaktere und Themen von High Fantasy ist ihr Stil ‚gehoben', oft figurativ, eine Eigenart, die letztlich damit zusammenhängt, die vorgeführten Phantasie-Welten glaubhaft zu machen."[16]

Da die großen mythologischen Stoffe Europas meist im frühen Mittelalter ihre erste literarische Ausprägung erhielten, man denke nur an das Artus- und Merlin-Thema, und High Fantasy zumeist eine Art Paraphrase über solche Themen darstellt, liegt es nahe, daß Morris mit seiner Vorliebe für Folklore und Historie zu einer solchen literarischen Gattung gelangte. Im Grund genommen, stellen „The Earthly Paradise", ja auch schon „The Defence of Guenevere" Vorstufen zu ihr dar. Und bezeichnenderweise tauchen diese beiden Werke, wie auch Morris' Nachgestaltung der Völsungen-Saga, unter den Drucken der Kelmscott Press noch einmal auf.

An sogenannten „Prosa-Romanzen" sind, außer „A Dream of John Ball" (1892) und „News from Nowhere" (1893), die in der historisch-politischen Problematik eine Sonderstellung einnehmen und schon behandelt wurden, folgende Texte dieses Genre erschienen: „The Story of the Glittering Plain" (1891 u. 1894), „The Wood beyond the World" (1894), „The Well at the World's End" (1886) und posthum — nach Morris' Tod wurde die Presse solange weitergeführt, bis alle noch von ihm initiierten Projekte abgewickelt waren — „The Water of the Wondrous Isles" und „The Sundering Flood" (beide Titel 1898).

Geben wir zunächst die Stimme eines begeisterten Lesers dieser Texte wieder, in der zugleich auch schon einiges über ihren Stellenwert für Morris' Biographie mit anklingt. William Butler Yeats, als junger Mann mit dem alten Morris befreundet, schreibt: „Es sind dies die einzigen Bücher, die ich immer ganz langsam gelesen habe, um nur nicht zu rasch damit fertig zu sein. Sie erschienen mir wie ein Traum, aber wie ein Traum vom natürlichen Glück. Es war Morris' Werk, uns, die man gelehrt hatte, sich mit Unglücklichen zu identifizieren, bis wir davon ganz morbid geworden waren, Männer und Frauen hinzustellen, mit denen sich alles in Glück verwandelte, weil sie etwas an sich hatten vom Überfluß der Buchenzweige oder einer berstenden Weizenähre... alles, was er schreibt, kommt mir vor wie die Erfindung eines Kindes, das die Welt wiederfindet, nicht immer auf dieselbe Weise, aber stets nach dem Wunsch seines eigenen Herzens... Morris hat uns immer wieder nur eine Geschichte erzählt, die nämlich von irgendeinem Mann oder einer Frau handelt, welche die andere Hälfte dessen, was ihr Leben ausmachte, verloren und wiederfanden."[17]

Von dieser Feststellung, aber auch von eigenen Leseeindrücken angeregt, war es Roderick Marshall, der vorschlug, die Arbeit an den Prosa-Romanzen, die in den letzten Lebensjahren von Morris vor sich ging, als selbsttherapeutische Traumarbeit zu verstehen. Marshall versucht nachzuweisen, daß ähnliche Reaktionen in Morris' gesamtem Lebenslauf von seiner Kindheit her zu erkennen sind: „Es war immer eines seiner Hauptprobleme, Strategien zu erfinden, um seine Angst zu bekämpfen, seine Enttäuschungen zu neutralisieren und seine angespannte Ruhelosigkeit zu besänftigen. Als Kind suchte er instinktiv Heilung in Scotts Romanen oder indem er sein Pony zwischen den Hainbuchen von Epping Forest anhielt, indem er die Tapete an den Wänden der elisabethanischen Jagdhütte bei Chingford bewunderte oder mit dem Boot um die verzauberte Insel herumfuhr, auf der Water House stand..., indem er umherwanderte zwischen den Steinkreisen von Avebury und in Marlborough, soviel wie er nur irgend konnte über Architektur in Erfahrung brachte oder zu alten Kirchen pilgerte. Er stellte fest, daß all diese Aktivitäten seine nervöse Unruhe besänftigten und sein nicht allzu stark ausgeprägtes Selbstvertrauen stützen halfen. Sie erfüllten sein Bewußtsein mit nie vergessenen Schattenmustern von ruhiger Schönheit, die er zu Bildern zu arrangieren und zu rearrangieren vermochte, welche selten ihre Wirkung verfehlten, wenn es darum ging, sich selbst zu beruhigen, zu heilen oder zu stimulieren."[18]

Marshall erklärt die vielfältigen Aktivitäten von Morris vielleicht allzu einseitig, wenn er hinter allem nur den Versuch sieht, „die Welt in Strukturen zu arrangieren, die wunderbar Schutz, Gleichgewicht und Frieden symbolisieren". Er sieht auch das Verlangen nach einer idealen Frau, einem idealen Haus und einer idealen Gesellschaft nur unter diesem Blickwinkel. Dabei entgeht er nicht der Gefahr vieler Biographen, etwas so Vielschichtiges wie menschliches Bewußtsein auf einen Nenner bringen zu wollen. Durchaus zutreffend aber scheint Marshalls Erklä-

*Die drei Schriften der Kelmscott Press.*

**„Eine Geschichte schlicht und einfach"**

rungsversuch in bezug auf die Fantasy-Geschichten aus Morris' letzten Lebensjahren. Er war, als er diese Texte schrieb, schon sehr krank und litt unter starken Depressionen. Er spürte ein Nachlassen seiner körperlichen und geistigen Spannkraft. Sein Verhältnis zu Jane war weiterhin für ihn eine starke Belastung. Nach alldem ist es nur zu verständlich, daß das Harmonisierungsbedürfnis in den letzten sechs Jahren seines Lebens groß gewesen ist. In den Fantasy-Geschichten ließ er seine Helden, und damit sich, jenes Liebesglück finden, das ihm in der Realität vorenthalten geblieben war. Mehr noch: er entwarf in den Geschichten eine Welt, so, wie er sie sich wünschte. Und er drückte in ihnen zusammenfassend die Erfahrungen jener Queste (Sinnsuche) aus, die sein eigenes Leben dargestellt hatte.

Die Geschichte mit dem Titel „The Wood beyond the World" beginnt damit, daß ein junger Mann mit Namen Golden Walter seine Heimat verläßt ... nicht nur, um Abenteuer zu suchen, sondern auch, weil — wie es nun im Text wörtlich heißt — *„es einen Riß in seinem Schicksal gab. Er hatte sich in eine Frau verliebt, die über alle Maßen schön war, und sie geheiratet. Sie war nicht unwillig sein Weib geworden, so schien es. Aber nachdem sie sechs Monate verheiratet waren, erhielt er untrügliche Beweise dafür, daß er ihr nicht sehr gefiel und sie die Gemeinheit eines Menschen, der weit übler war als er, seiner Wesensart vorzog. Er wurde unruhig, und er haßte sie, und doch ließ der bloße Klang ihrer Stimme, wenn sie im Haus kam und ging, sein Herz rascher schlagen, und ihr Anblick erregte solches Verlangen in ihm, daß er sich wünschte, sie möge zärtlich und freundlich zu ihm sein und er sich einbildete, wäre es so, dann könne er alles Böse, was sie ihm angetan habe, vergessen. Aber so kam es nicht, denn immer, wenn er sie sah, veränderte sich ihr Gesicht, und ihr Haß auf ihn war nur zu offensichtlich, und wenn sie auch zu anderen freundlich war, so blieb sie doch ihm gegenüber hart und sauer."* [19]

Auf seiner Queste trifft Walter drei merkwürdige Personen: eine schöne, einer Königin gleichende Frau, deren Leibsklavin und den Gelben Zwerg. Der häßliche Zwerg, der die Kräfte des Bösen verkörpert, wird besiegt, Walter entgeht den Verlockungen der schönen, aber falschen Frau und gewinnt das einfache Mädchen. Die Tatsache, daß dieses keinen Namen hat, erinnert uns daran, daß wir hier in der Welt des Märchens und der Mythen sind und mehr Archetypen denn Individuen vor uns haben. Walter besteht schließlich alle Prüfungen, die ihm im Verlauf seiner Queste noch auferlegt werden. Er heiratet das Mädchen und wird Herrscher in der Stadt Starkwell. *„Und die Tage ihrer Königschaft waren Zeiten des Wohlstandes der Gerechtigkeit."*

Die Spekulation der Kritik, die Geschichte sei eine Allegorie für das Verhältnis zwischen Kapital und Proletariat, hat Morris selbst zurückgewiesen und dabei zugleich beiläufig eine Aussage darüber gemacht, was solche Geschichten für ihn bedeuteten: In einem Leserbrief vom Juli 1895 schreibt er: *„Ich hatte nicht die geringste Absicht, ‚Den Wald jenseits der Welt' mit einer Allegorie zu beladen. Es handelt sich um eine Geschichte, schlicht und einfach, der nichts Didaktisches anhaftet. Wenn ich vorhabe, von sozialen Problemen zu schreiben und zu reden, versuche ich dies, so direkt wie möglich zu tun."* [20] „Eine Geschichte schlicht und einfach": das muß man ganz wörtlich nehmen. Es war die Freude am unbekümmerten Erzählen, der sich Morris in seinen Fantasy-Geschichten überlassen konnte. Wenn also nicht aktuelle soziale Probleme in diesen Texten dargestellt werden, so ist jedem nach den oben zitierten Anfangssätzen der Bezug zu Morris' persönlichen Problemen nur allzu deutlich.

Daß es um Selbstheilung durch Erzählen eines Wunschtraumes geht, wird allein schon bei einer gerafften Nacherzählung des Handlungsablaufes von „The Well at the World's End" klar: Es ist die Geschichte von Ralph, dem jüngsten unter den vier Söhnen des Königs Peter von Upmead. Der junge Mann hört von jener Quelle, die der Geschichte ihren Titel gibt, und beschließt, sie zu suchen. Es verlockt ihn, durch sie übernatürliche Kräfte zu gewinnen. Auf dem langen und von Gefahren umwitterten Weg zur Quelle verliebt er sich in die rätselhafte „Dame des Überflusses". Er erschießt ihren Mann, den „Ritter der Sonne", aber mit ihm sinkt auch dessen Frau tot zu Boden. Ralphs Gedanken schweifen heim nach Upmead, das ihm vertraut ist, und zur Quelle am Ende der Welt, die das Symbol für Ferne, Offenheit und Unsicherheit darstellt. Er setzt seine Suche nach der Quelle fort und gerät auf seiner Queste in die Gefangenschaft des tyrannischen Herrn von Utterbold („Völligkühn"). Er trifft ein einfaches Mädchen Ursula, dem er zunächst in brüderlicher Liebe zugetan ist. Beide entfliehen aus der Gefangenschaft und machen sich nun gemeinsam auf den Weg zur Quelle. Unterwegs überkommt sie das Verlangen, miteinander zu schlafen. Ursula schlägt vor, mit ihrer Liebesnacht zu warten, bis sie unter Zeugen die Ehe geschlossen haben, was dann allerdings recht bald der Fall ist. Offensichtlich soll diese Episode ausdrücken, daß Liebe nie bloß sinnlicher Rausch sein dürfe (wie im Verhältnis zwischen der „Dame des Überflusses" und Ralph), vielmehr auch Liebende sich ihrer sozialen Verantwortung bewußt sein müßten. Nach langer Reise gelangen Ralph und Ursula an einen Teich mit klarem Wasser. In der Nähe steht der „Baum der Trockenheit", an dessen Ästen Helme, Schwerter und Speere hängen. Ralph will vom Wasser des Teiches trinken, aber Ursula gelingt es, ihn davon abzuhalten. Eine Krähe, die von dem Wasser trinkt, stürzt tot vor ihren Füßen nieder. Die Waffen werden lebendig. Ursula und Ralph fliehen. Es stellt sich heraus, daß das Mädchen „durch nichts als durch Worte" diesen Zauber bewirkt hat, um Ralph so aus dem verfluchten Tal des Todes fortzulocken. Offenbar weiß Ursula um Dinge, die der Einsicht des Mannes nicht zugänglich sind. Endlich erreichen die beiden Liebenden die Quelle und trinken aus einem Becher mit der Inschrift „Wer starken Herzens ist, wird aus mir trinken." Sie wandern durch einen paradiesähnlichen Garten. Sie werden aus ihm nicht vertrieben, sondern verlassen ihn freiwillig, um in Ralphs Heimatland zurückzukehren. Sie kommen abermals durch Utterbold. Ein Freund von Ralph hat den Tyrannen getötet. Jetzt herrschen im Land Freiheit und Gerechtigkeit. Ralph rettet seine Heimat vor einer Invasion der Bergmänner. Seine Eltern, die hatten fliehen müssen, kehren zurück. Der Vater dankt zugunsten seines Sohnes ab. Ursula wird trotz ihrer niederen Herkunft Königin. Wie bei einem rechten Märchenschluß lebt das Volk von Upmead nun in Frieden und Sicherheit. Im Sagaton wird berichtet, daß Ralph von Upmead über seine Länder mit Recht und Kraft herrschte, und niemand wurde in diesen unterdrückt, andere Länder, die an Tyrannen und Unterdrücker gefallen waren, befreite er... und es ward kein Herr mehr geliebt als er.

Bei einer nur die wichtigsten Situationen referierenden Inhaltsangabe läßt sich nichts von der Erzählfreude und den epischen Fähigkeiten vermitteln, die diesen Geschichten innewohnen, und die nicht zuletzt Morris' Ruf als Klassiker der Gattung High Fantasy mitbegründeten. Aber wir betrachten hier diese Geschichten auch nicht so sehr unter dem Gesichtspunkt ihrer literarischen Qualität. Wir erkennen in ihnen Wunschträume, verstehen sie als Mittel der Selbstheilung, als ein Medium zum verschlüsselten Ausdruck persönlicher Lebenserfahrungen. Glück im privaten Bereich, so läßt sich aus ihren Handlungen herauslesen, heißt vor

*Die Quelle am Ende der Welt*

Die Quelle am Ende der Welt

allem, die rechte Frau zu finden. Im öffentlichen Bereich besteht es in der Freude über die Geborgenheit in einer Gesellschaft, in der soziale Gerechtigkeit herrscht. Das sind mit Mitteln des Märchens und der Mythe getroffene Aussagen über das Ideal der „Fellowship", das Morris im politischen Bereich über allen enttäuschenden Erfahrungen bei seiner politischen Tätigkeit bis zu seinem Tod nie aufgegeben hat.

*William Morris an seinem Schreibtisch in der Bibliothek von Kelmscott House um 1890. Die Fotografie stammt von seinem Sekretär Halliday Sparling.*

Verschlüsselt werden viele Situationen aus Morris' Leben in diesen Geschichten noch einmal „nachgestellt", und es werden bei den Erfahrungen der Helden Aussagen über Werte getroffen, die Morris' Wertvorstellungen sind. So, wenn Ralph zu dem Krieger-Abt kommt und dessen Sichabschließen von der Welt ausdrücklich als eine falsche Haltung gekennzeichnet wird, und der Held — in Absage an Morris' Jugendtraum von einer klösterlichen Gemeinschaft — sich für den „Weg des Schwertes" entscheidet, der hier für den „Weg durch die Welt" steht. So, wenn das in vielen beschreibenden und lyrischen Passagen immer wieder auftauchende Bild des Zwerges darauf hinweist, der Mensch müsse in Übereinstimmung mit der Natur leben. So, wenn die Heldinnen der Geschichten meist aktive und selbstbewußte Frauen sind, wenn das Fazit aus den Begegnungen zwischen Ralph und den Frauen in der Geschichte von der Quelle am Ende der Welt in etwa lautet: Glück in der Beziehung der Geschlechter ist nur möglich, wenn zwischen Mann und Frau eine gleichberechtigte Partnerschaft besteht.

Schon eine Analyse, die nur auf die augenfälligsten Konstellationen und Symbole eingeht, läßt klar werden, daß diese Prosa-Romanzen so harmlos und unbedeutend nicht sind, wie sie manch einer voreilig einschätzte. Sie sind eine bisher noch viel zu wenig erschlossene Quelle, um sich über Lebenssituationen bei Morris, die noch weitgehend im dunkeln liegen, und über seine ideologischen Vorstellungen Klarheit zu verschaffen. Es ist bezeichnend, daß selbst dort, wo in diesen Geschichten Zauber und Magie deshalb ihren Platz haben, weil dies dem Bewußtseinszustand der Zeit entspricht, in der sie handeln, Morris seine im Diesseits Genüge findende Einstellung nie verleugnet. So kehrt beispielsweise in „The Wood beyond the World" das „einfache Mädchen" noch einmal zu den Bärenmännern zurück, um sie wissen zu lassen, daß sie keine Göttin ist, sondern eine sterbliche Frau. In „The Well at the World's End" trinken die Liebenden das Wasser des Lebens. Sie erfahren damit, was „Fruchtbarkeit der Natur" als Kraft im irdischen Leben bedeutet. Aber sie bleiben dennoch vergängliche, dem Gesetz des Werdens und Vergehens unterworfene Geschöpfe: *„Sie starben an ein und demselben Tag und wurden in einem Grab im Chor der Kirche von St. Laurentius in Upmeads begraben."*[21]

Fragen wir abschließend noch einmal: Warum hat Morris Fantasy-Geschichten geschrieben, und was drückt sich in ihnen aus? Zunächst einmal kann die bloße Lust am Erzählen als ein starker Antrieb betrachtet werden. Weiterhin werden mit diesen Geschichten Frustrationen ausgeglichen und gleichzeitig findet eine Art Wunscherfüllung statt. Der Autor darf sich in einer Zeit bewegen, die ihm offenbar sympathischer ist als seine eigene Zeit. Er kann, da er einen Raum des Fiktiven schafft, Verhältnisse und Haltungen vorführen, die zu seiner Lebenszeit tabuisiert sind (beispielsweise Frauen, die jene Handlungsfreiheit und Selbständigkeit besitzen, die der Frau im viktorianischen Zeitalter zumeist abging!).

So betrachtet, trifft der Vorwurf des Eskapismus, der später häufig gegenüber der von Morris mitbegründeten Gattung der High Fantasy erhoben worden ist, auf seine Geschichten nicht zu. Das, was sie antreibt, was sie entstehen läßt, was der Leser auch mitvollzieht, mag eine Flucht sein, aber es handelt sich, wie Tolkien einmal geschrieben hat, dabei nicht um „die Flucht eines Deserteurs", sondern um „das Entkommen eines Gefangenen". Es ist die Flucht eines durch starre Konventionen und Moral geknebelten Menschen in Freiheit und Offenheit. Auf dem Weg soll sich dabei in ihm die Vorstellung bestärken, daß anderes nicht nur in vergangenen Zeiten möglich war, sondern bisher nur Erwünschtes, Erträumtes, Erhofftes in Zukunft Wirklichkeit werden kann.

Warum Fantasy-Geschichten?

# XIV. Wirkungen: Arts & Crafts

„Wahrlich, Brüder, Genossenschaft ist der Himmel, und Mangel an Genossenschaft ist die Hölle. Genossenschaft ist Leben, und Mangel an Genossenschaft ist der Tod. Und die Taten, die ihr auf Erden tut, geschehen um der Genossenschaft willen, und das Leben, das in ihnen ist, wird weiter leben und ewig sein, und jeder von euch ist ein Teil davon, während die Erinnerung an viele andere, die kein Teil davon sind, verwehen wird."
William Morris, Ein Traum von John Ball, 1886[1]

*Porträt William Morris. Aufnahme aus seinen letzten Jahren.*

Im Februar 1891 erlitt Morris einen gesundheitlichen Zusammenbruch. Nach allem, was wir darüber wissen, scheint es sich diesmal um Gravierenderes gehandelt zu haben als nur um einen der Gichtanfälle, die ihn seit Jahren in immer kürzeren Abständen heimgesucht hatten und bei denen das auslösende Ereignis häufig eine besondere psychische Belastung war. Auch in diesen Monaten gab es Anlaß zu Zorn und Kummer. Die Kursänderung in der Politik der „Sozialistischen Liga", die Propaganda für den Terrorismus durch die neuen anarchistischen Redakteure von „Commonweal", zeitigten sehr rasch Folgen. Als Mitglieder der „Liga" bei einer Demonstration Londoner Dockarbeiter anarchistische Agitation betreiben wollten, drohte man ihnen Prügel an und jagte sie davon.
Vielleicht noch mehr als politische Enttäuschungen belastete Morris der Gesundheitszustand seiner Tochter Jenny, die um diese Zeit gerade wieder einen besonders heftigen epileptischen Anfall gehabt hatte. Und seine eigene Erkrankung war ernster als er es sich selbst und anderen einzugestehen wagte. Wahrscheinlich zeigten sich hier die ersten Auswirkungen eines schweren Diabetes, gegen die es damals noch keinerlei Therapien gab. Aus Briefen erfahren wir, er sei sehr niedergeschlagen gewesen. Mehrere Wochen war er zudem so geschwächt, daß er selbst nicht schreiben konnte. Ende März 1891 berichtet Halliday Sparling: „Es geht ihm besser . . . er ist jetzt guter Dinge, was schon ein großer Gewinn ist. Zeitweilig war er sehr niedergeschlagen und sprach davon, er werde wohl sterben."[2]
Im April war er wieder an der Arbeit, und es war eine ihn verlockende: der Entwurf für die erste eigene Schrift der Kelmscott Press. *„Es ist eine gute Sache"*, schrieb er an Georgiana, *„eine interessante Arbeit zu haben, und zwar besonders dann, wenn man sonst Sorgen hat. Das habe ich gestern herausgefunden."*[3] Zusammen mit Jenny ging er einige Wochen zur Erholung an die See nach Folkstone. Aber völlig überwunden war seine Krankheit immer noch nicht. Ende Juli hieß es in einem Brief an Georgiana: *„Ich schäme mich, es sagen zu müssen, aber es geht mir entschieden nicht so gut wie ich es mir wünschen würde, und ich bin auch närrisch genug, mich darüber zu ängstigen."*[4]
Im August reiste er auf Rat seiner Ärzte mit Jenny zusammen nach Frankreich. Wieder begeisterte ihn die gotische Architektur der Normandie, über die er in Briefen an Emery Walker und Philip Webb lange Kommentare abgab. Aber dann fallen auch Sätze wie dieser: *„Ich habe mich dem Nichtdenken hingegeben und verbringe meine Tage nur damit, die Augen offenzuhalten."*[5]

Erst im Herbst konnte er die Arbeit in der Kelmscott Press wieder aufnehmen. Die Krankheit begann sein Gesicht zu zeichnen. „Man braucht", schreibt einer seiner englischen Biographen, „sich nur eine Fotografie von Morris gegen Ende der 80er Jahre und eines der Bilder anzusehen, die kurz vor seinem Tod aufgenommen worden sind, um festzustellen, wie rasch er zwischen 1890 und 1893 gealtert sein muß. Er besaß nun nicht länger jenen Überschwang an Energie, der es ihm bisher möglich gemacht hatte, die Arbeit von einem halben Dutzend gewöhnlicher Menschen zu tun. Eine neue Art der Resignation wuchs in ihm auf. Sein Temperament war viel ausgeglichener geworden, seine Zornesausbrüche wurden seltener. Er wußte, daß er als Führer der Bewegung in der Praxis gescheitert war. Er hatte sein Bestes, was sein Denken und seine Energien anging, für die Sache gegeben, und jetzt, da er wußte, daß er nicht mehr allzuviele Jahre zu leben haben würde, erlaubte er es sich, seinen Vergnügungen nachzugehen. Er besuchte wieder Auktionen von Manuskripten und in früher Zeit gedruckten Büchern und vervollstän-

**Summe eines Lebens**

digte seine Sammlung. Die Niederschrift seiner letzten Prosa-Romanzen wie auch seine Arbeit in der Kelmscott Press vollzogen sich in dieser Stimmung."[6]

Es fällt auf, wie verschiedenartig jene Biographen, die Morris bisher in der angelsächsischen Welt gefunden hat, seine letzten Jahre ausdeuten. Während E. P. Thompson, der vor allem den politischen Menschen und den Sozialisten zu schildern und zu analysieren versucht, eine tiefgreifende Resignation und eine Hinwendung zu privaten Freuden feststellt, zeichnet Paul Thompson in seinem Buch „The Work of William Morris" das Bild eines glücklichen, da endlich weise gewordenen Mannes. Ausgehend von den Erinnerungen von Edward Carpenter, der Morris in der „Sozialistischen Liga" noch selbst erlebte, verweist er auf eine veränderte Einstellung zu seinen Mitmenschen.

„Er war", schreibt Paul Thompson, „wenn auch nur kurz, mit Annie Besant, Eleanor Marx und Clara Zetkin, also mit einer Reihe hochbegabter, aktiver Frauen, in Kontakt gekommen. Am Ende seines Lebens hatte Morris aufgehört, sich zu wünschen, ein chevaleresker Höfling zu sein, der irgendeiner schweigsamen Schönen den Hof macht. Er behandelte Frauen nun als potentielle Genossinnen. Es gab eine bewußte Einsicht, die in dem erkennbar wird, was Blunt so schildert, ohne genau zu begreifen, was er da beobachtete: „Er war der einzige Mann, den ich je getroffen habe, der völlig unabhängig von sexuellen Erwägungen zu sein schien. Er redete mit einer schönen Frau im selben Tonfall wie mit einem Zimmermann auf der Wanderschaft."[7]

Man darf nicht übersehen, daß solche Einsichten, wie sie in den Prosa-Romanzen stehen, mit schmerzlichen Erschütterungen in seinem privaten Bereich bezahlt waren, und diese dürften mehr ins Gewicht fallen als die eher flüchtige Bekanntschaft mit emanzipierten Frauen auf den Sitzungen der Parteigremien oder auf Kundgebungen. Er hatte die aus Besitzdenken sich herleitenden Katastrophen der bürgerlichen Ehe bei sich selbst und bei den Beziehungen all seiner Freunde miterlebt. Er hatte einsehen gelernt, daß — selbst ohne Katastrophen — die Situation der Frau in der bürgerlichen Ehe menschenunwürdig war. Solche Probleme waren lösbar, und er wünschte, daß sich andere Auffassungen durchsetzen würden. Dazu wollte er Vorschläge machen; unter anderem geschah das in seinen Prosa-Romanzen. In der viktorianischen Gesellschaft war Fantasy-Literatur sehr populär und weit verbreitet. Es war Strategie, gerade in Geschichten, die sich unter Leserinnen des gehobenen Mittelstandes großer Beliebtheit erfreuten, den Frauen durch Heldinnen, die aus den damals geltenden Normen ausbrachen, Mut zu machen.

Für die These von einem zufriedenen, die Ernte seines Lebens mit Wohlgefallen betrachtenden Morris versucht Paul Thompson so den Beweis anzutreten: „Er hatte geschrieben: ‚Genossenschaft ist der Himmel, und der Mangel an Genossenschaft ist der Tod'. Er konnte spüren, daß er mit seinem eigenen Leben diese Worte, die er John Ball in den Mund legt, verwirklicht hatte. Knapp über sechzig, blickte er zurück auf Jahre außergewöhnlicher Unternehmungen. Er hatte sieben Bände wichtiger und origineller Lyrik veröffentlicht, hatte vier Prosa-Romanzen geschrieben, sechs große Übersetzungen in Prosa und Versen ausgeführt und zwei Bände mit Vorträgen vorgelegt. Seine Entwürfe für Muster zur wiederholten Produktion von Tapeten, Textilien, Teppichen und Wandstoffen beliefen sich auf über fünfhundert. Außerdem gab es viele Einzelentwürfe für Stickarbeiten, Wandbehänge, Teppiche und farbiges Glas. Er hatte eine Privatpresse gegründet, in der in acht Jahren 53 Bücher erschienen, zu denen er über sechshundert verschiedene Muster für Initialen, Bordüren, Titelseiten und andere Ornamente angefertigt hatte. Er hatte die Herstellung von mehr als fünfhundert Glasfenstern überwacht und an die zweihundert weitere Figuren oder Musterentwürfe dazu beigesteuert. Er hatte die weithin vergessenen Techniken des Färbens und Tapetendruckens erlernt und wiederbelebt. Er hatte ein schwieriges Geschäftsunternehmen zum Erfolg gesteuert. Er hatte einen bleibenden Einfluß auf die Szene der englischen Politik ausgeübt und war einer der wenigen bedeutenden politischen Denker Englands geworden. In den sechs Jahren vor 1890 hatte er über zweihundertfünfzig öffentliche Reden gehalten."[8]

Summe eines Lebens

Eine Ahnung, welche Energien gerade letztere Tätigkeit gekostet hat, erhält man bei der Lektüre von Morris' Tagebüchern und Briefen. Im Mai 1885 schrieb er an Georgiana: *"Am Sonntag ging ich auf Predigtfahrt nach Stepney. Mein Besuch dort machte mich traurig, wie das immer bei Besuchen im Osten geschieht; der bloße Strich einförmiger Häuser, diese gewaltige Masse von nichts als Schäbigkeit und Ereignislosigkeit legten sich auf mich wie ein Alptraum. Dabei bekomme ich ja die wirklichen Slums gar nicht zu Gesicht. Du würdest vielleicht über meine Gemeinde gelächelt haben: einige zwanzig Leute in einem kleinen Raum, so schmutzig wie gemütlich und voller Gestank. Das nahm meinen schönen Sätzen das Feuer. Kann's*

*William Morris spricht auf der Kundgebung der Sozialisten am 1. Mai 1894 im Hyde Park.*

Jenseits von Resignation

*Dir nicht erklären, es ist ein großer Nachteil, daß ich nicht hart und gefühllos reden kann. Ich wüßte übrigens auch gern, wieviel wahres Gefühl in ihrem bombastischen Gerede von der Revolution steckt.*"[9]

Es sind immer nur Andeutungen, selten Klagen. Man muß sich die Szenen, die dahinterstehen, selbst ausmalen. Hintersäle von heruntergekommenen Gasthäusern, die Häßlichkeit der Industriestädte. Das Mißtrauen der Arbeiter gegenüber dem vornehmen Herrn, der ja am anderen Tag wieder weiterreist. Einer seiner Stoßseufzer lautet: „*Diese schreckliche Ignoranz englischer Arbeiter, ihre Unfähigkeit, sich beeindrucken zu lassen, bringen mich noch um.*"[10] Von daher ist sein Beharren zu begreifen, daß Vorbereitung auf die grundsätzliche Veränderung der Gesellschaft Bildungsarbeit sein müsse. Und wahrlich, er hat sein Scherflein zur Erfüllung dieses Programmpunktes ohne Rücksicht auf die eigene Bequemlichkeit und unbeirrt durch den Spott bürgerlicher Blätter beigetragen. Freilich hatte er sich durch den engen Kontakt mit der Arbeiterschaft auch von manchen Illusionen befreit. „*Wir können nicht in die Zeit der katholischen Bauern Englands zurückkehren*", konnte man ihn in einer der Reden in diesen Jahren sagen hören, „*nicht zu den Zünften des Mittelalters, zu den heidnischen Lehnsleuten unter den Nordländern: wir haben keine andere Wahl, als die Aufgabe zu erfüllen, die uns dieses Jahrhundert auferlegt hat, nämlich die Korruption von dreihundert Jahren Profitgier dazu zu benutzen, um eben diese Korruption zu überwinden.*"[11]

War Morris in den letzten sechs, sieben Jahren seines Lebens ein glücklicher Mensch? Bei jemandem, der als Lebensziel so direkt und ausgesprochen menschliches Glück angestrebt hat, ist diese Frage vielleicht so unberechtigt nicht. Meiner Ansicht nach läßt sich sein Bewußtseinszustand weder als Resignation stilisieren noch als faustischer Altersfriede, wie das die bisherigen Biographen versucht haben.

Gegen eine allzu optimistische Darstellung gewandt, muß gesagt werden: Morris hatte vieles von dem, was ihm als junger Mann als Lebensziel vorschwebte, erreicht. Gewiß konnte er auf eine imponierende Lebensleistung zurückblicken. Aber die Auswirkungen seines praktischen Tuns und seiner theoretischen Schriften, die zur Voraussetzung für moderne Architektur und modernes Design wurden, ließen sich damals bei weitem noch nicht so klar absehen wie sie sich für uns darstellen. Morris' größte Erfolge lagen im Bereich der zu seiner Zeit „geringer" genannten (im Englischen minor, also auch minderen) der angewandten Künste. War die Welt dadurch tatsächlich schöner geworden? War die Botschaft von Schönheit als einem Menschenrecht an die nächste Generation vermittelt worden? Zumindest hat er in diesen Punkten beträchtliche Zweifel gehabt, über die er sich beispielsweise in seinem Lebensbericht für den Sozialisten Scheu offen ausspricht. Andererseits scheint die Vorstellung von einem Mann, der sich in seiner Resignation fallenläßt, von Morris' eigenen Äußerungen her nicht belegbar.

Mit erstaunlicher Festigkeit hat er bis unmittelbar vor seinem Tod, trotz aller Enttäuschungen, an bestimmten Grundpositionen festgehalten, und zwar nicht aus Mangel an Beweglichkeit, aus Altersstarrsinn oder aus dem Mut der Verzweiflung heraus. Er hatte Autorität, und er nutzte sie. Er setzte unbeirrt darauf, daß Argumente und das Engagement des Einzelnen eine Wirkung hätten, ohne allerdings diese Wirkung illusorisch zu überschätzen. Dafür zwei Beispiele — die beiden Texte verraten nicht nur viel über den alten Morris, sie beleuchten noch einmal den ganzen Menschen in seiner Lebendigkeit und Originalität.

1895 hörte Morris, daß Epping Forest, das Paradies seiner Kindheit, dem zum

Opfer zu fallen drohte, was wir heute „Stadtentwicklung" zu nennen pflegen. Daraufhin schrieb er den folgenden Brief, der am 23. April 1895 im „Daily Chronicle" veröffentlicht wurde:

*„Mein Herr:*
*Ich nehme mir die Freiheit, einige Worte zu dem zu sagen, was gegenwärtig in Epping Forest vor sich geht. Ich wurde in der Nachbarschaft geboren und wuchs dort auf (Walthamstow und Woodford). Als Junge kannte ich jeden Yard von Wanstead bis zu den Theydons, von Hale End bis Fairlop Oak. In jenen Tagen hatte dieser Wald keine anderen Feinde als Kies-Diebe und sich herumtreibende Zaunschreiner. Er war immer interessant und oft schön.*
*Nach dem, was ich höre, ist es schon Jahre her, daß größere Teile des Waldes zerstört worden sind, und ich fürchte, mein Herr, daß trotz der optimistischen Notiz Ihres Blattes zu diesem Thema letzthin, nun auch das, was noch übrig geblieben ist, in Gefahr ist, weiter zerstört zu werden.*
*Der besondere Charakter dieses Waldes leitet sich aus der Tatsache her, daß er zum weit größeren Teil ein Hainbuchenwald war, eine Baumart, die — mit Ausnahme von Essex und Herts — nicht mehr sehr häufig vorkommt. Es war gewiß der größte Hainbuchenwald auf dieser Insel, wenn nicht sogar auf der ganzen Welt. Die besagten Hainbuchen waren gekappte Bäume, die alle vier bis sechs Jahre geschnitten wurden. An vielen Stellen wuchsen zwischen ihnen Dickichte von Stechpalmen. Das Ergebnis war ein sehr merkwürdiger und eigenartiger Wald, wie man ihn sonst nirgends zu sehen bekommt. Und ich gebe zu Protokoll, daß kein Vorgehen toleriert werden kann, bei dem dieser Hainbuchenwald nicht intakt bleibt. Nun, die Hainbuche mag ein interessanter Baum für einen Künstler und einen vernünftigen Menschen sein, sie ist nicht gerade der Favorit der Landschaftsgärtner, und ich fürchte, daß die Behörden beabsichtigen, den Wald von seinem für ihn charakteristischen Baumbestand säubern zu lassen und statt dessen ein gemeines Unkraut wie Himalaya-Zedern und ausländische Koniferen zu pflanzen. Man sagt uns, daß ein Ausschuß von ‚Experten' gebildet worden ist, der über das Schicksal von Epping Forest zu entscheiden hat. Aber, mein Herr, ich denke nicht daran, mich von dem Wort ‚Experte' mundtot machen zu lassen, und ich rufe die Öffentlichkeit auf, dieselbe Haltung einzunehmen.*
*Ein Experte kann eine sehr gefährliche Person sein, weil er jeweils seine Ansichten auf jenes besondere Thema einengt (meist handelt es sich um kommerzielle Belange), das er zu vertreten hat. In diesem Fall wollen wir nicht unter den Daumen eines Amtmannes für das Forstwesen geraten, der seine Aufgabe darin sieht, möglichst viel Holz für den Verkauf auf dem Markt aufwachsen zu lassen, noch werden wir uns von einem Botaniker Ratschläge geben lassen, dem es vor allem darum zu tun ist, seltene Arten in seinem Botanischen Garten zu versammeln. Auch sind wir nicht bereit, uns so ohne weiteres dem Spruch eines Landschaftsgärtners zu beugen, dessen Sache es zumeist ist, einen Garten oder eine Landschaft in dem Ausmaß zu vulgarisieren, wie es der Geldbeutel seines Herrn erlaubt. Was wir verlangen, ist, daß vernünftige Menschen mit wirklichem künstlerischen Verstand sich darüber Gedanken machen, was in diesem Fall geschehen müßte, und dann eine entsprechende Empfehlung abgeben.*
*Nun scheint mir, daß die Behörden, die für Epping Forest zuständig sind, zweierlei damit vorhaben könnten. Erstens könnten sie im Sinn haben, ihn in einen Garten oder in Golfplätze umzuwandeln (ich fürchte, daß ihnen letzterer Unsinn durchaus zuzutrauen ist) oder zweitens könnten sie es als notwendig erachten (wie ja auch Sie*

**„Wir wollen ein Dickicht"**

*vorgeschlagen haben), die Hainbuchen auszudünnen, um ihnen bessere Wachstumsverhältnisse zu verschaffen. Im Fall der erstgenannten Alternative sollten die Londoner mit aller Entschiedenheit protestieren, denn Epping Forest würde dann in eine Scheußlichkeit verwandelt und tatsächlich zerstört werden.*

*Was die zweite Alternative angeht: Zu unserer Beruhigung sollte man uns versichern, daß die gesäuberten Stellen wieder bepflanzt werden, und zwar fast völlig wiederum mit Hainbuchen. Weiter verlangen wir: Es muß sichergestellt werden, daß nicht ein einziger Baum gefällt wird, sofern das nicht zum Gedeihen der verbleibenden Bäume unabdingbar nötig ist. Denn bedenken Sie, bei verhältnismäßig kleinen Bäumen entsteht der wirkliche Eindruck von Schönheit nur, wenn die Bäume so nahe beieinanderstehen, wie es die Wachstumsbedingungen zulassen.*

*Wir wollen ein Dickicht, keinen Park in Epping Forest!*

*Um es kurz zu sagen: ein großer nicht wieder gutzumachender Fehler wäre es, wenn unter dem Schutz einer Expertenmeinung, wir, aus bloßer Sorglosigkeit und Gedankenlosigkeit, als der verantwortungsbewußte Teil der Öffentlichkeit, uns die Sache aus der Hand nehmen ließen: eines der größten Schmuckstücke Londons würde eines wesentlichen Teils seines Charakters beraubt. Nichts würde übrigbleiben, um wenigstens beispielhaft zu zeigen, wie der große Wald im Nordosten einst ausgesehen hat."*[12]

Dieser Brief besagt viel über Bewußtsein und Gesinnung des alten Morris. Er zeigt ihn in polemischer Agilität, er enthüllt seine Vorliebe für Wildnis. Er zeigt Morris in seinem Glauben an die Vernunft des Menschen, sein Beharren auf einem Gefühl der Brüderlichkeit des Menschen, auch bei seinem Umgang mit der Natur. Er zeigt ihn als Querdenker, als Rebellen, dem es noch immer ernst ist mit dem Satz, den er in anderem Zusammenhang einmal gesagt hat: *„Laß dich auf Ärger ein und verwandle deinen Ärger in Vergnügen: das ist es, wie ich immer meinen werde, was den Schlüssel zu einem glücklichen Leben ausmacht."*[13]

Doch zurück zu der Frage, von der wir ausgegangen sind: Hat man sich den alten Morris als einen glücklichen Menschen vorzustellen? Ich glaube, daß man diese Frage mit „ja" beantworten kann. Ich meine aber auch, daß es sich um das Glück dessen handelt, der Schwierigkeiten, Ärger, Enttäuschungen und Niederlagen auf sich nimmt und sie auszuhalten vermag, weil er weiß: diese Haltung dient nicht der Befriedigung eines persönlichen Geltungs- oder Machtbedürfnisses. Es ist das Glück eines Menschen, der gelernt hat, „wider den Strich" zu leben, es ist das Glück in der Alternative, im Nichtangepaßtsein.

Es muß hier noch einmal von der „Fellowship" die Rede sein, jenem Schlüsselwort, das sich mit „Genossenschaft" übersetzen läßt, mit „Brüderlichkeit", „Solidarität" oder „Mitmenschlichkeit". Dabei bleibt immer noch ein Rest, den das deutsche Wort nicht beinhaltet: man könnte ihn vielleicht noch am besten mit „Fähigkeit zur Freude" und „Leidensgenossenschaft aller Menschen" wiedergeben. Um die genaue Eingrenzung dieses Begriffs, der eben wie kein anderer die spezifische ideologische Einstellung von Morris ausdrückt, hat sich Conn Nugent bemüht, ein amerikanischer Journalist: „In Morris' Idealwelt konnte ‚Fellowship' sowohl als ein Katalysator im täglichen Leben dienen und allen Arten von Arbeit einen Sinn geben. Es war aber auch ein ewiges Prinzip, es mochte einmal (in einer modernen Welt) die Rolle übernehmen, die das Christentum in der mittelalterlichen Gesellschaft gespielt hatte: eine Einheit aller philosophischen Erkenntnisse und Glaubenshoffnungen, aber auf eine greifbare und unmittelbare Art, ohne Verschiebung der Gerechtigkeit ins Jenseits. Diese spirituelle Dimension ist es, was Fellowship von der konventionellen Idee der Brüderlichkeit unterscheidet. Fellowship ist ewig, ob man nun vorwärts- oder zurückschaut. Wir müssen unsere Vorfahren und unser Herkommen lieben, wir müssen der Tradition Ehre erweisen und unseren Kindern ein Heim erhalten. Es liegt in diesem Wort die zentrale Idee der Erbschaft, die das Wiederaufleben des Gefühls unserer Zeit vorwegnimmt, daß wir für das Wohl und Wehe dieses Planeten verantwortlich sind und moralisch dazu verpflichtet, für einen Zustand des Wohlergehens auf ihm zu sorgen."[14]

Der Hinweis auf das mit dem Begriff „Fellowship" geprägte Wertsystem und die Haltung, in Verteidigung solcher Werte gegen die Zeit Stellung zu nehmen, ließen sich als vager Humanismus mißverstehen, nimmt man nur jenen Brief zur Kenntnis, in dem Morris für die Rettung eines schönen und eigenartigen Waldes eintritt. Das eine Dokument muß unbedingt noch durch ein zweites ergänzt werden, in dem sich Morris einmal mehr als kämpferischer und auf die menschliche Emanzipation setzender Sozialist zeigt. Es handelt sich um einen sechs Monate vor seinem Tod in der Zeitschrift „Justice" veröffentlichten Aufruf zum 1. Mai:

*„Gewiß ist der 1. Mai unter allen Tagen des Jahres jener, an dem man am meisten dazu geneigt ist, mit den Enterbten gegen ein System der Räuberei zu protestieren, welches die Tür zwischen ihnen und einem anständigen Leben zuschlägt. Es ist ein Tag, an dem die Versprechungen auch mit den Verschwendungen in Zusammenhang gebracht werden sollten, die untrennbar mit einer Gesellschaft der Ungleichheit verbunden sind; Verschwendungen, wie sie die künstliche Zivilisation hervorbringt, die aber für die heute Armen weit bitterer zu ertragen sind als die natürliche Armut rohester Barbarei.*

*Es ist unzweifelhaft wahr, daß der Volldampf-voraus-Kapitalismus daran die Schuld trägt, wenn in ihm der größte Teil der Bevölkerung dieses Landes in bitterster Armut lebt. Sollten wir zufrieden dasitzen und darauf hoffen, daß der Segen vom Himmel fällt und der Klasse, die alles produziert, was produziert wird, nun Zufriedenheit, Selbstachtung und den angemessenen Teil an Schönheit und Freuden schenkt, ohne daß die besitzende und verschwendende Klasse etwas von der Würde, der Bequemlichkeit und der Süße ihres Lebens einbüßen würde, derer sie sich heute erfreut?*

*Die meisten von uns werden bei dieser Frage lächeln. Aber denkt daran, daß derlei lange Zeit allgemein auf der Welt vorgeschlagen wurde und viele sich immer noch daran halten. Sie denken, die Zivilisation werde so rasch und triumphierend wachsen, daß die besitzenden Klassen mehr und mehr von dem großen Kuchen des Reichtums an die arbeitenden Klassen abgeben könnten, so daß jenen am Schluß nichts mehr zu wünschen übrig bleibt und Friede und Wohlstand einkehren. Eine sinnlose Hoffnung wahrlich! Eine Hoffnung, die bei einem Blick zurück in die Geschichte zerrinnt, denn wir finden, daß es zu einer Zeit, da die Menschen dem Halbbarbarentum gerade erst entgangen und offene Gewalttaten noch üblich waren und die Privilegierten sich noch nicht genötigt sahen, eine Maske vor dem Gesicht zu tragen, den Arbeitern nicht schlechter ging, sondern besser.*

*Kurz gesagt: Nicht all die Entdeckungen der Wissenschaft, nicht die gewaltige Organisation des Fabrikwesens und des Marktes werden den wahren Reichtum hervorbringen, solange das Ende und Ziel von allem die Produktion von Profit für die privilegierten Klassen ist. Nichts anderes wird geschehen als mehr und mehr Verschwendung, nur, daß diese sich vielleicht in eine andere Richtung entwickeln könnte. Verschwendung von Material, Verschwendung von Arbeitskraft (denn tatsächlich sind nur wenige der Lohnabhängigen damit beschäftigt, etwas Nützliches zu produzieren), Verschwendung also von Leben!*

Aufruf zum 1. Mai

*Einige werden nun sagen: Ja, gewiß, mit dem kapitalistischen System wird es ein schlimmes Ende nehmen. Der Tod auf der Müllkippe ist sein vorgezeichnetes Schicksal! Aber es wird doch auch enden, wenn wir nicht nachhelfen? Ich fürchte, meine Freunde, diese Vorstellung ist falsch. Die kapitalistische Klasse ist zweifellos bestürzt über die Verbreitung des Sozialismus in der zivilisierten Welt. Sie hat wenigstens einen Instinkt für diese Gefahr, aber zu diesem Instinkt kommt ein anderer: der der Selbstverteidigung.*

*Schaut, wie die ganze kapitalistische Welt ihren langen Arm gegen die unterentwickelten Länder hin ausstreckt, wie sie sie vereinnahmt, sie an sich reißt, obwohl die Bewohner dieser Länder nicht Teil des Wettbewerbssystems werden wollen, ja, in vielen Fällen sogar lieber tapfer in der Schlacht sterben als sich dieses System aufdrängen zu lassen. So pervers benehmen sich diese Wilden gegenüber den Segnungen der Zivilisation, die ihnen doch nichts Schlimmeres antun will (aber auch nichts Besseres!), als sie nur in ein eigentumsloses Proletariat zu verwandeln.*

*Und weshalb geschieht all dies? Zur Ausbreitung der abstrakten Idee von Zivilisation, aus bloßer Wohltätigkeit, zur Ehre und zum Ruhm der Eroberer? Keineswegs, es geschieht zur Öffnung neuer Märkte, die all den neuen durch Profit entstandenen Reichtum aufnehmen sollen, der damit jeden Tag größer wird. Es geschieht, um neue Möglichkeiten zu schaffen zur Verschwendung unserer Arbeitskraft und unseres Lebens.*

*Und ich sage Euch: es ist dies ein unwiderstehlicher Instinkt auf seiten der Kapitalisten, ein Impuls wie Hunger, und ich glaube, er kann nur durch einen anderen Hunger überwunden werden: durch den Hunger nach Freiheit und Gerechtigkeit für alle, für das Volk und die Völker. Nichts anderem kann es gelingen, die Macht der Kapitalisten beiseitezuschieben. Alles was weniger ist, würden die Kapitalisten zu unterdrücken vermögen. Dies aber nicht. Denn was bedeutet denn dieser andere Hunger? Er bedeutet, daß sich der wichtigste Teil ihrer Maschinerie, ‚die Arbeitskräfte', in denkende Menschen verwandelt, daß diese sagen: Bis hierhin und nicht weiter. Wir wollen nicht länger für den Profit produzieren, sondern für die Nützlichkeit, für das Glück, für das LEBEN!"*[15]

Große Worte, mag manch einer finden. Und doch skizzieren sie eine Konstellation, wie sie immer noch zutrifft, und es wird ein Mittel gegen den Leviathan genannt: die Verwandlung von bloßen „Arbeitskräften" in „denkende Menschen". Aber es läßt sich auch ganz und gar ohne einen Vergleich mit heute auskommen.

Beschränken wir uns darauf, diese Sätze als Beweis dafür heranzuziehen, was später, vor allem in Deutschland, weitgehend unterschlagen oder als „Spinnerei" eines Künstlers verharmlost worden ist: Morris war Sozialist... blieb es bis zu seinem Tod, ohne Abstriche. Aggressiv, aufsässig. Und dieser Sozialismus, dieses politische Engagement, ist mit seinem übrigen Denken und seinem Sinn für Schönheit untrennbar verbunden. Dabei muß aber — um Beifall von der falschen Seite her vorzubeugen — auch gleich hinzugefügt werden, daß nicht jede beliebige Spielart des Sozialismus Morris für sich in Anspruch nehmen kann.

Morris hat zu seinen Lebzeiten in keinem Land ein staatssozialistisches System erlebt, aber selbst ohne solche reale Erfahrung hat er vor zentralistischen Tendenzen im sozialistischen Staat immer wieder gewarnt. Seine Kassandrarufe über den Kapitalismus haben sich zum Teil als recht zutreffend herausgestellt. Ein libertärer Marxismus rechnet Morris heute zu den Kritikern des Systems. Gerade in dieser offenen Position, mit seinem Plädoyer gegen jede Form willkürlicher und unvernünftiger Autorität und für eine „öffentliche Gewissenhaftigkeit als Regel des

Handelns", mit seinen Hinweisen auf die Einbindung und direkte Beteiligung möglichst vieler Bürger an den wichtigen Entscheidungen in überschaubaren Lebensbereichen, hat er zu neuralgischen Punkten Vorschläge gemacht. Man mag manche dieser Vorschläge naiv finden, man mag finden, die Welt sei komplexer geworden als sie vor hundert Jahren war — sich kritisch wider die Zeit verhalten zu haben, ohne dabei eine absolute Rückversicherung durch eines der großen ideologischen Lager einzugehen: das wäre Morris' bis an sein Lebensende nicht aufgegebene Eigenart, das wäre die Haltung, die sein politisch-ästhetisches Denken nicht als Rezept, sondern als einen zur Überprüfung und Schärfung der eigenen Sinne verlockenden existenziellen Versuch für uns wichtig machen sollte.

Haltung

Von diesen Überlegungen zu seiner ideologischen Position zurück in die Wirklichkeit seiner letzten Lebensjahre. Alle Kraft widmete er nun der Arbeit in der Kelmscott Press. Die Werkliste verzeichnet allein für das Todesjahr elf Titel, darunter das Mammutwerk des „Kelmscott-Chaucer". Eine schier unglaubliche Produktion für eine Privatpresse. Die Geschäftsführung der „Firma" überließ er währenddessen dem zuverlässigen J. H. Dearle. Tapetenentwürfe kamen von seiner Tochter May. Seine Besuche in Merton Abbey wurden immer seltener.

1896 war Morris ein alter Mann geworden, aufgezehrt von seinen Aktivitäten: hager, schwächlich, das gelichtete Haar stand über einem eingefallenen Gesicht. Er war mit Philip Webb noch einmal nach Epping Forest gepilgert, hatte noch einmal die geliebten Kathedralen im nördlichen Frankreich besucht. Im Juli und August 1896 unternahm er eine Reise nach Norwegen. Da war er schon zu schwach, um überhaupt noch an Land gehen zu können.

Nach London zurückgekehrt, sehnte er sich nach Kelmscott. Aber selbst dieser Weg war ihm nun zu weit. Am 8. September diktierte Morris die letzten Zeilen der Prosa-Romanze „The Sundering Flood" („Das Reich am Strom"). Seit Ende Februar litt er unter Hautjucken und Schlaflosigkeit, nun kam eine Lungenentzündung hinzu.

Anfang des Jahres 1896 hatte er noch einmal eine neue Geschichte begonnen: „Kilian the Close". Er hatte meist nachts daran geschrieben, wenn er nicht schlafen konnte. Man liest darin die Sätze: *„Eines Tages, als die Sonne gerade untergegangen war, saß er in der Halle am Feuer unter der Windhaube und bewegte unerfreuliche Gedanken in seinem Sinn. Es war Mitte März, und der Wind fing sich an der Hausecke, klapperte an den Saalfenstern und stöhnte in den Ecken. Die Nacht brach herein, und es war, als würde sie, aus der grauen Welt draußen herkommend, den Raum körperlich betreten, als wolle sie ihm zu verstehen geben, daß er nie mehr einen neuen Tag erleben werde...*"[16]

Pläne für einen Band „Border Ballads" in der Kelmscott Press mußten ebenso aufgegeben werden wie sein Lieblingsprojekt, nämlich jenes Buch noch einmal herauszubringen, das Burne-Jones und ihm zum großen Wegweiser in ihrer Jugend geworden war: Malorys „Morte Darthur".

Am 12. September notierte Cobden-Sanderson, der spätere Begründer der Dove Press, in seinem Tagebuch: „Es ist ein erstaunliches Bild. Er (Morris) sitzt sprachlos da und wartet darauf, daß das Ende kommt. Dunkelheit wird bald die ganze vertraute Szene einhüllen, den lieblichen Fluß, grün und grau, Kelmscott, Kelmscott House, die Bäume..., die Presse, den Gang, die Binderei, das Licht, das durch die Fenster einfällt..., die alten Bücher auf den Regalen."[17]

Und Mackail berichtet: „Als die Kräfte der Selbstbeherrschung nachließen, wurde

**Das Ende**

die emotionale Empfindlichkeit, die immer ein starkes Wesenselement bei ihm gewesen war, mehr als gewöhnlich sichtbar."[18]

Der bekannte Musiker Arnold Dolmetsch kam und spielte ihm auf einem Virginal alte Musik vor. Bei einer Pavane und einer Galliard von Byrd brach er während der Eröffnungstakte in ein Freudengeschrei aus, wollte aber dann nichts davon wissen, als Dolmetsch ihm anbot, die Stücke noch einmal zu wiederholen. Webb, das Ehepaar Burne-Jones und Emery Walker, so berichtet Mackail, pflegten ihn. Jane blieb in Kelmscott, was ein bezeichnendes Licht auf das Verhältnis der Eheleute wirft. Ein anderer Bekannter brachte, um ihm eine Freude zu machen, alte Handschriften aus der Bibliothek des Dorchester House mit.

Am 29. September schrieb sein Sekretär Cockerell in sein Tagebuch: „W. M. sagte, er fühle sich besser. Es war ein heller Morgen, und wir nahmen ihn im Rollstuhl hinaus. Wir fuhren zum Ravenscourt Park und um die Bibliothek herum, den längsten Ausflug, den wir je gemacht hatten. Er war guten Mutes und erklärte, er fühle sich überhaupt nicht müde, ja, er wäre sogar in der Lage, etwas zu laufen. Um 16.45 Uhr ging ich auf die Post. Als ich zurückkam, fand ich W. M. im oberen Stockwerk. Blut rann ihm aus dem Mund. F. S. Ellis war bei ihm. Wir halfen ihm die Treppe hinunter und brachten ihn zu Bett. Bald darauf kam Dr. Hogg."[19]

Vier Tage später, am 3. Oktober 1896, gegen 11.15 Uhr, starb William Morris im Alter von 62 Jahren.

*Morris auf dem Totenbett. Wahrscheinlich eine Zeichnung von Charles Fairfax Murray.*

Als Wilfred Scawen Blunt die Nachricht vom Tod Morris' erreichte, notierte er: „Er war der wunderbarste Mensch, den ich je gekannt habe, einzigartig darin, daß er keinen Gedanken auf sich oder irgendeine Person lenkte, sondern sich immer nur auf die Arbeit, die er gerade tat, konzentrierte. Er war nicht selbstsüchtig in dem Sinn, daß er für sich Vorteile, Vergnügungen oder Bequemlichkeiten gesucht hätte. Er war viel zu sehr absorbiert von seinen Vorhaben, um offen liebenswürdig oder aktiv freundlich zu sein... es wird Jenny großen Kummer machen und einen Bruch darstellen für Jane. Es ist ein großer Verlust für die Welt, denn er war wirklich ein großer Mann."[20]

Beigesetzt wurde Morris am 6. Oktober auf dem Friedhof von Kelmscott. Seinen Grabstein, ein kleines steinernes Haus, hatte ihm sein Freund Philip Webb gehauen, der nach Morris' Tod sagte: „Mein Rock fühlt sich dünner an. Es ist so, als hätte das Haus, in dem man wohnt, einen Stützbalken verloren."[21]
Und zwei Tage nach der Todesnachricht sagte Edward Burne-Jones zu Blunt: „Mein Interesse am Leben ist mit Morris zu Ende gegangen. Wir haben alle Ideen und Pläne in unserem Leben immer miteinander gefaßt."[22] Zwei Jahre später starb jener Mann, dessen Freundschaft mit Morris fast ein Leben lang gewährt hatte.
Jane ging mit ihrer Tochter May sechs Monate nach Ägypten und lebte dort in Sheyk Obey, einem Besitztum der Blunts. Jane lebte bis zu ihrem Tod bei Morris' Schwester Emma in Lyme Regis. Jenny, die sich gegen ihr Lebensende hin noch zu einer recht gesprächigen und lebenslustigen Frau entwickelte, lebte bis zu ihrem Tod 1914 in Kelmscott Manor, das in den Besitz der Familie Morris übergegangen war. Später zog May dort ein, die zwischen 1910 und 1915 die Gesamtausgabe der Werke ihres Vaters herausgab, die vierundzwanzig Bände umfaßte. Zwei Ergänzungsbände erschienen 1936. 1920 starb Georgiana, nicht ohne für die erste große und bis heute in vielem grundlegende Biographie gesorgt zu haben, die ihr Schwiegersohn J. M. Mackail 1898 in Angriff nahm und die 1901 erschien. Er scheint beträchtliche Schwierigkeiten gehabt zu haben, Jane Morris zu einer offenen und auch heiklere Fragen ehrlich erörternden Zusammenarbeit zu bewegen. So beklagte er sich beispielsweise bei Cockerell in einem Brief vom 22. September 1898: „Wenn Mrs. Morris sich schämt, vor ihrer Ehe in einem kleinen Haus in einer Umgebung von großer Schönheit gewohnt zu haben, so kann ich nur sagen: mir ist das unverständlich."[23]
Mackail, der als Biograph unbestreitbar seine Verdienste hat, wird von der eigenen Tochter durch einen hübschen Vers charakterisiert, der lautet:

> I am rather tall and stately
> And I care not very greatly
> What you say or what you do:
> I'm Mackail — and who are you?

(Ich bin recht groß und stattlich / und kümmere mich nicht um das / was du sagst und was du tust / Ich bin Mackail — und wer bist du?)
Kelmscott Manor fiel nach dem Tod von May Morris, die dort mit einer derb-proletarischen Lebensgefährtin wohnte, im Jahre 1938 in den Besitz der Universität Oxford, die es 1962 an die „Gesellschaft der Altertumsforscher" weitergab. Diese sorgte dafür, daß es in jenen mustergültigen Zustand versetzt wurde, in dem es der interessierte Besucher heute vorfindet.
Die Firma Morris & Co. bestand bis in das Jahr 1940 und stellte weiter vor allem Tapeten, Seiden- und Baumwollstoffe her. Schon vor Morris' Tod wurden viele seiner Muster plagiiert. Nach der Liquidation der Firma wurden die Druckstöcke für Stoffe von der Firma Stead McAlpin in Calyle erworben. 1959 ging die Konzession zu Stoffdrucken an die Firma Warner & Co. über. Heute kann man die Stoffe im Kaufhaus „Liberty" im Westend von London kaufen, während die Tapeten nach den 1930 teilweise von den von der Firma Messrs. Jeffrey & Co. erworbenen Druckstöcken, teilweise aber auch mit einem billigeren Verfahren reproduziert, von der Firma Sanderson vertrieben werden.
Unter den englischen Sozialisten war die Erschütterung über Morris' Tod damals groß. Viele seiner politischen Freunde nahmen an der Beerdigung in Kelmscott

Freunde und Verwandte

Die Kampfgenossen

*Porträt von William Morris' Tochter Mary (May) aus den achtziger Jahren.*

nicht teil. Jane hatte sie, wie wir von Shaw wissen, mit Schweigen und Nichtbeachtung bestraft, wenn sie Morris in Kelmscott besuchen gekommen waren. In der Erinnerung seiner sozialistischen Kampfgenossen aus dem Proletariat lebte Morris als jemand fort, „der freundlich, aber cholerisch war, fähig, auf der Stelle in Wut auszubrechen, leicht zu besänftigen, großherzig, jemand, der gern gab, ein Kerl, auf den du dich verlassen kannst". Die sozialistischen Zeitungen „Justice" und „Freedom" erschienen nach Morris' Tod mit schwarzem Trauerrand. Am ehrlichsten aber gab vielleicht Robert Blatchford im „Clarion" den Gefühlen der politischen Kampfgenossen Ausdruck, als er schrieb: „Ich kann nicht umhin zu denken, es sei gleichgültig, was in dieser Woche im ‚Clarion' steht, denn William Morris ist tot... er war unser bester Mann, und er ist tot. Ich habe gerade die Nachrufe in einigen Londoner Blättern gelesen, und ich fühle mich elend und traurig. Diese schönen Sätze, diese gekünstelten Komplimente, diese ostentativen Paraden von Belesenheit und diese kleinen verdeckten Spitzen gegen den Sozialismus, den Morris liebte... alles, was diese Dekorateure unter den journalistischen Leichenbestattern da schreiben, kommt mir wie eine Entheiligung vor... Morris war nicht nur ein Genie. Er war auch ein Mann. Man konnte auf ihn einschlagen, wo man wollte, und es klang wahr!"[24]

Will man Morris' Einfluß auf die Entwicklung der angewandten Künste abschätzen, so muß man sich vor allem unter der sogenannten „Arts & Crafts-Bewegung" umsehen, die sich teilweise selbständig, teilweise von seinem Vorbild oder durch seine Vorträge beeinflußt, noch zu seinen Lebzeiten zu entwickeln begonnen hatte. Äußeres Kennzeichen der Arts & Crafts-Bewegung sind die „Guild" (Gilden), d.h. Zusammenschlüsse von Künstlern und Handwerkern im Zeichen bestimmter Qualitätsvorstellungen, die damit Vorbild für die Gründung der verschiedenen „Werkstätten" in Deutschland und Österreich wurden.

Unter ihnen weist die 1882 von Arthur Mackmurdo gegründete „Century Guild" die vielleicht größte Unabhängigkeit und Selbständigkeit und hinsichtlich der Traditionen, auf die sie zurückgriff, sogar punktuell eine gewisse Gegenposition zu Morris auf. Mackmurdo, 1851 geboren, schon als Kind besonders am Bauen interessiert und von einer kunstsinnigen Mutter beeinflußt, entwickelte als junger Mann eine starke soziale Sensibilität, in der es ihn dazu drängte, den Armen im Londoner Eastend zu helfen. Er sah die Kirchen, die James Brooks gebaut hatte. „Großknochige Gebäude mit Kraft und Würde", so schildert sie ein Zeitgenosse. Mackmurdo hielt sie für das Werk eines Genies, und es gelang ihm, obwohl Brooks gewöhnlich keine Schüler annahm, in dessen Büro als Assistent eingestellt zu werden. Nach Mackmurdos Beschreibung entwarf Brooks jedes einzelne Objekt und Ornament für die Innenausstattung der Gebäude, die er in Auftrag hatte, selbst. Die Ausführung aber mußte er anderen überlassen. Und hier setzten die Schwierigkeiten ein. „Die wiederholten Anstrengungen und der ständige Kampf, die Entwürfe so ausgeführt zu sehen wie man sie haben wollte, die Enttäuschung in Fragen der Qualität gegenüber zu hoch gesteckten eigenen Erwartungen, konnten einen fast zum Wahnsinn treiben."[25]

Ähnlich wie vor ihm Morris, den er mit 26 Jahren kennenlernte, suchte sich Mackmurdo während seiner Lehrzeit bei Brooks soviele handwerkliche Techniken anzueignen wie nur irgend möglich. „Ich schulte mich im Modellieren und Schnitzen", berichtete er später, „ich versuchte mich bei dem ersten Haus, das ich baute, an ornamentalen Steinarbeiten. Ich lernte es, Repousse-Arbeiten in Messing auszuführen... und Stickerei. Bei einem erfahrenen Schranktischler lernte ich genug über Materialien und Konstruktion, um auch Möbel entwerfen zu können."[26]

Er war 31 Jahre alt und hatte sieben Jahre als Architekt gearbeitet, als er mit dem zwei Jahre älteren Selwyn Image, den er in Ruskins Zeichenschule in Oxford kennengelernt hatte, die Century Guild gründete. Der Gilde schlossen sich an: Herbert Horn, 18, Schüler von Mackmurdo und Landvermesser, Clement Heaton, 21, Sohn eines Glasfabrikanten und Dekorateur, Benjamin Creswick, Bildhauer und Autodidakt. Als Junge hatte er in Sheffield in einer Messerschmiede gearbeitet, auch er war erst Anfang zwanzig. Längere Berufserfahrung hatte William de Morgan, jener Keramiker, der seine Werkstatt in der Nähe von Merton Abbey hatte und für die Century Guild die Kacheln lieferte, sowie Heywood Sumner.

Die Century Guild unterschied sich von der „Firma" zunächst einmal schon dadurch, daß ihre Gründer einer anderen Generation angehörten als Morris und seine Freunde. Zudem zeigte Mackmurdo, ganz im Gegensatz zu Morris, eine große Vorliebe für die Renaissance. Verbindungen bestanden zur Avantgarde in Literatur und Musik. Ebenfalls im Gegensatz zu Morris, der behauptete, die Japaner seien architektonisch unbegabt und hätten deswegen auch keinen Sinn für das Dekorative, fand Mackmurdo in japanischen Mustern ein konsequentes Formgefühl und eine Beherrschtheit, die ihm in der europäischen Tradition in dieser Ausprägung nicht vorhanden zu sein schien.

Das Gründungspapier der Century Guild gab an, man wolle „alle Zweige der Kunst mit der Atmosphäre des Künstlerischen erfüllen und diese nicht länger dem Handelsgeist überlassen... man werde alte Gebäude restaurieren und Dekorationen, Glasbildern, Keramik, Holzschnitzwerken und Metallarbeiten zu dem ihnen angemessenen Platz neben Gemälden und Skulpturen verhelfen".[27] Arbeit wurde in der Gilde als Kooperation angesehen, und es ist, sofern die Produkte nicht signiert sind, schwer, sie bestimmten Künstlern zuzuschreiben.

## Mackmurdo und die Century Guild

Mackmurdos Skizzenbücher waren angefüllt mit geometrischen Mustern aus der Renaissance-Architektur, die er auf einer Reise im Jahre 1874 in Italien studiert hatte, aber auch mit naturalistischen Studien von Blumen und Pflanzenformen. Mit dieser Kombination gerader und gewellter Strukturen, wie sie bei seinen Möbeln und Stoffentwürfen auftauchten, schuf er einen Ansatz, unabhängig von Morris, der für die Arts & Crafts-Bewegung und darüber hinaus für den ganzen Jugendstil wichtig werden sollte; hinzu kam, von den japanischen Einflüssen her, bei ihm ein gewisser Hang zur Überfeinerung.

Die Blätter und Blüten seiner Tapeten haben leuchtende Farben und eine expressionistische Härte des Ausdrucks. Auch in den bevorzugten Farbtönen, nämlich ocker-gelb, korallen-rosa, purpur und einem stechenden Grün, ist er weit von Morris entfernt, der, als es zu einem Kontakt zwischen den beiden Männern kam, sich den talentierten Nachwuchs durch übermäßiges Lob vom Leibe hielt. Die Möbelentwürfe von Mackmurdo sind streng, sorgfältig in den Proportionen und durch die schaftartigen Vertikalen besteht eine Ähnlichkeit zu C. R. Mackintosh, dem bekanntesten Möbelentwerfer unter den sogenannten „Glasgow Four". Die am häufigsten verwendeten Hölzer sind Mahagoni, Eiche und Sandelholz. Manche Schränke haben bemalte Paneele und Messingbeschläge.

Auch die Century Guild sah sich, trotz der handwerklichen Vielseitigkeit der Gründer und Mitarbeiter, nicht in der Lage, alle Entwürfe ihrer Künstler in den eigenen Werkstätten auszuführen.

Neben der breiten Palette von Gegenständen, die die Guild im Gründungsprogramm aufführte, ließ sich Mackmurdo auch noch auf das Wagnis ein, eine Vierteljahreszeitschrift mit dem Titel „Hobby Horse" herauszugeben. Die erste Nummer erschien im April 1884. In ihr sollten „die Ansprüche der Kunst" vorgebracht und verteidigt und ein hoher Anspruch „begründet und ermutigt" werden.

Ruskin, Ford Madox Brown, William Rossetti, Burne-Jones, Oscar Wilde und

*May, Jane und Jenny Morris und die Pflegerin der unter Epilepsie leidenden Jenny, im Garten von Kelmscott Manor, nach dem Tod von William Morris.*

Wilfred Scawen Blunt gehörten zu den Mitarbeitern. Nach einer Bemerkung in der anderen einflußreichen, 1893 gegründeten Zeitschrift „The Studio", die bald 20.000 Abonnenten, darunter viele in Deutschland, hatte und viel zur Verbreitung der programmatischen Vorstellungen der Arts & Crafts-Bewegung in aller Welt beitrug, war „Hobby Horse" die erste Zeitschrift, „in der modernes Druckwesen ... als seriöse Kunst abgehandelt wurde".

Als Mackmurdo im Gespräch mit Morris über die Schwierigkeiten klagte, die es ihm bereitete, „einen Schriftblock so auf eine Seite zu stellen, daß es eine Freude ist, ihn anzusehen", soll Morris gesagt haben: „Hier gibt es eine neue Handwerkskunst zu erobern. Eine neue englische Type muß geschaffen werden." Es war dies unter Umständen jene Schrift, an der er in seinen letzten Lebensjahren arbeitete und die er nicht mehr fertigstellte. Emery Walker, bei so vielen Unternehmungen im Bereich der englischen Privatpresse der einflußreiche Mann im Hintergrund, beriet Mackmurdo im Anfangsstadium der Zeitschrift und überwachte die Reproduktion der Illustrationen, die zumeist von Mackmurdo selbst oder von Herbert Horn stammten.

Es war vor allem durch das „Hobby Horse", daß beispielsweise Henry van de Velde in Belgien sich über die praktische und theoretische Entwicklung der angewandten Künste in England informierte. 1891 stellte die Century Guild zum ersten Mal in Belgien aus, und in van de Veldes „Tassel Haus", das am Morris'schen Vorbild von Red House orientiert war, wurde ein Tapete von Mackmurdo verwendet. Eine Tatsache, die veranschaulicht, wie rasch das, was in diesen Jahrzehnten in England geschah, anderswo aufgegriffen und adaptiert wurde. Es ist für den Hang dieser Zeit zu sozialutopischen Experimenten bezeichnend, daß Mackmurdo über viele Jahre hin ein System gerechter Bezahlung der Gilde-Mitarbeiter sich auszudenken versuchte, wobei er schließlich auf eine bestimmte Menge Weizen pro Tag als Berechnungseinheit verfiel. Wie verschroben solche Versuche auch anmuten mögen, sie zeigen, wie sehr man bemüht war, von der versklavenden Macht des Geldes loszukommen, der man doch nie ganz entging.

Neben seiner Tätigkeit für die Century Guild war Mackmurdo noch bei vielen anderen Unternehmungen engagiert. Er half, eine Ruskin-Gesellschaft durchzusetzen, veranstaltete 1883 die erste kunsthandwerkliche Ausstellung. Er arbeitete mit im Vorstand der „Home Arts and Industries Associations", der es um die Wiederbelebung ursprünglich auf dem Dorf ausgeübter Handwerke zu tun war, in der schließlich an die tausend Lehrer fünftausend Studenten unterrichteten.

Beiläufig ist bisher nur von einem Mann die Rede gewesen, der vielleicht das größte Talent in der Generation darstellte, die zu Morris' Lebzeiten als Nachwuchs die Szene betrat: der Architekt, Entwerfer und Maler Charles Rennie Mackintosh. Man hat ihn, das Haupt der sich unabhängig von London in Glasgow bildenden Schule, einen Pionier der Moderne genannt. Mehr noch als Morris hatte er die Vorstellung vom Bauwerk als Gesamtkunstwerk, „in dem sich die Künste unter Führung der Architektur zusammenfinden, wobei jedes Detail, künstlerisch vollkommen und einmalig durchgestaltet, sich sinngemäß und organisch ins Ganze einfügt".[28]

In Schottland hatte sich ein an national schottischer Tradition orientierter, sogenannter „Baronial Style" ausgeprägt.

Die Glasgow School of Arts war im letzten Drittel des 19. Jahrhunderts Kristallisationspunkt für den Glasgow-Stil geworden, der international bald Beachtung fand. Mackintosh war 1890 nach einer Italienreise mit einer anti-historischen Haltung

„Hobby Horse"

„The Studio", 1893 in London gegründet, verbreitete die Ideen der Arts & Crafts-Bewegung — auch auf dem Kontinent.

*267*

## „Die Vier" und „Die Fünf"

Architekt geworden. Er hatte die Ausdruckskraft der Linie und damit ein entscheidendes Element des Jugendstils entdeckt. Um Mackintosh sammelte sich bald ein Kreis Gleichgesinnter: die Schwestern Macdonald, von denen Margret später seine Frau wurde, und vor allem Herbert MacNair. In den Buchillustrationen, Plakaten und Dekorationen dieser „Gruppe der Vier" mit linearen Mustern, Abstraktionen von Tieren und Pflanzen und Reminiszenzen altkeltischer Ornamentik, begann sich eine „Linienkunst" durchzusetzen.

Auf der „Arts & Crafts Society-Ausstellung" im Todesjahr von Morris lösten Mackintoshs betont einfache Sitzmöbel mit den verhältnismäßig hohen Lehnen zunächst Gelächter aus. Verteidigt und durchgesetzt wurde die Glasgow-Gruppe von Gleeson White in seiner Zeitschrift „The Studio".

Schon 1898 wurden „The Four" durch einen Bericht in der Zeitschrift „Deutsche Kunst und Dekoration" auch auf dem Kontinent bekannt. Im selben Jahr erhielt Mackintosh den Auftrag zum Bau der neuen Glasgow School of Art, die vor allem in der Kühnheit ihrer Innenräume schon Elemente des „neuen Bauens" der 20er Jahre vorwegnimmt. Berühmt wurde Mackintosh auch durch einige Landhäuser mit „frappant strenger, rein geometrischer Innenausstattung", meist auf Schwarz-Weiß abgestimmt, und durch Tea-Rooms in Glasgow von einer schon fast kultischen Raffinesse. Von Mackintosh verlaufen Bezugslinien zur Wiener Secession und der Wiener Werkstätte.

Wenn uns heute rückblickend die Möbel der Firma Morris schwer, feierlich und düster erscheinen, so liegt das an einer Entwicklung, die Mackintosh durch seine Formen und die von ihm bevorzugten Farben einleitete. Morris bereitete auf die Moderne vor, wies auf sie hin. Mit Mackintosh hatte die Moderne bereits begonnen.

Eine aktive Rolle spielte Morris in der zweiten Phase der 1884 gegründeten „Art Worker's Guild", deren Kern sich aus Schülern und Assistenten von Norman Shaw zusammensetzte. Shaw war der Nachfolger von Webb im Büro von G. E. Street in Oxford. 1862 gründete er zusammen mit W. E. Nesfield eine eigene Firma, die unter anderen 1877/78 Häuser für die Gartenstadt Bedford Park entwarf. Neben seinem gutgehenden Architekturbüro entwarf Shaw Möbel und Tapeten in einem Stil, der sich zwischen den neogotischen Versuchen Pugins und den Errungenschaften der Arts & Crafts-Bewegung einfügte. Die Gruppe, die sich nach einer Kirche in der Nähe ihres Treffpunkts im Londoner Stadtteil Bloomsbury „St. George's Society" nannte, traf sich zunächst alle vier Wochen und hatte vor allem das Ziel, die Isolation von Künstlern, Handwerkern und Architekten zu überwinden. Eine Verbindung stellte sich bald mit der „Gruppe der Fünf" her, die vier Jahre zuvor schon auf Initiative von Lewis F. Day, Direktor eines großen Ausstattungsgeschäfts und Verfasser eines lesenswerten Aufsatzes über „William Morris und seine Kunst", ins Leben gerufen worden war.

Die „Art Worker's Guild" war, wenigstens zunächst, eine Organisation, in der eine wachsende Zahl von Künstlern, Architekten und Entwerfern sich über die neuen Ideen und Prinzipien in ihrem Berufsbereich und über ihren Status klar zu werden versuchte. Viele ihrer Mitglieder sahen es von Anfang an als einen Zweck dieser Gilde an, Ausstellungen zu organisieren, bei denen die kommerzielle Verwertbarkeit der Objekte nicht obenan stand. Sie erhofften sich Musterschauen, in denen ziemlich genau eine Gegenposition zur Ideologie des Glaspalastes eingenommen werden sollte. Als sich diese Erwartungen nicht erfüllten, bildete sich 1886 eine Splittergruppe, der sich die prominentesten Mitglieder, nämlich Walter Crane,

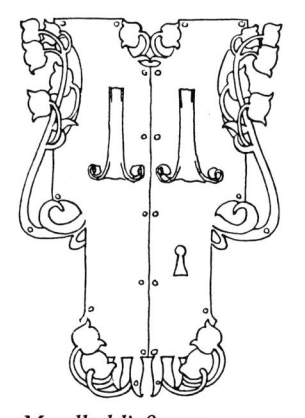

*Metallschließe von George Wragge, verwendet von dem englischen Architekten und Designer E. Wood.*

Walter Crane

Heywood Sumner, T. J. Cobden-Sanderson, William Morgan, Lewis Day, W. A. S. Benson und William Lethaby anschlossen. Benson war ein Freund von Morris, der, von diesem ermutigt, eine kleine Werkstatt eröffnet hatte, die auf Metallarbeiten spezialisiert war. Für Morris & Co. hatte er Tapeten entworfen und Schränke hergestellt. Nach Morris' Tod wurde er Direktor der Firma, er betrieb aber außerdem noch eine eigene Werkstatt, in der er Metallarbeiten in Massenproduktion herstellte. Mitte der 80er Jahre entwarf er einen Ausstellungsplan mit dem Titel „The Combined Arts". Ein Komitee wurde gegründet, und die Ausstellung fand schließlich 1888 in der New Gallery in der Regent Street statt. Es war offenbar Cobden-Sanderson, der für „The Combined Arts" (Kombinierte Künste) die klarere und griffigere Bezeichnung „Arts & Crafts" (Künste und Handwerk) erfand. Morris, der zu dieser Zeit schon dazu neigte, sich aus dem Bereich der Formgebung zurückzuziehen, und sich bald darauf auf sein letztes handwerkliches Abenteuer, die Gründung der Kelmscott Press, einließ, stand solchen Ausstellungsaktivitäten zunächst eher skeptisch gegenüber. Alle Reformen, die sich unter den Rahmenbedingungen einer kapitalistischen Gesellschaftsordnung abspielten, schienen ihm Flickwerk und schon von daher fragwürdig. Außerdem hielt er die Vorstellung, den Handwerker oder Hersteller dadurch aufwerten zu wollen, daß man seinen Namen zu dem eines Künstlers in einen Katalog setzte, für „trivial".

Erster Präsident der „Arts & Crafts Exhibiton Society" wurde Walter Crane, ein Buchillustrator, Formgestalter und Maler, der vor allem als einer der drei großen viktorianischen Kinderbuchillustratoren (neben Randolph Caldecott und Kate Greenaway) und als einer der Herolde der freilich von ihm manchmal ungebührlich vereinfachten Ideen Morris' in Erinnerung geblieben ist. Ganz im Sinn seines Vorbilds Morris schrieb er in seinem Aufsatz „Die Wiedergeburt von Muster und Handarbeit" im Hinblick auf die Ziele der Arts & Crafts-Bewegung: „Sie stellt in gewissem Sinn eine Revolte gegen das harte, mechanistische, konventionelle Leben und seine Unsensibilität für Schönheit dar. Sie ist ein Protest gegen den sogenannten industriellen Fortschritt, der Schundwaren hervorbringt, deren Billigkeit mit dem Leben der Erzeuger und der Entwürdigung ihrer Verbraucher bezahlt ist."[29]

Mit Ausnahme der drei Jahre zwischen 1893 und 1896, in denen Morris Präsident der „Arts & Crafts Society" war, hatte Crane durchgehend bis 1912 dieses Amt inne. 1893 wurde er außerdem Direktor für Formgestaltung am Manchester Municipal College und 1898 Rektor des Royal College of Art in Kensington. Von diesen Posten her konnte er einen sehr nachhaltigen Einfluß geltend machen. R. Schmutzler nennt ihn in seinem Buch „Art Noveau" den populärsten Schüler von Morris und „Botschafter des Präraffaelitismus für den gesamten europäischen Kontinent".

Tatsächlich gingen die frühesten Einflüsse von England auf die moderne Buchkunst in Deutschland mehr von Crane als von Morris aus. Gillian Naylor schreibt in ihrem Werk „The Arts & Crafts Movement", Cranes Stil — seine Muster sind Blätter, Blumen und Pflanzenformen, die sich in dramatischer Bewegung befinden, aber zärtlich und lyrisch wiedergegeben werden — sei bezeichnend für das, was man als „Art Noveau" zu bezeichnen pflege. Seine Muster sind im Unterschied zu denen von Morris mehr graphisch als architektonisch, und es war wohl seine vom Jugendstil geschätzte Neigung zur Linearität, seine Geschmeidigkeit und die Verfeinerung in seinen Motiven, die ihn auf dem Kontinent so leicht Anklang finden ließen.

*Kessel mit Ständer, von dem englischen Architekten, Designer und Silberschmied C. R. Ashbee.*

269

**Charles Robert Ashbee**

Crane hat in einem seiner Aufsätze die Besonderheit der Auffassung seiner Zeitgenossen vom Ornament als einem Grundprinzip des Jugendstils sehr anschaulich herausgearbeitet, als er im Zusammenhang mit den Persern und ihren Teppichen davon spricht, sie hätten gewissermaßen die Natur in eine besondere, von ihnen selbst geschaffene Region übertragen und sie dort mit ihren eigenen Erfindungen vereinigt.

Die dritte und vielleicht interessanteste Gilden-Gründung war die von Charles Robert Ashbee, der als junger Mann vom Enthusiasmus und dem Temperament Morris' auf einer Veranstaltung der „Hammersmith Branch of the Socialist League" begeistert worden war. Ashbee lehrte damals als junger Architekt in Toynbee Hall, einer Art experimenteller Universität, die 1874 von Samuel Barnett gegründet worden war. Ihm mißfiel die Atmosphäre in Toynbee Hall, seiner Meinung nach mangelte es an Gemeinschaftssinn. Er schreibt, es sei weder ein College noch ein Kloster oder ein Klub gewesen. Er las mit einer Gruppe von Studenten Ruskin und begann dann, von deren Interesse ermutigt, sie auch in Zeichnen und Dekoration zu unterrichten. Dies wiederum führte zu einer gemeinsamen Arbeit: der Ausgestaltung des Speisesaals, und schließlich gründete er mit drei seiner Studenten und einem Anfangskapital von nur fünfzig Pfund die „Guild of Handicrafts". 1890 mietete er Essex House, ein Georgianisches Herrenhaus in Mile End, als Werkstatt und richtete ein Geschäft zum Verkauf der in den Werkstätten hergestellten Produkte in der Brook Street in London ein. 1898 kaufte er zwei der Morris'schen Albion-Pressen, übernahm zahlreiche Drucker, die in der Kelmscott Press gearbeitet hatten und gründete die Essex House Press.

Zu Ashbees Prinzipien gehörte es, daß man sich Kunst-Handwerk durch Versuche und Erfahrungen aus Irrtümern erarbeiten müsse. Bei diesem Prozeß sollte sich auch der individuelle Stil für den jeweiligen Gegenstand beiläufig ergeben, eine Methode, die eine gewisse Ähnlichkeit mit der Art und Weise hatte, in der sich

*Eichenstühle von C. R. Mackintosh, 1901.*

Morris ein Handwerk anzueignen pflegte. Eine ganze Anzahl von Mitgliedern der Gilde lernte tatsächlich die erwünschten Handwerke erst, als sie schon für die Gilde arbeiteten, was natürlich enorme Schwierigkeiten mit sich brachte.

Guild of Handicrafts

Es bildete sich aber schließlich doch so etwas wie ein eindeutiger Stil dieser Gilde heraus, die hauptsächlich Silberarbeiten und Möbel herstellte. „Mr. Ashbee", schrieb „Studio", „gewinnt einen Effekt superber Reichheit auf die rechte Art und Weise. Das heißt, er weiß zu schweigen, sich dort zurückzuhalten, wo ein weitgeschwungener Bogen unverzierter Oberfläche die Schönheit des Gegenstandes erhöht, statt diese mit einer überflüssigen Masse applizierter Dekorationen zuzukleistern."[30]

Gegen Ende des Jahrhunderts wurde Ashbee durch seine Ausstellungsstücke in den Arts & Crafts-Ausstellungen, noch mehr aber durch die in „The Studio" abgebildeten Pläne für sein Einfamilienhaus „Magpie and the Stump", das er 1895 in London errichtete, international bekannt. Das Haus wurde auch 1898 von Hermann Muthesius in der Zeitschrift „Dekorative Kunst" ausführlich besprochen, worauf der anglophile Großherzog von Hessen einen Emissär nach England schickte, der dem Architekten Baillie Scott den Auftrag zur Ausgestaltung des herzoglichen Schlosses zu Darmstadt übertrug — hiervon wird später noch ausführlich die Rede sein. Scott hatte sich 1889 sein „Red House" auf der Isle of Man erbaut. 1901 beteiligte er sich mit einem Entwurf für das „Haus eines Kunstliebhabers", an einem von der „Zeitschrift für Innenarchitektur" ausgeschriebenen Wettbewerb, zu dem auch Mackintosh einen hervorragenden Entwurf einreichte. Der Preis wurde schließlich nicht vergeben, aber die Pläne von Scott wurden von den Preisrichtern am besten bewertet. Später entwarf Scott nur noch Möbel für die Werkstätten von John White — er brachte es zu einem Katalog von 120 Stücken —, die teils über die Ausstellungsräume von White in der New Bond Street, teils über das Warenhaus „Liberty & Co." in der Regent Street in London vertrieben wurden.

Auch die Gründung der Wiener Werkstätte wurde mit durch die Produkte der „Guild of Handicrafts" angeregt; mehr darüber im nächsten Kapitel. 1902, als die Gilde wuchs und blühte, faßte Ashbee den Plan, die Werkstätten nach Chipping Campden in Gloucestershire zu verlegen — jenes Dorf, daß Morris zunächst ins Auge gefaßt hatte, ehe er sich dann auf Intervention seines Geschäftsführers doch für Merton Abbey entschied. Es ist bezeichnend für den demokratischen Stil, der in der Handicrafts-Gilde herrschte, daß über diesen Plan zunächst unter den Mitarbeitern abgestimmt wurde. Die holzverarbeitenden Kunsthandwerker waren einstimmig dafür, die Meinung unter den Metallarbeitern und den Druckern war geteilt. Schließlich wagte man es, mit 50 Handwerkern und deren Familien, insgesamt waren es 150 Personen, in das abgelegene Dorf in den Cotswolds zu übersiedeln. Dort regte sich bald heftiger Widerstand, weil durch die „Invasion" der „Künstler" die traditionellen dörflichen Hierarchien zu zerbrechen drohten.

„Von der Art des Widerstandes, die einer Gemeinschaft von Menschen aus London in jenen Tagen entgegengesetzt wurde", schreibt Ashbee in seinen Memoiren, „kann man sich heute keine Vorstellungen machen. Als im Rathaus des Ortes von uns Shakespeares ‚Wie es euch gefällt' aufgeführt wurde, versuchten die Leiter der kirchlichen Schulen, allen voran der Pfarrer, die Kinder daran zu hindern, die Vorstellung zu besuchen."[31] Er berichtet weiter, daß die Errichtung einer „Technischen Schule" in einem ehemaligen Malzhaus, in der Erwachsene und Kinder in Schwimmen, Gartenbau, Kochen, Zimmermannsarbeiten und über die Rechte

*271*

Das Experiment von Chipping Campden

und Pflichten des Bürgers unterrichtet werden sollten, vor allem deswegen auf Widerstand unter den einheimischen Bauern stieß, weil diese fürchteten, die Preise auf dem Arbeitsmarkt könnten dadurch für sie ungünstig beeinflußt werden. Ashbee veranlaßte die Universität Oxford, in Chipping Campden Sommerkurse zu veranstalten, und holte Freunde wie Walter Crane und Edward Carpenter zu Vorträgen an den Ort. Außerdem richtete er Kurse für Hauswirtschaftslehre, Laienspiel und Sport ein, gründete eine Blaskapelle und richtete Schwimmwettkämpfe aus. Wenn das Experiment eines Gilden-Dorfes 1907 in Schwierigkeiten geriet, die so folgenschwer waren, daß die Gilde nach drei Jahren wirtschaftlicher Mißerfolge und schwerer Verluste sich auflösen mußte, so lag das einmal an der wirtschaftlichen Großwetterlage, zum anderen aber auch an dem Standort.

„Solange sich die Werkstätten in London befanden, hatten sich die mageren Jahre nicht so stark ausgewirkt", schreibt Gillian Naylor, „wenn es zum Schlimmsten kam, konnten die Mitglieder sich irgendeine andere Arbeit suchen und diese ausüben, bis wieder bessere Zeiten kamen. Auf dem Land gab es keine solchen Ausweichmöglichkeiten. Ashbee hatte gehofft, daß die Kultivierung von Parzellen die Handwerker mehr oder minder zu Selbstversorgern machen werde, aber es waren nicht so viele, die sich mit dieser Vorstellung anfreundeten, und auch dann war dererlei leichter gesagt als getan. Cottages waren schwierig zu bekommen, und wenn man sie erworben hatte, gab es ständig Kosten durch Reparaturen. Durch die Verkehrssituation und die hohen Preise der Eisenbahn war die Verbindung zu London nur schwer aufrechtzuerhalten, und diese Verbindung erwies sich als vital notwendig."[32]

Zwar lebte die Gilde bis zum Ausbruch des Ersten Weltkriegs in Form einer Treuhandgesellschaft noch einmal auf, aber für Ashbee hatten die Erfahrungen aus dem Experiment von Chipping Campden Konsequenzen im Hinblick auf seine Einstellung zu der Frage Handarbeit oder Maschinenarbeit. Er plädierte nun für einen Kompromiß mit dem zuvor strikt abgelehnten Industriesystem. „Moderne Zivilisation", schrieb er, „beruht nun einmal auf Maschinen, und jedes System, das sich die Stiftung, die Anregung und die Lehre von Kunst als Ziel gesetzt hat, kommt an dieser Tatsache nicht vorbei."[33] So kam dieser sozial versierteste und entschiedenste Parteigänger von Morris in der Arts & Crafts-Bewegung zu einer Position, die von der von Morris vertretenen doch recht weit entfernt war, wenngleich wahrscheinlich Morris die Erfahrungen Ashbees als einen Beweis dafür gewertet hätte, daß Reformversuche, die nur auf punktuelle Veränderung der Gesellschaft abzielten, sinnlos seien.

Trotzdem setzte Ashbees Feststellung keinen hoffnungslosen Endpunkt. Aus seinen Erfahrungen versuchten jene die Konsequenz zu ziehen, die im neuen Jahrhundert dafür plädierten, durch Einbringung und Anwendung handwerklicher Sorgfalt in der Industrie dem Maschinenwesen seinen zur Hervorbringung von Häßlichkeiten tendierenden Negativcharakter zu nehmen, es unter der Kontrolle durch den Menschen und durch Arbeiter mit ausgeprägten handwerklichen Fähigkeiten so zu reformieren, damit so moderne Formen von Schönheit entstünden.

Schönheit und Zweckmäßigkeit der Produkte, Materialgerechtigkeit bei der Verarbeitung, Verständnis für Kunst und Handwerk, wechselseitige Durchdringung von Handwerk und Kunst: das sind einige der programmatischen Stichworte, die den im Detail dann doch recht verschiedenartigen Gilden gemeinsam sind. Sie alle bezeugen das neuerwachte Interesse an angewandter Kunst, zu deren Aufwertung Morris entscheidend beigetragen hatte.

1908 schrieb Ashbee immer noch selbstbewußt: „Für die Männer dieser (Arts & Crafts) Bewegung, die versuchten, das kommerzielle System in seiner Destruktion zu überwinden, es zu diskreditieren, es zu unterminieren und umzustürzen, ist ihre Mission geradeso ernst und heilig wie die ihrer Großväter, die es aufbauen halfen und meinten, als sie jenen Palast aus Glas und Eisen erschufen, diesem System ein einladendes Denkmal zu setzen."

Verräterisch sind die folgenden Sätze von Ashbee: „Was ich zu zeigen versuche, ist, daß diese Arts & Crafts-Bewegung nicht das ist, wofür sie die Öffentlichkeit zu halten geneigt ist oder wozu sie sie machen will: zu einem Kindergarten für Luxusgüter, einem Mistbeet für die Produktion bloßer Trivialitäten und nutzloser Dinge für die Reichen."[34] Meist enthält das, was mit solchem Tonfall der Empörung zurückgewiesen wird, dann doch ein Körnchen Wahrheit.

Wir müssen uns klarwerden, daß schon in der Arts & Crafts-Bewegung eine allmähliche Umbiegung und Veränderung der Vorstellungen von Morris Platz greift. Kunst war für ihn der den Lustgewinn einbringende Teil von Arbeit. Sie war als Trost des Menschen gedacht, als befriedigende Voraussetzung, um sich nach der Anstrengung in Ruhe zu erholen. Kunst sollte als mit Handarbeit verbundener Bestandteil Schönheit in alle Bereiche des Alltags tragen.

Nicht in allen, aber in bestimmten Gruppen und bei bestimmten Produzenten der Arts & Crafts-Bewegung ging aber etwas anderes vor sich. Das Kunst-Handwerk schuf durch raffinierte Formen und Farben letztlich eine Fluchtwelt, dazu gedacht, die Misere der spätbürgerlichen Gesellschaft zu vergessen. Das Ornament, gehandhabt von wenigen genialen Künstlern, hatte die Tendenz eben nicht, wie das Morris gefordert hatte, auf einen Sinn zu verweisen, der für ihn immer ein sozialer Sinn gewesen war. Es konnte leicht zum bloß Gefälligen, zur Verzierung, zum Schnörkel, zum unverbindlichen Dekor und zum dekadenten Schnickschnack werden.

Durch den utopisch-visionären Zug von Morris' gesellschaftlichen Vorstellungen fiel es leicht, diese von seiner Kunsttheorie abzukoppeln. Dies galt in gewissem Sinn schon für England. Dies galt, wie wir sehen werden, erst recht für die Rezeption von Morris im deutschen Kaiserreich um die Jahrhundertwende.

*Veränderung der Morris'schen Konzeption*

*Der einfache Grabstein von William Morris in Kelmscott in der traditionellen Grabform der Cotswolds, entworfen von seinem Freund, dem Architekten Philip Webb.*

# XV. Vom Kunstgewerbe zur Werkkunst – William Morris' Einfluß auf die deutsche Kunstszene um die Jahrhundertwende

„Wir nennen dererlei Betrieb nicht mehr Fabrik, sondern Vereinigte Werkstätten, das heißt Plätze, an denen Leute zusammenkommen, die gemeinschaftlich miteinander arbeiten wollen."
William Morris, Kunde von Nirgendwo, 1890[1]

„Architekten, Bildhauer, Maler, wir alle müssen zum Handwerk zurück! Denn es gibt keine ‚Kunst von Beruf'. Es gibt keinen Wesensunterschied zwischen dem Künstler und dem Handwerker. Der Künstler ist eine Steigerung des Handwerkers. Gnade des Himmels läßt in seltenen Lichtmomenten, die jenseits seines Wollens stehen, unbewußt Kunst aus dem Werk seiner Hand erblühen, die Grundlage des Werkmäßigen aber ist unerläßlich für jeden Künstler. Dort ist der Urquell des schöpferischen Gestaltens.
Bilden wir also eine neue Zunft der Handwerker, ohne die klassentrennende Anmaßung, die eine hochmütige Mauer zwischen Handwerker und Künstler errichten wollte! Wollen, erdenken, erschaffen wir gemeinsam den neuen Bau der Zukunft, der alles in einer Gestalt sein wird: Architektur und Plastik und Malerei, der aus Millionen Händen der Handwerker einst gen Himmel steigen wird, kristallnes Sinnbild eines neuen kommenden Glaubens."

*Walter Gropius,
Programm des Staatlichen Bauhauses Weimar, April 1919*[2]

*Doppelseite zu Maurice Maeterlincks „Der Schatz der Armen", gestaltet von Melchior Lechter. Erschien im Verlag von Eugen Diederichs, Florenz und Leipzig 1898.*

Wer die Nachrufe auf William Morris liest, die in seinem Todesjahr 1896 und kurz darauf in deutschen Kulturzeitschriften erschienen, macht die Feststellung, daß bei der Rezeption seiner Ideen und Vorstellungen mit diesen eine für das geistige Klima im deutschen Kaiserreich bezeichnende Veränderung vor sich geht.

Während für Morris' Denken und Handeln gerade der Zusammenhang von Ästhetik und Ethik, von Kunst und Politik charakteristisch ist, scheint man in Deutschland nur seine Botschaft der Schönheit zu hören, Morris' sozialistische Gesinnung wird entweder ausgeblendet oder doch bagatellisiert.

Was zu beweisen wäre!

Da erklärt beispielsweise B. Schnabel im Dezemberheft 1897 der „Englischen Studien", an die Englischlehrer im Deutschen Reich gewandt, in einer Gesamtwürdigung: „Nicht Klassenhaß ist es, der ihn bewegte, sondern warme Anteilnahme am Geschick der glücklosen Armen und der sehnende Wunsch, die reichen Segnungen der Cultur, die stillen reinen Freuden des Kunstgenusses jedem Glied der menschlichen Gesellschaft erschlossen zu sehen — ein Dichtertraum, der leider ewig Traum bleiben wird."[3]

Und Moritz Sondheim schreibt in der „Zeitschrift der Bücherfreunde" ein Jahr später: „Wie sein Freund Ruskin glaubte er an die Erlösung der Menschheit, an eine langsame, friedliche Umwälzung, nach welcher ein schönes, einfaches Leben ohne Krieg, ohne Kampf ums Dasein sich ausbreiten würde."[4]

Das ist ebenso harmoniebeseelt wie schlichtweg falsch. Wie wir wissen, hat Morris noch wenige Monate vor seinem Tod von der seiner Meinung nach unvermeidbaren gewaltsamen Veränderung der gesellschaftlichen Verhältnisse gesprochen.[5]

Soll man annehmen, daß Sondheim versuchte, jeglichen Verdacht politischer Radikalität und aufrührerischer Gesinnung, den die „Kunde von Nirgendwo" (kurz zuvor abgedruckt in der sozialdemokratischen „Neuen Zeit") nahegelegt haben mochte, von Morris abzuwenden? Wilhelm Liebknecht hatte Morris „einen Sozialdemokraten vom Scheitel bis zur Sohle" genannt, was für ein bürgerliches Publikum nur zwei Jahre nach Aufhebung des Sozialistengesetzes im Deutschen Reich alles andere als eine Empfehlung darstellt.

Philipp Aronstein handelt in dem eher obskuren „Magazin für Literatur" die politische Dimension des William Morris beiläufig und mit spürbarer Unlust ab: „Es bleibt noch übrig", schreibt er, „von Morris dem Sozialisten zu sprechen, der auf den Straßen Arbeitern das Evangelium allgemeiner Brüderschaft predigte und Polizisten und Beamten gegenüber das Recht der Versammlungsfreiheit verteidigte. Im ‚Irdischen Paradies' (gemeint ist Morris' epische Dichtung) sagte er von sich selbst: ‚Ein Träumer von Träumen, zur Unzeit geboren. Warum sollte ich danach streben, das Krumme gerade zu biegen?' Aber es ist englisch, daß er in dieser Resignation nicht beharren konnte, sondern sich innerlich gedrängt fühlte, was er träumte und hoffte, auch wirklich zu machen... Seit 1884 war er ein Mitglied der sozialistischen Partei, hat eine Zeitlang ‚Das Gemeinwohl' herausgegeben, ist als Redner und Agitator aufgetreten und hat eine Utopie ‚Nachricht von Nirgendwo' sowie ‚Lieder für Sozialisten' verfaßt. Er glaubte an eine Zukunft, wo es weder Arme und Reiche gäbe, in der auch Kunst und Schönheit das Gemeingut aller wäre... ein schöner Traum wohl nur, aber ein Traum, der dem Herzen des Dichters alle Ehre machte."[6] Bezeichnenderweise wird die Lösung sozialer Konflikte einmal mehr als ein schöner Traum apostrophiert. Ein Dichter darf sich in solche Träume versteigen. Für die Realität sind sie nicht von Bedeutung.

Mehr ins Gewicht fällt das Urteil von Peter Jessen, der für das von ihm geleitete

Politische Säuberung

*Hermann Muthesius und seine Frau Anna in ihrem Haus „The Priory" in Hammersmith, 1896.*

Kunstgewerbemuseum in Berlin 1898 zwei Drucke der Kelmscott Press erworben hatte und in der Zeitschrift „Das Museum" über Morris berichtet, vor dem „Fluch der modernen Industrie" sei er in eine „Traumwelt des Sozialismus" geflüchtet, habe schließlich „nach acht kostbaren Jahren aufreibender Arbeit den Genossen eine Absage geschickt" und sich zu der Überzeugung bekannt, „daß nur eine geringe Minderheit reif sei, sich selbst zu regieren."[7]
Erstaunlich auch Georg Swarzenskis zwölfseitiger Aufsatz in S. Fischers einflußreicher „Neuen Deutschen Rundschau" (Jahrg. 1898), der zwar ausführlich auf die verschiedenen handwerklichen Tätigkeiten von Morris eingeht, aber dessen politische Aktivitäten und die Zusammenhänge zwischen ästhetischen und politischen Vorstellungen auch nicht mit einem Satz berührt.
Zumindest Morris' politischen Werdegang zeichnet ein Beitrag nach, der als Nachruf 1896 in der „Sonntagsbeilage zur Vossischen Zeitung" erschien; freilich ist in dieser Darstellung Karl Binds wie auch in der umfangreicheren Studie Eugen Freys, sechs Jahre später, ein mißbilligend-kritischer Unterton nicht zu überhören. Zwar erschien 1896/97 eine deutsche Übersetzung von „How I became a Socialist" (in „Deutsche Worte"), zwar wies Anfang 1897 Walter Crane in der „Neuen Zeit" nachdrücklich auf die politischen Ideen seines Meisters und Vorbildes hin, und mit der Veröffentlichung fast aller kunstästhetischen Aufsätze im Kunstverlag Hermann Seemann Nachfolger in Leipzig (1901/02) war auch die Sprachbarriere überwunden. Auf vielen Gebieten, vor allem in der Programmatik der neuen Buchästhetik und der neugegründeten „Werkstätten" in Wien, München und Dresden, ist Morris' Einfluß, wie wir noch sehen werden, unverkennbar und vielfältig nachweisbar. Doch der Zusammenhang von Kunst- und politischem Willen interessierte ein bürgerliches Publikum offenbar wenig. Den Endpunkt eines von seinen politischen Ansichten gesäuberten Morris wird schließlich jener Gedenk-

aufsatz zum 100. Geburtstag von William Morris 1934 darstellen, den F. H. Ehmcke griffig überschrieb „Was bedeutet William Morris für unsere Zeit?" Es heißt darin: „Sein Sozialismus war im Grund nicht klassenkämpferisch, im Gegenteil, er wollte durch die Kunst versöhnlich wirken. Freilich irrte er, wenn er glaubte, daß es nur gelte, den Arbeiter zu befreien, um ihn zu kulturellen Musterleistungen zu befähigen. Er wußte noch nicht, was die Erfahrung erst lehren sollte, daß es zunächst einmal nötig sei, die unteren Volksschichten zum vollen Genuß ihrer Freiheit zu erziehen, ohne den diese Freiheit nur ein Danaergeschenk bedeutet."[8]

„Ewigkeitsgehalt der Kunst"

Lassen sich diese Sätze heute anders auslegen als ein massiver Hinweis, eben jene notwendige Erziehung sei nach der Etablierung des Nationalsozialismus nun in vollem Gange? An einer anderen Stelle des Aufsatzes heißt es: „Morris' politisches Zwischenspiel, das gewiß aus seinem Werdegang nicht wegzudenken ist — wie jeder Vollmensch und Vollkünstler in gewisser Hinsicht, bewußt oder unbewußt, gewollt oder ungewollt ein Stück Politiker in sich birgt — lehrt uns, daß es nicht an dem ist, Kunst mit Politik zu verquicken. Das Zufällige und nur Tagesgültige praktischer Politik verträgt sich schlecht mit dem Ewigkeitsgehalt aller wahren Kunst; hingegen gilt es, in das Kunstwerk selbst alles Wollen und Streben, die ganze Reinheit und Kraft der Seele zu ergießen."[9]

Selten ist Morris gründlicher mißverstanden, sind seine Ansichten verquerer dargestellt worden als in diesem Aufsatz. Es ist kaum anzunehmen, daß Ehmckes Sätze als Pflichtübung bzw. Kniefall vor der herrschenden NS-Ideologie so formuliert worden sind. Vielmehr drückt sich in ihnen eine in Deutschland weit verbreitete und durch eine lange Tradition vorbereitete Einstellung aus, derzufolge Politik und Kunst sich nicht miteinander verbinden lassen. Das eine ist Tagesgeschäft, oft eine „schmutzige Sache", das andere hat „Ewigkeitsgehalt". Weil das so ist, tut der Künstler gut daran, sich der Politik fernzuhalten und gesellschaftliche Fragen gar nicht erst aufzugreifen. Solche Enthaltsamkeit verhilft ihm erst zur rechten Komprimierung seines Kunstsinns.

Daß sich Ehmcke eine solch fundamentale Fehlinterpretation leistet — bekanntlich geht Morris in einem seiner Aufsätze sogar so weit zu erklären, man müsse auf Kunst verzichten, wenn sich so nur die sozialen Verhältnisse ändern können („Ziele der Kunst"), ist bei einem Buchgestalter und Künstler wie ihm um so bestürzender. Schließlich war Ehmcke seit den Anfängen seiner „Steglitzer Werkstatt" mit der Lebens- und Werkgeschichte von Morris bestens vertraut.

Wie denn als erstes Fazit festzuhalten bleibt, daß Morris den Leuten, die sich um die Jahrhundertwende in Deutschland praktisch oder theoretisch mit angewandten Künsten beschäftigten, durchweg bekannt war. Sein Postulat, daß Schönheit zu den Grundbedürfnissen des Menschen zu rechnen sei, ist in Deutschland insofern auf fruchtbaren Boden gefallen, als es einen schon vorhandenen Hang zur Innerlichkeit nährte und bestärkte. In der deutschen Morris-Rezeption läßt sich durchgehend die Tendenz verfolgen, die ästhetischen Forderungen von den mit ihnen verknüpften politisch-sozialistischen Intentionen zu trennen. Damit wurde das, was man als die gesellschaftliche Botschaft Morris' bezeichnen könnte, nicht nur eines wesentlichen Aspekts beraubt. Indem man ihr den Stachel nahm, wurde sie verfügbar für andere Zielsetzungen und konnte sogar dafür herhalten, eine Einstellung zu begründen, die der von Morris diametral entgegengesetzt war.

Wenn wir nun den konkreten Einflüssen des Engländers auf die Entwicklung der deutschen Buchkunst um die Jahrhundertwende auf die Spur kommen, so sei

**Kunstentfremdung**

zunächst vorausgeschickt, daß die Situation im Druckwesen in England wie in Deutschland in der zweiten Hälfte des 19. Jahrhunderts durchaus ähnlich war. Hier wie dort hatten fortschreitende Industrialisierung und neue Reproduktionstechniken einander bedingt, hatten einerseits die Herstellung von preiswerter Massenware, andererseits von aufwendigen Prachtwerken begünstigt; der Sinn für Typographie, Papiertönung, Einbandstoffe war im Schwinden, und ebenso der Wille zu einer durchkomponierten Buchgestaltung.

Einen ersten Hinweis darauf, was hier verlorengegangen sei, gab die Münchner Kunstausstellung 1867. Sie trug den hübsch wertkonservativen Titel „Unser Väter Werk" und lenkte den Blick erstmals wieder auf die deutsche Kunst der Dürerzeit. Historische Monographien wie A. F. Butschs „Bücherornamentik der Renaissance" (1878) und Richard Muthers „Deutsche Bücherillustration der Gotik und Frührenaissance" (1883/84) waren die Folge. Ein führender Kunstverlag wie Georg Hirth in München nahm sich die Wiegendrucke zum Maßstab. „Der tiefgehenden Degenerierung", so schrieb der Verleger an Muther, „der vollkommen Kunstentfremdung, welcher der Buchdruck im Laufe der Jahrhunderte anheimgefallen ist, sind sich eben nur wenige bewußt. Wie alle Vervielfältigung ein künstlerisches Gepräge nur dadurch bewahrt, daß sie die künstlerische Hand, welche das Original geschaffen, immer noch deutlich erkennen läßt, so stelle ich an das Buch als Kunstwerk die ideale Anforderung, daß es in Schrift und Illustration den Charakter künstlerischer Handschrift trage. Das ist in Wirklichkeit das Geheimnis des Zaubers, welche die Incunabeln auf uns ausüben, in denen uns Hunderte, nach den Druckorten verschiedene, ursprünglich geschriebene ‚Charaktere' entgegentreten."[10]

*Eugen Diederichs' Programm „Zur Buchausstattung", abgedruckt im ersten Verlagsprospekt, Leipzig 1901.*

## Zur Buchausstattung!

Ein ausführliches Eingehen auf die Ziele meiner Buchausstattung, auf die für meinen Verlag thätigen künstlerischen Kräfte und deren Wollen, behalte ich mir für einen besonderen Aufsatz in dem 1902 erscheinenden ausführlichen Verlagskatalog vor, der auch eine Reihe Ausstattungs- und Textproben bringen wird. An dieser Stelle hebe ich nur folgende Leitsätze hervor:

1. Druck. Das erste Erfordernis eines schönen Buches ist eine künstlerisch geschnittene Schrift. Wir sind auf dem Weg dazu — Versuche unserer ersten dekorativen Künstler wie Eckmann und Peter Behrens beweisen es — eine Schrift zu bekommen, die der Ausdruck unseres künstlerischen Zeitempfindens ist. Wir sind in einer Übergangszeit, darum benutzen wir so viele Schriften, alte und neue. Die Benutzung vieler Schriften hat aber den Vorteil, daß jedes Buch in einer seinem Inhalt entsprechenden Schrift gedruckt werden kann. Innerhalb eines Buches soll jedoch nur eine Schrift allein verwandt werden, soll nur ein Stil herrschen. Die Anordnung des Satzes ist nach dem schwarzweißen Eindruck der Fläche von beiden Seiten zu gestalten, also dekorativ. Zu diesem Zweck zeichnet der Künstler linearen Buchschmuck, falls er nicht noch weiter geht und den Inhalt mit seiner Kunst stimmungsvoll begleitet. Das Letztere wird aber verhältnismäßig seltener sein. Auch mit dem farbig abgestimmten Druck liegen meinerseits mehrere Versuche vor.

2. Titel und Umschlag. Der künstlerisch-ästhetische Mittelpunkt des Buches ist nicht etwa der Umschlag, denn dieser dient nur zum Schützen, sondern der Innentitel. Ein gutes Buch soll sich aller Schaufenster-Reklame fern halten, es will gekauft werden dadurch, daß es liebevoll in die Hand genommen wird, nicht daß es in seinem Äußeren aufdringlich erscheint. Der Innentitel vermittle, wie die Morris nachfolgenden englischen Verleger schon längst dem Publikum zumuten, den ersten und hauptsächlichsten Eindruck von dem Inhalt, von dem geistigen Wesen des Buches.

3. Papier. Ein satiniertes, glänzendes Papier blendet und thut dem Auge weh. Darum sei es rauh, denn Papier ist kein Glas, und es sei womöglich farblich getönt, um die Augen zu schonen. Es zeige seine Struktur und wirke durch die Schönheit seines Materials und, was dasselbe ist, es sei holzfrei, damit es nach 10 Jahren ebenso schön aussieht, als in der Gegenwart.

4. Einband. Auch der Einband soll durch die Ehrlichkeit des Materials wirken, durch seine Struktur, seine Farbe und nicht durch die Menge aufgedruckten Goldes. Gold ist eine Farbe wie jede andere Farbe, die in der Natur sogar sehr selten vorkommt, sie immer zu verwenden, bedeutet unvornehme Prunksucht und eine Beleidigung des guten Geschmackes. Der Aufdruck, Schnitt und Vorsatzpapier sei farblich abgestimmt.

*Das ganze Buch, Druck, Papier, Umschlag, Einband soll als ein einheitliches Ganzes wirken. Neben dem geistigen Genuß soll auch das Auge einen sinnlich-ästhetischen haben. Ein gebildeter Mensch kann nicht auf diese Forderung verzichten, denn nur der ist nach Lichtwarks Wort gebildet, dessen sämtliche Sinne ausgebildet und genußfähig sind.*

E. D.

Renaissance und Gotik

*Der von F. H. Ehmcke gestaltete doppelseitige Innentitel des ersten und einzigen Buches der Steglitzer Werkstatt, verlegt bei Eugen Diederichs, Leipzig 1903.*

Widerstand gegen *Entfremdung* ist das eine Stichwort, individueller künstlerischer *Charakter* das andere. Von hier an datiert der Versuch, mit maschinellen Schriften, die individuell geschnitten sind, den besonderen Charakter eines Buches wieder hervortreten zu lassen. Daß im Grunde auch Morris' Ideal die von Hand geschriebenen Bücher waren — denn so konnte der Abschreibende seine Einstellung zum Inhalt ästhetisch mit Ausdruck verleihen —, hat er in „Kunde von Nirgendwo" zu Protokoll gegeben.

Die in den achtziger Jahren in Deutschland einsetzenden Reformbestrebungen und ihre Orientierung an „der" Renaissance hat Morris sicherlich wahrgenommen. Jedenfalls hat er der frühen deutschen Buchdruckerkunst seinen Respekt nicht versagt, so in einem Aufsatz von 1895 „On the artistic qualities of the woodcut books of Ulm". Aber hier schränkt er zugleich ein: *„Die Deutschen hatten im Mittelalter eine schöne volkstümliche Kunst, aber sie nahmen die Renaissance mit seltsamer Heftigkeit und Hast auf und wurden, künstlerisch betrachtet, ein Volk rhetorischer Pedanten. Die mittelalterliche Kunst starb dahin, ihr folgte eine stumpfsinnige und rohe Periode der Rhetorik und des Akademismus — die seither in allem, was mit dem Ornament zusammenhängt, Europa gefangen hält. Eine Ausnahme macht Albrecht Dürer: denn obgleich seine künstlerische Manier von der Renaissance angesteckt wurde, ließen ihn unvergleichliche Phantasie und Verstand in seiner Denkart gotisch werden."*[11]

Renaissance und Gotik wurden zu sinnbefrachteten Schlüsselwörtern, zu Bannern einer neuen Buchkunst, die sich von „guter alter Kunst" her zu legitimieren hatte. Während der Verleger Hirth die Renaissance zum Vorbild nahm, plädierte der Augsburger Drucker (und ehemalige Benediktinermönch) Max Huttler für Gotik. In einem Vortrag „Das Buch als Gegenstand des Kunstgewerbes" (1881) rät er zur Amalgamierung: „Das Alte soll studiert werden, in unser heutiges Fleisch und Blut gewissermaßen übergehen, aber für die Bedürfnisse der Neuzeit in neuer Form, nur dem Geist, nicht dem Buchstaben nach, angewendet werden."[12]

**Zeitschriften-Frühling**

In der Praxis hinkte Huttler hinter Hirth drein. Er ließ sich Schriften nach dem Vorbild berühmter Inkunabeln schneiden — Hirth jedoch fand zur „Jugend", jener schwungvoll plakativ gestalteten Wochenzeitschrift, die in ihrem arabesken Schmuck und ihrer Linienführung stilbildend wurde; ebenso durch die persönliche Note und das Prinzip, alles Lebensvolle und Jugendlich-Frische in seiner ganzen sinnlichen Gegenwart zu demonstrieren.

Das war 1896, Morris' Todesjahr. Einige Hefte des „Pan" waren schon erschienen, jener exklusiven Zeitschrift Otto Julius Bierbaums (Literatur) und Julius Meier-Graefes (Kunst), die sich „The Studio" als Vorbild genommen hatte; in der Vielfalt ihrer bildkünstlerischen Techniken und Schmuckformen wurde der „Pan" in den sechs Jahren seines Bestehens zum Stimulans für die Entwicklung der neuen Buchkunst — wie auch der jungen Grafiker, die sie trugen.

1896 war zugleich das Jahr des „Simplizissimus", als eines satirisch-künstlerischen Massenblatts, das geniale Zeichner (Arnold, Gulbransson, Th. Th. Heine) an sich band. Was den weitblickenden Verleger Albert Langen dazu bewog, eben diese Zeichner auch mit der Gestaltung von Buchumschlägen zu betrauen: der Beginn bildhafter Kaufbeeinflussung des Lesers im Buchhandel.

1896 schließlich war auch der Start eines Jungverlegers, dem es weniger darum ging, seine „Bücher äußerlich auffallend und darum leichter verkäuflich zu machen", sondern um die einheitliche Gestaltung des ganzen Buches. Schon das erste Werk, der Gedichtband „Die blassen Cantilenen" des jungen „Pan"-Mitarbeiters Emil Rudolf Weiß, ließ jener Verleger — Eugen Diederichs — vom Künstler selbst ausstatten. Man traf sich in der gemeinsamen Besinnung auf wesentliche Merkmale des schönen, des in sich stimmigen Buches. Darüber an anderer Stelle mehr.

Drei Jahre später: die Geburtsstunde der „Insel" („Monatsschrift mit Buchschmuck und Illustrationen"), deren Namen die Herausgeber O. J. Bierbaum — vom „Pan" hinübergewechselt —, A. W. Heymel und R. A. Schröder wie folgt begründen: mit ihm „wollen wir nur zu erkennen geben, wie wenig wir geneigt sind, in das jetzt so vielerorts übliche Triumphgeschrei über die glorreichen Resultate irgendwelcher moderner Kunstbestrebungen einzustimmen, und wie sehr wir uns der ungeheuren inneren und äußeren Schwierigkeiten bewußt sind, die sich einer wünschenswerten Entwicklung unseres Kunstlebens in den Weg stellen".[13]

Das Motiv der Insel als paradiesische Welt des Schönen, der Entrücktheit, der Einstimmung Gleichgesinnter konnte sehr wohl auch aus Morris' Reden und Werken destilliert werden (wenn man den politischen Aspekt ebenso ausblendete wie die vom Naturalismus aufgegriffenen sozialen Mißstände negierte).

Bereits dem ersten Heft der „Insel", Oktober 1899, ist ein Prospekt beigegeben, der auf Gedichte eines jungen Künstlers aufmerksam macht: Heinrich Vogeler, „Dir, erschienen im Verlage der Insel bei Schuster und Loeffler". — Er verrät: „Der Verfasser hat sein Buch auf das reichste mit Zeichnungen und Vignetten geschmückt und außerdem seine Gedichte eigenhändig geschrieben und faksimilieren lassen, so daß auf diese Weise seinem Werke ein besonders intimer Reiz verliehen wurde." Morris'sches Gesamtkunstwerk und deutsche Innerlichkeit. Klar und deutlich das kalligraphische Vorbild des „A Book of Verse", dem sich das Vorbild des „Red House" (für Vogelers Barckenhoff in Worpswede) und der „Firma" (die Worpsweder Werkstätten der Brüder Franz und Heinrich Vogeler) anschließen.

*Titelseite zur Zeitschrift „Pan", gezeichnet von Franz Stuck.*

*Rechte Seite: Titelseite für die Zeitschrift „Jugend" (1897), gezeichnet von Ludwig von Zumbusch.*

281

**Vogeler und Beardsley**

In seinen Erinnerungen beurteilt Vogeler jene Jahre der „Buchzierden" (für die Insel, für Diederichs) außerordentlich kritisch: „Eine rein formale wirklichkeitsfremde Phantasiekunst war das... eine romantische Flucht aus der Wirklichkeit, und daher war sie auch wohl den bürgerlichen Menschen eine erwünschte Ablenkung von den drohenden sozialen Fragen der Wirklichkeit... So traf wohl meine Inselgraphik den Charakter einer besonderen Zeitepoche, die auch meinen Charakter irgendwie formte, eine uferlose Romantik, hinter aller Wirklichkeit und im Widerspruch zu ihr. Daß sie wie eine Flucht vor der häßlichen Wirklichkeit war, gerade dadurch hatte meine Kunst wohl damals solchen Erfolg."[14]

Zeittypisch und keineswegs auf Vogeler beschränkt war die aus dem Bereich des Pflanzlichen und Vegetabilen abgeleitete Ornamentik, die Linienführung, die dem „Jugendstil" sein Gepräge gab. Er speiste sich weniger aus den Einflüssen von William Morris — auch wenn dessen Credo, daß die Natur immer und ewig neu das gültige Vorbild für Schönheit sei, übernommen wurde —, als durch Anregungen japanischer Holzschnittkunst (Hokusai) und den „die schwarze Romantik" imaginierenden Zeichnungen eines Aubrey Beardsley, dessen Zaubergärten und verwunschene Parks, Traumwelten und künstlerische Paradiese eine „teuflische Schönheit" ausstrahlten. Kaum einundzwanzigjährig hatten ihn die Illustrationen zu Malorys „Mort D'Arthur" (London 1893/94, bei Dent), dessen Typographie deutlich das Vorbild der Kelmscott Press verrät, mit einem Schlag berühmt gemacht.

„Der Pierrot, der sein wahres Fühlen und Denken hinter der stilisiert weißen Maske verbirgt und ‚Empfinden' spielt, und das die ‚Sünde' personifizierende Weib (Salome, Messalina) sind seit Beardsley Leitbilder der Jugendstilkunst."[15]

Dem eher laszieven Stil des um eine Generation jüngeren Künstlers, der das Spiel des Verbergens und Aufdeckens, des Verhüllens und Entblößens virtuos handhabte, stand der alternde Morris ziemlich verständnislos gegenüber. Es war nicht ohne Tragik, daß seine Generation gewissermaßen übersprungen worden und schon die nächste am Werk war, Einfluß auf Deutschland auszuüben. Die Hermetik der Morris'schen Buchkunst war mit ein Grund dafür, warum sie nur zögernd und sogleich mit gewissen Vorbehalten in den Kunststädten München, Berlin, Wien und Leipzig zur Kenntnis genommen wurde. Bezeichnenderweise setzte sich Walter Crane, ein Mann, für den Morris ein Mentor und bewundertes Vorbild war, auf Anhieb stärker durch — und erst durch die Übersetzung der Schriften Cranes, in denen auch viel von William Morris die Rede ist, fand dieser als Buchkünstler Beachtung.

„Wir sollten nie vergessen, daß es Morris gewesen ist, der unseren Blick wieder auf die hohe und vollendete Kunstfertigkeit der alten deutschen Drucker lenkte und durch die Arbeiten seiner 1891 gegründeten Kelmscott Press die unvergänglichen Grundgesetze der alten Meister wieder zu Ansehen brachte. Wohl mußten wir in Deutschland unseren eigenen Weg gehen, der sehr bald über den altertümlichen Charakter der Morris-Welt und seiner Nachfolger hinausführte, aber was uns Morris lehrte: Materialechtheit, Harmonie, vollendete Technik, gehört für alle Ewigkeit zu den grundlegenden Wahrheiten..."[16]

Walther G. Oschilewski leitet mit diesem Exkurs seine Studie über Eugen Diederichs und die Geschichte der neuen deutschen Buchkunst ein. Er konnte sich auf Selbstzeugnisse des Verlegers stützen, der schon 1901 seine an Ruskin und Morris geschärften Thesen formuliert hatte: „Der künstlerisch-ästhetische Mittelpunkt

*Porträt von Aubrey Beardsley.*
*Illustration von Aubrey Beardsley zu Oscar Wildes „Salomé".*

des Buches ist nicht etwa der Umschlag, denn dieser dient nur zum Schützen, sondern der Innentitel. Ein gutes Buch soll sich aller Schaufenster-Reklame fernhalten..."[17]

Damit nahm Diederichs, vielleicht nicht von ungefähr ein ebenso prinzipienfester Autodidakt wie sein englischer Vorläufer, die gleiche Haltung wie Morris zu Zeiten der „Firma" ein: ein Produkt, das schön und nützlich sei, habe keinen Kundenfang, keine Suggestivwerbung nötig. Gegenüber den gebildeteren (und vermögenderen) Verlagen wie Albert Langen, Schuster & Loeffler, grenzte er sich bewußt ab. Sein Fundus war die strikte Rückbesinnung auf künstlerisch geschnittene Schriften, getönte Papiere, Einbände, die durch die Ehrlichkeit des Materials wirkten, farbliche Abstimmung von Aufdruck, Schnitt und Vorsatzpapier. Diederichs machte das Buch „an sich" zum Werbeträger und übertrug dieses Prinzip auf ganze Werkausgaben (Ruskin, Emerson) und vielbändige Serien.

Dies war nun eine Strategie, die sich von der einer auflagenschmalen Offizin wie der Kelmscott Press wesentlich abhob. Aber sie machte sich die Kelmscott-Begeisterten wie Peter Jessen (Berlin), Justus Brinckmann (Hamburg) und die „Zeitschrift für Bücherfreunde" (gegründet 1897) als Multiplikatoren zunutze. Denn wie hieß es doch in einem frühen Zeitschriftenbeitrag: „Das Aufsehen, welches die ersten Drucke der Kelmscott Press machten, ist noch nicht vergessen. Die vornehmen Quartanten in den weichen, biegsamen Pergamenteinbänden, mit dem tiefschwarzen Druck und den ungewohnten Verzierungen auf starkem und doch zartem Papier bildeten das Entzücken aller Bücherfreunde. Besonders der Chaucer wurde bei seinem Erscheinen von der englischen Presse als das ‚vornehmste Buch,

Werbung mit dem Buch

*Der von Heinrich Vogeler gestaltete farbige Innentitel zu Hugo von Hofmannsthal „Der Kaiser und die Hexe". Erschienen im Verlage der Insel. Bei Schuster & Loeffler, Berlin S. W. im Mai 1900.*

**Hang zum Gesamtkunstwerk**

das je gedruckt worden', als das Ideal des modernen Buches gepriesen... Für Bücher von ‚gotischer Denkart', für die Legenda aurea, für Chaucer, für die Werke von William Morris sind sie ein passendes Gewand, aber mit Recht ist darauf hingewiesen worden, daß bei Shakespeare in dieser Ausstattung der Widerspruch zwischen Geist und Form stört; eine ‚moderne' Dichtung, von der Kelmscott Press gedruckt, wirkt wie ein Anachronismus... Chaucer ist das typische Buch von William Morris, oder wenn man den Begriff erweitern will, das typische Buch des englischen Präraffaelismus, nicht das moderne Buch im eigentlichen Sinn. Aber die Grundsätze, nach welchen es gedruckt worden ist, zeigen uns, wie wir arbeiten müssen..."[18] (Moriz Sondheim).

Die Art und Besonderheit des Einflusses von Morris war damit eingegrenzt. Texte der Moderne ließen sich nicht „gotisch" ausstatten — insofern ist die Kelmscott Press Höhepunkt und Endpunkt zugleich. Ihr Stil — präraffaelitisch — wird hier, vor der Jahrhundertwende, bereits als historisch angesehen. Aber die stilbildende Funktion blieb.

Mit Recht weist Jürgen Eyssen darauf hin, daß Morris vor allem jene Schriftkünstler, Buchgestalter und Verleger angesprochen habe, denen das Handwerklich-Mittelalterlich-Gotische und damit eine Wirkung des Sakral-Feierlichen wichtig gewesen. Darüber hinaus waren die Drucke der Kelmscott Press mit ihren holzschnittgeschmückten doppelseitigen Innenseiten, den rhythmisch wiederkehrenden Zierleisten, den auf die Typographie abgestimmten Blätter- und Blumenornamenten ein mustergültiges Vorbild für all die, die im Buch ein Gesamtkunstwerk anstrebten.

Diejenigen, für die der Primat der Typographie galt (und die „Buchschmuck" zumeist verpönten), orientierten sich eher an der Dove Press. Für deren Drucke war äußerste Schlichtheit charakteristisch; auf ornamentalen Zierrat wurde verzichtet, um die Wirkung der einzelnen Letter im Gefüge des Satzblockes desto stärker hervortreten zu lassen. Thomas James Cobden-Sanderson, der bis dahin in Hammersmith eine Buchbinderei betrieben hatte, gründete diese Offizin 1900 zusammen mit Emery Walker. Nach eigenem Bekunden wollte er „durch den vorzüglichen Bau des Satzes, die kunstvolle Ausgeglichenheit der typographischen Arbeit, die maßvolle Verteilung der bedruckten Flächen auf dem Papier, durch das gute Verhältnis des Textblocks zu den Überschriften und durch die Breite der Papierränder, auch durch die wohldurchdachte Raumkomposition des Gesamttextes von der ersten bis zur letzten Seite"[19] die Schönheit seiner Handpressendrucke gewährleisten. Sein anspruchsvolles Motto: „Die überlegene Geistigkeit ist es, der sich die vorzügliche Handwerksleistung unterordnet." Primat der künstlerischen Schrift, Hervorhebung der Textgestaltung eines Werkes — nicht wenige deutsche Künstler machten ihre Entwicklung über Morris zu Cobden-Sanderson.

Einer der eigenwilligsten, Melchior Lechter, ist diesen Weg gegangen, auf unnachahmliche Weise. In seiner Buchgestaltung des „Schatz der Armen" sind, stärker noch als bei der Ausstattung der Werke Georges, Einflüsse der Kelmscott Press greifbar. „Im ganzen Buch soll keine leere Seite sein, sobald das Buch begonnen... Die Überschriften (in roter Farbe) stehen immer unmittelbar über dem Text... Beim Papier ist genau auf den feinen grauen Ton zu achten, der der Probe zu eigen... Es wäre zu wünschen, daß das Buch gerissen wird, so daß der Papierrand an den drei Seiten dem Büttenrand ähnlich wird..."[20] Die Sätze eines leidenschaftlich Engagierten, gerichtet an den gutwilligen Verleger. Noch heute gilt Lechters „Schatz der Armen" als eine der eindringlichsten buchkünstlerischen Leistun-

*Der von Heinrich Vogeler gestaltete Innentitel zu Theodor Volbehr „Das Verlangen nach einer neuen deutschen Kunst", verlegt bei Eugen Diederichs, Leipzig 1901.*

gen jener Jahre. Die Unabdingbarkeit seines Kunstsinns und eine tief mystische Haltung verbanden ihn mit Morris („Entweder nach jeder Richtung hin ein strenges, heiliges Kunstwerk, oder nichts"). Beide verband auch handwerkliche Schulung, die Ausbildung in Glasmalerei, vielfältige kunstgewerbliche Tätigkeiten z. B. Entwürfe für Möbel, Gobelins, dann Innenarchitektur. Aber sie trennte auch manches: so fehlt Lechters Kunst die sozial-ethische Komponente, der Glaube an schöpferische Gemeinschaftsleistung und gesellschaftsverändernde Wirkung. Bei ihm gehen Ornament und Druckschrift nicht die gleiche Stilverbindung ein, und schließlich — alle Mittel der Technik waren ihm recht, solange die künstlerische Absicht gewahrt blieb.

„Der Kaiser und die Hexe"

Aus der „Insel" erwuchs dann 1900 das wohl schönste Werk des deutschen Jugendstils, das von Heinrich Vogeler gestaltete Versdrama Hofmannsthals „Der Kaiser und die Hexe". Die Vorgeschichte: Rudolf Alexander Schröder, der der damals neuesten, rein typographischen Richtung der Dove Press anhing, hatte für die Gestaltung des zweiten Vierteljahrs der „Insel" den „idyllisch-gegenständlichen" Heinrich Vogeler gegenüber Bierbaum durchgesetzt. Hugo von Hofmannsthal, der seit der Trennung von Stefan George an der „Insel" mitarbeitete, ließ in der Zeitschrift das Versdrama abdrucken und fast gleichzeitig als Prachtdruck in 200 Exemplaren auf Bütten bei Otto von Holten herstellen.

Für Heinrich Vogeler ging es zunächst darum, die großformatigen Hefte für das zweite Quartal — mit dem zugleich das neue Jahrhundert eingeläutet wurde — durch ein doppelseitiges Titelblatt zu eröffnen. Es wurde ein Zeichenwerk üppigster Phantasie, das heutige Kunstkritiker wie H. W. Petzet noch über die Titelseiten William Morris' stellten.

Als Vogeler nur Monate später Buchschmuck und Titel für den „Kaiser und die Hexe" zu entwerfen hatte, konnte er nichts Besseres tun, als auf jene Insel-Seiten zurückzugreifen, das Szenische zu betonen, den Rahmen zurückzudämmen; und dabei Farben einzusetzen, Gold und Mattrot, Lichtblau und Moosgrün, Lila und Braun: faszinierendster Jugendstil.

Selbst „The Studio" widmete damals Vogeler einen Aufsatz; seine Kunst erinnere an Lieder von Schumann und Brahms, „for in them are music and poetry combined". Eine solche Begleitmelodie hätte auch zu „Niels Lyhne" und anderen Werken des dänischen Dichters Jens Peter Jacobsen gut gepaßt (verlegt bei Diederichs, 1898), während sie als Buchschmuck zu Carl Fischer, Leben und Denkwürdigkeiten eines Arbeiters (ebenda, 1903/04), nicht ganz zu überzeugen vermochte.

Die Steglitzer Werkstatt, bei deren Gründung 1902 William Morris in anderer Weise Pate gestanden hatte, wollte sich strikt entfernen vom „zappeligen und flimmernden Gewirr von Schnörkeln". Sie zielte „im Gegensatz zu dem, was sich als Sezessions- oder Jugendstil überall spreizt", auf „anspruchslose Erzeugnisse", die zu einem „Ruhepunkt der Augen" werden sollten. Ein neuer Klang, ein durchaus wirkungsvolles Konzept. Auf dem Dachboden eines Berliner Mietshauses hatten drei junge Leute — F. H. Ehmcke, Georg Belwe und F. W. Kleukens — das Mini-Unternehmen gestartet. Von Anfang an war es ihnen um eine Reform des Akzidenzdrucks zu tun, und eben das begünstigte den Aufschwung der Dachbodengesellschaft zu einer respektablen kunstgewerblichen Anstalt.

Als ein ungewisses Experiment gab Eugen Diederichs der Steglitzer Werkstatt den Auftrag zu einer Buchgestaltung: Ausstattung und Druck der „Portugiesischen Sonette" von Elizabeth Barrett-Browning. Es erschien 1903 in 850 Exemplaren, als einziges Buch dieser Handpresse. Der Buchschmuck von Ehmcke orientierte

**F. H. Ehmcke und Peter Behrens**

sich an William Morris: eine naturalistische Ornamentik, weiß auf schwarzem Grund, mit sorgfältig ausgeführten Initialen und prächtigem doppelseitigem Innentitel.

Der strenge Satzaufbau zeigt sich anderen Vorbildern verpflichtet; selbstkritisch befand Ehmcke später, daß die Schmuckidee noch die typographische überwogen habe. Auch er durchlief ein Stadium „Morris", um dann einer der Protagonisten des Werkstils zu werden, der sich mit neuen Typenschöpfungen (Schriften von Eckmann, Behrens, Koch, Tiemann, Ehmcke, E. R. Weiß) aufs innigste verband. Das Ornamental-Figurale wurde künftig auf Innentitel und Initialen beschränkt, auf die Prägung des Einbands und auf Embleme, die sich an alten Gildezeichen orientierten. Gerade bei den kulturwissenschaftlichen Serienunternehmungen suchte Ehmcke „jedem Umschlag eine Marke zu geben, die sich beim Lesen des Titels ohne nähere Betrachtung einprägt".[21] Zusammen mit Karl Wolfskehl rief er 1913 die „Rupprecht-Presse" ins Leben, die ihrerseits viel zur Geschmacksbildung in bibliophilen Bereichen beitrug.

Zu dieser Zeit war die Steglitzer Werkstatt bereits Legende. Ehmcke hatte 1904 eine Lehrtätigkeit an der Düsseldorfer Kunsthochschule aufgenommen, Belwe war nach Leipzig gegangen, Kleukens auf Vermittlung von Peter Behrens an die Künstlerkolonie auf der Mathildenhöhe (Darmstadt) berufen. Daß Ehmcke und Behrens während ihrer gemeinsamen Düsseldorfer Jahre zu einem intensiveren Austausch kamen, hängt sicher auch mit beider „Erstlingstaten" zusammen. Denn drei Jahre vor dem Steglitzer Handpressendruck, während der glanzvollen Entfaltung der Darmstädter Künstler-Kolonie, hatte Behrens seine Programmschrift „Feste des Lebens und der Kunst. Eine Betrachtung des Theaters als höchsten Kunstsymbols" Diederichs zum Verlag angeboten. Der hat ihn, wie vorher schon Lechter, mit der Gesamtgestaltung betraut und einer völlig neuen Ornamentik zugestimmt: der Titel von stilisierten Karyatiden eingefaßt, ein eher geometrischer, architektonischer Schmuck, wirkungsvoll kontrastierend zum gedämpft-farbigen Druck; der Text braun, die Umrahmung blau, die Anfangsinitialen karmesinrot. Auch hier, aus Morris'schen Impulsen, die Tendenz zu einem „ideal ästhetischen Buch", ideell gefaßt als das Einsetzen aller Kräfte zu einer neuen, lebensumgreifenden Kultur, zu deren Voraussetzung auch ein entwickelter Schönheitssinn gehöre.

Der Zusammenhang beider Buch- und Schriftkünstler wird an der Folio-Ausgabe der „Upanishads des Veda" (1913) deutlich: gesetzt in der Behrens-Antiqua (die der Künstler 1908 bei den Klingspors in Offenbach entwickelt hatte); ornamental geschmückt von F. H. Ernst Schneidler, der sich wie sein Lehrmeister Ehmcke auf die „Umsetzung" der Formensprache fremder Kulturen verstand; und schließlich nach der Satzanordnung der Kunstgewerbeschule Düsseldorf unter Ehmckes Leitung gedruckt, bei Poeschel & Trepte. Wieder liefen geheime Fäden zurück zu Morris, denn Carl Ernst Poeschel war 1904 bei Emery Walker und in Kelmscott gewesen, hatte in einem bedeutsamen Buch „Zeitgemäße Buchdruckkunst" die gültigen Gesetze der Buchgestaltung aus eigener Erfahrung zu erfassen gesucht. Es hätte Morris gefallen, wie Poeschel sein Metier als „Kunsthandwerk" beschrieb, in der Verbindung von Kunst und Handwerk, von Schönheit und Zweckmäßigkeit. Gestritten hätten sie sich wohl am ehesten über den Einsatz von Maschinen (die der qualitätsbewußte Poeschel ebenso einbezog wie Melchior Lechter, der wußte, was er an der Druckerei Otto von Holten hatte).

Mit dem Gemeinschaftswerk der „Upanishaden", kurz vor Beginn des Ersten Weltkriegs, ist so etwas wie ein Endpunkt in der Morris'schen Rezeption von

*Das von F. H. Ernst Schneidler gestaltete Frontispiz zur sog. Monumentalausgabe „Upanishads des Veda" (Jena 1913).*

Buchkunst erreicht. Zwar knüpft die zweibändige monumentale „Legenda aurea" (1917/21) in Text und Gestaltung an die „Gotik" an; Richard Benz bediente sich der „Golden Type" und brachte die Formenwelt der mittelalterlichen Druckkunst hier streng und sinnfällig zum Ausdruck — aber es war ein rückwärtsgewandtes Unterfangen. Benz hätte die Worte des inspirierten Schriftschöpfers Rudolf Koch „Zu uns Deutschen gehört Morris wie irgendeiner; aus unserer Vergangenheit hat er seine Kräfte gesogen, und in der Zukunft unseres Volkes soll er wirken als einer der Größten unserer Zeit"[22] gewiß unterschrieben, aber dessen praktische Schlußfolgerung nicht geteilt.

Morris als Fixstern — darin liegt seine große Bedeutung für die junge deutsche Buchkunst um 1900. Daß sie die politisch-soziale Komponente in seinem Werk weitgehend verdrängte, hat mehrere Ursachen. Man braucht nur an die Entpolitisierung des deutschen Bürgertums im ausgehenden 19. Jahrhundert zu denken, an den geringen „Stellenwert" sozialistisch-utopischen Gedankenguts, an die Leidenschaft, ein Ding „um seiner selbst willen" zu betreiben.

Zur ästhetischen Praxis bürgerlicher Fluchtbewegungen hat die Monographie über den Künstler der deutschen Lebensform, Fidus, Erhellendes beigetragen.[23] Sie zeichnet geographische Fluchtlinien nach, die hinaus aufs Land führen, historische, die zurück in die als Zukunft erträumte Vergangenheit gehen, politische, die eine unverbindliche Vereinsmeierei begünstigen, und schließlich der Zug in eine parareligiöse Innerlichkeit, die sich anreichert mit mystischem und theosophischem Denken.

Das Merkwürdige an Morris ist, daß sich jede dieser skizzierten Gruppen ein Stück bei ihm abschneiden konnte — und ihn in seinem ureigenen politischen Lebensgefühl nicht zu begreifen vermochte. Vogelers Idyllik, Lechters strenge Esoterik, die neoromantische Phase einer Aufbruchsbewegung, die nach „neuen Werten" suchte und sich des „Gurus" William Morris posthum bediente: eine noch kaum vermessene Kultur-Landschaft.

Wirkungsgeschichte ist wohl immer auch die Beschreibung einer Reduktion. So bleibt für die Deutschen Morris' Beharren auf „Schönheit" und seine Begründung, warum Schönheit notwendig sei, revolutionär genug. Und in der Tat halfen diese Gedanken, so etwas wie einen Umbruch der Wertvorstellungen im Bereich der Buchkunst herbeizuführen.

Morris' Wirkungen auf das Kunstgewerbe respektive auf die mannigfachen Arten der „Entwurfskunst" können im Rahmen dieses Kapitels nur angedeutet werden. Deutsche Kunstszene der Jahrhundertwende: das schließt die Wiener Werkstätte ebenso ein wie den Münchner Jugendstil und die Darmstädter Künstler-Kolonie, die Entwicklung zum Deutschen Werkbund und erste Ansätze des Bauhausgedankens. Entscheidende Impulse gingen dabei von Architekten aus, den Wienern Otto Wagner und Joseph Maria Olbrich, den Münchnern Peter Behrens und Richard Riemerschmid, den Berlinern Hermann Muthesius und Bruno Taut, dem Hamburger Fritz Schumacher. Wie dynamisch und weitverzweigt das Beziehungsgeflecht war, mag man daran erkennen, daß zwischen 1907 und 1910 u.a. Walter Gropius, Mies van der Rohe und Le Corbusier in Peter Behrens' Berliner Atelier gearbeitet haben, und daß eben dieser Behrens als Nachfolger Otto Wagners 1922 an die Meisterschule für Architektur nach Wien ging.

Aber beginnen wir der Reihe nach. 1895, also noch zu Lebzeiten Morris', formulierte Otto Wagner in seiner Wiener Antrittsvorlesung ein neues ästhetisches Pro-

*Umschlag zur Zeitschrift der Wiener Secession „Ver Sacrum", Wien 1897.*

Wiener Secession

gramm: alle modernen Formen hätten mit den modernen Materialien und den Gegebenheiten der Zeit übereinzustimmen, wenn sie „zu einer modernen Menschheit passen sollten".[24] Das war nicht zuletzt gegen die engstirnig nationale, museal orthodoxe Ausstellungspolitik des Wiener Künstlerhauses gerichtet. Zu Beginn 1897 kam es, begrüßt und unterstützt von meist jüngeren Künstlern, zum Gegenmodell „Wiener Secession". Diese Künstlervereinigung gab sich ein eigenes Publikationsorgan, „Ver sacrum" (Heiliger Frühling), und ein neues Ausstellungsgebäude, das der Wagner-Schüler Olbrich in knapp sieben Monaten hochzog. „Goldenes Krauthappel" haben es die Wiener getauft, wegen der durchbrochenen Kuppel und auch wegen der Nähe zum Gemüsemarkt.

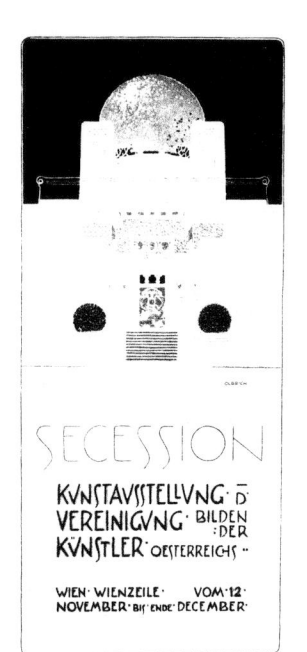

In der Raumausgestaltung wurde die Secession richtungweisend. „Die Wandbekleidungen schaffen günstige Hintergründe; vor weißgefälteten Stoffen finden zartgetönte Bilder ihre volle Stimmungskraft; in ruhigem Dunkelrot oder Dunkelgrün geputzte Wände wirken luftiger als glattgetünchte; Friese und Ornamente von stilisierten Pflanzen sind ganz ruhig, auch in ihren matten, fast tonlosen Goldgehalten... Ein viereckiger Mittelsaal dient als Foyer. Seine Wände, in mattem Dunkelgrün, haben ein aufstrebendes Pflanzenornament, dessen helle Sternblüten sich in Mittelhöhe zu einem umlaufenden Fries zusammenfügen. Lebendige Pflanzen und Blumen fügen sich mit auserlesenen modernen Möbeln... zu Plauderecken zusammen, die dem Beschauer zeigen, was er aus seinem eigenen Heim machen kann."[25]

Der subtile Schönheitssinn des frühen Jugendstils, „die innigen und delikaten Wünsche, die unruhigen Hoffnungen der Seele", übersetzt in Linien und Farben. Schon die erste Ausstellung der Secession, im Frühling 1898, wurde von 57.000 Menschen besucht; es gab für Arbeiter ermäßigte Eintrittskarten, und für sie speziell übernahmen Mitglieder der Secession die Führung und die Erläuterung der Kunstwerke.

Hermann Bahr, künstlerischer Beirat von „Ver Sacrum", hatte einer „Raumkunst" das Wort geredet. Er machte, angeregt durch die Lektüre Morris'scher Vorträge und Aufrufe, die Vorstellungen der „Firma" auch den Österreichern bekannt. „Der englische Styl" ist seine bemerkenswerte Studie in der Österreichischen Volkszeitung vom 25. November 1899 überschrieben, sie gibt den theoretischen Anstoß zur Gründung der Wiener Werkstätte. Hier die entscheidenden Sätze: „Wir haben heute Künstler genug. Wir haben auch Handwerker. Es fehlt nur an der Organisation. Es fehlt an der großen Organisation einer Verbindung von Kunst und Handwerk... Eine Brücke her. Die beiden müssen endlich zusammenkommen. Ein ungeheures Atelier, eine Kolonie von Werkstätten, wo die Künstler mit den Handwerkern wirken, sie belehrend, von ihnen lernend, das Handwerk an der Kunst, die Kunst am Handwerk wachsend..."[26]

Große Werkstätten schwebten dem Kunstkritiker Bahr vor, etwas, was die Morris'sche „Firma" nie im Sinn gehabt hatte. Deswegen war es auch ein Mißverständnis, als deutsche Kulturjournalisten von ihr als einer „Fabrik" sprachen. Selbst auf der Höhe ihres Erfolges war sie das nie gewesen.

Als der Direktor der Wiener Kunstgewerbeschule im Frühjahr 1900 die englischen Verhältnisse an Ort und Stelle studieren wollte, gab ihm der Secessionist Josef Hoffmann einige von Kenntnis zeugende briefliche Hinweise: „Gewiß haben Herr Baron die Absicht, die ‚Guild of Handicrafts' im Essex House im Osten von London zu besuchen. Dort arbeitet C. R. Ashbee und hatte die Gesellschaft ursprüng-

*Das von Joseph M. Olbrich gestaltete Plakat für die Wiener Secession.*

lich auch eine Schule, die dem Neid der öffentlichen Fachschulen weichen mußte, aber ganz vorzüglich war. Es müßte sehr interessant sein, die Werkstätten zu besuchen und ihre Einrichtungen kennen zu lernen."[27]

Wiener Ausstellung 1900

Josef Hoffmann, auch er ein Schüler Otto Wagners, gab dann der epochemachenden 8. Ausstellung der Secession die Programmatik. Es sollte ein Wettbewerb der einheimischen und der fremdländischen Leistungen im Kunstgewerbe werden, strebe es doch international nach den gleichen Zielen — „modernem Empfinden die entsprechende Form zu geben". Am 4. November 1900 wurde die Ausstellung eröffnet; aus Paris war die „Maison Moderne" (begründet von Julius Meier-Graefe) gekommen, aus Belgien Henry van de Velde, aus London Charles R. Ashbee, aus Glasgow das Ehepaar Mackintosh (dessen Möbeldesign bei der letzten Londoner Arts & Crafts-Ausstellung eher Befremden ausgelöst hatte). Doch gerade diese Möbelformen markierten einerseits pointierten Jugendstil, gestreckte Formen, überlang gezogene Linien, und andererseits kubistische Elemente, Frühformen einer „Neuen Sachlichkeit".

Der Wiener Kritiker Ludwig Hevesi sah es mit viel Distanz, nicht ohne feinsinnige Ironie: „Das Zimmer ist weiß, die Möbel sind schwarz, alles Holz ist glatt, dünn, eng, sezessionistisches ‚Brettl' mit einzelnen plötzlichen Gevierten von bunt losgehendem Ornament... Die Künstler selbst verbringen ihr Familienleben schwerlich in solchen Gemächern, aber vielleicht haben sie ein eigenes Gespensterzimmer im Haus, hobgoblin's closet oder so etwas."[28] Der Vergleich war nicht schlecht gewählt: wie Stücke aus einer Feenwelt, unirdisch in ihrem Schönheitssinn, nahmen sich die Kreationen der Glasgower aus.

Auch Ashbee bekam den beißenden Spott des Wiener Kritikers zu spüren: seine Möbel sähen aus, als kämen sie „von einem viereckigen Planeten, der von vierschrötigen Bauern bewohnt ist". Die Wiener hingegen hatten „diesmal Wagners komplizierte Pracht, Hoffmanns elegante Logik und Mosers poetische Feinschmeckerei ins Treffen geschickt" (so Hevesi), und das fand nicht nur bei kunstsinnigen und wohlhabenden Bürgern Zustimmung. Sogar der Unterrichtsminister erwarb ein Buffet von Koloman Moser, der gleich Hoffmann Lehrer an der Kunstgewerbeschule war. Die Regierung am Ballhofplatz zeigte sich sehr daran interessiert, Künstler zu fördern, die mit Qualitätsarbeiten der Publikumsorientierung nach England entgegenwirkten; einheimische Produkte sollten sich auf dem Weltmarkt Anerkennung verschaffen, das verdiente jede Unterstützung. Die Folgen für das Kunstgewerbe waren zweischneidig: Geldquellen sprudelten, auch Ministerien und Handelskammern gaben Mittel für nötige Entwicklungen; aber die Geldgeber wollten peu à peu Einfluß nehmen, im Hinblick auf den Export, die Ökonomie von Produktionsmethoden, Rationalisierung und Rentabilität. „Werkkunst" war im Vormarsch.

*Josef Hoffmann und Koloman Moser. Zeichnung von F. König.*

Die Möbel, die auf der 1900-Ausstellung Anklang gefunden hatten, schienen neu in ihrer Linienführung, in den vielfältigen Formen des Florealen; der Natur abgeschaut und sie zugleich übersteigernd, von augenfälliger Anmut und berückendem Pathos. Eine Analyse dessen, was sich hier im europäischen Jugendstil abspielt, gibt Walter Benjamin in seinem „Passagen-Werk": „Die Erschütterung des Interieurs vollzieht sich um die Jahrhundertwende. Allerdings scheint er (der Jugendstil), seiner Ideologie nach, die Vollendung des Interieurs mit sich zu bringen. Die Verklärung der einsamen Seele erscheint als sein Ziel. Der Individualismus ist seine Theorie... Er mobilisiert alle Reserven der Innerlichkeit. Sie finden ihren Ausdruck in der mediumnistischen Liniensprache, in der Blume als Sinnbild der

**Die Wiener Werkstätte**

nackten, vegetativen Natur, die der technisch armierten Umwelt entgegentritt."[29]
Am 19. Mai 1903 wurde die „Wiener Werkstätte, Productivgenossenschaft von Kunsthandwerkern in Wien" gegründet. Im Vorstand die k.k. Professoren Hoffmann und Moser, „als Cassier" der Fabrikant Friedrich Waerndorfer, gerade von einer Reise nach England zurückgekommen, von wo er „viel Persönliches über Mackintosh und die Morris-Bewegung zu erzählen" wußte. Die Genossenschaft hatte sich zweierlei zum Ziel gesetzt: einmal die Schulung und Heranbildung ihrer Mitglieder für das Kunstgewerbe, zum anderen die „Anfertigung von Gegenständen aller Gattungen des Kunstgewerbes sowie Ausführung von Bauten samt vollständiger Inneneinrichtung, insbesondere auch der elektrischen Beleuchtungsanlagen (Gas- und Wasserinstallation) nach künstlerischen Entwürfen".[30]

In vielem entsprach die Wiener Werkstätte der Morris'schen „Firma"; mit der großen Bandbreite ihrer Produktion — Gold- und Silberwerkstätten, Buchbinderei, Lederwerkstätte, Tischlerei, Lackiererei und ein Baubüro — kam sie allerdings mehr den Gilden nahe. Im Architekturbüro saß Josef Hoffmann, der nicht nur Sinn für die Buchbinderei mitbrachte („Buchbinder Beitel war ein durchaus gebildeter Mann, der wie wir die Morris-Bewegung und ihre hervorragenden Buchbinderarbeiten kannte"), sondern unter Umständen auch der Lederwerkstätte beisprang: „nach eifrigem Forschen hatten wir das Glück, jene Erzeugung von Leder, wie es auch Morris ausschließlich dort bezog, in Paris ausfindig zu machen".[31]

Die zweckmäßige (und formschöne) Ausstattung der Arbeitsplätze kam Morris' Geboten ebenso entgegen wie die — für ihre Zeit sensationellen — sanitären Einrichtungen. Die Verwendung von Maschinen war in keiner Weise tabu; so verfügte die Tischlerei über eine Bohrmaschine, eine Hobelschleifmaschine, eine Bandsägefeilmaschine, auch über einen Dicktenhobel und eine Abrichthobelmaschine. Die Anrainer strengten alsbald einen Prozeß „wegen Lärmbelästigung und Erschütterung" an, der bis vor den Verwaltungsgerichtshof kam. In Wien war, entgegen Morris'schen Gepflogenheiten, eine hochentwickelte Technik am Werk.

„Mitten im Fabriklärm", so berichtete die renommierte Darmstädter Zeitschrift „Deutsche Kunst und Dekoration" (gegr. 1897), „tut sich die stillere und beseeltere Handarbeit des Kunsthandwerks auf. Zwar fehlt es auch hier nicht an maschinellen Einrichtungen, im Gegenteil, die ‚Wiener Werkstätte' ist mit allen technischen Neuheiten, die dem Betrieb dienen, aufs vollkommenste ausgerüstet, aber die Maschine ist hier nicht die Herrscherin und Tyrannin, sondern die willige Dienerin und Helferin, und die Erzeugnisse tragen die Physiognomie nicht von ihr, sondern von dem Geiste ihrer künstlerischen Urheber..."[32]

Die Wiener Werkstätte hat wie vor ihr keine Einrichtung der „Kultur des Alltags" gegolten — sie pervertierte in dem Produkt, das zugleich als ihr berühmtestes, als ihre Apotheose gilt: dem Brüsseler Palais des Großindustriellen Adolphe Stoclet. Hoffmann errichtete dort gemeinsam mit Gustav Klimt und anderen Freunden dem Multimillionär ein Gesamtkunstwerk des Kunsthandwerks, dessen Luxus ebenso atemberaubend war wie sein Preis astronomisch (die Höhe der Gesamtaufwendungen ist nie bekannt geworden; aber allein die Honorare für Entwurfsarbeiten an vier kleineren Details der Innenausstattung betrugen 30.000 Kronen). Auf 60.000 Kronen, das Jahreseinkommen von 24 Arbeiterhaushalten, beliefen sich die Honorare für sechs gestickte Paneaux von Czeschka — ohne deren Ausführung. Gustav Klimt bekam für die Entwürfe eines Frieses für das Speisezimmer gar 100.000 Kronen.

Die Bemerkung von Morris, daß das Schöne nicht billig sein könne, ist hier ad

*Einblick in die Wiener Werkstätte, 1903. Oben: Die Silberwerkstätte. Unten links: Der Zeichensaal des Baubüros. Unten rechts: Die Metallwerkstätte.*

**Riemerschmid und Muthesius**

absurdum geführt: das war kein „vernünftiger Komfort" mehr, sondern, gerade in der raffinierten Schlichtheit seiner Innendekoration, der Luxustempel einer dem Untergang geweihten Gesellschaft. Den „schweinischen Luxus der Reichen" hatte dies Morris in Anfällen auch von Selbsthaß genannt.

Szenenwechsel, München 1895. Der junge Kunstmaler Richard Riemerschmid, von der Idee des Gesamtkunstwerks beseelt und frischverheiratet, wollte seiner Frau eine Wohnung einrichten und fand keine geeigneten Möbel — keine, die seinen an „The Studio" orientierten Vorstellungen entsprochen hätten. Morris' Vorbild ermutigte ihn, sich kurzerhand im Möbeldesign zu versuchen. Zeichnerischer Ausgangspunkt waren gotische Möbel im Bayerischen Nationalmuseum, zusätzliche Anregungen gaben Entwürfe von Morris und Ashbee, eigene „floral-dekorative Ornamentzutaten" kamen hinzu, und so entstand Riemerschmids erste Wohnungseinrichtung, handmade.

Wie viele progressive Künstler hat sich Riemerschmid später von diesen ersten Versuchen distanziert, doch die Orientierung am Volkstümlich-Handwerklichen, das an Morris geschulte „Aufzeigen von Konstruktion und Materialcharakter" (Nerdinger) blieben bestimmende Merkmale seiner Arbeiten. Noch im selben Jahr 1895 entwarf er, entschlossen, sich mit höchster Konzentration jeder neuen Aufgabe zu widmen, auch kunstgewerbliche Gegenstände. In ihren floral bewegten Formen bildeten sie, zusammen mit den Arbeiten Hermann Obrists und Otto Eckmanns, den Beginn des Münchener Jugendstils. Riemerschmids frühe Möbelarbeiten, beispielsweise das 1887 auf der Glaspalastausstellung gezeigte Buffet aus Eibenholz, weisen eine verblüffende Ähnlichkeit mit Morris' ersten eigenen Entwürfen auf; nun werden solche Möbel als „Jugendstil", als „echt deutsche Kunst" und gar als „Linienkunst mit altgermanischer Ornamentik" beschrieben.

„Nutzkunst" sollten diese Möbel und andere Gegenstände der Innendekoration in mancherlei Hinsicht werden. Anständige Möbel für den gemeinen Mann, „von einfacher, würdiger Erscheinung, aber höchster Gediegenheit in Material und Ausführung" (H. Muthesius), das war die eine Seite. Andererseits galt es, den „nicht unbedeutenden Vorsprung der Franzosen und besonders der Engländer in der Möbelherstellung" — so ein Rundschreiben des Bayerischen Kunstgewerbevereins 1887 — in absehbarer Zeit einzuholen. Auch die stilbildende Wirkung der englischen Architektur zeitigte politisch-ökonomisches Interesse. So wurde der Architekt Hermann Muthesius 1896 bei der deutschen Botschaft in London attachiert, um die Entwicklung vor Ort genauer beobachten zu können. Erst nach sieben Jahren kehrte er, streitbarer und einflußreicher Reformer, mit dem Manuskript seiner Monographie „Das Englische Haus" zurück. Es ist dann 1905 erschienen und zeichnet die nach Morris einsetzende Umorientierung in der Arts & Crafts-Bewegung und die Verlagerung des Kunstzentrums von London nach Glasgow getreulich nach.

Hatte die Münchener Glaspalastausstellung 1887 die erste Ahnung eines „Kunstfrühlings" vermittelt, verstrickt zwar in Zwistigkeiten mit dem Münchener Kunstverein, doch auch begünstigt und beflügelt durch das publizistische Echo („Pan", „Jugend", „Deutsche Kunst und Dekoration", „Dekorative Kunst"), so kam es elf Jahre später zur Gründung der „Vereinigten Werkstätten", und wiederum stand William Morris Pate.

Richard Riemerschmid, Hermann Obrist, Bernhard Pankok und Bruno Paul hatten diese Form der Zusammenarbeit mit einem ausführenden Werkstättenbetrieb,

der auch den Verkauf organisierte, angestrebt, „um ihre Produkte neuen Stils produzieren und absetzen zu können". Die Produktpalette umfaßte „alle Gegenstände des täglichen Lebens", und denen wollten die Künstler „ihren Erneuerungsgedanken aufprägen und eine Einheit im Leben und Wohnen, zwischen Mensch, Natur, Kunst und ihren Produkten schaffen".[33]
Als in den Sozialistischen Monatsheften im Hinblick auf den Firmennamen die leise Hoffnung geäußert wurde, daß in den Werkstätten auch sozialistische Prinzipien Raum hätten, wurde wieder abgewiegelt: zwar gehöre die neue Kunst dem Sozialismus, sie werde aber erst wirksam, wenn die kapitalistische Form der Anwendung von Maschinen überwunden sei (so Julian Marchlewski, ein Freund Rosa Luxemburgs, 1901 in der „Neuen Zeit"). Das mochte nach Morris'scher Rhetorik klingen, Morris' Geist war das nicht. Statt der sozialistischen Öffnung bot sich allenfalls eine soziale: die „Dresdener Werkstätten", von Karl Schmidt wenig später gegründet, bemühten sich stärker noch als die Münchener, aus der Sphäre des Luxus herauszukommen. Allein Riemerschmid mutierte vom Jugendstil zur „Volkskunst", er zielte bald auf das seriell zu Produzierende und Preiswerte (das Arbeiterwohnzimmer kostete bei ihm 380 Mark).

Unter den direkten Einfluß der Arts & Crafts-Bewegung geriet ein deutscher Enkel der Queen Victoria, der Großherzog Ernst Ludwig von Hessen, bei Regierungsantritt 1892 ganze 23 Jahre alt. Seine Mutter Alice hatte am Darmstädter Hof den englischen Lebensstil eingeführt, und zwar so gründlich, daß sie am 17. März 1866 ihrer königlichen Mama brieflich vermelden konnte: „We are comfortably established here, and I can't fancy I am in Germany, the house and all its arrangements being so English."[34]
1897 ließ der junge Großherzog, früh der Eltern beraubt, ein Frühstücks- und Empfangszimmer im Darmstädter Neuen Palais von dem englischen Architekten Baillie Scott ausstatten. Er bekannte sich damit zur Kunstrichtung des „Studio", und es war das erste Mal, daß ein Repräsentant der englischen Reformbewegung einen so wichtigen Auftrag in Deutschland erhielt. C. R. Ashbee scheint als Vermittler tätig gewesen; er ließ die von Scott für das Empfangszimmer entworfenen Möbel in seinen Gilden-Werkstätten ausführen, während die Stücke für das Frühstückszimmer in der Glückert'schen Möbelfabrik angefertigt wurden.
Die Verwunderung der Engländer über das Auftreten des Darmstädter Emissärs war beträchtlich: „Die Verbeugungen und Kratzfüße des teutonischen Herrpalasthochbeamtenraths waren herrlich komisch, und als er feststellte, daß die Türangeln vergessen worden waren, schlug er sich vor den Kopf, als fürchte er, er werde ihm abgehauen, und rief: ‚Du lieber Gott! Noch nicht beschtellt! Oh weh, oh weh!'" (aus einem Brief Ashbees im September 1897 an seine Verlobte).[35]
Die Gestaltung aller Details durch den entwerfenden Architekten selbst entsprach recht genau der Art und Weise, wie auch die „Firma" ihren Auftrag für das englische Königshaus abgewickelt hatte. Daß er seine Dekorationen und Möbel in den Rahmen eines Neorenaissance-Baus einpassen mußte, scheint Scott nicht sonderlich gestört zu haben. Bei dem Entwurf eines Sessels orientierte er sich sogar an Motiven der Gralssage, dargestellt auf einer Abfolge von Teppichen, die Morris und Burne-Jones in Merton Abbey für Stanford Hill gewebt hatten. Es war ein Stuhl der Art, wie ihn beide Freunde in ihrer Londoner Bohèmewohnung um sich hatten, was damals Rossetti zu der Bemerkung veranlaßte, er sähe so aus, als werde König Barbarossa gleich darin Platz nehmen.

Darmstadt

Anfang 1899 kamen Ashbee und Scott nach Darmstadt. Dieser Besuch trug viel dazu bei, den Großherzog Ernst Ludwig mit dem Kunst- und Lebensgefühl eines William Morris, eines Walter Crane näher bekannt zu machen. Ob er deren Ideen ganz zu teilen vermochte, ist mit Fug zu bezweifeln. So hatte Walter Crane 1896 kompromißlos festgestellt: „Wahre Kunst ist, indem sie sich innig dem Rhythmus des Alltagslebens anschmiegt, ein reines Produkt des Sozialismus. Die Nutzung ihrer Ideen für volkswirtschaftliche Ziele oder gar zur Repräsentation imperialistischer Ansprüche bedeutet die totale Perversion ihrer ideellen Grundhaltung."[36]
Genau die hier angesprochene „Nutzung" spielte aber dann drei Jahre später in Darmstadt eine nicht unwichtige Rolle. Angeregt auch durch die neuen Werkstätten in Wien, München und Dresden, berief der Großherzog sieben Künstler und beauftragte sie mit einer Ausstellung fertiger, komplett eingerichteter Häuser („also frisch drauf los und Mut, dazu reine Farben und klare Formen").[37] Der Großherzog stellte seinen Park auf der Mathildenhöhe, dem schönsten Fleck Darm-

*Peter Behrens' „Haus des Künstlers". Erbaut zur Ausstellung der Darmstädter Künstler-Kolonie auf der Mathildenhöhe, 1901.*

stadts, der Künstler-Kolonie zur Verfügung. Hier bzw. in den Ateliers im Prinz-Georgs-Palais werkelten neben Olbrich und Behrens die Maler Hans Christiansen aus Paris und Paul Bürk aus Elberfeld, der Bildhauer Bosselt aus Brandenburg, der Innenarchitekt Patriz Huber, ein geborener Stuttgarter, und der Darmstädter Bildhauer Ludwig Habich. Es entstanden das Atelierhaus und das vielgerühmte Haus Olbrich, das Haus Behrens als eine architektonische Erstlingstat, das Haus Habich, Christiansens „Villa in Rosen" und das Haus Glückert. Die Ausstellung der Künstler-Kolonie zu Darmstadt 1901 wurde ein großer Erfolg. „Was die Besucher nun mitnehmen", notiert der Hamburger Kunstpädagoge und Museumsexperte Alfred Lichtwark in einem Reisebrief, „ist eine neue Idee von Haus. Kommen sie in ihre Wohnung, so werden sie den ungeheuren Abstand fühlen, werden sich sehnen, werden fragen und werden hören, daß diese neuen Häuser mit all ihrer Traulichkeit, all ihrem Komfort und all ihrem Behagen billiger sind als die haarsträubende Banalität, in der sie sich faute de mieux bisher wohlgefühlt haben."[38]

Künstler-Kolonie

*Widmungsblatt Peter Behrens' aus seiner Schrift „Feste des Lebens und der Kunst", Leipzig 1900.*

Sich selbst zur Feier

Bei aller Traulichkeit war die Darmstädter Künstler-Kolonie vom Großherzog ins Leben gerufen worden, um „einen Weg" aufzuzeigen, „der auch Deutschland, insbesondere sein Hessenland, zu einer glücklichen Entfaltung seiner schöpferischen Keime und Gaben" führen sollte. Ein Hundsfott, der etwas Schlimmes dabei denkt, wenn es gilt, „die werbende Kraft des deutschen Volkes" zu heben und einem Ruf zu folgen, „der immer lauter und dringender ertönt, je weiter die Machtstellung des Deutschen Reiches an allen Meeresküsten sich ausbreitet".[39]
Daß sein Bestreben, Kunst und Gewerbe zu verschwistern, in erster Linie den wirtschaftlichen Aufschwung im Auge hatte, hat der Großherzog bei dieser Rede zur Grundsteinlegung des Ernst-Ludwig-Hauses deutlich bekundet. Die Arts & Crafts-Bewegung wird zwar adaptiert, jedoch ihrer sozial-kritischen Motivation beraubt. „Wirtschaftspolitische Interessen", so Hanno Walter Kruft in seinem Aufsatz über Arts & Crafts und den Jugendstil, „gingen mit einem sich selbst zelebrierenden ästhetischen Kult eine schillernde Verbindung ein".[40] Der Ausstellungskatalog von 1901 bezeichnet das Atelierhaus als das „Haus der Arbeit". Kunst wird hier, durchaus im Sinne von Morris, als eine nützliche Tätigkeit, als Arbeit begriffen. Zugleich jedoch wird Arbeit, von Künstler-Priestern vollbracht, zu „erhebendem Thun" stilisiert. „Wir sind geweiht und vorbereitet für die große Kunst der Weltanschauung"[41], ließ Peter Behrens verlauten. William Morris hätte ihm wohl verständnislos zugehört.
Im Hinblick auf die gewerbe- und exportfördernden Absichten des fürstlichen Mäzens und im Vergleich mit den eher maschinenfeindlichen Tendenzen bei Morris und den Künstlern der Arts & Crafts-Bewegung ist die Frage, wie denn die Künstler-Kolonie das Verhältnis von Handwerk und Maschinenwelt sah, durchaus naheliegend. Vertraut man der Darstellung im Darmstädter Ausstellungskatalog, so ist das nicht zu leugnende Problem durch die weise Voraussicht des Landesvaters inzwischen optimal gelöst. „Der Handwerker kann unmöglich konkurrieren mit der Fabrik, wenn er nur schablonemäßige Schleuderware fertigt: hierbei muß er wirtschaftlich und geistig zugrundegehen. Andererseits läßt sich aber auch das Rad der Entwicklung nicht rückwärts drehen und etwa das Emporblühen unserer Industrie zugunsten des Handwerks beschneiden. Wenn dem Handwerk geholfen werden soll, so kann es nur auf dem Weg geschehen, den uns die Hand des Landesherrn gewiesen hat. Der Handwerker muß durch künstlerische Erziehung und künstlerische Vorbilder angeleitet werden, persönliche Arbeiten, in denen Intelligenz, Geschmack, eigene Ideen und möglichst volkstümlicher Geist zum Ausdruck kommen, zu leisten. Das kann die Maschine nicht."[42]
Genau das war die Frage. Nicht nur in der Darmstädter Künstler-Kolonie, sondern auch in den verschiedenen um diese Zeit gegründeten Werkstätten in Wien, München, Dresden und anderswo stieß man auf ein Problem, für das schon Morris keine Lösung gefunden hatte, das aber inzwischen augenscheinlicher geworden war.
Während die Industrie den Massenbedarf mit billiger, freilich teilweise schundhafter Ware befriedigte, wurden die Kunsthandwerker oder die mit dem Handwerk zusammenarbeitenden Künstler, die darauf beharrten, in die von ihnen hergestellten alltäglichen Gegenstände Schönheit mit einzubringen, durch ihre höheren Preise zu Produzenten für eine Elite, die den Gegenstand dann nicht selten auch noch als Fluchtwelt vor einer häßlichen Wirklichkeit benutzte.
Nicht Öffnung der Kunst zum Alltag hin, sondern Isolation eines durch Kunst geheiligten Raumes gegen den Alltag war die Konsequenz.

Maschinenwelt

Diejenigen, die eine solche Entwicklung kritisch beobachteten und darüber nachdachten, wie sie zu überwinden sei, begannen ein neues Zutrauen in die stil- und formbildende Kraft der Maschinen zu zeigen. So hatte Henry van de Velde (geb. 1863 in Antwerpen), damals noch ein Feuerkopf, der sich mit Stirner und Nietzsche, Krapotkin und Tolstoi auseinandersetzte und sich an der Vorstellung berauschte, wie ein Einzelner (Morris!) sich der ganzen Häßlichkeit der Welt entgegenstemmt, zur „Säuberung der Kunst" aufgerufen: „Denn die Maschinen — das ist klar — werden später einmal all das Elend wieder gutmachen, daß sie angerichtet haben. Durch das mächtige Spiel ihrer Eisenarme werden sie Schönes erzeugen, sobald die Schönheit sie leitet."[43]

Und Frank Lloyd Wright hatte 1900 im fernen Chicago verkündet: „In der Maschine liegt die einzige Zukunft für Kunst und Fertigkeit"; nur Maschinen seien imstande, „die hohen Ideale der Kunst, höher als die Welt es bisher gesehen, fruchtbar zu machen".[44] Für Städteplaner wie ihn bricht die Maschine Bahn für die Demokratie.

*Das Arbeitszimmer von Alexander Koch, dem Verleger der Zeitschrift „Deutsche Kunst und Dekoration". Entwurf und Gestaltung: Peter Behrens und Henry van de Velde.*

„Wecker im Sonnenglanz"

*„Maschinenmöbel", entworfen von Richard Riemerschmid. Deutsche Werkstätten für Handwerkskunst, Dresden (später Hellerau) 1906.*

In der Diskussion über den Einfluß der Produktionsmittel auf die Ästhetik der Produkte gelangte man in Darmstadt nicht wesentlich über die Positionen des Ausstellungskatalogs „Ein Dokument deutscher Kunst" hinaus. Die Kunstausübenden waren hierarchisch gruppiert — hier der angestrengte, maschinelle Hilfen eher entbehrende Handwerker, dort der anleitende Künstler —, und sein Amt war ein feierliches. Nirgends wird das deutlicher als in der Festansprache von Peter Behrens, die in ihrer Hochgestimmtheit der großherzöglichen Rhetorik nur zu genau entspricht: „Jede Lebenstätigkeit soll im Geist unserer Zeit Schönheit geben und alles, was zum Leben gehört, soll Schönheit empfangen. So wird uns die Schönheit wieder zum Inbegriff der höchsten Macht, zu ihrem Dienst entsteht ein neuer Kult. Ihm wollen wir ein Haus errichten, eine Stätte, an der sich zur Weihe unseres Lebens alle Kunst feierlich entfaltet. Wir wollen lachend leben in unserer hellen Zeit. Wir haben unsere Träume vergessen, wir sind erweckt, erwacht. Heil Dir, Wecker im Sonnenglanz."[45]

Wer noch im unklaren ist, ob ein solcher Redner eher der Fidus-Gruppe oder dem Kreis um Stefan George zuzurechnen sei, wird sich wundern zu vernehmen, daß der gleiche Mann sechs Jahre später einer der Begründer des Deutschen Werkbundes, Chefdesigner der AEG und 1909 Gestalter ihrer Turbinenfabrik gewesen ist. Das Darmstädter Pathos sollte nicht lange vorhalten, auch fand man sich bald in den Niederungen künstlerischer Zwistigkeiten, zudem auch in Querelen mit der Hofbürokratie, wieder: die Künstler-Kolonie bröckelte ab, bereits 1903 ging Behrens als Leiter an die Kunstgewerbeschule in Düsseldorf, Bürck übernahm einen Lehrauftrag in Magdeburg, Olbrich starb 1908 an Leukämie. Was von der Kolonie schließlich blieb, war ein Lehratelier für angewandte Kunst, das des früheren „Luxuscharakters der Kunstplantage"[46] entbehrte.

Darmstadt rief ein Gegenmodell auf den Plan, das Kohleninsel-Projekt in München. Dort, inmitten der Isar, sollte eine Siedlung entstehen, die nach dem Wunsch ihres Konzeptors Theodor Fischer weder „Fluchtstätte für stadt- und kulturmüde Naturapostel, noch eine Künstlerakropolis zur Zelebrierung nietzscheanischen Schönheits- und Leibeskultes" werden sollte. Gedacht war, wohltuend bescheiden, an „eine kleinstädtische Anlage mit gesunder ländlicher Kultur, die in einem Volkshaus kulminieren sollte".[47]

Verbindungslinien bestanden zu Riemerschmid und Friedrich Naumann, dessen „Nationalsoziale Partei" sich eine Lösung der sozialen Frage durch freiwillige Reformen des aufgeklärten Großbürgertums versprach. Die Tugenden der Handarbeit mit den Vorteilen der Maschinenproduktion zu verbinden — das war gewissermaßen die neue Problemstellung. Morris hatte das Fabrikwesen in seinem brutal-frühkapitalistischen Stadium erlebt. Unterdessen war — in Deutschland eher als in England — die industrielle Entwicklung rasch fortgeschritten, bis hin zur Monopolindustrie. Diese veränderte Produktionslage war es auch, die Männer wie Naumann die Hoffnung hegen ließen, man könne die Vorstellung vom Klassenkampf endgültig als überholt abtun. „Die Hilfe" hieß Naumanns publizistisches Forum, ein junger Redakteur namens Theodor Heuss arbeitete mit. Riemerschmid galt als Gesinnungsgenosse. Er entwarf zu der Zeit Wohnzimmer für den minder begüterten Mittelstand, fand dann zu einem Maschinenmöbelprogramm, das die zweckmäßige Gestaltung von Arbeiterwohnungen ebenso erlaubte wie die von Studentenbuden oder auch Arbeitszimmern für Fabrikdirektoren. „Wir saßen auf Riemerschmid, wir aßen auf Riemerschmid, schliefen in Riemerschmid und lebten in Freundschaft mit ihm" (Theodor Heuss).[48] Dieser Künstler war auf dem besten Wege, in Deutschland eine Demokratisierung der Schönheit zu wagen.

Handarbeit und Maschineneinsatz

Nur mit der Kohleninsel-Siedlung wurde es nichts. Das Triumvirat des künstlerischen Establishments — Seidl, Seitz und Lenbach — hatte es dank seiner Beziehungen zum bayerischen Königshaus und den Behörden zu Fall gebracht. Statt dessen baute Seidl auf der Isarinsel das „Deutsche Museum". Der Erfolg der „Vereinigten Werkstätten" wuchs; sie weiteten sich rasch zu einer Industrie aus, was auch ihre Umwandlung in eine Aktiengesellschaft zur Folge hatte. Ende 1902 kam es zu einer engeren Zusammenarbeit Riemerschmids mit dessen späterem Schwager, dem Leiter der Dresdener Werkstätten Karl Schmidt. Immer dringlicher stellte sich die Frage nach dem Verhältnis von Kunsthandwerk und Massenproduktion, von manueller Herstellung und Maschineneinsatz. Hermann Muthesius skizzierte in einer Studie „Stilarchitektur und Baukunst" (1902) die Wandlungen der Architektur und der gewerblichen Künste während der letzten dreißig Jahre. Gerade in intimer Kenntnis der Morris'schen Position, der seinerzeit an den Arbeitsmethoden der manuellen Fertigung festgehalten und den Künstler angesichts einer übermächtig werdenden industriellen Produktionsweise fast in die Isolation getrieben hatte, redete er der Maschine als Werkzeug das Wort: „Sie braucht weder notwendigerweise unkünstlerisch, noch unsolid zu produzieren. Der menschliche Geist denke nur die Formen aus, die sie leisten kann, und diese werden, sobald sie logisch aus den Bedingungen der Maschine entwickelt sind, auch das sein, was wir getrost künstlerisch nennen können. Sie werden vollauf befriedigen, sobald sie eben nicht Falsifikate von Handarbeit, sondern typische Maschinenformen sind. Das Zweirad, die Arbeitsmaschine, die Eisenbrücke geben hier Fingerzeige."[49]

1904 gibt Friedrich Naumann diesem Gedanken eine politische Wendung. Wenn Deutschland, so der Tenor seiner Schrift „Die Kunst im Zeitalter der Maschine", seine Stellung auf dem Weltmarkt erhalten wolle, müsse durch Maschinenarbeit ein „deutscher Volksstil" entwickelt werden.

Der Wind blies den Engländern wieder ins Gesicht, und W. R. Lethaby, Architekt, Designer und Master der „Art Workers' Guild", stellte das in einem Vortrag vor der neugegründeten „Design and Industries Association" auch unumwunden fest. Die Arts & Crafts-Bewegung sei ein typisch englisches Gewächs gewesen, sie habe bei aller Extravaganz und gelegentlicher Affektiertheit viele Ideen hervorgebracht;

**Gründung des Deutschen Werkbundes**

„nicht wenige sind von unseren ausländischen Rivalen aufgegriffen und weiter entwickelt worden". Bedauerlicherweise hätten die Hersteller auf dem Kontinent viel von der Arts & Crafts-Bewegung gelernt — bloß die englischen Industriellen nicht. „Die großen Fabriken hier haben keine Möglichkeit gesehen, diese Experimente für die größeren Dimensionen einer Maschinenindustrie zu nutzen. Genau dies aber haben unsere ausländischen Konkurrenten getan."[50]

In der Tat hatte sich in diesen Jahren deutsches Kunsthandwerk zur Werkkunst verwandelt. Für die Dresdener Werkstätten hatte Riemerschmid sein Maschinenmöbelprogramm entworfen: gestuft erhältlich in drei Einrichtungen, zum Preis von 570, 1.195 und 2.630 Mark. In aller Öffentlichkeit konnte Hermann Muthesius als Vertreter der Industrie- und Handelskammer Berlin das deutsche Kunsthandwerk davor warnen, sich rückwartsgewandt an alten Stilen zu orientieren. Das war 1907 bei der Eröffnung der Handelsschule in Berlin, im Jahr auch der Gründung des Deutschen Werkbundes.

Natürlich gab es Stimmen, die solche Äußerungen als „kunstfeindlich" heftig kritisierten, und auch einige, die Muthesius' Abberufung forderten. Es kam zu einer klärenden Aussprache, unter Teilnahme von Vertretern der verschiedenen Werkstätten und der Kunsthandwerk-Industrie. Der Besteckfabrikant Peter Bruckmann meldete sich zu Wort: „Sie schießen mit Pfeilen nach der Sonne. Ich behaupte nicht, daß Herr Muthesius die Sonne ist. Die Sonne ist die moderne Entwurfskunst (Design), die nicht nur die Mode befreien, sondern wesentlich für unsere Arbeit und unsere Kultur sein wird."[51] Diese Diskussion und das Votum der Mehrheit zugunsten eines „Zeitstils" trug zur baldigen Gründung des Deutschen Werkbundes am 5.10.1907 in München bei, in dem sich zwölf Künstler (unter anderem Peter Behrens, Theodor Fischer, Josef Hoffmann, Hermann Muthesius, Joseph Maria Olbrich, Bruno Paul, Richard Riemerschmid, Fritz Schumacher) und ebensoviele Industrielle, darunter Peter Bruckmann, der Verleger Eugen Diederichs, die Brüder Klingspor und die Kunstdruckerei Künstlerbund Karlsruhe, zusammenfanden. Die Firmenchefs hatten sich als ebenso kunstsinnig wie die Designer als organisationsgeübt erwiesen. Theodor Fischer, dem Mitbegründer der Münchener Werkstätten, waren schon seit 1890 die Stadterweiterungspläne anvertraut worden; Bruno Paul leitete seit kurzem die Berliner Kunstgewerbeschule; Fritz Schumacher, ebenfalls früh schon durch Architekturprojekte und geschichtliche Analysen an der Erneuerungsbewegung beteiligt, hatte die Große Deutsche Kunstgewerbeausstellung zu Dresden 1906 geplant und geleitet.

Der Werkbund hatte sich die „Veredelung der gewerblichen Arbeit im Zusammenwirken von Kunst, Industrie und Handwerk" zum Ziel gesetzt, sowie die Koordinierung aller „Anstrengungen, die unternommen werden, um Qualität zu erzielen, die bei Industrieunternehmen erkennbar sind"[52]; Qualität der Produkte war das oberste Gebot, die Mitglieder konnten, sofern sie bestimmte Qualitätsnormen verletzten, aus dem Bund ausgeschlossen werden. Nur was im Einzelnen (Individuellen) und was im Prinzipiellen unter Qualität zu verstehen sei, darüber entbrannten bald heftige Diskussionen. Naumann vertrat die Ansicht, der Werkbund könne zwar bemüht sein, das offensichtlich Schlechte auszuscheiden, dürfe aber keinen besonderen Stil propagieren. Entscheidend sei das Verständnis für Material und Funktion — ein Gedanke, an den das Programm des Bauhauses später anknüpfte. Riemerschmid redete einem „gewachsenen Stil" das Wort, Muthesius einer „Veredlung der deutschen Arbeit". Typisierung war für Muthesius die Voraussetzung für Universalität und diese wiederum charakteristisch für „ein Zeitalter mit einer harmonischen Kultur".[53] Henry van de Velde, bereits seit 1902 in Weimar als Leiter der Großherzoglichen Sächsischen Kunstgewerbeschule tätig, trat entschieden dafür ein, sich dieser Forderung nach Typisierung zu widersetzen. In dem von Muthesius vorgezeichneten Weg, die deutschen Waren zu veredeln und so zu ihrer Geltung auf dem Weltmarkt beizutragen, sah er einen Verrat an den Intentionen der Kunst. Nie sei qualitativ Hochwertiges aus einer materialistischen Zielsetzung heraus entstanden: „Glas von Tiffany, Kopenhagener Porzellan, Jensens Silber und die Bücher von Cobden-Sanderson waren nicht zum Export bestimmt."[54] Und sie seien einfach deswegen nach Deutschland gelangt, weil es immer und überall eine Nachfrage nach qualitativ hochstehenden Produkten gebe.

Die nationale Tat

Nach einem Jahrzehnt zumeist erfolgreicher Werkbundpolitik wurde die imperiale Ideologie der Gründergestalt Hermann Muthesius' offenkundig. In einer Studie „Handarbeit und Massenerzeugnis" (1917) legte er dar, auf dem Weltmarkt könne man die Produzenten und Händler anderer Völker nur dadurch aus dem Felde schlagen, daß man sich als der gediegenere Produzent und als der ehrlichere Händler erweist. „Das ist der zentrale Punkt der Werkbundanschauung, wenn man will, sein zentraler Irrtum, die falsche Basis des wilhelminischen Kompromisses, dessen entschiedenster Vertreter der Werkbund gewesen ist" (Julius Posener).[55]
Das Wesen dieser Politik war, die Ausschaltung der Konkurrenz aller gegen alle und damit die Entwicklung zu großen monopolistischen Zusammenschlüssen zu fördern. Welche sozialen Implikationen hatte dies, wo blieb Morris (als dessen Bewunderer der Geheimrat Muthesius einmal begonnen hatte)? „Die Abhängigkeit von einem großen Unternehmen, die Notwendigkeit der Eingliederung in einen großen Betrieb macht er (der Arbeiter) wett durch ein gesteigertes Gemeinschaftsgefühl mit seinen Genossen..."[56] Hier ist alles andere als ein proletarisches Bewußtsein angesprochen: „Volksgemeinschaft" scheint durch, das Arbeiten an der großen gemeinsamen Sache. Wofür bei Morris der Sozialismus steht, steht hier die nationale Tat; selbst der junge Walter Gropius ist vor solcher Gläubigkeit nicht gefeit.
Auf die alte Morris-Frage, wie man dem arbeitenden Menschen die Freude an der Arbeit wiedergeben könne, weiß Muthesius 1917 eine seltsame Antwort: „durch die Freude an der Maschine, die er bedient". Sein Arbeiter ist vom Maschinensklaven, der er war, zum Techniker avanciert: „Es ist sicherlich nicht ganz uninteressant, eine feinsinnige Maschine zu behandeln, sie zu ihren bewunderungswürdigen Leistungen anzuhalten."[57] So die äußerst schwache Begründung eines Ethos der Maschinenarbeit, die sich auf den Grundgedanken, daß sie volkswirtschaftlich ausschlaggebend ist, reduzieren läßt.
Auf die ebenso hartnäckige Morris-Frage, „wie man den Arbeiter zum wahren Produzenten der Gegenstände machen könne, denen seine Arbeit gehört, weiß Muthesius, weiß der Werkbund keine Antwort".[58] Mit Recht läßt sich zurückfragen, gibt es hierauf überhaupt eine — reale, praktizierbare — Antwort? Ein Problem, das weder im kapitalistischen noch im marxistisch-sozialistischen Gesellschaftssystem bisher überzeugend gelöst wurde, das sich aber mit neuer Dringlichkeit heute wieder stellt.
Gegenstände, *zweckmäßig* und *schön*, ließen sich mittels Maschinen herstellen: zwei Jahrzehnte Kunsthandwerk in Deutschland hatten den Beweis erbracht. Die Entfremdung des Handwerkers von seinem Handwerk, von Morris so scharf wahrgenommen, hatte sich durch Maschineneinsatz eher verstärkt. Die Gefahr einer

Bauhaus

Vereinnahmung des Künstlers durch die Industrie, vor der besonders van de Velde immer wieder gewarnt hatte, blieb; hinzu kam, zumal in Kriegszeiten, die Tendenz, alle Kunst unter die Botmäßigkeit politischer Zielsetzungen zu stellen.
Erst das Ende des Weltkrieges ermöglichte einen Ansatz zu freier künstlerischer Gestaltung, bei Wahrung ihres gesellschaftlichen Bezugs: das Bauhausprogramm. „Bilden wir also eine *neue Zunft der Handwerker* ohne die klassentrennende Anmaßung, die eine hochmütige Mauer zwischen Handwerkern und Künstlern errichten wollte! Wollen, erdenken, erschaffen wir gemeinsam den neuen Bau der Zukunft, der alles in *einer Gestalt* sein wird: Architektur *und* Plastik *und* Malerei..."[59] Hier war die implizit sozialistische Perspektive wieder eröffnet, was dem Bauhaus prompt den Vorwurf eintrug, es sei eine Zelle der „bolschewistisch-spartakistischen Partei". Vierzehn Jahre hatte diese einzigartige Institution der bildenden Künste Zeit, sich in der Spannung zwischen Idee und Wirklichkeit zu behaupten, sich produktiv zu verändern; am 10. April 1933 umstellten SA und Polizei das provisorisch in einer alten Fabrik in Berlin-Steglitz untergebrachte Bauhaus; Studierende wurden inhaftiert, alle Räume versiegelt.

Ein Kontinuum an Ideen, Personen, auch Institutionen war bei der Gründung des

*bauhaus manifest 1919. Programmatische Erklärung von Walter Gropius und Holzschnitt von Lyonel Feininger.*

„Staatlichen Bauhauses in Weimar" unübersehbar. Das Fundament bildeten die Großherzoglich Sachsen-Weimarische Hochschule für bildende Kunst und die Großherzogliche Gewerbeschule (die gleiche, die Henry van de Velde bis 1915 geleitet hatte). Walter Gropius, der Begründer des Bauhauses und sein Direktor, war als Dreißigjähriger Mitarbeiter von Peter Behrens gewesen, hatte sich durch Beiträge in den Jahrbüchern des Deutschen Werkbundes hervorgetan. Liest man sein Manifest von 1919 aufmerksam durch, fallen z. T. wörtliche Entsprechungen zu William Morris auf — freilich transponiert in eine andere Zeit.

Sein erster Appell: Die alten Kunstschulen, die die Einheit des künstlerischen Baugedankens nicht herbeizuführen vermochten, müssen wieder in die *Werkstatt* aufgehen. Erst durch bewußtes Mit- und Ineinanderwirken aller Werkleute füllen sich ihre Werke wieder mit architektonischem Geist.

„Architekten, Bildhauer, Maler, *wir alle müssen zum Handwerk zurück!"* Das ist der zweite Gedanke. Und ein dritter: die Kunst muß *ins Volk* dringen (Gropius' Beitrag in „Ja! Stimmen des Arbeitsrates für Kunst in Berlin", 1919).[60]

Ziele und Geschichte des Bauhauses enthalten eine Aufforderung, die auch von dem Werk und der Ideenwelt des William Morris ausgeht: Schönheit als einen kreativen Prozeß aufzufassen, der dialektisch bestimmt ist durch künstlerischen Formwillen und die Verantwortung für menschenwürdige gesellschaftliche Verhältnisse.

So ist Morris, noch nach den hundert Jahren seiner Wirksamkeit, ein permanenter Stachel. Rückhaltlos sein Einsatz für seine Lebensidee; von ihm geht heilsame Unruhe aus.

Schönheit als kreativer Prozeß

# Anhang

Zeittafel

| | |
|---|---|
| 1834 | 24. März. Geboren in Elm House, Clay Hill, Walthamstow. |
| 1840 | Familie zieht um nach Woodford Hall, Walthamstow. |
| 1847 | Tod des Vaters. |
| 1848–1851 | Familie zieht nach Water House, Walthamstow. William auf der Schule in Malborough. |
| 1853–55 | Studium am Exeter College, Oxford. |
| 1854 | Besuch in Belgien und Nordfrankreich: Amiens, Beauvais und Rouen. |
| 1855 | Schreibt seine ersten Gedichte. |
| 1855–56 | Gibt zusammen mit Edward Burne-Jones und anderen Freunden das „Oxford and Cambridge Magazine" heraus. Die erste Nummer erscheint im Januar 1856. |
| 1856 | Arbeit im Architekturbüro von G. E. Street, wo er Philip Webb kennenlernt. Zieht mit Burne-Jones nach London. Entscheidet sich Ende dieses Jahres unter dem Einfluß von D. G. Rossetti, den Architekten-Beruf aufzugeben und Maler zu werden. |
| 1857 | Schließt sich einer Freundesgruppe an, die in der Oxford Union Fresken malt. Trifft Jane Burden und malt sie als Isolde. |
| 1858 | Veröffentlichung von „The Defence of Guenevere and Other Poems". |
| 1859 | Heiratet Jane Burden. Beginn des Baus von Red House, Upton. Gründung der „Firma". |
| 1860 | Zieht in Red House ein. |
| 1861 | Beginnt das Troy-Gedicht (nicht beendet). Jane (Jenny) Morris geboren. |
| 1862 | Mary (May) Morris geboren. Die ersten Tapetenmuster. Die „Firma" stellt auf der „London International Exhibition of Art and Industry" aus. |
| 1865 | Umzug der „Firma" nach Queen Square, Bloomsbury. Morris verkauft Red House und zieht mit seiner Familie in eine Wohnung über die Geschäftsräume. |
| 1866 | Die „Firma" stattet den „Amoury and Tapestry Room" in St. James Palace aus. |
| 1867 | Veröffentlichung von „The Life and Death of Jason". Die „Firma" stattet den grünen Speisesaal im Victoria and Albert Museum aus. |
| 1868/70 | Veröffentlichung von „The Earthly Paradise". |
| 1868 | Beginnt mit den isländischen Übersetzungen (in Zusammenarbeit mit Eirikr Magnusson). |
| 1869 | „The Eybyggja Saga", „The Story of Grettir the Strong". |
| 1870 | Veröffentlichung der Prosa-Übersetzung der „Volsung Saga". Beginn seiner kalligraphischen Arbeiten. |
| 1871 | Mietet zusammen mit Rossetti Kelmscott Manor in Oxfordshire. Besucht zum ersten Mal Island. |
| 1872 | Umzug von Queen Square nach Horrington House, Turnham Green. Veröffentlichung von „Love is Enough". |
| 1873 | Reisen nach Italien und Island. |
| 1874 | Rossetti verläßt Kelmscott. Morris besucht mit seiner Familie Belgien. |
| 1875 | Auflösung der „Firma". Neugründung unter der Kontrolle von Morris. Er beginnt mit Färben und Weben. Veröffentlichung der „Three Northern Love Stories" und einer Versübersetzung der „Aeneid". |
| 1876 | In die Prüfungskommission der „School of Arts", South Kensington, berufen. Jennys Gesundheitszustand wird kritisch. Veröffentlichung von „Sigurd the Volsung and the Fall of the Niblungs". Erster Brief an die Zeitung in einer politischen Frage: „England und die Türken". Wird Schatzmeister der „Eastern Question Association". |
| 1877 | Verfaßt das Manifest „An die Arbeiter von England". Gründung der „Society for the Protection of Ancient Buildings" (Gesellschaft zum Schutz historischer Gebäude). Er hält seinen ersten öffentlichen Vortrag über dekorative Künste, später als Broschüre unter dem Titel „The Lesser Arts" veröffentlicht. Lehnt eine Berufung nach Oxford auf einen Lehrstuhl für Literatur an der Universität ab. Geschäftsräume der „Firma" in der Oxford Street eröffnet. |
| 1878 | Er schreibt den Text zu dem Lied „Wake, London, Lads". Besucht Italien. Zieht nach Kelmscott House, Hammersmith. Beginnt am Hochrahmen Teppich zu weben. |

Zeittafel

| | |
|---|---|
| *1880* | *Die „Firma" stattet den Thronsaal in St. Jame's aus.* |
| *1881* | *Die Werkstätten der „Firma" werden nach Merton Abbey in Surrey verlegt.* |
| *1882* | *Morris arbeitet für das „Iceland Famine Relief Committee" (Hungerhilfe für Island). Veröffentlichung eines Bandes mit Aufsätzen (Vorträgen) „Hopes and Fears for Art". Wird als Sachverständiger vor der Königlichen Kommission für das technische Bildungswesen gehört. Tod von Rossetti.* |
| *1883* | *Wird zum „Honorary Fellow" von Exeter College in Oxford ernannt. Tritt der „Democratic Federation" bei, die sich später in „Social Democratic Federation" umbenennt. Vortrag in Manchester über „Art, Wealth and Riches" und in Oxford über „Art and Democracy".* |
| | *Er liest das „Kapital" von Karl Marx in der französischen Ausgabe, erklärt sich als Sozialist. Er hält ständig politische Vorträge, in denen er für den Sozialismus agitiert. Er gehört nun dem Vorstand der „Social Democratic Federation" an. Er gründet die Hammersmith branch (Ortsverein) der „Social Democratic Federation". Er spricht auf Straßen und Plätzen und hält Vorträge in der Provinz. Spaltung der „Social Democratic Federation" (Dezember). Morris als Mitbegründer der „Socialist League". Gründung der Art Workers' Guild.* |
| *1885* | *Er gibt die Zeitschrift der Socialist League „Commonweal" heraus. Das Gedicht „The Pilgrims of Hope" erscheint dort in Fortsetzungen. Wird wegen der Störung einer Gerichtsverhandlung gegen Sozialisten festgenommen, aber freigesprochen.* |
| *1886* | *Kampf und Demonstration für die Redefreiheit. Strafe von einem Shilling. „Blutiger Sonntag". „A Dream of John Ball" erscheint in „Commonweal".* |
| *1887* | *„Blutiger Sonntag" (13. November). Trafalgar Square Demonstration wird von der Polizei auseinandergetrieben. Morris beteiligt sich an der „Law and Liberty League". Veröffentlichung einer Versübersetzung der „Odyssee". Morris verfaßt ein groteskes politisches Lehrstück mit dem Titel „The Tables Turned, or Nupkins Awakened". Gründung der „Arts & Crafts Exhibition Society".* |
| *1888* | *Veröffentlichung von „A Dream of John Ball" und „A King's Lesson" in Buchform. Band mit Vorträgen und Aufsätzen „Signs of Chance". — „The Roots of the Mountains", die erste aus der Serie der „prose romances" (Fantasy-Geschichten), erscheint. Vortrag über gotische Architektur. „Unter einem Ulmenbaum oder Gedanken auf dem Land". Der Text erscheint 1891 als Broschüre.* |
| *1890* | *Wird aus der Redaktion von „Commonweal" durch Anarchisten vertrieben. „News from Nowhere" erscheint weiter in Fortsetzungen in dieser Zeitschrift und 1891 in Buchform. Austritt aus der Socialist League.* |
| | *Die „Hammersmith branch" der Socialist League benennt sich in „Hammersmith Socialist Society" um. Gründung der Kelmscott Press. Schreibt „The Story of the Glittering Plain", die als erstes Buch der Presse 1891 erscheint.* |
| *1891* | *Die Kelmscott Press nimmt ihre Arbeit auf. Schwere Krankheit, von der sich Morris nie mehr vollständig erholt. Veröffentlicht „News from Nowhere" und seine gesammelten Gedichte „Poems by the Way". Band I der Saga Library.* |
| *1892* | *Morris verfaßt ein Vorwort zu der Kelmscott Press-Ausgabe von Ruskins „The Stones of Venice". Er lehnt eine Berufung als „Poet Laureat" ab (der Posten des Hofdichters ist durch Tennysons Tod vakant geworden).* |
| *1893* | *Morris veröffentlicht zusammen mit E. B. Bax einen Band mit Artikeln unter dem Titel „Socialism, Its Growth and Outcome". Er hilft mit, ein „Manifest of English Socialists" zu verfassen.* |
| *1894* | *Er veröffentlicht „The Wood Beyond the World". Wiederannäherung an die Social Democratic Federation.* |
| *1895* | *Er schließt, in Zusammenarbeit mit Magnusson, die Übersetzung der „Heimskringla" ab. „The Water of the Wondrous Isles" wird veröffentlicht, desgleichen seine Übersetzung des „Beowulf".* |
| *1896* | *„The Well at the World's End", begonnen 1892, und „The Sundering Flood" erscheinen. Letzte Ansprache in der Öffentlichkeit bei einer Versammlung der „Society for Checking the Abuses of Public Advertisment" (Gesellschaft gegen die Auswüchse des Reklamewesens). Beitrag zum 1. Mai für die Zeitschrift „Justice" kennzeichnet Morris' politischen Standpunkt. Die Chaucer-Ausgabe der Kelmscott-Press erscheint. Morris stirbt am 3. Oktober und wird in Kelmscott begraben.* |

Anmerkungen

## I. Annäherungen

[1] William Morris: Hopes and Fears for Art — Signs of Change, London 1902, S. 37.
[2] William Morris: Die Kunst und die Schönheit der Erde. Aus dem gleichnamigen Vortrag, gehalten am 13. Oktober 1881 vor Kunstgewerbeschülern in Burslem. Leipzig 1901.
[3] William Morris: Hopes and Fears for Art — Signs of Change, How we live and how we might live, a.a.O., S. 10.
[4] William Morris: Hopes and Fears for Art — Signs of Change, London 1902, S. 70.
[5] Rudolf Kassner: Die Mystik, die Künstler und das Leben — Über englische Dichter und Maler im 19. Jahrhundert. Leipzig 1900, S. 195.
[6] William Morris: Kunde von Nirgendwo, Reutlingen 1980, S. 207.
[7] William Morris: Hopes and Fears for Art — Signs of Change, London 1902, S. 35 ff.
[8] A. R. Dufty: Kelmscott — An Illustrated Guide, London 1977, S. 21.
[9] William Morris: Hopes and Fears of Art — Signs of Change, The Beauty of Life, a.a.O., S. 51 f.
[10] William Morris: Hopes and Fears for Art — Signs of Change, How we live and how we might live, a.a.O., S. 14 f.
[11] William Morris: Hopes and Fears for Art — Signs of Change, The Beauty of Life, a.a.O., S. 50.
[12] ebd.
[13] enthalten in dem Band William Morris: Hopes and Fears for Art — Signs of Change, a.a.O. „How I became a Socialist" erschien in „Justice", 16. Juni 1894.
[14] Genaueres dazu enthält Kapitel 15.
[15] William Morris: Hopes and Fears for Art — Signs of Chance, How we live and how me might live, a.a.O., S. 1 ff.
[16] Artikel in „Justice", 1. Mai 1896.
[17] William Morris in „Justice", 1. Mai 1896.
[18] zitiert nach Philip Henderson: William Morris — his life, work and friends, New York 1967. Aus dem Vorwort von Allan Temko.
[19] nach Roderick Marshall: William Morris and his Earthly Paradises, Tisbury, Wilshire 1979, S. 311.
[20] ebd.
[21] Oscar Wilde: Der Sozialismus und die Seele des Menschen, erschienen in der „Fortnightly Review" 1891. Deutsche Übertragung von Hedwich Lachmann und Gustav Landauer, Berlin 1904.
[22] Roderick Marshall, a.a.O., S. 311. Zitiert nach Meynell, Portraits, S. 162.

## II. Herkommen und Kindheit

[1] William Morris: Architecture, Industrial and Wealth, The Lesser Arts of Life, London, New York, Bombay 1902, S. 36.
[2] Jack Lindsay: William Morris — a biography, New York 1979, S. 5.
[3] Manchester Examiner, 14. März 1883.
[4] zitiert nach Jan Bradley: William Morris and his world, London 1978, S. 91.
[5] Brief vom 5. September 1883, zitiert nach William Morris: Selected Writings and Designs, Edited by Asa Briggs, Harmondsworth, Middlesex, England, 1962, S. 29.
[6] J. W. Mackail: The Life of William Morris, London u. New York 1899.
[7] ebd.
[8] Jack Lindsay: William Morris, a.a.O., S. 17.
[9] William Morris: „Under an Elm-Tree or Thoughts in the Countryside". Veröffentlicht in „Commonweal", 6. Juli 1889. W. M., Collected Works, ed. May Morris, Vol. II, S. 507-12.
[10] ebd.
[11] Brief vom 5. September 1883, a.a.O.
[12] Jack Lindsay: William Morris, a.a.O., S. 27f.
[13] ebd., S. 22 ff.
[14] ebd., S. 34 f.
[15] William Morris: Frank's Sealed Letter. In: „Oxford and Cambridge Magazine", April 1856, S. 225 ff.
[16] ebd.
[17] Asa Briggs: Victorian People, Hammondsworth, Middlesex, England 1982, S. 48.

## III. Kristallpalast oder die Waren als Wunder

[1] Walter Benjamin: Das Passagen-Werk, herausgegeben von Rolf Tiedemann, Erster Band, Frankfurt/Main, 1982, S. 46/47 u. S. 50.
[2] L. Simond, zitiert nach E. L. Woodward: The Age of Reform, Oxford 1938, S. 28.
[3] Karl Löwenstein: zitiert nach Hans-Christian Kirsch, England aus erster Hand, Würzburg 1969, S. 219.
[4] David Thompson: England in the Nineteenth Century, Harmondsworth 1950. Zitiert nach: Hans-Christian Kirsch: England aus erster Hand, a.a.O., S. 221.
[5] Gordon Craig: Europe since 1815, New York 1961, S. 117.
[6] ebd., S. 118 f.
[7] ebd., S. 122.
[8] zitiert nach Asa Briggs: Victorian Cities, Harmondsworth 1968, S. 313.
[9] ebd., S. 314.
[10] Gustave Doré u. Blanchard Jerrold: London.
[11] siehe dazu Asa Briggs: Victorian People, Harmondsworth 1965, darin das Kapitel „The Crystal Palace and the Men of 1851".
[12] ebd., S. 23.
[13] ebd., S. 24.

[14] *ebd., S. 44.*
[15] *Walter Benjamin: Das Passagen-Werk, a.a.O., Bd. 1, S. 46.*
[16] *Asa Briggs: Victorian People, a.a.O., S. 45.*
[17] *ebd., S. 49.*
[18] *ebd., S. 50.*
[19] *ebd., S. 50.*

## IV. Oxford — Kunst als Heilslehre und Protest

[1] *Brief vom 5. September 1883.*
[2] *Charles Dickens: Hard Times. zitiert nach Gordon Craig, Europe since 1815, a.a.O., S. 122 f.*
[3] *Georgiana Burne-Jones: Memorials of Edward Burne-Jones, Bd. 1, London 1904, S. 75.*
[4] *J. W. Mackail: The Life of William Morris, London 1901, Bd. 1, S. 35.*
[5] *Georgiana Burne-Jones: Memorials, Bd. 1, a.a.O., S. 71.*
[6] *zitiert nach Jack Lindsay: William Morris, a.a.O., S. 54 f.*
[7] *zitiert nach E. P. Thompson: William Morris — Romantic to Revolutionary, London 1977, S. 14.*
[8] *ebd., S. 15.*
[9] *Karl Marx/Friedrich Engels: Manifest der Kommunistischen Partei, London 1848, S. 54.*
[10] *Thomas Carlyle: Past and Present, Book III, Ch. 10.*
[11] *ebd., Book III, Ch. 2.*
[12] *ebd., Book III, Ch. 4 u. 12.*
[13] *Thomas Carlyle: Signs of Time. zitiert nach: The Victorian Prophets — A Reader from Carlyle to Welles, edited and with an Introduction by Peter Keating, Glasgow 1981, S. 47.*
[14] *ebd., S. 48.*
[15] *ebd., S. 63.*
[16] *William Morris: How I became a Socialist, a.a.O.*
[17] *ebd.*
[18] *J. W. Mackail: The Life of William Morris, a.a.O., Bd. 1, S. 464*
[19] *John Ruskin: The Stones of Venice, „The Nature of Gothic", para 12.*
[20] *ebd.*
[21] *ebd., para 21.*
[22] *Jack Lindsay: William Morris, a.a.O., S. 51.*
[23] *ebd., S. 50.*
[24] *zitiert nach Philip Henderson: William Morris, a.a.O., S. 27.*
[25] *ebd.*
[26] *ebd., S. 29. Bei anderer Gelegenheit soll Burne-Jones auch gesagt haben: „Je materialistischer die Wissenschaft wird, um so mehr Engel werde ich malen." Zitiert nach Frances Spalding: Burne-Jones und die Victorianische Malerei, Berlin 1979, S. 27.*
[27] *zitiert nach Philip Henderson: William Morris, a.a.O., S. 29.*
[28] *ebd., S. 31.*
[29] *Georgiana Burne-Jones: Memorials, a.a.O., S. 119. Rossetti selbst hielt übrigens von diesen Zeichnungen nicht viel (siehe dazu: Jack Lindsay, William Morris, a.a.O., S. 71).*
[30] *William Morris: The Story of the Unknown Church, Oxford and Cambridge Magazine, Januar 1856, p. 28.*

## V. Der Bohemien

[1] *Georgiana Burne-Jones: Memorials, a.a.O., S. 169.*
[2] *Gillian Naylor: The Arts and Crafts Movement, London 1971, S. 13 f.*
[3] *ebd., S. 14.*
[4] *Philip Henderson: William Morris, a.a.O., S. 35.*
[5] *Frances Spalding: Burne-Jones und die Victorianische Malerei, Berlin 1978, S. 30.*
[6] *zitiert nach Peter Faulkner: Against the Age, an Introduction to William Morris, London 1980, S. 12.*
[7] *Günter Metken: Die Präraffeliten, Köln 1974, S. 83.*
[8] *Wolfram Waldschmidt: Dante Gabriel Rossetti. Der Maler und der Dichter. Jena und Leipzig 1905.*
[9] *Andrea Rose: The Pre-Raphaelites, Oxford 1977, S. 7.*
[10] *zitiert nach Jack Lindsay: William Morris, a.a.O., S. 82.*
[11] *ebd., S. 85.*
[12] *Georgina Burne-Jones: Memorials, a.a.O., S. 128 ff.*
[13] *siehe Jack Lindsay: William Morris, a.a.O., S. 86 ff.*
[14] *Georgiana Burne-Jones: Memorials, a.a.O., S. 171.*
[15] *Jack Lindsay: William Morris, a.a.O., S. 89.*
[16] *ebd., S. 187.*
[17] *Margret Fleming: Where Janey used to live. In: The Journal of the William Morris Society, Vol IV Nr. 3, Winter 1881, S. 11.*
[18] *ebd., S. 15.*
[19] *ebd., S. 16.*
[20] *ebd., S. 16.*
[21] *William Morris: Kunde von Nirgendwo. Eine Utopie der vollendeten kommunistischen Gesellschaft. Reutlingen 1980, S. 191 f.*
[22] *Jack Lindsay: William Morris, a.a.O., S. 102.*
[23] *ebd., S. 98.*
[24] *George Saintsbury: History of English Prosody, London 1906-1910, III, S. 322.*
[25] *Jack Lindsay: William Morris, Writer, William Morris Society, London 1961, S. 7—8.*
[26] *Walter Pater in der Westminster Review, 1868.*
[27] *zitiert nach Peter Faulkner: Against the Age, a.a.O., S. 23.*

Anmerkungen

**Anmerkungen**

[28] ebd., S. 26.
[29] siehe Farbtafeln.
[30] Georgiana Burne-Jones: Memorials, a.a.O., S. 204.
[31] ebd., S. 205.
[32] zitiert nach Jack Lindsay, a.a.O., S. 112.
[33] Georgina Burne-Jones: Memorials, a.a.O., S. 195.
[34] ebd., S. 208.
[35] ebd., S. 196.
[36] ebd., S. 210.
[37] Philip Henderson, a.a.O., S. 66.

## VI. Red House und die Firma

[1] William Morris, Einige Hinweise zum Entwurf von Mustern, 1881.
[2] Philip Henderson: William Morris, a.a.O., S. 60.
[3] ebd., zitiert nach J. W. Mackail: The Life of William Morris, a.a.O.
[4] William Bell Scott, Autobiographical Notes, London 1892.
[5] William Morris: Hopes and Fears for Art — Signs of Change, The Prospects of Architecture in Civilization, a.a.O., S. 83.
[6] William Morris: Hopes and Fears for Art — Signs of Change, The Beauty of Life, a.a.O., S. 49.
[7] ebd., S. 53.
[8] ebd., S. 51.
[9] ebd., S. 51.
[10] Paul Thompson: The Work of William Morris, London 1977, S. 58 f.
[11] William Morris, Works, S. 351.
[12] Philip Henderson: The Letters of William Morris to His Family and Friends, London 1950, S. 323.
[13] Roderick Marshall: William Morris and his Earthly Paradises, Tisbury, Wilthire 1979.
[14] ebd., S. 53.
[15] ebd., S. 54.
[16] Nach C. G. Jung ist Mandala (Sanskrit) ein magischer Kreis, Symbol für ein zentrales Ziel oder das Selbst als psychische Totalität; die Selbstdarstellung eines psychischen Prozesses der Sammlung, der Ausbildung eines neuen Zentrums der Persönlichkeit.
[17] Robert Bold: Furniture in the 19. Century, London 1907, S. 31.
[18] Jack Lindsay: William Morris, a.a.O., S. 116.
[19] ebd., S. 123.
[20] Günter Metken: Die Präraffaeliten, a.a.O., S. 187 ff.
[21] Philip Henderson: William Morris, a.a.O., S. 76.
[22] Jack Lindsay: William Morris, a.a.O., S. 127 f.
[23] siehe dazu: A. C. Sewter: The Stained Glass of William Morris and his circle 2 vols. New Haven and London, 1974/75, Vol. I, S. 88.
[24] William Michael Rossetti: The Studio, 1917.
[25] Jack Lindsay: William Morris, a.a.O., S. 125.
[26] Andreas Rose: Pre-Raphaelite Portraits, Yeovil, Somerset, England 1981, S. 7.
[27] ebd., S. 9.
[28] ebd., S. 9.
[29] zitiert nach Jack Lindsay: William Morris, a.a.O., S. 157.
[30] William Morris: Golden Wings (tale). In: Oxford and Cambridge Magazine, Dezember 1856, S. 733.
[31] Graham Robertson: Time was. Zitiert nach Roderick Marshall: William Morris and his Earthly Paradises, a.a.O., S. 152.
[32] zitiert nach Jack Lindsay: William Morris, a.a.O., S. 135 f.
[33] Philip Henderson: William Morris, a.a.O., S. 78.

## VII. Das Irdische Paradies und der Zerbrochene Traum

[1] Die Korrespondenz zwischen Taylor und Webb befindet sich heute im Archiv des Victoria & Albert Museums in London.
[2] Georgiana Burne-Jones: Memorials, a.a.O., S. 291.
[3] Lady Mount-Temple: Memorials, London 1890.
[4] zitiert nach Philip Henderson: William Morris — His Life Work and Friends, a.a.O., S. 80/81.
[5] W. M. Rossetti (ed.): Rossetti Papers, London 1903, S. 505.
[6] zitiert nach Philip Henderson, a.a.O., S. 81.
[7] ebd., S. 83.
[8] ebd., S. 83.
[9] ebd., S. 85.
[10] ebd., S. 85.
[11] zitiert nach Paul Thompson: The Work of William Morris, a.a.O., S. 23.
[12] Humphrey Ward: The Marriage of William Ashe. Zitiert nach Jack Lindsay: William Morris, a.a.O., S. 149.
[13] Moncure Conway: Travels in South Kensington, London 1892.
[14] zitiert nach Jack Lindsay, a.a.O., S. 145.
[15] William Morris: The Earthly Paradise, London 1868—70.
[16] zitiert nach Jack Lindsay, a.a.O., S. 154.
[17] zitiert nach Ian Bradley: William Morris and his world, London 1978, S. 44.
[18] Archiv von Kelmscott Manor.
[19] Saturday Review, 30. Mai 1869.
[20] zitiert nach Peter Faulkner, a.a.O., S. 59.
[21] Elizabeth J. Hasell, Blackwood's Magazine, CVI, Juli 1869, S. 56 bis 73.
[22] Jack Lindsay, a.a.O., S. 161.

[23] zitiert nach Jack Lindsay, a.a.O., S. 171.
[24] Paul Thompson: The Work of William Morris, a.a.O., S. 30.
[25] Roderick Marshall, a.a.O., S. 103.
[26] Brief von Dante Gabriel Rossetti vom 23. Januar 1869 an Madox Brown. Zitiert nach Philip Henderson, a.a.O., S. 97.

## VIII. Nordwärts-ho oder Island und Stoizismus

[1] William Morris, in der Zeitschrift „Academy", März 1871.
[2] Ian Bradley, a.a.O., S. 54.
[3] William Morris: Vorwort zu Grettir der Starke, London April 1869. In: The Story of Grettir the Strong, London, New York & Bombay, 1901.
[4] zitiert nach Philip Henderson: William Morris, a.a.O., S. 117.
[5] William Morris: Tagebucheintragung unter dem 13. Juli 1871.
[6] Brief von William Morris an Jane vom 16. Juli 1871, zitiert nach Jack Lindsay, a.a.O., S. 176.
[7] ebd.
[8] William Morris: Journal.
[9] zitiert nach Paul Thompson, a.a.O., S. 34.
[10] ebd., S. 35.
[11] William Morris: Journal, Eintragung 6. August 1871.
[12] William Morris: Brief an Mrs. Aglaia Coronio, 25. November 1872.
[13] zitiert nach Philip Henderson: William Morris, a.a.O., S. 139 f.
[14] ebd., S. 142.
[15] William Morris: Brief an Mrs. Louie Baldwin, 22. Oktober 1873.
[16] ebd.
[17] ebd.
[18] William Morris: Brief an D. G. Rossetti, 16. April 1874.

## IX. Eine Freundschaft geht zu Ende oder das Glück von Kelmscott

[1] zitiert nach Philip Henderson: William Morris, a.a.O., S. 148.
[2] William Morris: Prospects of Architecture in Civilization. In: Hopes and Fears for Art — Signs of Change, London, New York, Bombay 1902, S. 88.
[3] zitiert nach Jack Lindsay: William Morris, a.a.O., S. 202.
[4] ebd., S. 202 f.
[5] Paul Thompson: The Life of William Morris, a.a.O., S. 112.
[6] William Morris: Letters, a.a.O., S. 66.
[7] William Morris to George Wardle, 10. u. 3. September 1875.
[8] William Morris to George Wardle, 24. August 1876.
[9] ebd., 23. November 1875.
[10] ebd., August 1876 (Nr. 31).
[11] Ian Bradley: William Morris, a.a.O., S. 69.
[12] William Morris: Letters, a.a.O., S. 32.
[12a] Paul Thompson, a.a.O., S. 208
[13] William Morris: Letters, a.a.O., S. 93—94.
[14] William Morris: Collected Works, ed. May Morris, 24 Bde. 1910—15, XVII, xxv.

## X. Gegen den Krieg — Für alte Häuser

[1] zitiert nach William Morris: Selected Writings and Designs, edited by Asa Briggs, Harmondworth, Middlesex, 1962, S. 32.
[2] William Morris: Leserbrief in der Daily News, 26. Oktober 1876.
[3] William Morris: To the Working Men of England, Mai 1877.
[4] zitiert nach Peter Faulkner, a.a.O., S. 90.
[5] William Morris an Jane Morris, Brief vom 25. Februar 1878.
[6] zitiert nach J. W. Mackail, a.a.O., Bd. 2, S. 1516.
[7] zitiert nach Paul Thompson: The Work of William Morris, a.a.O., S. 67.
[8] Übernahme von Ruskin. Im Manifest des S.P.A.B. Siehe auch William Morris: Collected Works, Vol. XXII, a.a.O., S. 232.
[9] William Morris: Letters, a.a.O., Bd. 1, S. 340—41.
[10] siehe: Paul Thompson, a.a.O., S. 70. Auseinandersetzungen waren häufig. In seinen Briefen berichtet Morris, wie er bei seinen Besuchen in von der „Restauration" bedrohten Dorfkirchen auch manchmal unverrichteter Dinge sich in das örtliche Gasthaus zurückzog, draußen vorbeigehende Pfarrer mit der geballten Fast bedrohte und dabei ausrief: „Tiere, Schweine, verdammt seien ihre Seelen!" (Siehe dazu auch W. S. Blunt: My Diaries, Bd..1, London 1919, S. 283).
[11] William Morris: The Decorative Arts (The Lesser Arts), Dezember 1877. In: William Morris: Hopes and Fears — Signs of Change, a.a.O., S. 1—18.
[12] ebd.
[13] ebd.
[14] ebd.
[15] ebd.
[16] ebd.
[17] William Morris: How I Became a Socialist, Justice, 16. Juni 1894.
[18] ebd.
[19] William Morris: Hopes and Fears for Art — Signs of Change, a.a.O., S. 58 ff.
[20] zitiert nach Ian Bradley: William Morris and his world, a.a.O., S. 75.
[21] William Morris: How I Became a Socialist, a.a.O.

Anmerkungen

## XI. Im Lager der Sozialisten — Utopische Entwürfe

[1] zitiert nach William Morris: Selected Writing and Designs, Edited by Asa Briggs, Harmondworth 1962, S. 136.
[2] William Morris: How I Became a Socialist, a.a.O.
[3] ebd.
[4] Philip Henderson zitiert in diesem Zusammenhang einen Ausspruch von Morris gegenüber George Wardle: „Ich mag den Mann nicht, aber da er das tut, wovon ich überzeugt bin, daß es getan werden sollte, meine ich, daß jeder, der ähnliche Vorstellungen hat, ihm helfen sollte." Siehe auch Brief an Sidney Cockerell vom 24. August 1898. In: W. M., Collected Works, Sup. II, S. 602.
[5] E. P. Thompson: William Morris Romantic to Revolutionary, New York 1976, S. 298.
[6] Brit. Mus. Add. Mss. 45334 („What we have to look for").
[7] Im Oktober 1884 schrieb Morris an Andreas Scheu: „Die Fabians sind eine Gruppe von Philanthropisten aus dem Mittelstand, die sich für Sozialisten halten" (Scheu-Korrespondenz, Int. Institut f. Sozialgeschichte).
[8] Martin Hürlimann: William Morris und die Antiviktorianer. In: Du. September 1965, S. 642.
[9] ebd.
[10] Peter Faulkner, a.a.O., S. 113.
[11] J. W. Mackail: The Life of William Morris, a.a.O., Band 2, S. 96.
[12] Philip Henderson (ed.): Letters of William Morris to his Family and Friends, London 1950, S. 176.
[13] William Morris: Art under Plutocracy. A Lecture delivered at the University College, Oxford, 14. November 1883. In William Morris: Architecture, Industry and Wealth — Collected Papers, London, New York and Bombay 1902, S. 99 ff.
[14] ebd.
[15] Philip Henderson (ed.): Letters, a.a.O., S. 174, 176, 182, 190; W. M., Collected Works, Vol. II, S. 62.
[16] zitiert nach Jack Lindsay: William Morris, a.a.O., S. 269.
[17] Philip Henderson (ed.): Letters, S. 202.
[18] Unter dem 22. Juni 1884 schrieb Friedrich Engels an Kautsky: „der sehr reiche Kunst-Enthusiast aber untalentierte Politiker Morris". Die beiden Briefstellen werden zitiert von Peter Faulkner, a.a.O., S. 144. An August Bebel schrieb Engels im August 1886: „Morris ist der Länge lang über das Wort ,Revolution' gestolpert und ein Opfer der Anarchisten geworden."
[19] zitiert nach Ian Bradley: William Morris and his world, a.a.O., S. 82.
[20] ebd., S. 85.
[21] Daily News, 6. Januar 1885.
[22] Tom Man: Memoirs, London 1923, S. 45 f.
[23] zitiert nach Ian Bradley, a.a.O., S. 86.
[23a] zitiert nach „Commonweal", November 1887.
[24] siehe dazu E. P. Thompson: William Morris, a.a.O., S. 500.
[25] ebd., S. 506.
[26] William Morris: Signs of Change, London 1888, Whigs, Democrats and Socialists, S. 42 f.
[27] E. P. Thompson: William Morris, a.a.O., S. 554. Siehe auch: W. B. Yeats: Autobiography, London 1926, S. 18384 und P. Faulkner, William Morris and W. B. Yeats, William Morris Society, 1962.
[28] Im Oktober 1895. zitiert nach Ian Bradley, a.a.O., S. 91.
[29] E. P. Thompson: William Morris, a.a.O., S. 617.
[30] William Morris: Three Works, with an Introduction by A. L. Morton, London 1977, S. 35 ff.
[31] ebd., S. 111.
[32] William Morris: Kunde von Nirgendwo, Reutlingen 1980.
[33] ebd.
[34] ebd.
[35] E. P. Thompson: William Morris, a.a.O., S. 694.

## XII. Merton Abbey

[1] zitiert nach Philip Henderson: William Morris, His Life, Work and Friends, a.a.O., S. 238.
[2] siehe Jack Lindsay, a.a.O., S. 246.
[3] ebd., S. 251 f.
[4] Peter Faulkner: Wilfrid Scawen Blunt and the Morrisses, William Morris Society, 1981, S. 24.
[5] ebd., S. 23 f.
[6] Peter Floud: English Chintz: The Influence of William Morris, CIBA Review No. I, 1961, 21—23.
[7] British Museum, Add. Mss. 45, 350.
[8] William Morris: Poems by the Way-Verses for Pictures, London 1891.
[9] Emma Lazarus: A day in Surrey with William Morris, Century Magazine, XXXXII, Juli 1886, S. 388—97.
[10] „On the Wandle" in Spectator, LVI, November 1883, S. 1507—9.
[11] vergleiche Philip Henderson: William Morris, a.a.O., S. 242.
[12] Gustave Doré: London, Newton Abbot, Devon 1971.
[13] Philip Henderson: William Morris, a.a.O., S. 243.
[14] William Morris: Aims of Art. In: W. M., Hopes and Fears for Art — Signs of Change, a.a.O., S. 58 ff.
[15] ebd.

## XIII. Kelmscott Press

[1] zitiert nach William Morris and the Art of the Book, with essays on William Morris by Paul Needham, Joseph Dunlap, John Dreyfus, New York 1976, S. 19.
[2] ebd., S. 71.
[3] ebd., S. 75.
[4] ebd., S. 75 f.
[5] ebd., S. 77.
[6] Friedrich Adolf Schmidt-Künsemüller: William Morris und die neuere Buchkunst, Wiesbaden 1955, S. 20.
[7] William Morris/Emery Walker: Printing. In: Arts and Crafts Essays by Members of the Arts and Crafts Exhibition Society, with a preface by William Morris, London and Bombay 1889, S. 122.
[8] A Note by William Morris on his Aims in Founding the Kelmscott Press, 11. November 1895. In: H. Halliday Sparling: The Kelmscott Press and William Morris, Master-Craftsman, London 1924.
[9] siehe dazu auch Joseph R. Dunlap: A Lecture given to the William Morris Society on 30th April 1957 at the Art Worker's Guild, London, William Morris Society, London 1964.
[10] William Morris and the Art of the Book, a.a.O. S. 79 ff.
[11] ebd., S. 68.
[12] William Morris and the Art of the Book, a.a.O. S. 87.
[13] William Morris: Letters, a.a.O., S. 361.
[14] Colin Franklin: The Private Presses, London 1969, S. 39 ff.
[15] William Morris and the Art of the Book, a.a.O. S. 87.
[16] Robert H. Boyer & Kenneth J. Zahorski in: The Fantastic Imagination — An Anthology of High Fantasy, New York 1977, S. 2 f.
[17] zitiert nach Roderick Marshall, a.a.O., S. 279.
[18] ebd., S. 272.
[19] William Morris: The Wood beyond the World, Kelmscott Press, 1894.
[20] zitiert nach Peter Faulkner, a.a.O., S. 168. Siehe dazu auch seine Bemerkung in einem Brief an Georgiana, Letters, S. 371.
[21] Eine deutsche Ausgabe liegt inzwischen vor: William Morris: Die Quelle am Ende der Welt, Bergisch Gladbach 1981. Übersetzt ist bisher außerdem William Morris: Das Reich am Strom, Bergisch Gladbach 1980.

## XIV. Wirkungen: Arts & Crafts

[1] William Morris: A Dream of John Ball. zitiert nach: Three Works by William Morris, London 1977, S. 33 ff.
[2] zitiert nach E. P. Thompson, a.a.O., S. 582.
[3] J. W. Mackail, a.a.O., II., S. 256.
[4] Philip Henderson (ed.): Letters, a.a.O., S. 338 f.
[5] J. W. Mackail, a.a.O., II. S. 261.
[6] E. P. Thompson, a.a.O., S. 582.
[7] ebd., S. 823. zitiert nach Paul Thompson, a.a.O., S. 54.
[8] ebd., S. 54.
[9] Conn Nugent, Good Work, Good Rest — some Ideas from William Morris. In: The CoEvolution Quarterly, Summer 1978, S. 88 ff.
[10] zitiert nach Ian Bradley: William Morris, a.a.O., S. 91.
[11] ebd., S. 95.
[12] zitiert nach William Morris: Selected Writings and Designs, a.a.O., S. 307.
[13] zitiert nach Conn Nugent: Good Work, Good Rest — Some Ideas from William Morris, In: The CoEvolution Quarterly, Summer 1978.
[14] ebd., S. 91.
[15] in „Justice", 1. Mai 1896.
[16] siehe dazu Jack Lindsay, a.a.O., S. 372. Kilian handelt von dem Konflikt zwischen einem Handwerker des Mittelalters und einem tyrannischen Herrn, der seinen Untertanen unerträgliche Steuerlasten auferlegt.
[17] zitiert nach Ian Bradley, a.a.O., S. 107.
[18] zitiert nach Philip Henderson: William Morris his life, work and friends, a.a.O., S. 362.
[19] ebd., S. 363.
[20] W. S. Blunt: My Diaries, London 1932, Eintragung unter dem 4. Oktober 1896.
[21] Philip Henderson: William Morris - his life, work and friends, a.a.O., S. 365.
[22] Georgiana gibt in den „Memorials" II S. 289 den Ausspruch wieder: „Ich bin jetzt ganz allein, völlig allein."
[23] Margret Fleming: Where Janey used to live. In: The Journal of the William Morris Society, Vol. IV No. 3 Winter 81, S. 2 ff.
[24] zitiert nach Jack Lindsay, a.a.O., S. 376.
[25] zitiert nach Gillian Naylor: The Arts and Crafts Movement, London 1980, S. 115.
[26] ebd., S. 116.
[27] ebd., S. 27.
[28] Willy Rotzler: Der Englische Jugendstil und die Schule von Glasgow. In: Du/Atlantis, September 1965, S. 685.
[29] Walter Crane in Scribners Magazine, New York 1897. Siehe dazu auch Martin Hürlimann: William Morris und die Antiviktorianer. In: Du/Atlantis, September 1965, S. 658.
[30] Studio Vol. IX, 1896—97, S. 126.
[31] C. R. Ashbee: Memoirs, Vol. I, unveröffentlichtes Manuskript, Victoria & Albert Museum, 1. Bd. S. 399.
[32] Gillian Naylor: The Arts and Crafts Movement, a.a.O., S. 171.
[33] C. R. Ashbee: Craftmanship in Copetitive Industry, London 1908.

**Anmerkungen**

³⁴ C. R. Ashbee: Should we Stop Teaching Art? 1911, Kap. 1, S. 2.

## XV. Vom Kunstgewerbe zur Werkkunst

¹ William Morris: Kunde von Nirgendwo. Eine Utopie der vollendeten kommunistischen Gesellschaft aus dem Jahre 1890. Mit einem Vorwort von Wilhelm Liebknecht. Neu herausgegeben von Gert Selle, Reutlingen 1980, S. 80.
² Kunsthaus Zürich: Der Hang zum Gesamtkunstwerk. Europäische Utopien seit 1800. Redaktion: Susanne Häni, Alois Müller, Toni Stoos und Harald Szeemann, Aarau und Frankfurt/Main 1983, S. 369.
³ B. Schnabel: Englische Studien, Nr. 23, 1897, S. 457.
⁴ Moriz Sondheim: Zeitschrift für Bücherfreunde, Nr. 2, 1898/99, S. 15.
⁵ Noch am 9. Januar 1896 erklärte Morris gegenüber dem Korrespondenten einer amerikanischen Zeitung: „Ich habe meine Einstellung zum Sozialismus nicht geändert" (zitiert nach Jack Lindsay, a.a.O., S. 371). Hingegen lehnte er den Anarchismus, mit dem er kurz zuvor seine Erfahrungen gemacht hatte, entschieden ab. In „Justice" heißt es am 27. Januar 1894, der Anarchismus sei „eine soziale Krankheit, verursacht durch die Mißstände in der Gesellschaft... natürlich betrachte ich als Sozialist die Anarchisten, also jene, die rein und simpel vom Anarchismus überzeugt sind, als uns diametral entgegengesetzt. Anarchismus als Theorie verneint die Gesellschaft und stellt den Menschen aus der Gesellschaft heraus."
Daß die Mißverständnisse in Deutschland über politische Ansichten groß waren, eben weil man sich für diese Seite seiner Lehren nicht weiter interessierte, geht auch aus einer eher beiläufigen Bemerkung von Julius Meier-Gräfe hervor, der in dem Bericht über einen Besuch bei Morris in Kelmscott House in Hammersmith schreibt: „Er (Morris) sprach, während ich die glänzend schwarzen Arabesken auf den großen, frisch gedruckten Bogen, die vor ihm lagen, bewunderte, von seinem Anarchismus. Ich konnte die Bogen nicht gut lesen und konnte, was er sagte, nicht gut verstehen, aber es war alles wunderschön. Morris gehörte zu den Menschen, deren persönlichem Eindruck man mehr glaubt als ihren Argumenten" (zitiert nach Albert Windisch: William Morris als Drucker, Gutenberg-Jahrbuch, Mainz 1929, S. 241 f.)
⁶ Philipp Aronstein: William Morris. In Magazin für Literatur, 1896, Nr. 42.
⁷ Peter Jessen: William Morris. In: Das Museum 3, 1898, S. 510.
⁸ Fritz Hellmuth Ehmcke: Was bedeutet William Morris für unsere Zeit. In: Gutenberg-Jahrbuch 9, Mainz 1934, S. 264 f.
⁹ ebd., S. 265.
¹⁰ zitiert nach Richard Muther: Deutsche Buchillustrationen der Gothik und Frührenaissance, München 1883/84, S. XVI.
¹¹ William Morris: On the Artistic Qualities of the Woodcut Books of Ulm and Augsburg in the Fifteenth Century, Bibliographica, 1894. Später benutzt für das Vorwort von S. C. Cockerell: Some German Woodcuts of the Fifteenth Century, Kelmscott-Press 1898.
¹² Max Huttler: Das Buch als Gegenstand des Kunstgewerbes, 1881, S. 28.
¹³ Aus dem programmatischen Vorwort zur Zeitschrift „Die Insel", 1. Jahrg. Nr. 1, Oktober 1899.
¹⁴ Heinrich Vogeler: Erinnerungen. Hrsg. Erich Weinert, Berlin 1952, S. 70.
¹⁵ Hans H. Hofstätter: Geschichte der europäischen Jugendstilmalerei, Köln 1963, S. 131.
¹⁶ Walther G. Oschilewski: Eugen Diederichs. In: Imprimatur Band IX, Weimar 1940, S. 17.
¹⁷ Eugen Diederichs: Zur Buchausstattung! Im ersten Verlagskatalog, betitelt „Eugen Diederichs Verlagsbuchhandlung, Leipzig, Seeburgstr. 45" (1901).
¹⁸ Moriz Sondheim in der Zeitschrift für Bücherfreunde, 2, 1898/99, S. 19.
¹⁹ Thomas James Cobden-Sanderson: Ideal book or book beautiful. In der Zeitschrift für Bücherfreunde 5, 1901/02.
²⁰ Wolfhard Raub: Melchior Lechter als Buchkünstler, Köln 1969, S. 19 ff.
²¹ Eugen Diederichs an Alfred Weber am 2. 7. 1912, zitiert nach Ulf Diederichs: Marketing um die Jahrhundertwende — Eugen Diederichs. In: buchmarkt 4, 1969, Heft 2, S. 102.
²² zitiert nach Hermann Zapf: William Morris, sein Leben und sein Werk in der Geschichte der Buch- und Schriftkunst, Scharbeutz 1949, S. 5.
²³ Janos Frecot, Johann Friedrich Geist, Diethart Kerbs: Fidus 1868—1948. Zur ästhetischen Praxis bürgerlicher Fluchtbewegungen, München 1972.
²⁴ zitiert nach Gillian Naylor: The Arts and Crafts Movement, London 1971, S. 184.
²⁵ Ludwig Hevesi über die erste Ausstellung der Wiener Werkstätte 1898. In: Ver Sacrum I.
²⁶ zitiert nach Werner Schweiger und Christian Brandstätter: Wiener Werkstätte — Kunst und Handwerk 1903—1932, Wien 1982, S. 14.
²⁷ ebd., S. 15.
²⁸ ebd., S. 16.
²⁹ Walter Benjamin: Das Passagen-Werk, a.a.O., Bd. 1, S. 26.
³⁰ zitiert nach Werner Schweiger und Christian Brandstätter, a.a.O., S. 26.
³¹ ebd., S. 32.

## Anmerkungen

³² ebd., S. 36.
³³ zitiert nach Winfried Nerdinger (Hrsg.): Richard Riemerschmid — Vom Jugendstil zum Werkbund, Werke und Dokumente, München 1982, S. 16.
³⁴ zitiert nach Hanno-Walter Kruft: Die Arts-and-Crafts-Bewegung und der deutsche Jugendstil. In: Von Morris zum Bauhaus, hrsg. Gerhard Bott, Hanau 1977, S. 28.
³⁵ C. R. Ashbee: Memoirs, London (Victoria & Albert Museeum), vol. I, chapter V, S. 101.
³⁶ zitiert nach Hanno-Walter Kruft, a.a.O., S. 29.
³⁷ aus den Erinnerungen des Großherzogs von 1917, zitiert nach Ludwig Prinz von Hessen und bei Rhein: Die Darmstädter Künstlerkolonie und ihr Gründer Großherzog Ernst Ludwig, Darmstadt 1950, S. 25.
³⁸ ebd., S. 31 f.
³⁹ Hanno-Walter Kruft, a.a.O., S. 29.
⁴⁰ ebd.
⁴¹ zitiert nach Werner Hofmann: Luxus und Widerspruch. In: Ein Dokument deutscher Kunst 1901—1976, Darmstadt 1977, Band 1, S. 25.
⁴² ebd.
⁴³ Frank Lloyd Wright: Schriften und Bauten, München-Wien 1963, S. 52 f.
⁴⁴ ebd.
⁴⁵ Peter Behrens: Ein Dokument deutscher Kunst, die Ausstellung der Künstler-Kolonie in Darmstadt. Festschrift München 1901, S. 10 f.
⁴⁶ Winfried Nerdinger, a.a.O., S. 21.
⁴⁷ ebd.
⁴⁸ ebd., S. 22. Heuss tat diesen Ausspruch 1907.
⁴⁹ Hermann Muthesius: Stilarchitektur und Baukunst, Mülheim/Ruhr 1902. Zitiert nach: Kunst und Alltag um 1900, 3. Jahrb. des Werkbund-Archivs, Lahn-Gießen 1978, S. 370 f.
⁵⁰ zitiert nach Gillian Naylor, a.a.O., S. 184.
⁵¹ ebd., S. 185 f.
⁵² ebd.
⁵³ ebd., S. 187.
⁵⁴ ebd., S. 189 f.
⁵⁵ Julius Posener: Das letzte Wort des Deutschen Werkbundes. In: Zwischen Kunst und Industrie, 2. Jahrb. des Werkbund-Archivs, Lahn-Gießen 1977, S. 17.
⁵⁶ Hermann Muthesius: Handarbeit und Massenerzeugnis, Berlin 1917, S. 24.
⁵⁷ ebd., S. 26.
⁵⁸ Julius Posener, a.a.O., S. 20.
⁵⁹ Walter Gropius: bauhaus manifest. Zitiert nach: 50 jahre bauhaus, ausstellungskatalog stuttgart 1968, S. 13.
⁶⁰ siehe auch Lothar Lang: Das Bauhaus 1919 bis 1933 — Idee und Wirklichkeit, Berlin (Ost) 1966, S. 34.

## Bildnachweis

William Morris Gallery, Walthamstow 6, 7, 12, 13, 19, 50, 52, 54, 58, 69, 71, 72, 84, 85, 89, 94, 114, 119, 124, 127, 130, 132, 147, 163, 166, 168, 172, 198, 199, 201, 204, 206, 219, 223, 232, 234, 250, 264, 266

Archiv Eugen Diederichs Verlag 8, 18, 227, 230, 237, 241, 243, 247, 267, 270, 274, 276, 278, 279, 280, 281, 283, 284, 286, 287, 288, 289, 294, 295, 297, 298, 302

Archiv des Autors 21, 22, 24, 26, 27, 30, 35, 38, 39, 43, 49, 86, 101, 102, 103, 104, 105, 106, 107, 108, 109, 117, 121, 143, 149, 155, 156, 174, 177, 179, 188, 189, 193, 194, 208, 209, 255, 262, 268, 269

Victoria & Albert Museum, London 34, 37, 139, 140, 145

Ashmolean Museum, Oxford 55

National Gallery, Dublin 59

British Museum, London 64

City Museum and Art Gallery, Birmingham 65, 70, 80, 141

Dr. Martin Hürlimann, Zürich 66, 112, 252, 273

Tate Gallery, London 73, 98

Fitzwilliam Museum, Cambridge 74, 76

National Gallery, London 95

National Portrait Gallery, London 97

City Art Gallery, Manchester 99, 111

Society of Antiquaries, London 100, 159

West Surrey College of Art & Design, Farnham 102

Badisches Landesmuseum, Karlsruhe 110

Clemens-Sels-Museum, Neuss 136

Günther Stiller, Taunusstein 150, 282

Fa. Sanderson, London 225

Museum für angewandte Kunst, Wien 291

Literatur

## Werke von William Morris, Kataloge, Bibliographien

Morris, William: Sagas, Translations and Lectures. 8 Bde. Inhalt: House of the Wolfings; Roots of the Mountains; Grettir the Strong; Volsunga Saga and Three Northern Love Stories; Odyssee of Homer; Aaneids of Virgil; Hopes and Fears for Arts — Signs of Change; Architecture, Industry and Wealth. London, New York und Bombay 1902

The Collected Works of William Morris. Edited by May Morris. 24 Bde. London 1910—1915. New Edition New York 1966

Morris, William: Stories in Prose / Stories in Verse / Shorter Poems / Lectures and Essays. Edited by G. D. Cole. Centenary Edition. London 1934

Morris, William: Selected Writings and Designs. Edited by Asa Briggs. Harmondsworth, Middlesex 1962

Morris, William: Three Works (News from Nowhere, The Pilgrims of Hope, A Dream of John Ball). London 1977

Morris, William: Political Writings. Edited by A. L. Morton. London 1979

Morris, William: Kunde von Nirgendwo. Mit einem Vorwort von Wilhelm Liebknecht. Hrsg. Gert Selle. Reutlingen 1980

Morris, William: The Novel on Blue Paper. Edited by Penelope Fitzgerald. London 1982

Morris, William: Wie wir leben und wie wir leben könnten. Vier Essays. Übersetzt und hrsg. von Hans-Christian Kirsch. Köln 1983

William Morris Centenary Exhibition. Victoria & Albert Museum, London 1934

Morris & Company. 1861—1940. Arts Council, London 1961

William Morris & Co. Sonderheft der Zeitschrift „Du / Atlantis", 25. Jahrg. 1965, Heft 9

William Morris 1834—1896. Persönlichkeit und Werk. Ausstellungskatalog Museum Bellerive, Zürich 1979

William Morris & Kelmscott. Katalog „The Design Council" mit Beiträgen von Asa Briggs, Gillian Naylor u. a. London 1981

Scott, T.: A Bibliography of the Work of William Morris. London 1897

Forman, Buxton H.: The Books of William Morris. Described with Some Account of Doings in Literature and in the Allied Crafts. London 1897. Reprint 1976

Aims in Founding the Kelmscott Press. Together with a Short Description of the Press and an Annotated List of the Books Printed Thereat. Dublin 1982

## Sekundärliteratur

Ahlers-Hestermann, Friedrich: Stilwende — Aufbruch der Jugend um 1900. Berlin 1941

Anscombe, Isabelle and Charlotte Gere: Arts & Crafts in Britain and America. London 1978

Arts and Crafts Essays by Members of the Art and Crafts Exhibition Society. With a Preface by William Morris. London & Bombay 1899

Benjamin, Walter: Das Passagen-Werk, 2 Bde. Hrsg. Rolf Tiedemann. Frankfurt/Main 1982

Bott, Gerhard (Hrsg.): Von Morris zum Bauhaus. Eine Kunst gegründet auf Einfachheit. Hanau 1977

Bradley, Ian: William Morris and his World. London 1978

Braun-Feldweg, Wilhelm: Industrial Design heute. Reinbek/Hamburg 1966 (rowohlts deutsche enzyklopädie 254/255)

Briggs, Asa: Victorian Cities. Harmondsworth/Middlesex 1963

Briggs, Asa: Victorian People. A Reassesment of Persons and Themes 1851—1867. Harmondsworth/Middlesex 1965

Bryson, John (ed.): Gabriel Dante Rossetti & Jane Morris. Their Correspondence. Oxford 1976

Burne-Jones, Georgiana: Memorials of Edward Burne-Jones. 2 Bde. London 1904

Compton, John: William Morris and the Decorative Arts of the 19th Century. London o. J.

Doré, Gustave: London Newton Abbot, Devon 1971

Dufty, A. R.: Kelmscott. An Illustrated Guide. London 1977

Dunlap, Joseph R.: A Lecture given to the William Morris Society on 30th April 1957 at the Art Worker's Guild, London. London 1964

Ehmcke, Fritz Helmuth: Was bedeutet William Morris für unsere Zeit. In Gutenberg-Jahrbuch 9, 1934

Eyssen, Jürgen: Buchkunst in Deutschland — Vom Jugendstil zum Malerbuch. Buchgestalter,

Literatur

*Handpressen, Verleger, Illustratoren. Hannover 1980*

*Fairclough, Oliver and Emmeline Leary: Textiles by William Morris and Morris & Co. 1861–1940. London 1981*

*Faulkner, Peter: Against the Age. An Introduction to William Morris. London 1980*

*Franklin, Colin: The Private Presses. London 1969*

*Frey, Eugen: William Morris, eine Studie. Winterthur 1902*

*Fritzsche, G.: William Morris' Sozialismus und anarchistischer Kommunismus. 1927, Neudruck 1966*

*Goldzamt, Edmund: William Morris und die sozialen Ursprünge der modernen Architektur. Dresden 1978*

*Henderson, Philip: William Morris. London 1952*

*Henderson, Philip: William Morris — his Life, Work and Friends. With a Foreword by Allan Temko. New York — Toronto — London — Sidney 1967*

*Henderson, Philip (ed.): The Letters of William Morris to his Family and Friends. London 1950*

*Hofstätter, Hans H.: Geschichte der europäischen Jugendstilmalerei. Köln 1963*

*Keating, Peter (ed.): The Victorian Prophets. A Reader from Carlyle to Wells. Glasgow 1981*

*Lindsay, Jack: William Morris — a Biography. New York 1979*

*Lindsay, Jack: William Morris. His Life and His Work. London 1975*

*Loubier, Hans: Die Neue Deutsche Buchkunst. Stuttgart 1921*

*Mackail, J. W.: The Life of William Morris. 2 Bde. London and New York 1899, Neuausgabe Oxford 1950*

*Mackail, J. W.: William Morris and His Circle. Oxford 1907*

*Marshall, Roderick: William Morris and His Earthly Paradises. Tisbury/Wiltshire 1979*

*Metken, Günter: Die Präraffaeliten. Ehtischer Realismus und Elfenbeinturm im 19. Jahrhundert. Köln 1974*

*Morris, May: William Morris. Artist, Writer, Socialist. Oxford 1936*

*Müller Dorothee: Klassiker des modernen Möbeldesigns — Otto Wagner — Adolf Loos — Josef Hoffmann — Koloman Moser. München 1980*

*Naylor, Gillian: The Arts and Crafts Movement. London 1971*

*[Needham, Paul:] William Morris and the Art of the Book. With Essays on W. M. as Book Collector by Paul Needham, as Calligrapher by Joseph Dunlap, and as Typographer by John Dreyfus. London and New York 1976*

*Parry, Linda: William Morris Textiles. London 1983*

*Pevsner, Nikolaus: Wegbereiter moderner Formgebung von Morris bis Gropius. (Zuerst auf englisch London 1936). Reinbek/Hamburg 1957. Neuausgabe Köln 1983 (dumont tb. 137)*

*Präraffaeliten. Ausstellungskatalog der Staatlichen Kunsthalle Baden-Baden. Besorgt von Günter Metken. Baden-Baden 1974*

*Riemerschmid, Richard: Vom Jugendstil zum Werkbund. Werke und Dokumente. Hrsg. Winfried Nerdinger. München 1982*

*Rodenberg, Julius: Deutsche Pressen. Eine Bibliographie. Zürich-Wien-Leipzig 1925*

*Rose, Andrea: Pre-Raphaelite Portraits. Sprakford, Yeaolvil, Somerset 1981*

*Schauer, Georg Kurt: Deutsche Buchkunst 1890 bis 1960, 2 Bde. Hamburg 1963*

*Schmidt-Künsemüller, Friedrich-Adolf: William Morris und die neuere Buchkunst. Wiesbaden 1955*

*Schweiger, Werner J. und Christian Brandstätter: Wiener Werkstätte. Kunst & Handwerk 1903 bis 1932. Wien 1982*

*Sewter, A. C.: The Stained Glass of William Morris and his Circle. New Haven, London 1975*

*Spalding, Frances: Burne-Jones und die Viktorianische Malerei. Berlin 1979*

*Thompson, E. P.: William Morris — Romantic to Revolutionary. London 1955.*

*Thompson, Paul: The Work of William Morris. London-Melbourne-New York 1977*

*Watkinson, Ray: William Morris as Designer. London 1979*

*Williams, Raymond: Culture and Society 1780–1950. Harmondsworth, Middlesex 1961*

*Zapf, Hermann: William Morris — Sein Leben und Werk in der Geschichte der Buch- und Schriftkunst. Scharbeutz 1949*

# Register

Albert, Prinzgemahl 35, 48, 119
Alltag, Kunst und 15, 181, 186, 226
Anarchismus 196, 205
Arbeit, Arbeitswelt 11, 15, 17, 37, 48, 57, 58, 60, 61, 200, 202, 226, 262, 272
Architektur 53 f., 67, 92, 95, 256
Art Worker's Guild 268, 299
Arts & Crafts 67, 192, 231, 264—273, 289, 292, 293, 296, 299
Artus, König 64, 69, 82, 83, 98, 245
Ashbee, Charles Robert 269, 270, 271, 272, 273, 288, 289, 292, 293, 294
Avebury 30, 247
Aveling, Edward 205, 207, 212, 214

Bahr, Hermann 288
Baldwin, Louisa 155, 160
Barrett-Browning, Elizabeth 285
Baskerville, John 233
Batchelor, Joseph 240
Bauhaus 300, 301—303, Abb. 302
Bax, Belford 207, 208
Beardsley, Aubrey 63, 282, Abb. 282
Beatrice (Dantes Jugendgeliebte) 69, 85, 123, 142 f.
Behrens, Peter 286, 287, 294, 295, 296, 297, 298, 300, 302
Bellamy, Edward 216
Belwe, Georg 285, 286
Benjamin, Walter 45, 46, 289
Benson, W. A. S. 269
Benz, Richard 287
Bernstein, Eduard 17
Besant, Annie 214, 254
Bierbaum, Otto Julius 280, 285
Blake, William 180
Blatchford, Robert 264
Blencowe, Agnes 67
Blunt, Wilfred Scawen 26, 81, 220, 221, 262, 263, 267
Blutiger Sonntag 210, 211, 212
Bodleian Library (Oxford) 53, 77, 228
Bodley, G. F. 113, 120, 185

Bosselt, Rudolf 295
Brinckmann, Justus 283
Britisches Museum 77, 228, 232
Broad Church Party („Christlicher Sozialismus") 52
Brooks, James 265
Brown, Emma 121
Brown, Ford Madox 68, 69, 73, 75, 85, 111, 117, 119, 120, 121, 123, 144, 156, 162, 165, 166, 167, 180, 266
Brown, Lucy 160
Browning, Robert 75, 141
Bruckmann, Peter 300
Buchanan, Robert 156
Bürk, Paul 295, 298
Bulmer, William 233
Burden, Jane → Morris, Jane
Burne-Jones, Edward 28, 45, 52, 53, 54, 55, 59, 62, 63, 64, 65, 67, 68—71, 75, 76, 77, 78, 79, 82, 85, 87, 90, 91, 96, 106, 108, 110, 117, 119, 120, 121, 125, 131, 132, 134, 136, 144, 149, 158, 163, 165, 167, 172, 180, 185, 199, 228, 229, 242, 261, 262, 263, 266 Abb. 55, 86, 127, 130, 166
Burne-Jones, Georgiana 24, 53, 62, 64, 66, 75, 77, 81, 85, 87, 108, 125, 126, 128, 129, 137, 144—146, 157, 172, 185, 207, 209, 219, 221, 225, 228, 229, 253, 255, 263, Abb. 132, 143
Byron, Lord G. G. N. 180, 181

Caldecott, Randolph 269
Campfield, George 119, 131
Canterbury 26, 28, 67
Canterbury, Erzbischof von 48
Carlyle, Thomas 10, 57, 58, 59, 61, 111, 140, 180, 185, 196
Carpenter, Edward 254, 272
Carroll, Lewis 156
Caslon, William 233
Cassevetti, Hadji 144
Caxton, William 63, 238
Century Guild 265, 266, 267
Chartisten 41, 180, 195, 196, 209

Chaucer, Geoffrey 21, 76, 113, 239, 242, 261, 283, 284
Chaucer (Schrift) 239, 241
Chintzstoffe 169 f., 222
Chipping Campden 272
Chiswick Press 228, 238
Christiansen, Hans 295
Cobden-Sanderson, Thomas James 229, 231, 242, 261, 269, 284, 301
Cockerell, Sidney 232, 262, 263
Collison, James 70
„Commonweal" (Zeitschrift) 175, 209, 210, 211, 213, 215, 232, 253
Cornelius, Peter von 61
Cornforth, Fanny 75, 85, 123, 157, Abb. 141
Coronio, Aglaia 142, 156, 157, 163, Abb. 140
Cotswolds 24, 79, 152, 177, 178, 185, 187, 222, 271, 273, Abb. 177
Crane, Walter 194, 223, 242, 269, 272, 282, 294
Czeschka, Carl Otto 290

Dannreuther, Edward 159
Darmstädter Künstler-Kolonie 286, 287, 294—296, 298
Day, Lewis F. 268, 269
Dearle, John Henry 110, 223, 261
„Dekorative Kunst" (Zeitschrift) 271, 292
Democratic Federation 196, 199, 202, 203, 204, 208, 214, 229
Design and Industry Association 299
„Deutsche Kunst und Dekoration" (Zeitschrift) 290, 292, 297
Deutscher Werkbund 287, 298, 300—303
Dickens, Charles 51, 81, 225
Diederichs, Eugen 278, 279, 280, 282, 283, 286, 300
Disraeli, Benjamin 181, 186, 195, 196, Abb. 179
Dixon, R. W. 54, 65, 164
Doré, Gustave 21, 43, 44, 49, 225
Dostojewski, F. M. 225

Dove Press 229, 261, 284, 285
Dresdner Werkstätte 293, 299, 300
Dürer, Albrecht 75, 279
Dunlap, Joseph 230, 240, 244, 245
Dyke, Jan van 67, 91

Eastern Question Association 182, 183
Eckmann, Otto 286, 292
Ehmcke, Fritz Helmuth 277, 279, 285, 286
Ellis, F. S. 162, 262
Emerson, Ralph W. 283
Engels, Friedrich 57, 195, 196, 205
English Academy of Practical Arts 119
Entwurfskunst (Design) 300
Epping Forest 22, 25, 26, 247, 256, 257, 261
Essex House Press 270

Fabian Society 193, 197, 198, 199, 210, 214
Färben 170, 172, 222, 255
Fantasy 173, 245, 246, 248, 249, 251 (s. a. Prosa-Romanzen)
Farben 169, 170, 171, 172
Faulkner, Charles F. 53, 81, 84, 85, 117, 118, 119, 122, 128, 134, 151, 152, 154, 158, 199
Feininger, Lyonel 302
Fellowship, 212, 220, 250, 252, 254, 258, 259
Fidus (d. i. Hugo Höppener) 287
Firdausi, Abu 'l-Kasim Mansur 115
Firma (Morris, Marshall, Faulkner & Co., später Morris & Co.) 102, 103, 107, 112, 117, 119, 120, 121, 122, 126, 127, 128, 129, 130, 132, 133, 134, 142, 155, 157, 161, 164, 165, 166, 167, 169, 172, 180, 181, 184, 186, 187, 190, 206, 207, 208, 221, 222, 223, 224, 261, 263, 269, 280, 283, 288, 290, 293, Abb. 168, 219, 223, 225
Fischer, Theodor 298, 300

Fourier, F. C. M. 196
Frauenideal 12, 72, 113, 123 f., 254
„Freedom" (Zeitschrift) 264
Fresko-Malerei 77—79
Froissart, Jean 84, 91
Fulford, William 53, 62, 65

Gaskin, A. J. 242
Georgiana → Burne-Jones, G.
George, Stefan 284, 285, 298
„The Germ" (Zeitschrift) 72
Gesamtkunstwerk 267, 284, 292
Gesellschaft zum Schutz alter Gebäude 185—189
Gilden → Arts & Crafts
Gladstone, W. E. 181, 182, 183, 186, 195
Glasfenster 46, 120, 133, 167, 184, 186, 254, Abb. 106
Glasgow School of Arts 267, 268
Glasmalerei 118, 133, 285
Golden Type 231, 238, 239
Gotik, Neogotik 59, 60, 95, 187
Gotische Schrift 239, 240, 244
Greenaway, Kate 269
Gropius, Walter 274, 287, 301, 302
Guenevere 69, 79, 83, Abb. 98
Guild of Handicrafts 270, 271
Guy, F. B. 32, 51

Habich, Ludwig 295
Häßlichkeit 8, 11, 14, 18, 20, 33, 49, 85, 116, 166, 167, 181, 256, 297
Hammersmith 184, 222, 223, 229, 231, 239
The Hammersmith Socialist Society 213, 214, 216
Hand- und Kopfarbeit 11, 15, 60, 190
Handwerk, Handwerker 200, 274, 296
Hessen, Alice Großherzogin von 293
Hessen, Ernst Ludwig Großherzog von 293, 294, 296
Heuss, Theodor 299

Heymel, Alfred Walter von 280
„Die Hilfe" (Zeitschrift) 299
High Church Party 51
Hirth, Georg 278, 279, 280
„Hobby Horse" (Zeitschrift) 266
Hofmannsthal, Hugo von 283, 285
Hoffmann, Josef 288, 289, 290, 300, Abb. 289
Holten, Otto von 286
Home Arts and Industries Association 267
Horn, Herbert 265, 267
Howard, Ebenezer 160
Howard, Rosalind 164
Hughes, Arthur 68, 72, 75, 78, 79, 117
Hunt, William Holman 69, 70, 72, 74, Abb. 70
Huttler, Max 279, 280
Hyndman, H. M. 196, 199, 200, 203, 204, 205, 206, 207

„Die Insel" (Zeitschrift) 280, 285
Ionides, Constantine 142
Ionides, Luke 142, 144, 159
Ionides, Nellie 142
Isolde (Iseult) 78, 79, 84, 98

Jack, George 9, 155
James, Henry 138
Jerrold, Blanchard 43, 44
Jessen, Peter 275, 283
„Jugend" (Zeitschrift) 280, Abb. 281
Jugendstil 268, 270, 282, 288, 289, 296
„Justice" (Zeitschrift) 203, 204, 205, 259, 264

Kacheln 133, Abb. 106
Kalligraphische Arbeiten 228, 229
Kapitalismus 15 f., 17, 56, 60, 195, 203, 207, 259
Kassner, Rudolf 8
Keats, John 55, 57, 61, 245
Kelmscott (Dorf) 8 f., 171, 176, 177, 181, 183, 222, 263, 273
Kelmscott House 169, 184, Abb. 198, 199, 250
Kelmscott Manor 8 f., 23, 27, 113, 134, 151, 154, 157,

Register

*317*

## Register

159, 161, 162, 169, 184, 216, 220, 263, Abb. 18, 100, 147, 266
Kelmscott Press 8, 14, 227–251, 253, 261, 269, 276, 282, 283, 284, Abb. 227, 234, 241
Khayyám, Omar 116, 144, 229
Kitz, Frank 206, 213
Kleukens, Friedrich Wilhelm 285, 286
Klimt, Gustav 290
Klingspor, Gebr. (Schriftgießerei) 286, 300
Koch, Alexander 297, Abb. 297
Koch, Rudolf 286, 287
Kohleninsel-Projekt 298, 299
Kristallpalast 34, 35, 45, 119, 268, Abb. 34
Kropotkin, Pjotr Aleksejewitsch 212, 297
Kunst, Wesen der 189, 190, 191, 192, 200, 286, 293, 294, 296
Kunst und Gesellschaft 59, 60
Kunst und Politik 226, 275, 277
Kunsthandwerk 273, 287, 299, 300, 301
Kutschenhaus (Kelmscott House) 210, 213, 214, Abb. 201

Labour Party 206, 214
Langen, Albert 280, 283
Lazarus, Emma 224
Leach, Frederick 165
Le Corbusier 287
Lechter, Melchior 274, 284, 285, 286, 287
Lederarbeiten 118, 290
Lenbach, Franz von 299
Lethany, William R. 242, 269, 299
Liberal Party 40, 59
Lichtwark, Alfred 295
Liebknecht, Wilhelm 275
Lindsay, Jack 32, 61, 81, 82, 141, 153
London 39, 43, 44, 210, 225, Abb. 43, 208, 209, 217
Low Church Party 51
Lubbock, Sir John 187
Luxemburg, Rosa 17, 293

MacDonald, George 75, 132, 184, 245
Mackail, J. W. 20, 32, 53, 80, 137, 262, 263
Mackintosh, Charles Rennie 266, 267, 268, 270, 271, 289
Mackmurdo, Arthur 264 f., 266, 267
Magnusson, Eirikr 148, 149, 152
Malory, Thomas („Morte Darthur") 63 f., 68, 78 f., 83, 238, 261, 282
Malereien 118
Mandala 113, 115
Mategna, Andrea 10, 70
Marlborough (College) 28 f., 31, 32, 33, 51, 228, Abb. 30
Marshall, Roderick 113, 115, 116, 143, 150, 165, 246, 247
Marx, Eleanor 205, 207, 212, 254
Marx, Karl 17, 20, 57, 193, 195, 196, 197, 200, 202, 203, 205
Maschinen, Einsatz von 37, 47, 202, 229, 244, 286, 290, 293, 296, 297, 299, 301
Maschinenmöbel 298, 300
Meier-Graefe, Julius 280, 289
Merlin, Zauberer 79, 245
Merton Abbey 172, 222–224, 261, 271
Metallarbeiten 118, Abb. 268
Millais, John Everett 70, 72, 80, 123
Möbelarbeiten 116, 118, 120, 133, 165, 245, 285, 292, 293, Abb. 121
Morgan, William de 224, 265, 269
Morris, Emma (geb. Shelton, Mutter) 22, 33, 118
Morris, Emma (Schwester) 22, 26, 30 f., 32, 33, 263
Morris, Jane (geb. Burden, Ehefrau) 10, 58, 79, 80, 81, 82, 84, 85, 87, 88, 96, 98, 99, 121, 125, 126, 128, 130, 133, 139, 140, 141, 142, 144, 149, 150, 151, 154, 155, 157, 158, 159, 161, 165, 181, 183, 184, 199, 220, 221, 248, 262, 263, 264, Abb. 12, 13, 59, 84, 114, 139, 145, 266
Morris, Jane Alice (Jenny, Tochter) 88, 116, 184, 221, 253, 262, 263, Abb. 114, 266
Morris, Mary (May, Tochter) 122, 176, 178, 221, 231, 261, 263, Abb. 264, 266
Morris, William (Vater) 22, 23, 25, 27, 28, 61
Morris, William *im Bild* 6, 7, 71, 97, 127, 130, 139, 149, 155, 163, 172, 250, 252, 255, 262
Morris, William *Publikationen*
The Aims of Art (Die Ziele der Kunst) 226
On the Artistic Qualities of the Woodcut 279
The Beauty of Life (Die Schönheit des Lebens) 93, 203
A Book of Verse 108, 145, 172, 228, 280
Chants for Socialists (Lieder für Sozialisten) 214, 275
Decorative Arts (Die dekorativen Künste) 21, 187
The Defence of Guenevere (Die Verteidigung der Guenevere) 57, 63, 82, 84, 135, 175, 228, 246
A Dream of John Ball (Ein Traum von John Ball) 32, 212, 215 f., 246, 252, Abb. 8, 215
Earthly Love 228
The Earthly Paradise (Das Irdische Paradies) 57, 126, 137, 139, 140, 148 f., 172, 175, 241, 246, 275
The Floure and the Leafe 241
Frank's Sealed Letter (Franks versiegelter Brief) 33, 113
Golden Wings (Goldene Flügel) 125
Heimskringla 157
The House of the Wolfings 238
How I Became a Socialist (Wie ich ein Sozialist

wurde) 59, 195, 276
How We Live and How We Might Live (Wie wir leben und wie wir leben könnten) 203, 218
Kilian the Close 261
The Life and Death of Jason (Jason) 22, 23, 134 ff., 228
Love is Enough (Liebe ist genug) 154 f., 172, 228, 229, Abb. 243
News from Nowhere (Kunde von Nirgendwo) 9, 14, 19, 23, 81, 160, 214, 216–218, 246, 274, 275, 279, Abb. 18
The Novel on Blue Paper (Der Roman auf blauem Papier) 155
The Pilgrims of Hope 175
The Story of the Glittering Plain 227, 244, 246, Abb. 227
The Story of Grettir the Strong (Die Geschichte von Grettir dem Starken) 148
The Story of the Unknown Church (Die Geschichte von der unbekannten Kirche) 65
The Sundering Flood (Das Reich am Strom) 246, 261
Three Northern Love Stories (Gudrun, Gunnlaug, Wurmzunge, Kormak) 148 f., 154, 175, 238
Under an Elm-Tree or Thoughts in the Countryside (Unter dem Ulmenbaum oder Gedanken auf dem Lande) 27
Volsung Saga (The Story of Sigurd the Volsung) 148, 172, 173 ff., 239, 241, 246
The Water of the Wondrous Isles 246
The Well at the World's End (Die Quelle am Ende der Welt) 246, 249, 251
The Wood Beyond the World 246, 248, 251

Morris, William *Schlüsselbegriffe*
Alltag 15
Assoziation 92
Arbeit 11, 15 ff., 20, 24
Automation 16
Baum 11, 14
Freude 201 f., 216, 245
Gier 18
Grobheit 229
Häßlichkeit 8, 11, 14, 15, 16, 18, 20, 33, 164
Kommunismus 212
Krieg 16, 182
Kunst 15 f., 179, 194
Maschine 15 ff.
Natur 14, 20, 27
Nützlichkeit 8, 10
Ornament 15, 23, 279
Plakat 11
Profit 10, 15, 17, 191, 193, 202, 226, 256
Schönheit 8, 9, 10, 14 f., 18, 20, 28, 96, 164, 184, 192, 200
Sozialismus 193, 195, 196
Umwelt 18
Verschwendung 16 f., 192, 202
Zivilisation 15, 17, 192, 196, 200

Moser, Koloman 289, 290, Abb. 289
Münchener Vereinigte Werkstätten 292, 299, 300
Murray, Charles Fairfax 108, 131, 229, 262
Muthesius, Hermann 271, 287, 292, 299, 300, Abb. 276

Natur 14, 20, 27, 71, 72, 190, 191, 202, 293
Naumann, Friedrich 299, 300
Nesbit, Edith 197
Newman, John Henry (Kardinal) 51, 52, 61

Obrist, Hermann 292
Olbrich, Joseph Maria 287, 288, 295, 298, 300
Ornament 15, 23, 47, 67, 76, 78, 85, 96, 113, 115, 120, 129, 229, 234, 242, 270, 273, 282, 284, 286
Orwell, George 180
Overbeck, Johann Friedrich 61
Oxford 9, 33, 51, 52, 53, 59, 63, 185, 200, Abb. 50
Oxfordbewegung 51, 55

„Oxford and Cambridge Magazine" (Zeitschrift) 65, 67, 68, 76, 78, 228

„Pan" (Zeitschrift) 280, 292, Abb. 280
Pankok, Bernhard 292
Papierqualität 236, 240
Paradies, Irdisches 20, 33, 84, 85, 115, 135, 210
Pater, Walter 83
Paul, Bruno 292, 300
Paxton, Joseph 45 f.
Poe, Edgar Allan 69
Poeschel, Carl Ernst 286
Potter, Beatrice 197
Powell, James & Sons 76, 119
Präraffaeliten 54, 61, 62, 68–72, 75, 84, 95, 122, 139, 142, 180, 181, 225, 284
Price, Cormell 54, 62, 119
Prince, Edward 231, 238, 239
Prinsep, Valentine 78, 82, 85
Prosa-Romanzen 19, 244–246, 251–254, 261 (s. a. Fantasy)
Pugin, A. W. N. 47, 67, 95, 167, 169, 268

Raffael (d. i. Raffaello Santi) 70
Red House (Upton, Grafschaft Kent) 88–94, 96, 112, 113, 116, 125, 135, 137, 152, 176, 280, Abb. 89, 94
Reformgesetz von 1832 39 f.
Renaissance 265, 279
Riemerschmid, Richard 287, 292, 293, 298, 299, 300
Rohe, Mies van der 287
Roheit (als ästhetische Kategorie) 61, 95
Rossetti, Dante Gabriel 6, 10, 12, 54, 59, 64, 65, 68–71, 72, 73, 74, 76, 77, 78, 79, 80, 81, 82, 85, 87, 88, 89, 91, 96, 99, 113, 117, 119, 120, 121, 122, 123, 124, 125, 127, 128, 131, 135, 138, 139, 140, 141, 142 f., 144, 146, 149, 150, 151, 152, 154, 155, 156, 157, 158, 159, 160, 161, 162, 165, 166, 180, 181, 184, 220, 221, 228, 229, 241, Abb. 156

Register

*319*

# Register

Rossetti, Elizabeth 72, 73, 74, 79, 80, 85, 88, 91, 122, 123, 124, 141, 156, Abb. 74, 76
Rossetti, William Michael 71, 122, 131, 156, 160, 266
Ruskin, John 10, 45, 57, 60, 61, 72, 74, 77, 87, 92, 95, 96, 129, 178, 180, 185, 186, 187, 196, 265, 266, 267, 270, 275, 283, Abb. 66

Sagas, isländische 148—151, 153, 173, 174, 229
Scheu, Andreas 51, 200, 256
Schmidt, Karl 293, 299
Schneidler, F. H. Ernst 286
Schönheit 8, 18, 28, 56, 59, 75, 83, 85, 96, 116, 167, 186, 190, 208, 214, 216, 224, 227, 242, 244, 247, 256, 259, 260, 272, 275, 277, 287, 296, 297, 298, 299
Schriften (Typographie) 228, 231, 233, 236, 238, 242, 245, 267, Abb. 247
Schröder, Rudolf Alexander 280, 285
Schumacher, Fritz 287, 300
Scott, Baillie 185, 271, 293, 294
Scott, Walter 10, 20, 25, 28, 247
Seidl, Gabriel von 299
Seitz, Rudolf 299
Shaw, George Bernhard 124, 193, 197, 211, 214, 264
Shaw, Norman 268
Siddal, Elizabeth → Rossetti, Elizabeth
Social Democratic Federation 204, 205, 206, 207, 209
Society for the Protection of Ancient Buildings (SPAB) 185—189
Sozialismus 57, 193, 196, 197, 202, 209, 214, 260, 276, 294, 301
Sozialistische Liga 201, 205, 206, 207, 208, 210, 212, 213, 253, 254, Abb. 206
Sparling, Halliday 221, 250, 253
Spender, Stephen 180
Steglitzer Werkstatt 277, 279, 285, 286
Stephen, George 71
Stickereien 67, 77, 91, 118, 120, 133, 254
Stirner, Max 297
Stoclet, Adolphe 290
Stoffentwürfe 165, 167, 222, 225, 245, 263
Street, George Edmund 61, 65, 67, 75, 76, 84, 92, 185, 268
„The Studio" (Zeitschrift) 122, 267, 271, 285, 292, 293, Abb. 267
Sumner, Heywood 265, 269
Swinburne, Charles 79, 113, 116, 122, 123, 128

Taine, Hippolyte 225
Tapeten 23, 91, 96, 119, 129, 165, 167, 169, 222, 225, 229, 231, 245, 254, 255, 263, 266, Abb. 104, 105, 225
Taut, Bruno 287
Taylor, Warington 127, 128, 129, 131, 132, 134, 148, 165
Temko, Allan 18 f.
Tennyson, Alfred Lord 75, 84, 141, 245
Teppiche 184, 231, 254, Abb. 110
Textilien 119, 169, 254, Abb. 104, 105
Thistlewood, Arthur 39
Tiemann, Walter 286
Tolkien, J. R. R. 251
Tolstoi, Leo N. 297
Troy (Troja, Schrift) 239, 240
Typographic Etching Company 230, 231
Typographie → Schriften

Umweltverschmutzung 19, 49
Utopie 20, 216 f., 218, 273

Vallance, Aymer 91, 117
Velde, Henry van de 267, 289, 296, 300, 301, 302
„Ver Sacrum" (Zeitschrift) 288, Abb. 287
Victoria, Queen 35, 45, 47, 293
Victoria and Albert Museum 107, 119, 120
Viktorianischer Stil 95, 142
Vogeler, Heinrich 280, 282, 283, 284, 285, 287

Waerndorfer, Friedrich 290
Wagner, Otto 287, 289
Wagner, Richard 159 f.
Walker, Emery 229, 230, 231, 232, 236, 238, 240, 241, 253, 262, 267, 284, 286, Abb. 230
Walthamstow 23, 27, 33, 51, 257
Wandbehänge 113, 120, 159, 184, 223, 254, Abb. 101, 102, 109
Wandfries 172, Abb.
Wardle, George 108, 156, 165, 222, 229
Wardle, Thomas 170
Watts-Dunton, Theodore 165
Webb, Philip 9, 67, 84, 85, 87, 88, 90, 92, 94, 95, 96, 103, 112, 117, 119, 120, 121, 124, 127, 129, 131, 158, 159, 162, 164, 165, 185, 186, 199, 207, 213, 244, 253, 261, 262, 263, 268, 273, Abb. 95
Webb, Sidney 197, 214
Webstuhl 169, Abb. 223
Weiß, Emil Rudolf 280, 286
Weißes Pferd 27, 28, 152
Werbung (Reklame) 190, 283
Werkstätten 191, 264, 276, 293, 294, 296, 302
Wiener Secession 268, 287—289
Wiener Werkstätte 268, 271, 287—291, Abb. 291
Wilde, Oscar 20, 213, 231, 266
Wildheit (als ästhetische Kategorie) 61, 95
Wolfskehl, Karl 286
Woodford 22 f., 257
Woodward, Benjamin 77
Woolner, Thomas 70, 75
Wren, Sir Christopher 186
Wright, Frank Lloyd 297

Yeats, William Butler 213, 246
Yonge, Charlotte 63

Zambaco, Demetrius 144
Zambaco, Maria 144, Abb. 136
Zivilisation 15, 17 f., 49, 92, 160, 195, 226, 259, 260